THE GOLDEN AGE

Readings in Russian Literature of the Nineteenth Century

Sandra F. Rosengrant
Portland State University

Elena D. Lifschitz
University of Texas at Austin

John Wiley & Sons, Inc.
New York • Chichester • Brisbane • Toronto • Singapore

Acquisitions Editor	Carlos Davis
Marketing Manager	Leslie Hines
Senior Production Editor	Jeanine Furino
Senior Designer	Kevin Murphy
Manufacturing Coordinator	Dorothy Sinclair
Photo Researcher	Hilary Newman
Senior Illustration Coordinator	Anna Melhorn
Cover Art	Galleria Statale Tret'jakov/SCALA/Art Resource

Recognizing the importance of preserving what has been written, it is a policy of John Wiley & Sons, Inc. to have books of enduring value published in the United States printed on acid-free paper, and we exert our best efforts to that end.

Library of Congress Cataloging in Publication Data:
Rosengrant, Sandra F.
    The Golden Age : readings in Russian literature of the nineteenth
century / Sandra F. Rosengrant, Elena D. Lifschitz.
        p.   cm.
    Includes bibliographical references.
    ISBN 0-471-30940-0 (paper)
        1. Russian language—Readers.   2. Russian literature—19th
century.   I. Lifschitz, Elena D.   II. Title.
PG2117.R65   1996
491.786'421—dc20   95-36522
                                                                      CIP

10 9 8 7 6 5 4 3 2

Foreword

Purpose

This collection is intended for students whose initial reading abilities are intermediate-mid as measured by the *ACTFL Proficiency Guidelines*. In other words, it is for people who are not yet able to read nineteenth-century literature fluently, but who are at a point in their language-learning careers where they are ready to begin. The purpose of the collection is two-fold: to acquaint students with some of the highlights of nineteenth-century Russian literature and to raise their reading abilities to the advanced level.

Selection

Because the collection is intended as an introduction to Russian literature, the compilers have decided to limit their selection to works that are both linguistically accessible to students with limited reading skills and that also occupy a prominent position in the nineteenth-century literary canon. The first criterion, unfortunately, prevents the inclusion of verse, which, although prominent, is more difficult to read than prose. The second criterion, to our great regret, has kept us from including female writers, who, although active in nineteenth-century literature, were never as well known as their male counterparts. The works that have been included—all prose and all extremely well known—give the students a base of knowledge and ability from which they can advance handily to other genres or to other authors.

Approach

The stories in this collection are arranged chronologically. One result of the arrangement is that the selections progress from more to less difficult, with «Нос» being the hardest of all. The stories certainly do not have to read in the order of presentation. They can be grouped, for example, by level of difficulty, in which case they would be read in approximately reverse order, or they can be grouped by theme or length or narrative approach, in which case one possible order might be «Выстрел», «Метель», «Фаталист», «Нос» and so forth. Some instructors may wish to eliminate the longer «Севастополь», and others may choose to skip the excerpts in favor of complete stories. Students who read the stories in chronological order do derive a certain advantage from "deciphering" the more difficult works first. As the students' skills increase and the level of inherent difficulty decreases, they become acutely conscious of their own progress. By the end of the collection, they can say with confidence, "Yes, I can read Russian literature."

Each chapter, except for the introductory one, has an identical format. There is a brief introduction to the author or the selection in English. The introduction is followed by exercises whose sole purpose is to sensitize students to constructions that they might find difficult in the following text. The stories are preceded by pre-reading questions. They are intended both to activate vocabulary and to create a set of expectations that will facilitate understanding the text. The text itself is broken into sections of approximately three pages in length. Each section is followed by questions, some of which are frankly intended as comprehension checks, while others ask students to make inferences or to hypothesize. At the end of each chapter there is a set of activities that ask the students to engage the text in a creative manner. Although none of the questions are overtly directed to literary criticism, students who complete the activities do come away with a good sense of the styles and narrative techniques of each of the authors covered.

The compilers have tried to present each text in as natural a form as possible. Stress marks have been added only to avoid confusion, and bullets, asterisks, and other distracting signals have been avoided. On the other hand, we realize that the reading experience can easily degenerate into a dictionary exercise unless some assistance is provided. For that reason, we have elected to give a margin gloss to words that might give pause to intermediate readers, even those words that may eventually be puzzled out with the help of contextual clues. The margin glosses provide a headword, such as one might find in a dictionary, and the definition that is most appropriate to the given context. Words that appear later with the same definition are not glossed a second time — hence the declining number of glosses in the later stories. Excepting very common words, such as days of the week, all vocabulary is included in the glossary at the end of the book. In the end glossary, the students see the margin glosses, a tag indicating where the margin gloss appeared, and, often, a more general definition whose use is not limited to the context of a single story. The intention here is not to make students feel that they should have memorized the margin gloss the first time they saw it, but to remind them of the context in which they first saw the word used. In general, students are not asked to memorize any of the vocabulary, except perhaps for the words listed in the introductory chapter. They will acquire passive vocabulary from seeing the same word in a variety of contexts and active vocabulary from discussing the texts that they have read.

All of the materials in this collection are designed to be used in an interactive manner. We have tried to be sensitive to students' needs both as readers of a second language and as readers of literature by posing questions that are challenging but at the same time feasible. By reading, discussing, and writing about the works in this volume students do become better readers of Russian, and they become acquainted with the main literary tendencies and figures of the nineteenth century as well.

Contents

Reading Russian Literature

литерату́ра literature
  худо́жественная ~ fiction
нау́чная фанта́стика science fiction
бестсе́ллер best seller

а́втор author
писа́тель *м* writer
произведе́ние work
чита́тель *м* reader

классици́зм Classicism
сентиментали́зм Sentimentalism
романти́зм Romanticism
реали́зм Realism

жанр genre
про́за prose
расска́з short story
по́весть *ж* (*р мн* повесте́й) story,
  tale
рома́н novel
дра́ма drama
пье́са play
поэ́зия poetry
стихотворе́ние poem
стих line (of verse)
  стихи́ poem, poetry

те́ма theme, topic
о́браз image
содержа́ние content
конте́кст context

сюже́т plot
конфли́кт conflict
кульмина́ция culmination
эпило́г epilog

персона́ж character
геро́й hero, protagonist
герои́ня heroine, protagonist
расска́зчик narrator
то́чка зре́ния (*р мн* то́чек) point of
  view
  с то́чки зре́ния *кого?* from a
    point of view

стиль *м* style
речь *ж* language, speech
разгово́рный (*сокр* разг) colloquial
устаре́лый (*сокр* уст) obsolete
просторе́чный (*сокр* прост)
  substandard
уменьши́тельный diminutive

значе́ние meaning
  прямо́е ~ literal meaning
  перено́сное ~ figurative meaning
иро́ния irony
каламбу́р pun
си́мвол symbol
сравне́ние comparison, simile

положи́тельный positive
отрица́тельный negative
правдоподо́бный true to life,
  believable

глава́ (*мн* гла́вы) chapter
страни́ца page
абза́ц paragraph
предложе́ние sentence
стро́чка (*р мн* стро́чек) line

Literature (**литература**) is a broad concept that encompasses many different styles and genres (**жанры**). All of the works included in this collection are fiction (**художественная литература**); all of them are prose (**проза**): stories (**рассказы, повести**) and some excerpts from longer novels (**романы**). All of the works that we will read were written in the nineteenth century, and all of them were and continue to be immensely popular. As you read these works, you might ask yourself which of their qualities appealed to the audience for which they were originally written and which appeal to audiences today.

Every work of literature is written against a background of other works. Sometimes knowing something of the background against which a story was written makes our reading more enjoyable. The eighteenth and early nineteenth centuries were an age of poetry (**поэзия**) in Russia. The dominant literary movement of the eighteenth century was Classicism (**классицизм**), which favored lofty styles and genres and emphasized logic and rationality. At the end of the eighteenth century a movement known as Sentimentalism (**сентиментализм**) became important in Russia. The author who is generally considered most representative of Russian Sentimentalism is **Николай Михайлович Карамзин** (1766-1826). Karamzin's work contributed considerably to the development of the Russian literary language. He cultivated a "middle style" that contained neither very elevated nor very colloquial words in works that were frankly intended to evoke strong emotions. The best known of his fictional works is «**Бедная Лиза**» (1792), the story of a peasant girl who commits suicide after she is seduced by a nobleman. Romanticism (**романтизм**) with its exotic settings, emphasis on individuality, and fascination with the supernatural and the grotesque dominated literature in the early nineteenth century. As you read the first stories in this collection, ask yourself which of these literary traditions they might belong to. What traits, if any, do they have in common? Can you find examples where the authors seem to be playing with the conventions of an earlier generation?

The second half of the nineteenth century is generally thought of as the age of Russian Realism (**реализм**). The term "realistic" (**реалистический**) refers to a particular approach to writing. To call something "realistic" does not mean that it is "real." On the other hand, the works we describe as "realistic" generally do show greater concern for verisimilitude (**правдоподобие**). Writers of the period tend to favor longer prose forms, especially the novel. As you read the stories and excerpts in the middle of the collection, notice the increased concern for civic themes. What differences in style are apparent to you? How do the authors create the illusion that they are writing about life as it really is?

When you first read a new story, a natural question for discussion is "What is it about?" Much of your discussion of the works in this collection will focus on content (**содержание**) and on plot (**сюжет**). When you answer a question about content or plot, you will naturally have to make decisions about which details to include and which to leave out. This is the beginning of literary interpretation.

The characters (**персонажи**) of the works that you read will form another frequent topic of discussion. Remember that the word **характер** refers exclusively to a person's personality or disposition. The central male and female characters may be referred to as *hero* (**герой**) and *heroine* (**героиня**), but hero does not necessarily have to be "heroic." In fact, you will find examples of both positive (**положительный**) and negative (**отрицательный**) protagonists in the works that you read. In some stories the narrator (**рассказчик**) will also play a central role. Often your discussion of whose point of view (**точка зрения**) is being represented will also contribute to your understanding of plot.

As you read these stories, you will also be concerned with language. On one level, since you are reading stories written in the nineteenth century, your first concern might be practical or even utilitarian: Can I understand them? Should I try to imitate them? To answer those questions, try reading this excerpt from *David Copperfield* (1850)

> *The morning had worn away in these inquiries, and I was sitting on the step of an empty shop at a street corner, near the marketplace, deliberating upon wandering towards those other places which had been mentioned, when a fly-driver, coming by with his carriage, dropped a horsecloth. Something good-natured in the man's face, as I handed it up, encouraged me to ask him if he could tell me where Miss Trotwood lived; though I had asked the question so often, that it almost died upon my lips.*

Did you understand this passage? Did you have any difficulty identifying a *fly* as a horse drawn vehicle? Did you look up the word "fly" in a dictionary to find out exactly what kind of vehicle it is? Would your understanding of the passage be substantially increased if you did? Are there some words and expressions in this passage that you normally use in your own speech and others that you do not? When you read the Russian stories in this collection, try to use the same strategies that you use when reading any text from a different time and culture. Try to read quickly the first time, reading for content rather than detail. You do not need to know the precise meaning of every word in the text. Words that you need to use in your discussions will become active parts of your vocabulary. You will also find yourself actively using words that you see repeated numerous times in a variety of contexts. Other words that are not used frequently and that refer exclusively to nineteenth-century phenomena will remain passive. Words that you definitely do not want to add to your active vocabulary include those that are labled "obsolete" (**устарелое**) and "substandard" (**просторечное**).

On another level, your discussion of language will focus on the author's style (**стиль**). As the stories become increasingly realistic, you may discover an increase in colloquial speech (**разговорная речь**). At times you will have to decide whether the author actually means what he is saying, or whether he is using irony (**ирония**). Frequently you will have to decide whether the meaning of a word is literal (**прямое**) or figurative (**переносное**). Your decision, of course, will always depend on the context (**контекст**) in which the word is used.

Упражнения

1. *These sentences have been taken from various stories in the collection. Skim them quickly and underline the words that refer to means of transportation.*

1. На дворе увидел я дорожную телегу.

2. Он сел в тележку, где лежали два чемодана.

3. Они должны были выйти в сад через заднее крыльцо, за садом найти готовые сани, садиться в них и ехать в село Жадрино.

4. На дворе тройки его не было.

5. Я повернулся, вышел из церкви, бросился в кибитку и закричал: «Пошёл!»

6. Перед подъездом остановилась карета.

7. Ковалёв сел в дрожки и только покрикивал извозчику: «Валяй во всю ивановскую!».

8. Он уже садился в дилижанс и хотел уехать в Ригу.

2. *These sentences have been taken from various stories in the collection. Skim them quickly and underline the words that refer to articles of clothing.*

1. Он ходил вечно пешком, в чёрном сертуке, а держал открытый стол для всех офицеров нашего полка.

2. Маша окуталась шалью, надела тёплый капот и вышла на заднее крыльцо.

3. Двери отворились; выпрыгнул, согнувшись, господин в мундире и побежал вверх по лестнице.

4. Седой чиновник, в старом фраке и очках, сидел за столом и считал принесённые медные деньги.

5. На Аркадии Павлыче были широкие шёлковые шаровары, чёрная бархатная куртка, красивый фес с синей кистью и китайские жёлтые туфли без задков.

6. Явился бурмистр. На нём был синий армяк, подпоясанный красным кушаком.

> **3.** *These sentences have been taken from various stories in the collection. Each sentence contains an obsolete version of a contemporary word. Quickly replace the obsolete version in each sentence with a contemporary version of the same word from the list.*

вакансия, вздыхать, ворон, внезапный, кофе, надо, паспорт, пойти, противоположный, скандальный, среда, четве́рг, че́рез

1. Мы отстали один за другим и разбрелись по квартирам, толкуя о скорой ваканции.

2. Странные, противуположные чувства волновали меня.

3. Занимаясь хозяйством, я не переставал тихонько воздыхать о прежней моей шумой беззаботной жизни.

4. Поди, выпей стакан воды и приди к нам; я представлю тебе старинного друга и товарища.

5. Чёрный вран, свистя крылом, вьётся над санями.

6. Марья Гавриловна нарочно перестала поддерживать разговор, усиливая таким образом взаимное замешательство, от которого можно было избавиться разве только незапным и решительным объяснением.

7. Сегодня я, Прасковья Осиповна, не буду пить кофий.

8. Он узнал, что этот нос был не чей другой, как коллежского асессора Ковалёва, которого он брил каждую середу и воскресенье.

9. Он хотел уехать в Ригу, и пашпорт был написан на имя одного чиновника.

10. Иван Яковлевич брил его ещё в среду, а в продолжение всей среды и даже во весь четверток нос у него был цел.

11. Проходя чрез приёмную, он взглянул в зеркало.

12. С ними надобно обращаться, как с детьми.

13. Он воспользовался скандалёзною сценою ссоры детей и вышел потихоньку из залы.

Вопросы для обсуждения

1. Что вы обычно читаете в свободное время?

2. С какими произведениями русских писателей вы уже знакомы? Как они вам понравились?

3. Почему вы хотите читать русскую литературу девятнадцатого века?

Александр Сергеевич Пушкин — *Наш отец русской литературы*

Выстрел (1830)

Александр Сергеевич Пушкин, who is universally regarded as the greatest Russian writer of all times, was born in Moscow in 1799. On his father's side, he came from a long line of Russian nobility; on his mother's, he was descended from Ibrahim Hannibal, an Abyssinian who had served with Peter the Great. Pushkin was proud both of his ancient nobility and of his African ancestry and celebrated both in his work.

From 1811 to 1817, Pushkin studied at the Tsarskoe Selo Lyceum, a newly founded school for children of the aristocracy just outside of St. Petersburg. Pushkin began writing verse while yet in school and attracted the attention of some of the leading writers of the time. Shortly after graduation, in 1820, he was exiled from St. Petersburg because of his political epigrams. He was first sent to the south of Russia and then to his mother's estate in central Russia. In 1831, after his return from exile, Pushkin married Наталья Гончарова, a society beauty who was considerably his junior. In 1837, Pushkin fought a duel over his young wife and was killed.

Pushkin was both a prolific and an innovative poet. His first major work, «Руслан и Людмила» (1820), incorporated elements of the Russian fairy tale into the narrative poem. He called his most renowned work, «Евгений Онегин» (1823-31), "a novel in verse." The plot of this work and, above all, the central characters, Onegin, the Petersburg rake, and Tatyana, the country girl who fell in love with him, became touchstones for later writers.

Pushkin began experimenting with prose during the latter part of his career. The stories «Выстрел» and «Метель» are both from the cycle «Повести покойного Ивана Петровича Белкина» (1830). This cycle consists of five narrative anecdotes that were ostensibly compiled by Ivan

А. С. Пушкин

Belkin, a country squire. Each of the stories in the cycle is an independent whole that can be read without reference to the others.

Упражнения

1. *In a number of places Pushkin uses the word* некогда. *In modern Russian one tends to use* когда-то *instead. Replace* **некогда** *with* **когда-то** *and then translate the sentences into English.*

1. Некогда он служил в гусарах, и даже счастливо.

2. Посмотрим, так ли равнодушно примет он смерть перед своей свадьбой, как некогда ждал её за черешнями!

3. Он положил их в фуражку, некогда мною простреленную.

4. Таким образом узнал я конец повести, начало которой некогда так поразило меня.

2. *In* «Выстрел» *you will see the ending* -ою/-ею *used for feminine instrumental adjectives. You will also see the instrumental*

pronouns мною (*instead of* мной), тобою (*instead of* тобой), собою (*instead of* собой), *and* ею (*instead of* ей). *Quickly skim these sentences to locate the instrumental forms. Decide how the instrumental is being used in the sentence, and then translate your sentences into English.*

1. Правда, обед его состоял из двух или трёх блюд, изготовленных отставным солдатом, но шампанское лилось притом рекою.

2. Мы сели за стол; хозяин был чрезвычайно в духе, и скоро весёлость его соделалась общею.

3. Сильвио имел обыкновение за игрою хранить совершенное молчание, никогда не спорил и не объяснялся.

4. Имея от природы романтическое воображение, я был привязан к человеку, коего жизнь была загадкою и который казался мне героем таинственной какой-то повести.

5. Я заметил раза два в нём желание со мною объясниться.

6. Сильвио встал и вынул из картона красную шапку с золотою кистью.

7. Я спокойно (или беспокойно) наслаждался моею славою, как определился к нам молодой человек богатой и знатной фамилии (не хочу назвать его).

8. Что пользы мне, подумал я, лишить его жизни, когда он ею вовсе не дорожит?

9. Обширный кабинет был убран со всевозможною роскошью.

10. Они, чтоб дать мне время оправиться и привыкнуть к новому знакомству, стали говорить между собою, обходясь со мною как с добрым соседом и без церемонии.

3. *In this group of sentences you see the particle* было. *It is used with past-tense, perfective verbs to show that an action almost took place. Find the verb that is used with* было *in each sentence and then translate the sentence into English.*

1. Это было чрезвычайно повредило его во мнении молодёжи.

2. Обольщённый моею славою, он стал было искать моего дружества.

   Attracted   fame

3. Принялся я было за неподслащённую наливку, но от неё болела у меня голова.

4.   Я старался ободриться и начал было себя рекомендовать, но граф предупредил меня.

5.   Тут он было вышел, но остановился в дверях.

   4.   *All these sentences contain active participles that can be replaced by a relative clause in which the word* который *is in the nominative case. In the following sentences, replace the active participle with a relative clause. Translate your new sentences into English. Notice that some of the Russian present active participles will be rendered by a past-tense verb in English.*

1.   Никто не знал причины, побудившей его выйти в отставку.

2.   С сверкающими глазами он сказал: «Милостивый государь, извольте выйти».

3.   Мы нашли Сильвио на дворе, сажающего пулю на пулю в туза, приклеенного к воротам.

4.   Густой дым, выходящий изо рта, придавал ему вид настоящего дьявола.

5.   Он стал набивать выгоревшую свою трубку.

6.   В четырёх верстах от меня находилось богатое поместье, принадлежащее графине Б***.

7.   Мне сказали, что у меня в кабинете сидит человек, не хотевший объявить своего имени, но сказавший просто, что ему до меня есть дело.

8.   «Ты не узнал меня, граф?» — сказал он дрожащим голосом.

Перед чтением

1.   Как вы представляете себе жизнь молодых гусаров в 19-ом веке? Как они проводили время?

2.   Как вы представляете себе дуэль? Как она происходит?

Выстрел

Стрелялись мы.

Баратынский.

Я поклялся застрелить его по праву дуэли (за ним остался ещё мой выстрел).

Вечер на бивуаке.[1]

поклясться *swear*

трактир — маленький ресторанчик

I

Мы стояли в местечке.*** Жизнь армейского офицера известна. Утром ученье, манеж; обед у полкового командира или в жидо́вском трактире; вечером пунш и карты. В *** не было ни одного открытого дома, ни одной невесты; мы собирались друг у друга, где, кроме своих мундиров, не видали ничего.

Один только человек принадлежал нашему обществу, не бу́дучи военным. Ему было около тридцати пяти лет, и мы за то почита́ли его стариком. Опытность давала ему перед нами многие преимущества; к тому же его обыкновенная угрю́мость, круто́й нрав и злой язык имели сильное влияние на молодые наши умы. Какая-то таинственность окружала его судьбу; он казался русским, а носил иностранное имя. Некогда он служил в гуса́рах,[2] и даже счастливо; никто не знал причины, побуди́вшей его выйти в отставку и поселиться в бедном местечке, где жил он вместе и бедно и расточи́тельно: ходил вечно пешком, в изношенном чёрном сертуке, а держал открытый стол для всех офицеров нашего полка́. Правда, обед его состоял из двух или трёх блюд, изготовленных отставным солдатом, но шампанское лило́сь притом рекою. Никто не знал ни его состояния, ни его доходов, и никто не

месте́чко *место*
мане́ж *riding drill*
полково́й *regimental/*
  жидо́вский *уст* *еврейский*

неве́ста *eligible girl*

мунди́р *уст* *uniform*

бу́дучи *being*
почита́ть *уст* *считать*

преиму́щество *advantage*
угрю́мость *moroseness/*
  круто́й *stern/*
  нрав *disposition/*
  таи́нственность *mysteriousness*

побуди́ть *prompt*
посели́ться *settle*

расточи́тельно *extravagantly*
изно́шенный *worn*

состоя́ть *consist*
отставно́й *уст* *retired*
ли́ться *pour*
состоя́ние *financial state/*
  дохо́д *income*

---

[1]Both epigraphs are by contemporaries of Pushkin. The first is from the epic poem «Бал» by Евгений Абрамович Баратыский (1800-1844), the second from a novella by Александр Александрович Бестужев-Марлинский (1797-1837).

[2]Hussars (*гусары*) were members of light cavalry units.

осмеливался о том его спрашивать. У него водились книги, большею частью военные, да романы. Он охотно давал их читать, никогда не требуя их назад; зато никогда не возвращал хозяину книги, им занятой. Главное упражнение его состояло в стрельбе из пистолета. Стены его комнаты были все источены пулями, все в скважинах, как соты пчелиные. Богатое собрание пистолетов было единственной роскошью бедной мазанки, где он жил. Искусство, до коего достиг он, было неимоверно, и если б он вызвался пулей сбить грушу с фуражки кого б то ни было, никто б в нашем полку не усумнился подставить ему своей головы. Разговор между нами касался часто поединков; Сильвио (так назову его) никогда в него не вмешивался. На вопрос, случалось ли ему драться, отвечал он сухо, что случалось, но в подробности не входил, и видно было, что таковые вопросы были ему неприятны. Мы полагали, что на совести его лежала какая-нибудь несчастная жертва его ужасного искусства. Впрочем, нам и в голову не приходило подозревать в нём что-нибудь похожее на робость. Есть люди, коих одна наружность удаляет таковые подозрения. Нечаянный случай всех нас изумил.

Однажды человек десять наших офицеров обедали у Сильвио. Пили по-обыкновенному, то есть очень много; после обеда стали мы уговаривать хозяина прометать нам банк. Долго он отказывался, ибо никогда почти не играл; наконец велел подать карты, высыпал на стол полсотни червонцев и сел метать. Мы окружили его, и игра завязалась. Сильвио имел обыкновение за игрою хранить совершенное молчание, никогда не спорил и не объяснялся. Если понтёру случалось обсчитаться, то он тотчас или доплачивал достальное, или записывал лишнее. Мы уж это знали и не мешали ему хозяйничать по-своему; но между нами находился офицер, недавно к нам переведённый. Он, играя

осмеливаться *dare*
водиться *be kept*
охотно *willingly*

стрельба *shooting*
источить *perforate*
скважина *hole/*
соты *honeycomb/*
пчелиный *bee/*
мазанка *clay-walled hut/*
кой который
неимоверный *incredible/*
вызваться *offer/*пуля *bullet/*
усумниться *уст hesitate*

поединок *дуэль*
вмешиваться *intervene*
драться *fight*
подробность *detail*

полагать *suppose/*
совесть *conscience/*
жертва *victim*

подозревать *suspect*
робость *timidity/*
наружность *appearance/*
удалять *remove/*
нечаянный *chance/*
изумить *amaze*

прометать *keep (bank)*
отказываться *refuse/*ибо *for*
высыпать *pour out*
червонец *уст gold coin*
завязаться *начаться*
хранить *preserve*

понтёр *player/*
обсчитаться *miscalculate/*
достальной *остальной*

хозяйничать *manage things*

тут же, в рассеянности загнул лишний угол.
Сильвио взял мел и уравнял счёт по своему
обыкновению. Офицер, думая, что он ошибся,
пустился в объяснения. Сильвио молча
продолжал метать. Офицер, потеряв терпение,
взял щётку и стёр то, что казалось ему напрасно
записанным. Сильвио взял мел и записал снова.
Офицер, разгорячённый вином, игрою и смехом
товарищей, почёл себя жестоко обиженным и, в
бешенстве схватив со стола медный шандал,
пустил его в Сильвио, который едва успел
отклониться от удара. Мы смутились. Сильвио
встал, побледнев от злости, и с сверкающими
глазами сказал: «Милостивый государь, извольте
выйти, и благодарите Бога, что это случилось у
меня в доме».

Мы не сомневались в последствиях и полагали
нового товарища уже убитым. Офицер вышел
вон, сказав, что за обиду готов отвечать, как
будет угодно господину банкомёту. Игра
продолжалась ещё несколько минут; но, чувствуя,
что хозяину было не до игры, мы отстали один за
другим и разбрелись по квартирам, толкуя о
скорой вакансии.

На другой день в манеже мы спрашивали уже,
жив ли ещё бедный поручик, как сам он явился
между нами; мы сделали ему тот же вопрос. Он
отвечал, что об Сильвио не имел он ещё
никакого известия. Это нас удивило. Мы пошли к
Сильвио и нашли его на дворе, сажающего пулю
на пулю в туза,[3] приклеенного к воротам. Он
принял нас по-обыкновенному, ни слова не
говоря о вчерашнем происшествии. Прошло три
дня, поручик был ещё жив. Мы с удивлением
спрашивали: неужели Сильвио не будет драться?
Сильвио не дрался. Он довольствовался очень
лёгким объяснением и помирился.

---

[3]Playing cards are animate in Russian.

Glossary (right column):

рассе́янность *distraction/*
  загну́ть у́гол *score a point/*
  уравня́ть *even*

пусти́ться *enter into*

стере́ть *erase/*
  напра́сно *incorrectly*

разгорячи́ть *heat*

оби́деть *offend/*
  бе́шенство *fury/*
  шанда́л *уст candlestick*

отклони́ться *dodge/*
  смути́ться *be embarrassed/*
  сверка́ть *flash/*
  ми́лостивый *gracious/*
  изво́лить *уст deign*

после́дствие *consequence*

оби́да *offence*

уго́дно *convenient*

бы́ло не до *wasn't in the mood for/*
  отста́ть *drop out/*
  разбрести́сь *disperse/*
  толкова́ть *говорить*

пору́чик *уст lieutenant*

прикле́ить *stick/*
  воро́та *gate*

происше́ствие *occurence*

дово́льствоваться *быть довольным*
помири́ться *make peace*

Это было чрезвычайно повредило ему во мнении молодёжи. Недостаток смелости менее всего извиняется молодыми людьми, которые в храбрости обыкновенно видят верх человеческих достоинств и извинение всевозможных пороков. Однако ж мало-помалу всё было забыто, и Сильвио снова приобрёл прежнее своё влияние.

повреди́ть *harm*
сме́лость *bravery*

верх *height*
досто́инство *virtue/*
поро́к *vice*

влия́ние *influence*

1.1. Где происходит действие этого рассказа? Когда?

1.2. Кого из героев вы считаете главным? Почему?

1.3. Какой характер у Сильвио?

1.4. Как Сильвио относится к гусарам? А они к нему?

1.5. Как вы думаете, почему Сильвио так интересуется стрельбой?

1.6. Почему Сильвио говорит своему гостю: «Благодарите Бога, что это случилось у меня в доме».

1.7. Каких последствий ожидают офицеры от ссоры между Сильвио и новым поручиком?

1.8. Как бы вы поступили на месте Сильвио?

[margin handwritten: отвечай на вопросы и приготовь рассказ текста]

Один я не мог уже к нему приблизиться. Имея от природы романтическое воображение, я всех сильнее прежде сего был привязан к человеку, коего жизнь была загадкою и который казался мне героем таинственной какой-то повести. Он любил меня; по крайней мере со мной одним оставлял обыкновенное своё резкое злоречие и говорил о разных предметах с простодушием и необыкновенною приятностию. Но после несчастного вечера мысль, что честь его была замарана *[margin: dishonored]* и не омыта по его собственной вине, эта мысль меня не покидала и мешала мне обходиться с ним по-прежнему; мне было совестно на него глядеть. Сильвио был слишком умён и опытен, чтобы этого не заметить и не угадывать тому причины. Казалось, это огорчало его; по крайней мере я заметил раза два в нём желание со мною объясниться; но я избегал таких случаев, и Сильвио от меня отступился. С тех пор видался я с ним только при товарищах, и прежние откровенные разговоры наши прекратились. *[margin: ceased]*

прибли́зиться *be close*
воображе́ние *imagination*
сей *уст* *этот/*
привяза́ть *attach/*
зага́дка *riddle*

злоре́чие *уст* *spitefulness*
простоду́шие *open-heartedness*

замара́ть *sully/*
омы́ть *wash/* **вина́** *fault/*
покида́ть *leave/*
обходи́ться *behave*

уга́дывать *guess/*
огорча́ть *grieve*

отступи́ться *stay away*

Рассеянные жители столицы не имеют понятия о многих впечатлениях, столь известных жителям деревень или городков, например об ожидании почтового дня: во вторник и пятницу полковая наша канцелярия бывала полна офицерами: кто ждал денег, кто письма, кто газет. Пакеты обыкновенно тут же распечатывались, новости сообщались, и канцелярия представляла картину самую оживлённую. Сильвио получал письма, адресованные в наш полк, и обыкновенно тут же находился. Однажды подали ему пакет, с которого он сорвал печать с видом величайшего нетерпения. Пробегая письмо, глаза его сверкали. Офицеры, каждый занятый своими письмами, ничего не заметили. «Господа, — сказал им Сильвио, — обстоятельства требуют немедленного моего отсутствия; еду сегодня в ночь; надеюсь, что вы не откажетесь отобедать у меня в последний раз. Я жду и вас, — продолжал он обратившись ко мне, — жду непременно». С сим словом он поспешно вышел; а мы, согласясь соединиться у Сильвио, разошлись каждый в свою сторону.

Я пришёл к Сильвио в назначенное время и нашёл у него почти весь полк. Всё его добро было уже уложено; оставались одни голые, простреленные стены. Мы сели за стол; хозяин был чрезвычайно в духе, и скоро весёлость его соделалась общею; пробки хлопали поминутно, стаканы пенились и шипели беспрестанно, и мы со всевозможным усердием желали отъезжающему доброго пути и всякого блага. Встали из-за стола уже поздно вечером. При разборе фуражек Сильвио, со всеми прощаясь, взял меня за руку и остановил в ту самую минуту, как собирался я выйти. «Мне нужно с вами поговорить», — сказал он тихо. Я остался.

Гости ушли; мы остались вдвоём, сели друг противу друга и молча закурили трубки. Сильвио был озабочен; не было уже и следов его судорожной весёлости. Мрачная бледность,

---

рассе́янный   *distracted*
впечатле́ние   *impression/*
столь   *so*

канцеля́рия   *office*

распеча́тываться   *open*
представля́ть   *present*
оживлённый   *animated*

expectation

Russian stress

сорва́ть   *rip/*
печа́ть   *seal*

обстоя́тельство   *circumstance*
отсу́тствие   *absence*
отказа́ться   *refuse*

perf хедать

непреме́нно   *without fail*
договори́вшись
соедини́ться   *congregate*

rapidly

назна́чить   *appoint*
добро́   *goods*
го́лый   *bare*

extremely

в ду́хе   *in good spirits*
про́бка   *cork/* хло́пать   *pop*
пе́ниться   *foam/*
шипе́ть   *fizz/*
усе́рдие   *enthusiasm/*
бла́го   *happiness*

frequently w/o stop

all the best

разбо́р   *sorting out*

озабо́тить   *worry*
су́дорожный   *manic*

сверкающие глаза и густо́й дым, выходящий изо рту, придавали ему вид настоящего дья́вола. Прошло несколько минут, и Сильвио прервал молчание.

прерва́ть *break*

— Может быть, мы никогда больше не увидимся, — сказал он мне, — перед разлукой я хотел с вами объясниться. Вы могли заметить, что я мало уважаю посторо́ннее мнение; но я вас люблю, и чувствую: мне было бы тягостно оставить в вашем уме несправедливое впечатление.

разлу́ка *parting*

посторо́нний *outside*
тя́гостный *painful*

Он остановился и стал набивать выгоревшую свою трубку; я молчал, потупя глаза.

набива́ть *fill/*
вы́гореть *burn out/*
поту́пить *lower*

— Вам было странно, — продолжал он, — что я не требовал удовлетворения от этого пьяного сумасброда Р***. Вы согласитесь, что, имея право выбрать оружие, жизнь его была в моих руках, а моя почти безопасна: я мог бы приписать умереность мою одному великодушию, но не хочу лгать. Если б я мог наказать Р***, не подвергая вовсе моей жизни, то я б ни за что не простил его.

удовлетворе́ние *satisfaction*
сумасбро́д *lunatic*

punish   author

приписа́ть *attribute/*
уме́реность *restraint/*
великоду́шие *magnanimity/*
подверга́ть *expose*

Я смотрел на Сильвио с изумле́нием. Таково́е признание совершенно смутило меня. Сильвио продожал.

изумле́ние *astonishment*
призна́ние *admission*

— Так точно: я не имею права подвергать себя смерти. Шесть лет тому назад я получил пощёчину, и враг мой ещё жив.

пощёчина *slap*

Любопытство моё сильно было возбуждено.

любопы́тство *curiousity/*
возбуди́ть *awaken*

— Вы с ним не дрались? — спросил я. — Обстоятельства, верно, вас разлучили?

разлучи́ть *separate*

— Я с ним дрался, — отвечал Сильвио, — и вот памятник нашего поединка.

Сильвио встал и вынул из картона красную шапку с золотою кистью, с галуном (то, что французы называют bonnet de police), он её надел; она была прострелена на вершок ото лба.

карто́н *box*
кисть *tassel/*
галу́н *trim*

вершо́к *усm   inch*

лоб
forehead

2.1. Какие отношения между рассказчиком и Сильвио? Как вы думаете, сколько лет может быть рассказчику?

2.2. Опишите сцену, которая происходит в полковой канцелярии.

2.3. Почему Сильвио пригласил к себе офицеров? Как они провели вечер?

2.4. О чём Сильвио хотел поговорить с рассказчиком? Почему?

2.5. Когда Сильвио говорит, что он не хочет подвергать себя смерти, как рассказчик сначала понимает его слова? Почему он говорит, что он был смущён этим признанием?

— Вы знаете, продолжал Сильвио, — что я [служил] *served* в *** гусарском полку́. Характер мой вам известен: я привык пе́рвенствовать, но смолоду это было во мне страстию. В наше время буйство было в моде: я был первым буяном по армии. Мы хвастались пьянством: я перепил славного Бурцова, воспетого Денисом Давыдовым.[4] Дуэли в нашем полку случались поминутно: я на всех бывал или свидетелем, или действующим лицом. Товарищи меня обожали, а полковые командиры, поминутно сменяемые, смотрели на меня, как на необходимое зло. *necessary*

Я спокойно (или беспокойно) наслаждался моею славою, как определился к нам молодой человек богатой и знатной фамилии (не хочу назвать его). Отроду не встречал счастливца столь блистательного! Вообразите себе молодость, ум, красоту, весёлость самую бе́шеную, храбрость самую беспечную, громкое имя, деньги, которым не знал он счёта и которые никогда у него не переводились, и представьте себе какое действие должен был он произвести между нами. Первенство моё [поколебалось.] Обольщённый моею славою, он стал было искать моего дружества; но я принял его холодно, и он безо всякого сожаления от меня удалился. Я его возненавидел. Успехи его в полку и в обществе женщин приводили меня в совершенное

пе́рвенствовать *be superior*
бу́йство *rowdiness*
буя́н *rowdy*
хва́статься *boast/*
    перепи́ть *outdrink/*
    воспе́ть *laud*

обожа́ть *adore*
сменя́ть *replace*
зло *evil*

наслажда́ться *enjoy/*
сла́ва *glory/* определи́ться
    уст be assigned/
    зна́тный *noble/*
    счастли́вец *lucky man*

бе́шеный *madcap*
беспе́чный *carefree*
не знать счёта *know no end*
переводи́ться *run out*

пе́рвенство *superiority/*
    поколеба́ться *sway/*
    обольсти́ть *flatter*

---

[4]Денис Васильевич Давыдов (1784-1839), army officer and poet.

отчаяние. Я стал искать с ним ссоры; на эпиграммы мои отвечал он эпиграммами,[5] которые всегда казались мне неожиданнее и острее моих и которые, конечно, не в пример были веселее: он шутил, а я злобствовал. Наконец однажды на бале у польского помещика, видя его предметом внимания всех дам, и особенно самой хозяйки, бывшей со мною в связи, я сказал ему на ухо какую-то плоскую грубость. Он вспыхнул и дал мне пощёчину. Мы бросились к саблям; дамы попадали в обморок; нас растащили, и в ту же ночь поехали мы драться.

Это было на рассвете. Я стоял на назначенном месте с моими тремя секундантами. С неизъяснимым нетерпением ожидал я моего противника. Весеннее солнце взошло, и жар уже наспевал. Я увидел его издали. Он шёл пешком, с мундиром на сабле, сопровождаемый одним секундантом. Мы пошли к нему навстречу. Он приблизился, держа фуражку, наполненную черешнями. Секунданты отмерили нам двенадцать шагов. Мне должно было стрелять первому: но волнение злобы во мне было столь сильно, что я не понадеялся на верность руки и, чтобы дать себе время остыть, уступал ему первый выстрел; противник мой не соглашался. Положили бросить жребий: первый нумер достался ему, вечному любимцу счастия. Он прицелился и прострелил мне фуражку. Очередь была за мною. Жизнь его наконец была в моих руках; я глядел на него жадно, стараясь уловить хотя одну тень беспокойства . . . Он стоял под пистолетом, выбирая из фуражки спелые черешни и выплёвывая косточки, которые долетали до меня. Его равнодушие взбесило меня. Что пользы мне, подумал я, лишить его жизни, когда он ею вовсе не дорожит? Злобная мысль мелькнула в уме моём. Я опустил пистолет. «Вам,

отча́яние   *despair*

зло́бствовать   *be malicious*
поме́щик   *landowner*

пло́ский   *crude/*
 гру́бость   *insult/*
 вспы́хнуть   *flare up/*
 о́бморок   *faint/*
 растащи́ть   *drag apart*

рассве́т   *dawn*

неизъясни́мый   *inexplicable*

наспева́ть   *begin*
сопровожда́ть   *accompany*

чере́шня   *cherry/*
 отме́рить   *measure*

волне́ние   *agitation/*
 зло́ба   *malice/*
 понаде́яться   *rely on/*
 ве́рность   *dependability/*
 осты́ть   *cool off/*
 уступа́ть   *concede/*
 жре́бий   *lots*

жа́дно   *greedily*
тень   *trace*
спе́лый   *ripe*
выплёвывать   *spit out/*
 ко́сточка   *pit/*
 взбеси́ть   *infuriate/*
 лиши́ть   *deprive/*
 дорожи́ть   *value/*
 зло́бный   *malicious/*
 мелькну́ть   *flash*

---

[5]An "epigram" is any witty observation, usually in verse, that makes its point very concisely. In Pushkin's time common topics included other poets, personal enemies, amorous adventures, and, sometimes, political themes. An example of an extremely short epigram is Lermontov's Тот самый человек пустой, /Кто весь наполнен собой (1829).

кажется, теперь не до смерти, — сказал я ему, — вы изволите завтракать; мне не хочется вам помешать». — «Вы ничуть не мешаете мне, — возразил он, — извольте себе стрелять, а впрочем, как вам угодно: выстрел ваш остаётся с вами; я всегда готов к вашим услугам». Я обратился к секундантам, объявив, что нынче стрелять не намерен, и поединок тем и кончился.

Я вышел в отставку и удалился в это местечко. С тех пор не прошло ни одного дня, чтоб я не думал о мщении. [Ныне] час мой настал ...

Сильвио вынул из кармана утром полученное письмо и дал мне его читать. Кто-то (казалось, его поверенный по делам) писал ему из Москвы, что *известная особа* скоро должна вступить в законный брак с молодой и прекрасной девушкой.

— Вы догадываетесь, — сказал Сильвио, — кто эта *известная особа*. Еду в Москву. Посмотрим, так ли равнодушно примет он смерть перед своей свадьбой, как некогда ждал её за черешнями!

При сих словах Сильвио встал, бросил об пол свою фуражку и стал ходить взад и вперёд по комнате, как тигр по своей клетке. Я слушал его неподвижно; странные, противуположные чувства волновали меня.

Слуга вошёл и объявил, что лошади готовы. Сильвио крепко сжал мне руку; мы поцеловались. Он сел в тележку, где лежали два чемодана, один с пистолетами, другой с его пожитками. Мы простились ещё раз, и лошади поскакали.

ценить –

возрази́ть *object*

услу́га *service*

наме́рен *intend*

мще́ние *revenge/*
наста́ть *come*

пове́ренный *attorney*
осо́ба *person*
зако́нный *legal*

дога́дываться *guess*

кле́тка *cage*
противуполо́жный *уст* *contradictory*

сжать ру́ку *shake hand*
теле́жка *cart*
пожи́тки *things*
поскака́ть *gallop off*

3.1. Что мы узнали о молодости Сильвио из его рассказа?
Мы знаем, что он маленькая сука

3.2. Почему он так невзлюбил нового офицера?

3.3. Чем Сильвио был так расстроен на балу? Какие у него были отношения с хозяйкой дома?

3.4. Почему Сильвио не хотел стрелять первым?
потому что, он нервничал

3.5. Почему его противник ел черешню во время дуэли?

подлет

3.6. Почему Сильвио решил не стрелять?

3.7. Как вы оцениваете его характер после того, что вы о нём узнали?

II

He worked around his estate

Прошло несколько лет, и домашние обстоятельства принудили меня поселиться в бедной деревеньке Н*** уезда. Занимаясь хозяйством, я не переставал тихонько воздыхать о прежней моей шумной беззаботной жизни. Всего труднее было мне привыкнуть проводить осенние и зимние вечера в совершенном уединении. До обеда кое-как ещё дотягивал я время, толкуя со старостой, разъезжая по работам или обходя новые заведения; но коль скоро начинало смеркаться, я совершенно не знал куда деваться. Малое число книг, найденных мною под шкафами и в кладовой, были вытвержены мною наизусть. Все сказки, которые только могла запомнить ключница Кириловна, были мне пересказаны; песни баб наводили на меня тоску. Принялся я было за неподслащённую наливку, но от неё болела у меня голова; да признаюсь, побоялся я сделаться *пьяницею с горя*, то есть самым *горьким* пьяницею, чему примеров множество видел я в нашем уезде. Близких соседей около меня не было, кроме двух или трёх горьких, коих беседа состояла большею частию в икоте и воздыханиях. Уединение было сноснее.

establishment

going around

conversation

heavy breathing / inhaling

В четырёх верстах от меня находилось богатое поместье, принадлежащее графине Б***; но в нём жил только управитель, а графиня посетила своё поместье только однажды, в первый год своего замужества, и то прожила там не более месяца. Однако ж во вторую весну моего затворничества разнёсся слух, что графиня с мужем приедет на лето в свою деревню. В самом деле, они прибыли в начале июня месяца.

Приезд богатого соседа есть важная эпоха для деревенских жителей. Помещики и их дворовые

прину́дить *force*
уе́зд *ист* *district*
воздыха́ть *уст* *pine / sigh*
беззабо́тный *carefree*

уедине́ние *solitude*
дотя́гивать *drag out*
ста́роста *village elder*
коль ско́ро *as soon as*
смерка́ться *get dark*
дева́ться *go (what to do)*
кладова́я *storage*
вы́твердить *learn*
клю́чница *уст* *housekeeper*
наводи́ть *bring on* / **тоска́** *ennui*
подсласти́ть *sweeten*
нали́вка *liqueur*
го́ре *grief*
го́рький *chronic*

longing / melancholy

ико́та *hiccup*
сно́сный *tolerable*
верста́ *уст* *mile*
поме́стье *estate*
графи́ня *countess*
управи́тель *уст* *steward*
посети́ть *visit*

затво́рничество *confinement*
слух *rumor*

эпо́ха *event*
дворо́вые лю́ди *house serfs*

люди толкуют о том месяца два прежде и года три спустя. Что касается до меня, то, признаюсь, известие о прибытии молодой и прекрасной соседки сильно на меня подействовало; я горел нетерпением её увидеть, и потому в первое воскресение по её приезде отправился после обеда в село *** рекомендоваться их сиятельствам, как ближайший сосед и всепокорнейший слуга.

Лакей ввёл меня в графский кабинет, а сам пошёл обо мне доложить. Обширный кабинет был убран со всевозможною роскошью; около стен стояли шкафы с книгами, и над каждым бронзовый бюст; над мраморным камином было широкое зеркало; пол обит был зелёным сукном и устлан коврами. Отвыкнув от роскоши в бедном углу моём и уже давно не видав чужого богатства, я оробел и ждал графа с каким-то трепетом, как проситель из провинции ждёт выхода министра. Двери отворились, и вошёл мужчина лет тридцати двух, прекрасный собою. Граф приблизился ко мне с видом открытым и дружелюбным; я старался ободриться и начал было себя рекомендовать, но он предупредил меня. Мы сели. Разговор его, свободный и любезный, вскоре рассеял мою одичалую застенчивость; я уже начинал входить в обыкновенное моё положение, как вдруг вошла графиня, и смущение овладело мною пуще прежнего. В самом деле, она была красавица. Граф представил меня; я хотел казаться развязным, но чем больше старался взять на себя вид непринуждённости, тем более чувствовал себя неловким. Они, чтоб дать мне время оправиться и привыкнуть к новому знакомству, стали говорить между собою, обходясь со мною как с добрым соседом и без церемонии. Между тем я стал ходить взад и вперёд, осматривая книги и картины. В картинах я не знаток, но одна привлекла моё внимание. Она изображала какой-то вид из Швейцарии; но поразила меня в ней не живопись, а то, что картина была

---

news of a young beautiful neighbor

подействовать *affect*

— *burning*

рекомендоваться *introduce self*
сия́тельство *term of respect*
всепокорнейший *most humble*

доложить *announce/*
 обши́рный *immense/*
 убра́ть *decorate*

мра́морный *marble*
оби́ть *cover/*
 сукно́ *cloth/*
 устла́ть *overlay/*
 оробе́ть *grow timid*
тре́пет *trepidation*

отвы́кнуть - to no longer be accustomed with

fireplace

comfort luxuries

прекра́сный собою *handsome*
дружелю́бный *friendly*
ободри́ться *take heart*
предупреди́ть *anticipate*
рассе́ять *dissipate*
одича́лый *wild/*
 засте́нчивость *timidity*
овладе́ть *seize/*
 пу́ще *хуже*

развя́зный *relaxed*
непринуждённость *ease*
нело́вкий *awkward*
опра́виться *recover*

знато́к *connoisseur*
изобража́ть *depict*
порази́ть *strike*
жи́вопись *painting*

взволноваться

простелена двумя пулями, всаженными одна на другую.

— Вот хороший выстрел, — сказал я, обращаясь к графу.

— Да, — отвечал он, — выстрел очень замечательный. А хорошо вы стреляете? — продожал он.

— Изрядно, — отвечал я, обрадовавшись, что разговор коснулся наконец предмета, мне близкого. — В тридцати шагах промаху в карту не дам, разумеется из знакомых пистолетов.

— Право? — сказала графиня, с видом большой внимательности, — а ты, мой друг, попадёшь ли в карту на тридцати шагах?

— Когда-нибудь, — отвечал граф, — мы попробуем. В своё время я стрелял не худо; но вот уже четыре года, как я не брал в руки пистолета.

— О, — заметил я, — в таком случае бьюсь об заклад, что ваше сиятельство не попадёте в карту и в двадцати шагах: пистолет требует ежедневного упражнения. Это я знаю на опыте. У нас в полку я считался одним из лучших стрелков. Однажды случилось мне целый месяц не брать пистолета: мои были в починке; что же бы вы думали, ваше сиятельство? В первый раз, как стал потом стрелять, я дал сряду четыре промаха по бутылке в двадцати пяти шагах. У нас был ротмистр, остряк, забавник; он тут случился и сказал мне: знать у тебя, брат, рука не подымается на бутылку. Нет, ваше сиятельство, не должно пренебрегать этим упражнением, не то отвыкнешь как раз. Лучший стрелок, которого удалось мне встречать, стрелял каждый день, по крайней мере три раза перед обедом. Это у него было заведено, как рюмка водки.

Граф и графиня рады были, что я разговорился.

— А каково́ стрелял он? — спросил меня граф.

изря́дно *неплохо*

косну́ться *touch upon*

про́мах *miss*

внима́тельность *attentiveness*

ху́до *плохо*

би́ться об закла́д *уст* *wager*

почи́нка *repair*

ро́тмистр *ист* *captain/*
остря́к *wit/* **заба́вник** *joker*

пренебрега́ть *neglect*

завести́ *establish*

— Да вот как, ваше сиятельство: бывало, что увидит он, села на стену муха: вы смеётесь, графиня? Ей-Богу, правда. Бывало, увидит муху и кричит: «Кузька, пистолет!» Кузька и несёт ему заряженный пистолет. Он хлоп, и вдавит муху в стену!

му́ха   *fly*

заряди́ть   *load*/хлоп   *bang*/
вдави́ть   *smash*

— Это удивительно! — сказал граф, — а как его звали?

— Сильвио, ваше сиятельство.

— Сильвио! — вскричал граф, вскочив со своего места; — вы знали Сильвио?

shot up from his chair

— Как не знать, ваше сиятельство; мы были с ним приятели; он в нашем полку принят был, как свой брат-товарищ; да вот уж лет пять, как об нём не имею никакого известия. Так и ваше сиятельство, стало быть, знали его?

— Знал, очень знал. Не рассказывал ли он вам ... но нет; не думаю; не рассказывал ли он вам одного очень странного происшествия?

→ *event/accident*

— Не пощёчина ли, ваше сиятельство, полученная им на бале от какого-то повесы?

пове́са   *rake*

— А сказывал он вам имя этого повесы?

— Нет, ваше сиятельство, не сказывал ... Ах! ваше сиятельство, — продолжал я, догадываясь об истине, — извините ... я не знал ... уж не вы ли? ..

и́стина   *truth*

— Я сам, — отвечал граф с видом чрезвычайно расстроенным, — а простреленная картина есть памятник последней нашей встречи ...

— Ах, милый мой, — сказала графиня, — ради Бога не рассказывай; мне страшно будет слушать.

— Нет, — возразил граф, — я всё расскажу; он знает, как я обидел его друга: пусть же узнает, как Сильвио мне отомстил.

отомсти́ть   *take revenge*

Граф подвинул мне кресла, и я с живейшим
любопытством услышал следующий рассказ.

4.1. Как изменилась жизнь рассказчика?

4.2. Как он относится к новому образу жизни?

4.3. Почему он не общается с соседями? Чего он боится?

4.4. Какие новости его радуют?

4.5. Как выглядел кабинет графа Б***?

4.6. Почему рассказчик стесняется графа и графини?

4.7. Почему он стал осматривать картины?

4.8. Почему рассказчик заговорил о Сильвио?

4.9. Кем оказался граф Б***?

«Пять лет тому назад я женился. — Первый
месяц, the honeymoon, провёл я здесь, в этой
деревне. Этому дому обязан я лучшими минутами
жизни и одним из самых тяжёлых воспоминаний.

Однажды вечером ездили мы вместе верхом;
лошадь у жены что-то заупрямилась; она
испугалась, отдала мне поводья и пошла пешком
домой; я поехал вперёд. На дворе увидел я
дорожную телегу; мне сказали, что у меня в
кабинете сидит человек, не хотевший объявить
своего имени, но сказавший просто, что ему до
меня есть дело. Я вошёл в эту комнату и увидел в
темноте человека, запылённого и обросшего
бородой; он стоял здесь у камина. Я подошёл к
нему, стараясь припомнить его черты. «Ты не
узнал меня, граф?» — сказал он дрожащим
голосом. «Сильвио!» — закричал я, и, признаюсь,
я почувствовал, как волоса стали вдруг на мне
дыбом. «Так точно, — продолжал он, — выстрел за
мною; я приехал разрядить мой пистолет; готов
ли ты?». Пистолет у него торчал из бокового
кармана. Я отмерил двенадцать шагов и стал там
в углу, прося его выстрелить скорее, пока жена
не воротилась. Он медлил — он спросил огня.
Подали свечи. Я запер двери, не велел никому
входить и снова просил его выстрелить. Он
вынул пистолет и прицелился ... Я считал

верхо́м *on horseback*
заупря́миться *balk*
по́вод *rein*

запылённый *covered with dust/*
обро́сший *overgrown*

черта́ *feature*

признава́ться *admit*

стать ды́бом *stand on end*
разряди́ть *discharge*
торча́ть *stick out/*
боково́й *side*

ме́длить *delay*
свеча́ *candle/*
запере́ть *lock*

секунды ... я думал о ней ... Ужасная прошла минута! Сильвио опустил руку. «Жалею, — сказал он, — что пистолет заряжен не черешневыми косточками ... пуля тяжела. Мне всё кажется, что у нас не дуэль, а убийство: я не привык целить в безоружного. Начнём сызнова; кинем жребий, кому стрелять первому». Голова моя шла кругом ... Кажется, я не соглашался ... Наконец мы зарядили ещё пистолет; свернули два билета; он положил их в фуражку, некогда мною простреленную; я вынул опять первый номер. «Ты, граф, дьявольски счастлив», — сказал он с усмешкою, которой никогда не забуду. Не понимаю, что со мною было и каким образом мог он меня к тому принудить ... но — я выстрелил, и попал вот в эту картину. (Граф указывал пальцем на простреленную картину; лицо его горело как огонь; графиня была бледнее своего платка: я не мог воздержаться от восклицания.)

— Я выстрелил, — продолжал граф, — и, слава Богу, дал промах; тогда Сильвио ... (в эту минуту он был, право, ужасен) Сильвио стал в меня прицеливаться. Вдруг двери отворились, Маша вбегает и с визгом кидается мне на шею. Её присутствие возвратило мне всю бодрость. «Милая. — сказал я ей, — разве ты не видишь, что мы шутим? Как же ты перепугалась! поди, выпей стакан воды и приди к нам; я представлю тебе старинного друга и товарища». Маше всё ещё не верилось. «Скажите, правду ли муж говорит? — сказала она, обращаясь к грозному Сильвио, — правда ли, что вы оба шутите?» — «Он всегда шутит, графиня, — отвечал ей Сильвио, — однажды дал он мне шутя пощёчину, шутя прострелил мне вот эту фуражку, шутя дал сейчас по мне промах; теперь и мне пришла охота пошутить ... ». С этим словом он хотел в меня прицелиться ... при ней! Маша бросилась к его ногам. «Встань, Маша, стыдно! — закричал я в бешенстве; — а вы, сударь, перестанете ли издеваться над бедной женщиной? Будете ли вы

безору́жный *unarmed/*
сы́знова *снова/*
ки́нуть *бросить*

сверну́ть *roll up*

усме́шка *mockery*

воздержа́ться *refain*

визг *shriek/*
кида́ться *бросаться/*
прису́тствие *presence/*
бо́дрость *courage*

охо́та *desire*

издева́ться *mock*

стрелять или нет?» — «Не буду, — отвечал
Сильвио, — я доволен: я видел твоё смятение,
твою робость; я заставил тебя выстрелить по
мне, с меня довольно. Будешь меня помнить.
Предаю тебя твоей совести». Тут он было вышел,
но остановился в дверях, оглянулся на
простреленную мною картину, выстрелил в неё,
почти не целясь, и скрылся. Жена лежала в
обмороке; люди не смели его остановить и с
ужасом на него глядели; он вышел на крыльцо,
кликнул ямщика и уехал, прежде чем успел я
опомниться».

смяте́ние *dismay*

скры́ться *disappear*
сметь *dare*
крыльцо́ *porch*
кли́кнуть *call for*/**ямщи́к** *driver*

Граф замолчал. Таким образом узнал я конец
повести, коей начало некогда так поразило меня.
С героем оной уже я не встречался. Сказывают,
что Сильвио, во время возмущения Александра
Ипсиланти, предводительствовал отрядом
этеристов и был убит в сражении под
Скулянами.[6]

о́ной *уст* *её*
возмуще́ние *уст* *revolt*
предводи́тельствовать *lead*/
  отря́д *detachment*/**сраже́ние** *battle*

5.1. Какие отношения у графа с женой?

5.2. Почему граф сначала не узнал Сильвио?

5.3. Почему граф благодарит Бога за то, что он дал промах?

5.4. Как бы вы поступили на месте графа? А на месте его жены?

5.5. Какое отношение имеют сведения об обстоятельствах смерти Сильвио к этому рассказу?

5.6 Почему этот рассказ называется «Выстрел»?

---

[6]Alexander Ypsilanti (1792-1828) was the leader of Philike Hetairia (Филики Этерия), a Greek revolutionary organization. Ypsilanti's revolt against the Turks in 1821 signaled the beginning of the Greek War of Independence.

Задания

1. Какие из этих слов подходят для описания Сильвио. Сколько слов вы можете добавить к этому списку?

военный	молодой	таинственный
угрюмый	счастливый	щедрый
весёлый	богатый	злой
честный	мстительный	мрачный
грозный	терпеливый	скучный
простой	разговорчивый	общительный
деревенский	смешной	скромный
самолюбивый	хвастливый	дружелюбный
справедливый	равнодушный	злобный
упрямый	храбрый	настойчивый

2. В конце первой главы рассказчик говорит, что странные, противоположные чувства волновали его. Напишите письмо от имени рассказчика, в котором он описывает эти чувства.

3. Опишите первую дуэль с точки зрения одного из секундантов.

4. Напишите письмо от имени графини Б***, в котором вы описываете вторую встречу Сильвио с её мужем.

5. Представьте себе, что Сильвио ведёт дневник. Опишите события этого рассказа с его точки зрения. Не забудьте, что только Сильвио знает хронологический порядок событий.

6. Как вы знаете, в начале своих отношений, Сильвио и граф Б*** обменивались эпиграммами. Попробуйте написать эпиграмму на любую тему.

Александр Сергеевич Пушкин

Метель (1830)

Болдино
болдинская осень

Упражнения

1. *In this story you will see a number of simple superlatives formed with -айший and -ейший. Superlatives of this type generally suggest an emotional involvement on the part of the speaker rather than a true comparison:* Людмила Ивановна милейший человек! (*Liudmila Ivanova is the* nicest *person!*). *Substitute simple superlatives from this list for a more neutral word or phrase in each sentence. How do you think you have changed the tone of the sentence?*

блаженнейший, драгоценнейший, дражайший, малейший, несчастнейший

блаженнейшую

1. Она оканчивала своё письмо тем, что самой блаженной минутой жизни почтёт она ту, когда позволено будет ей броситься к ногам дорогих её родителей.

2. Русской женщине обязан он был лучшей, самой драгоценной наградой.

3. Я самое несчастное создание.

4. Она никому не подавала самой малой надежды.

2. *The genitive case is used in these sentences because of the negative expressions* не было (*there was no*), не видно (*cannot be seen*), *or* не видать (*not to be seen*). *In these sentences, first find the word in the genitive case and then translate the sentences into English.*

1. Рощи всё было не видать.

2. Полю не было конца.

3. Жадрина было не видать.

4. Роще не было конца.

5. Владимира давно не видно было в доме Гаврилы Гавриловича.

3. *All of these sentences contain past passive participles that can be replaced by a relative clause with the word* который *in the accusative case. First replace the passive participles with relative clauses, and then translate your new sentences into English.*

1. Предмет, избранный ею, был бледный армейский прапорщик.

2. Владимир ехал полем, пересечённым глубокими оврагами.

3. Скоро нашёл он дорогу и въехал во мрак деревьев, обнажённых зимой. *которых*

4. Перед Владимиром лежала равнина, устланная белым волнистым ковром. *которую устлал белый ... ковёр*

5. Владимир остался недвижим, как человек, приговорённый к смерти. *которого приговорили к смерти*

6. Парень отыскивал дорогу, занесённую снеговыми сугробами. *которую занесли снеговыми сугробами*

7. Письма, накануне ею написанные, сожгли. *она написала*

8. Она берегла книги, когда-то им прочитанные, и стихи, им переписанные для неё. *которые он* *которые он*

9. Я вошёл в церковь, слабо освещённую двумя или тремя свечами. *которую освещали две или три свечи.*

положение - position

Перед чтением

1 Что такое «счастливый брак»? Какие факторы являются самыми важными: желания родителей; общественное положение жениха *groom* и невесты; общественное мнение; любовь; деньги; судьба; или что-нибудь другое?

2 Обсудите следующие русские поговорки. В каких случаях можно их употреблять? *— изе (употреблять)*

a betrothed horse will not travel

1. Суженого конём не объедешь. *суженого - betrothed*

2. Бедность не порок. → *"poverty is not a vice"*

3. Жить не с богатством, а с человеком. *"live not with a rich man, but with a man"*

3. Существуют ли соответствующие поговорки в английском языке?

ТЕКСТ И ВОПРОСЫ

Метель

Кони мчатся по буграм,
Топчут снег глубокий...
Вот, в сторонке божий храм
Виден одинокий.

. . . .

Вдруг метелица кругом;
Снег валит клоками;
Чёрный вран, свистя крылом,
Вьётся над санями;
Вещий стон гласит печаль!
Кони торопливы
Чутко смотрят в тёмну даль,
Воздымая гривы...

Жуковский.[1]

мча́ться rush/*буго́р* knoll
то́пать stamp
бо́жий God's/*храм* temple

мете́лица метель
вали́ть клока́ми come down hard
вран уст raven/*крыло́* wing
ви́ться hover
ве́щий поэт prophetic/
гласи́ть уст announce
чу́тко alertly
воздыма́ть уст raise/*гри́ва* mane

В конце 1811 года, в эпоху нам достопа́мятную, жил в своём поместье Ненара́дове добрый Гаврила Гаврилович Р**. Он славился во всей округе гостеприимством и радушием; соседи поминутно ездили к нему поесть, попить, поиграть по пяти копеек в бостон с его женою, Прасковьей Петровною, а некоторые для того, чтоб поглядеть на дочку их, Марью Гавриловну, стройную, бледную и семнадцатилетнюю девицу. Она считалась богатой невестою, и многие про́чили её за себя или за сыновей.

достопа́мятный memorable

сла́виться be famous
окру́га neighborhood/
раду́шие cordiality
босто́н card game

деви́ца девушка

про́чить intend

Марья Гавриловна была воспитана на французских романах, и следственно была влюблена́. Предмет, избранный ею, был бледный армейский прапорщик, находившийся в отпуску в своей деревне. Само по себе[разумеется] что молодой человек пылал равною страстию, и что родители его любезной, заметя их взаимную склонность, запретили дочери о нём и думать, а

воспита́ть raise

пра́порщик уст ensign
само́ по себе разуме́ется it
goes without saying/
пыла́ть blaze/
взаи́мный mutual/
скло́нность inclination

---

[1]Василий Андреевич Жуковский (1783-1852), a Romantic poet. These lines are from his poem «Светлана», the story of a woman's midnight ride with the ghost of her lover, who has been killed in battle.

его принимали хуже, не́жели отставно́го заседателя.

Наши любовники были в переписке, и [всякий] день видались наедине в сосновой роще или у старой часовни. Там они кляли́сь друг другу в вечной любви, сетовали на судьбу и делали различные предположения. Переписываясь и разговаривая таким образом, они (что весьма естественно) дошли до следующего рассуждения: если мы друг без друга дышать не можем, а воля жестоких родителей препятствует нашему благополучию, то нельзя ли нам будет обойтись без неё? Разумеется, что эта счастливая мысль пришла сперва в голову молодому человеку, и что она весьма понравилась романтическому воображению Марьи Гавриловны.

Наступила зима и прекратила их свидания; но переписка сделалась тем живее. Владимир Николаевич в каждом письме умолял её предаться ему, венчаться тайно, скрываться несколько времени, броситься потом к ногам родителей, которые конечно будут тронуты наконец героическим постоянством и несчастием любовников и скажут им непременно: Дети! Придите в наши объятия.

Марья Гавриловна долго колебалась; множество планов побега было отвергнуто. Наконец она согласилась: в назначенный день она должна была не ужинать и удалиться в свою комнату под предлогом головной боли. Девушка её была в заговоре; обе они должны были выйти в сад через заднее крыльцо, за садом найти готовые сани, садиться в них и ехать за пять вёрст от Ненарадова в село Жадрино, прямо в церковь, где уж Владимир должен был их ожидать.

Накануне решительного дня Марья Гавриловна не спала всю ночь; она укладывалась, увязывала бельё и платье, написала длинное письмо к одной чувствительной барышне, её подруге, другое к своим родителям. Она прощалась с ними в самых

нежели *уст*   чем
заседа́тель   *assessor*

far-writing in correspondence

наедине́   *alone*/сосно́вый *pine*/
ро́ща *grove*/часо́вня *chapel*/
кля́сться *swear*/
се́товать *lament*
предположе́ние   *plan*

рассужде́ние *уст*   *conclusion*
дыша́ть *breathe*/во́ля *will*
препя́тствовать   *hinder*
благополу́чие   *happiness*/
обойти́сь   *manage*

умоля́ть   *beg*
преда́ться   *surrender*/
венча́ться   *wed*

тро́нуть   *touch*
постоя́нство   *constancy*

объя́тия   *embrace*

колеба́ться   *hesitate*
отве́ргнуть   *reject*

предло́г   *pretext*
за́говор   *plot*

Руслан и Людмила
— первая поэма поэта Пушкина

служанка

укла́дываться   *pack*/
увя́зывать   *bundle up*
чувстви́тельный   *sentimental*

трогательных выражениях, извиняла свой поступок неодолимою силою страсти и оканчивала тем, что блаженнейшею минутою жизни почтёт она ту, когда позволено будет ей броситься к ногам дражайших её родителей. Запечатав оба письма тульской[2] печаткою, на которой изображены были два пылающие сердца с приличной надписью, она бросилась на постель перед самым рассветом и задремала; но и тут ужасные мечтания поминутно её пробуждали. То казалось ей, что в самую минуту, как она садилась в сани, чтоб ехать венчаться, отец её останавливал её, с мучительной быстротою тащил её по снегу и бросал в тёмное, бездонное подземелие... и она летела стремглав с неизъяснимым замиранием сердца; то видела она Владимира, лежащего на траве, бледного, окровавленного. Он, умирая, молил её пронзительным голосом поспешить с ним обвенчаться... другие безобразные, бессмысленные видения неслись перед нею одно за другим. Наконец она встала, бледнее обыкновенного и с непритворной головною болью. Отец и мать заметили её беспокойство; их нежная заботливость и беспрестанные вопросы: что с тобою, Маша? не больна ли ты, Маша? раздирали её сердце. Она старалась их успокоить, казаться весёлою, и не могла. Наступил вечер. Мысль, что уже в последний раз провожает она день посреди своего семейства, стесняла её сердце. Она была чуть жива; она втайне прощалась со всеми особами, со всеми предметами, её окружавшими.

Подали ужинать; сердце её сильно забилось. Дрожащим голосом объявила она, что ей ужинать не хочется, и стала прощаться с отцом и матерью. Они её поцеловали и, по обыкновению, благословили: она чуть не заплакала. Пришед в свою комнату, она кинулась в кресла и залилась

трóгательный *touching/*
выраже́ние *expression/*
неодоли́мый *invincible*

печа́тка *seal*

нáдпись *inscription*
задрема́ть *doze*
пробужда́ть *awaken*

мучи́тельный *agonizing/*
тащи́ть *drag/*
бездо́нный *bottomless/*
стремгла́в *headlong/*
замира́ние *sinking*

окровá́вленный *bloodied/*
моли́ть *entreat/*
пронзи́тельный *penetrating/*
безобра́зный *hideous/*
нести́сь *rush*

непритво́рный *unfeigned*

раздира́ть *lacerate*

стесня́ть *depress*

благослови́ть *bless*

---

[2]From Тула, a city in central Russia noted for its metal work.

the blizzard

слезами. Девушка уговаривала её успокоиться и ободриться. Всё было готово. Через полчаса Маша должна была навсегда оставить родительский дом, свою комнату, тихую девическую жизнь... На дворе была метель; ветер выл, ставни тряслись и стучали; всё казалось ей угрозой и печальным предзнаменованием. Скоро в доме всё утихло и заснуло. Маша окуталась шалью, надела тёплый капот, взяла в руки шкатулку свою и вышла на заднее крыльцо. Служанка несла за нею два узла. Они сошли в сад. Метель не утихала; ветер дул навстречу, как будто силясь остановить молодую преступницу. Они насилу дошли до конца сада. На дороге сани дожидались их. Лошади, прозябнув, не стояли на месте, кучер Владимира расхаживал перед оглоблями, удерживая ретивых. Он помог барышне и её девушке усесться и уложить узлы и шкатулку, взял вожжи, и лошади полетели. Поручив барышню попечению судьбы и искусству Терёшки кучера, обратимся к молодому нашему любовнику.

выть *howl/*
ста́вень *shutter/***трясти́сь** *shake/*
предзнаменова́ние *omen*
оку́таться *wrap up*

шкату́лка *box*
у́зел *bundle*

си́литься *try/*
престу́пница *wrongdoer*
прозя́бнуть *be chilled*
ку́чер *driver/***расха́живать** *pace*
огло́бля *shaft/*
рети́вый уст *fiery (horses)*
во́жжи *reins*
поручи́ть *entrust/*
попече́ние *care*

1.1 Какую сцену описывает Жуковский в своём стихотворении? Почему Пушкин начинает свой рассказ этими строчками?

1.2 Почему Пушкин называет конец 1811 года «достопамятной эпохой»? Что происходило в это время в России?

1.3 Опишите ненарадовского помещика Гаврилу Гавриловича и его жену. Как вы представляете себе их жизнь?

1.4 Опишите их дочь Марью Гавриловну. Чем она занималась? Как она относилась к литературе? Если бы она жила в наше время, то какие книги она бы любила читать?

1.5 Почему Гаврила Гаврилович и Прасковья Петровна запретили дочери думать о молодом прапорщике? Как бы вы поступили на их месте?

1.6 Какой план составили молодые влюблённые? А что бы вы делали на их месте?

1.7 Опишите сон Марьи Гавриловны. Как вы думаете, что он может означать?

1.8 Какое настроение было у Марьи Гавриловны, когда она убегала из родительского дома?

Целый день Владимир был в разъезде. Утром был он у жадринского священника; насилу с ним уговорился; потом поехал искать свидетелей между соседними помещиками. Первый, к кому явился он, отставной сорокалетний корнет Дравин, согласился с охотою. Это приключение, уверял он, напоминало ему прежнее время и гусарские проказы. Он уговорил Владимира остаться у него отобедать и уверил его, что за другими двумя свидетелями дело не станет. В самом деле, тотчас после обеда явился землемер Шмит в усах и шпорах и сын капитан-исправника, мальчик лет шестнадцати, недавно поступивший в уланы. Они не только приняли предложение Владимира, но даже клялись ему в готовности жертвовать для него жизнию. Владимир обнял их с восторгом и поехал домой приготовляться.

Уже давно смеркалось. Он отправил своего надёжного Терёшку в Ненарадово с своею тройкою и с подробным, обстоятельным наказом, а для себя велел заложить маленькие сани в одну лошадь, и один без кучера отправился в Жадрино, куда часа через два должна была приехать и Марья Гавриловна. Дорога была ему знакома, а езды всего двадцать минут.

Но едва Владимир выехал за околицу в поле, как поднялся ветер и сделалась такая метель, что он ничего не взвидел. В одну минуту дорогу занесло; окрестность исчезла во мгле мутной и желтоватой, сквозь которую летели белые хлопья снегу; небо слилось с землёю. Владимир очутился в поле и напрасно хотел снова попасть на дорогу; лошадь ступала наудачу и поминутно то взъезжала на сугроб, то проваливалась в яму; сани поминутно опрокидывались. Владимир старался только не потерять настоящего направления. Но ему казалось, что уже прошло более получаса, а

в разъе́зде	*on the go*
свяще́нник	*priest*
корне́т уст	*cavalry officer*
приключе́ние	*adventure*
напомина́ть	*remind*
прока́за	*prank*
де́ло не ста́нет	*the undertaking will not fail/*
землеме́р	*surveyor*
шпо́ры	*spurs*
испра́вник уст	*police officer*
ула́н уст	*lancer*
же́ртвовать	*sacrifice*
обня́ть	*embrace*
надёжный	*trusty*
обстоя́тельный	*detailed/*
нака́з	*instructions/*
заложи́ть	*harness*
око́лица	*outskirts*
занести́	*drift over*
мгла *murk/***му́тный** *dull*
хло́пья	*flakes*
сли́ться	*merge/*
очути́ться	*find self*
ступа́ть	*step*
сугро́б *snow drift/***я́ма** *hole*
опроки́дываться	*turn over*
направле́ние	*direction*

он не доезжал ещё до Жадринской рощи. Прошло ещё около десяти минут; рощи всё было не видать. Владимир ехал полем, пересечённым глубокими оврагами. Метель не утихала, небо не прояснялось. Лошадь начинала уставать, а с него пот катился градом, несмотря на то, что он поминутно был по пояс в снегу.

Наконец он увидел, что едет не в ту сторону. Владимир остановился: начал думать, припоминать, соображать и уверился, что должно было взять ему вправо. Он поехал вправо. Лошадь его чуть ступала. Уже более часа был он в дороге. Жадрино должно было быть недалеко. Но он ехал, ехал, а полю не было конца. Всё сугробы да овраги; поминутно сани опрокидывались, поминутно он их подымал. Время шло; Владимир начинал сильно беспокоиться.

Наконец в стороне что-то стало чернеть. Владимир поворотил туда. Приближаясь, увидел он рощу. Слава Богу, подумал он, теперь близко. Он поехал около рощи, надеясь тотчас попасть на знакомую дорогу или объехать рощу кругом; Жадрино находилось тотчас за нею. Скоро нашёл он дорогу и въехал во мрак дерев, обнажённых зимою. Ветер не мог тут свирепствовать; дорога была гладкая; лошадь ободрилась, и Владимир успокоился.

Но он ехал, ехал, а Жадрина было не видать; роще не было конца. Владимир с ужасом увидел, что он заехал в незнакомый лес. Отчаяние овладело им. Он ударил по лошади; бедное животное пошло было рысью, но скоро стало приставать и через четверть часа пошло шагом, несмотря на все усилия несчастного Владимира.

Мало-помалу, деревья начали редеть, и Владимир выехал из лесу; Жадрина было не видать. Должно было быть около полуночи. Слёзы брызнули из глаз его; он поехал наудачу. Погода утихла, тучи расходились, перед ним лежала равнина, устланная белым волнистым ковром. Ночь была

пересе́чь crisscross
овра́г ravine

пот sweat/
кати́ться roll/**град** hail/
по по́яс up to his waist

припомина́ть recall/
сообража́ть comprehend/
уве́риться be convinced

мрак gloom/
обнажи́ть lay bare/
свире́пствовать rage

рысь trot
пристава́ть уставать

реде́ть thin out

бры́знуть spurt

равни́на plain
волни́стый undulating

[handwritten margin notes:] метель, сметение (same root: мести,) to sweep

чайно - despair

довольно ясна. Он увидел невдалеке деревушку, состоящую из четырёх или пяти дворов. Владимир поехал к ней. У первой избушки он выпрыгнул из саней, подбежал к окну и стал стучаться. Через несколько минут деревянный ставень поднялся, и старик высунул свою седую бороду. «Что те надо?» — «Далеко ли Жадрино?» — «Жадрино-то далеко ли?» — «Да, да! Далеко ли?» — «Недалече; вёрст десяток будет». При сём ответе Владимир схватил себя за волосы и остался недвижим, как человек, приговорённый к смерти.

стуча́ться knock

те прост тебе

pulled at his hair

недвижи́мый motionless/
приговори́ть condemn

«А отколе ты?» — продолжал старик. Владимир не имел духа отвечать на вопросы. «Можешь ли ты, старик, — сказал он, — достать мне лошадей до Жадрина?» — «Каки у нас лошади», — отвечал мужик. — «Да не могу ли взять хоть проводника? Я заплачу, сколько ему будет угодно». — «Постой, — сказал старик, опуская ставень, — я те сына вышлю; он те проводить». Владимир стал дожидаться. Не прошло минуты, он опять начал стучаться. Ставень поднялся, борода показалась. «Что те надо?» — «Что ж твой сын?» — «Сейчас выдет, обувается. Али ты прозяб? взойди погреться». — «Благодарю, высылай скорее сына».

отко́ле прост откуда
дух heart

мужи́к peasant/
проводни́к guide/
посто́ять wait

показа́ться show self

обува́ться put shoes on/
а́ли прост или/
погре́ться warm up

Ворота заскрыпели; парень вышел с дубиною и пошёл вперёд, то указывая, то отыскивая дорогу, занесённую снеговыми сугробами. «Который час?» — спросил его Владимир. «Да уж скоро рассвенет», — отвечал молодой мужик. Владимир не говорил уже ни слова.

заскрыпе́ть creak/
дуби́на cudgel

рассве́нуть уст dawn

Пели петухи и было уже светло, как достигли они Жадрина. Церковь была заперта. Владимир заплатил проводнику и поехал на двор к священнику. На дворе тройки его не было. Какое известие ожидало его!

пету́х rooster

2.1 Каких свидетелей нашёл Владимир? Почему они согласились ему помочь?

2.2 Почему Владимир решил отправиться в Жадрино один?

здравый смысл - common sense

2.3 Расскажите как Владимир ехал в Жадрино. Что бы вы делали на его месте?

2.4 Опишите сцену, которую увидел Владимир, когда метель утихла.

2.5 Как Владимир наконец добрался до Жадрина?

2.6 Какое известие, вы думаете, ожидало его там?

Но возвратимся к добрым ненарадовским помещикам и посмотрим, что-то у них делается.

А ничего.

Старики проснулись и вышли в гостиную. Гаврила Гаврилович в колпаке́ и байковой куртке, Прасковья Петровна в шлафроке на вате. Подали самовар, и Гаврила Гаврилович послал девчонку узнать от Марьи Гавриловны, каково её здоровье и как она почивала. Девчонка воротилась, объявляя, что барышня почивала-де дурно, но что ей-де теперь легче и что она-де сейчас придёт в гостиную. В самом деле, дверь отворилась, и Марья Гавриловна подошла здороваться с папенькой и с маменькой.

колпа́к *nightcap/*
   ба́йковый *flannel/*
   шлафро́к *уст housecoat/*
   на ва́те *quilted*

почива́ть *уст спать*
-де *прост* shows reported speech

«Что твоя голова, Маша?» — спросил Гаврила Гаврилович. — «Лучше, папенька», — отвечала Маша. — «Ты верно, Маша, вчерась угорела?» — сказала Прасковья Петровна. — «Может быть, маменька», — отвечала Маша.

угоре́ть *be poisoned by charcoal fumes*

День прошёл благополучно, но в ночь Маша занемогла. Послали в город за лекарем. Он приехал к вечеру и нашёл больную в бреду. Открылась сильная горячка, и бедная больная две недели находилась у края гроба.

занемо́чь *заболеть/*
ле́карь *уст врач/*
бред *delirium/*
горя́чка *уст температура*
край *edge/*гроб *grave*

Никто в доме не знал о предположенном побеге. Письма, накануне ею написанные, были сожжены; её горничная никому ни о чём не говорила, опасаясь гнева господ. Священник, отставной корнет, усатый землемер и маленький улан были скромны, и недаром. Терёшка-кучер никогда ничего лишнего не высказывал, даже и во хмелю. Таким образом тайна была сохранена

накану́не *the day before*

сжечь *burn/*горничная *maid*
опаса́ться *fear/*гнев *wrath*

во хмелю ~~in his cups~~

half a dozen

более чем [полудюжиною] заговорщиков. Но
Марья Гавриловна сама в беспрестанном бреду
высказывала свою тайну. Однако ж её слова были
столь несообразны ни с чем, что мать, не
отходившая от её постели, могла понять из них
только то, что дочь была смертельно влюблена во
Владимира Николаевича и что, вероятно, любовь
была причиною её болезни. Она советовалась со
своим мужем, с некоторыми соседями, и наконец
единогласно все решили, что, видно, такова была
судьба Марьи Гавриловны, что суженого конём не
объедешь, что бедность не порок, что жить не с
богатством, а с человеком, и тому подобное.
Нравственные поговорки бывают удивительно
полезны в тех случаях, когда мы от себя мало что
можем выдумать себе в оправдание.

несообра́зный *incongruous*

смерте́льно *mortally*

единогла́сно *unanimously*
су́женый *intended*/**конь** *horse*

нра́вственный *moral*

оправда́ние *justification*

Между тем барышня стала выздоравливать.
Владимира давно не видно было в доме Гаврилы
Гавриловича. Он был напуган обыкновенным
приёмом. Положили послать за ним объявить ему
неожиданное счастие: согласие на брак. Но
каково было изумление ненарадовских
помещиков, когда в ответ на их приглашение
получили они от него полусумасшедшее письмо!
Он объявлял им, что нога его не будет никогда в
их доме, и просил забыть о несчастном, для
которого смерть остаётся единою надеждою.
Через несколько дней узнали они, что Владимир
уехал в армию. Это было в 1812 году.

3.1 Расскажите о болезни Марьи Гавриловны. Отчего она
заболела?

3.2 Что она могла говорить в бреду? Как её родители
воспринимали её слова?

3.3 Как изменилось поведение Владимира? Чем можно было бы
объяснить такое изменение?

3.4 Как вы думаете, что произойдёт с Владимиром и Марьей
Гавриловной дальше?

Долго не смели объявить об этом
выздоравливающей Маше. Она никогда не

упоминала о Владимире. Несколько месяцев уже
спустя, нашед имя его в числе отличившихся и
тяжело раненных под Бородином,[3] она упала в
обморок, и боялись, чтоб горячка её не
возвратилась. Однако, слава Богу, обморок не
имел последствия.

Другая печаль её посетила: Гаврила Гаврилович
скончался, оставя её наследницей всего имения.
Но наследство не утешало её; она разделяла
искренно горесть бедной Прасковьи Петровны,
клялась никогда с нею не расставаться; обе они
оставили Ненарадово, место печальных
воспоминаний, и поехали жить в скоє поместье.

Женихи кружились и тут около милой невесты;
но она никому не подавала и малейшей надежды.
Мать иногда уговаривала её выбрать себе друга;
Марья Гавриловна качала головой и
задумывалась. Владимир уже не существовал: он
умер в Москве, накануне вступления французов.
Память его казалась священною для Маши; по
крайней мере она берегла всё, что могло его
напомнить: книги, им некогда прочитанные, его
рисунки, ноты и стихи, им переписанные для
неё. Соседи, узнав обо всём, дивились её
постоянству и с любопытством ожидали героя,
долженствовавшего наконец восторжествовать
над печальной верностью этой девственной
Артемизы.[4]

Между тем война со славою была кончена. Полки
наши возвращались из-за границы. Народ бежал
им навстречу. Музыка играла завоёванные песни:
Vive Henri-Quatre, тирольские вальсы и арии из
Жоконда. Офицеры, ушедшие в поход почти
отроками, возвращались, возмужав на бранном
воздухе, обвешанные крестами. Солдаты весело
разговаривали между собою, вмешивая
поминутно в речь немецкие и французские слова.

упоминáть   *mention*
отличи́ться   *be distinguished*

Кутузов

сконча́ться   *умереть/*
насле́дница   *heiress/*
утеша́ть   *comfort/*разделя́ть   *share/*
го́ресть   *sorrow*

a Ruth - like character

кружи́ться   *swarm*

*she didn't give them the
slightest hope*

кача́ть   *shake*
*качать головой -
shake one's
head*

вступле́ние   *entry*
свяще́нный   *sacred*
бере́чь   *preserve*
напо́мнить   *remind*

постоя́нство   *constancy*
долженствова́ть   *уст   must/*
восторжествова́ть   *triumph/*
де́вственный   *virgin*

завоёванный   *won in battle*
тиро́льский   *Tyrolean*
Жоко́нд   *opera/*похо́д   *campaign*
о́трок   *boy/*
возмужа́ть   *become a man/*
бра́нный   *уст   martial/*
обве́шать   *cover/*
крест   *military decoration/*
вме́шивать   *mix*

---

[3]Бородино, site of a major battle in the war with Napoleon.
[4]Artemisia, widow of King Mausolos. His tomb (mausoleum) was one of the Seven Wonders of the Ancient World.

Время незабвенное! Время славы и восторга! Как сильно билось русское сердце при слове отечество! Как сладки были слёзы свидания! С каким единодушием мы соединяли чувства народной гордости и любви к государю! А для него какая была минута!

Женщины, русские женщины были тогда бесподобны. Обыкновенная холодность их исчезла. Восторг их был истинно упоителен, когда, встречая победителей, кричали они: ура!

И в воздух чепчики бросали.[5]

Кто из тогдашних офицеров не сознается, что русской женщине обязан он был лучшей, драгоценнейшей наградою?.. В это блистательное время Марья Гавриловна жила с матерью в *** губернии и не видала, как обе столицы праздновали возвращение войск. Но в уездах и деревнях общий восторг, может быть, был ещё сильнее. Появление в сих местах офицера было для него настоящим торжеством, и любовнику во фраке плохо было в его соседстве.

Мы уже сказывали, что, несмотря на её холодность, Марья Гавриловна всё по-прежнему окружена была искателями. Но все должны были отступить, когда явился в её замке раненый гусарский полковник Бурмин, с Георгием в петлице и с интересной бледностию, как говорили тамошние барышни. Ему было около двадцати шести лет. Он приехал в отпуск в свои поместья, находившиеся по соседству деревни Марьи Гавриловны. Марья Гавриловна очень его отличала. При нём обыкновенная задумчивость её оживлялась. Нельзя было сказать, чтоб она с ним кокетничала; но поэт, заметя её поведение, сказал бы:

> Se amor non é, che dunque?..[6]

незабве́нный *unforgetable*

оте́чество *fatherland*
единоду́шие *unanimity/*
  соединя́ть *unite*
госуда́рь **царь**

бесподо́бный *incomparable*
упои́тельный *ravishing*
победи́тель *victor*

чёпчик *bonnet*

награ́да *reward*

иска́тель *suitor*
отступи́ть *retreat/*
  за́мок *castle/*
  полко́вник *colonel/*
  Гео́ргий *military decoration/*
  петли́ца *buttonhole*

отлича́ть *single out/*
заду́мчивость *moodiness/*
оживля́ться *become animated*

---

[5]From the play «Горе от ума» by Александр Грибоедов (1795-1829).
[6]From a sonnet by Petrarch: If this is not love, what is it?

молчаливый

Бурмин был, в самом деле, очень милый молодой человек. Он имел именно тот ум, который нравится женщинам: ум приличия и наблюдения, безо всяких притязаний и беспечно насмешливый. Поведение его с Марьей Гавриловной было просто и свободно; но что б она ни сказала или ни сделала, душа и взоры его так за нею и следовали. Он казался нрава тихого и скромного, но молва уверяла, что некогда был он ужасным повесою, и это не вредило ему во мнении Марьи Гавриловны, которая (как и все молодые дамы вообще) с удовольствием извиняла шалости, обнаруживающие смелость и пылкость характера.

Но более всего... (более его нежности, более приятного разговора, более интересной бледности, более перевязанной руки) молчание молодого гусара более всего подстрекало её любопытство и воображение. Она не могла не сознаваться в том, что она очень ему нравилась; вероятно, и он, с своим умом и опытностью, мог уже заметить, что она отличала его: каким же образом до сих пор не видала она его у своих ног и ещё не слыхала его признания? Что удерживало его? робость, неразлучная с истинною любовию, гордость или кокетство хитрого волокиты? Это было для неё загадкою. Подумав хорошенько, она решила, что робость была единственной тому причиною, и положила ободрить его большею внимательностью и, смотря по обстоятельствам, даже нежностию. Она приготовляла развязку самую неожиданную и с нетерпением ожидала минуты романтического объяснения. Тайна, какого роду ни была бы, всегда тягостна женскому сердцу. Её военные действия имели желаемый успех: по крайней мере, Бурмин впал в такую задумчивость и чёрные глаза его с таким огнём останавливались на Марье Гавриловне, что решительная минута, казалось, уже близка. Соседи говорили о свадьбе, как о деле уже конченном, а добрая Прасковья Петровна

прили́чие *decency/*
наблюде́ние *observation/*
притяза́ние *pretension/*
насме́шливый *derisive*

взор *gaze*

молва́ *rumor*

отличала (single out)

ша́лость *mischief/*
обнару́живать *reveal/*
пы́лкость *fervor*

перевяза́ть *bandage*
подстрека́ть *excite*

призна́ние *confession (of love)*
неразлу́чный *inseparable*
волоки́та *уст ladies' man*

развя́зка *outcome*

род *kind*

радовалась, что дочь её наконец нашла себе достойного жениха.

4.1 Почему родители никогда не упоминали о Владимире при Марье Гавриловне?

4.2 Что случилось с Владимиром? Какую роль он играл в этом рассказе?

4.3 Как изменилась жизнь Марьи Гавриловны после смерти её отца?

4.4 Какие изменения были заметны в русском обществе после войны?

4.5 Сравните деревенскую жизнь с городской в это время.

4.6 Опишите полковника Бурмина. Чем он привлёк внимание Марьи Гавриловны?

4.7 Чего она ждала от него?

Старушка сидела однажды одна в гостиной, раскладывая гранпасьянс, как Бурмин вошёл в комнату и тотчас осведомился о Марье Гавриловне. «Она в саду, – отвечала старушка, – подите к ней, а я вас буду здесь ожидать». Бурмин пошёл, а старушка перекрестилась и подумала: авось дело сегодня же кончится!

гранпасья́нс *solitaire*
осве́домиться *спросить*

перекрести́ться *cross self*
аво́сь *может быть*

Бурмин нашёл Марью Гавриловну у пруда, под ивою, с книгою в руках и в белом платье, настоящей героинею романа. После первых вопросов Марья Гавриловна нарочно перестала поддерживать разговор, усиливая таким образом взаимное замешательство, от которого можно было избавиться разве только незапным и решительным объяснением. Так и случилось: Бурмин, чувствуя затруднительность своего положения, объявил, что искал давно случая открыть ей своё сердце, и потребовал минуты внимания. Марья Гавриловна закрыла книгу и потупила глаза в знак согласия.

пруд *pond*
и́ва *willow*

замеша́тельство *embarrassment*
неза́пный *уст* *sudden*

затрудни́тельность *difficulty*

«Я вас люблю, – сказал Бурмин, – я вас люблю страстно...» (Марья Гавриловна покраснела и наклонила голову ещё ниже.) «Я поступил неосторожно, предаваясь милой привычке,

наклони́ть *bow*

привычке видеть и слышать вас ежедневно...» (Марья Гавриловна вспомнила первое письмо St.-Preux).[7] «Теперь уже поздно противиться судьбе моей; воспоминание об вас, ваш милый, несравненный образ отныне будет мучением и отрадою жизни моей; но мне ещё остаётся исполнить тяжёлую обязанность, открыть вам ужасную тайну и положить между нами непреодолимую преграду...» — «Она всегда существовала, — прервала Марья Гавриловна, — я никогда не могла быть вашею женою...» — «Знаю, — отвечал он ей тихо, — знаю, что некогда вы любили, но смерть и три года сетований... Добрая, милая Марья Гавриловна! не старайтесь лишить меня последнего утешения: мысль, что вы бы согласились сделать моё счастие, если бы... молчите, ради Бога, молчите. Вы терзаете меня. Да, я знаю, я чувствую, что вы были бы моею, но — я несчастнейшее создание... я женат!»

Марья Гавриловна взглянула на него с удивлением.

— Я женат, — продолжал Бурмин, — я женат уже четвёртый год и не знаю, кто моя жена, и где она, и должен ли свидеться с нею когда-нибудь!

— Что вы говорите? — воскликнула Марья Гавриловна, — как это странно! Продолжайте; я расскажу после... но продолжайте, сделайте милость.

— В начале 1812 года, — сказал Бурмин, — я спешил в Вильну, где находился наш полк. Приехав однажды на станцию поздно вечером, я велел было поскорее закладывать лошадей, вдруг поднялась ужасная метель, и смотритель и ямщики советовали мне переждать. Я их послушался, но непонятное беспокойство овладело мною; казалось, кто-то меня так и толкал. Между тем метель не унималась; я не вытерпел, приказал опять закладывать и поехал в

проти́виться *resist*

несравне́нный *incomparable/*
    муче́ние *torment/*
    отра́да *joy*

непреодоли́мый *insurmountable/*
прегра́да *barrier*   прервать –
                    to break (in convo)

се́тование *mourning*

терза́ть *torture*

созда́ние *creature*

Ви́льна *уст* *Vilnius*

смотри́тель *stationmaster*

толка́ть *push/*уни́ма́ться *die down*
вы́терпеть *bear it/*приказа́ть *order*

---

[7] St. Preux is the hero of Jean-Jacques Rousseau's epistolary novel *Julie: or, The New Eloise* (1761).

самую бурю. Ямщику вздумалось ехать рекою, что должно сократить нам путь тремя верстами. Берега были занесены; ямщик проехал мимо того места, где выезжали на дорогу, и таким образом очутились мы в незнакомой стороне. Буря не утихала; я увидел огонёк и велел ехать туда. Мы приехали в деревню; в деревянной церкви был огонь. Церковь была отворена, за оградой стояло несколько саней; по паперти ходили люди. «Сюда! сюда!» — закричало несколько голосов. Я велел ямщику подъехать. «Помилуй, где ты замешкался? — сказал мне кто-то, — невеста в обмороке; поп не знает, что делать; мы готовы были ехать назад. Выходи же скорее». Я молча выпрыгнул из саней и вошёл в церковь, слабо освещённую двумя или тремя свечами. Девушка сидела на лавочке в тёмном углу церкви; другая тёрла ей виски. «Слава Богу, — сказала эта, — насилу вы приехали. Чуть было вы барышню не уморили». Старый священник подошёл ко мне с вопросом: «Прикажете начинать?» — «Начинайте, начинайте, батюшка», — отвечал я рассеянно. Девушку подняли. Она показалась мне недурна... Непонятная, непростительная ветреность... я стал подле неё перед налоем; священник торопился; трое мужчин и горничная поддерживали невесту и заняты были только ею. Нас обвенчали. «Поцелуйтесь», — сказали нам. Жена моя обратила ко мне своё лицо. Я хотел было её поцеловать... Она вскрикнула: «Ай, не он! не он!» — и упала без памяти. Свидетели устремили на меня испуганные глаза. Я повернулся, вышел из церкви безо всякого препятствия, бросился в кибитку и закричал: «Пошёл!»

— Боже мой! — закричала Марья Гавриловна, — и вы не знаете, что сделалось с бедной вашею женою?

— Не знаю, — отвечал Бурмин, — не знаю, как зовут деревню, где я венчался; не помню, с которой станции поехал. В то время я так мало

бу́ря *storm*

сократи́ть *shorten*

огра́да *fence*

па́перть *church porch*

поми́луй *exclamation*

заме́шкаться *dawdle*

поп *priest*

освети́ть *light*

ла́вочка *bench*

тере́ть *rub*/висо́к *temple*

умори́ть *exhaust*

ба́тюшка *father*

недурно́й *not bad looking*

ве́треность *heedlessness*

нало́й *уст* *altar*

устреми́ть *turn*

препя́тствие *obstacle*

полагал важности в преступной моей проказе, что, отъехав от церкви, заснул и проснулся на другой день поутру, на третьей уже станции. Слуга, бывший тогда со мною, умер в походе, так что я не имею и надежды отыскать ту, над которой подшутил я так жестоко и которая теперь так жестоко отомщена.

престу́пный *criminal*

— Боже мой, Боже мой! — сказала Марья Гавриловна, схватив его руку, — так это были вы! И вы не узнаёте меня?

Бурмин побледнел и... бросился к её ногам...

5.1 Как Марья Гавриловна ведёт себя во время разговора с Бурминым? Почему?

5.2 Внимательно ли Бурмин и Марья Гавриловна слушают друг друга?

5.3 Какую историю рассказывает Бурмин Марье Гавриловне?

5.4 Какое значение имеет «непонятное беспокойство», которое овладело Бурминым на станции?

5.5 Думаете ли вы, что их брак может быть счастливым?

5.6 Считаете ли вы эту историю правдоподобной? Могла ли подобная история случиться в нашем обществе? Почему?

5.7 Почему эта повесть называется «Метель»?

Задания

1. Какие из этих слов подходят для описания Марьи Гавриловны? Сколько слов можно добавить к этому списку? Составьте подобный список для Бурмина.

скучный	стройный	бледный	молодой
смелый	упрямый	доверчивый	честный
привлекательный	скромный	умный	нервный
чувствительный	богатый	щедрый	жестокий
романтический	деловой	хитрый	легкомысленный
образованный	милый	счастливый	самолюбивый
деревенский	светский	скромный	терпеливый

2. Мы знаем, что в рассказе Марья Гавриловна написала одно письмо подруге, а второе — родителям. Напишите эти два письма от имени Марьи Гавриловны.

3. Ответьте на письмо Марьи Гавриловны от имени её подруги. В своём письме дайте ей совет.

4. Расскажите историю венчания с точки зрения Марьи Гавриловны.

Николай Васильевич Гоголь

Нос (1836)

Николай Васильевич Гоголь was born in 1809 in Ukraine. When he graduated from school in 1828, he left his home for St. Petersburg, where he hoped to make his career. He worked at a number of civil service and teaching positions, including one brief sojourn as a professor of history at the University of St. Petersburg, but at the same time he also began establishing himself as a serious writer. His first successful publication was «Вечера на хуторе близ Диканьки» (1831-32), a series of stories told by the Ukrainian beekeeper, Rudy Panko. During the period 1831-1836, Gogol wrote some of his best-known works, including «Ревизор» (1836), a play about a minor government clerk who is mistaken by the inhabitants of a provincial town for the long-awaited inspector general.

In 1836, Gogol left St. Petersburg for Rome, where he lived, with occasional visits home, for the rest of his life. While living in Rome, he wrote «Шинель» (1842), a novella about a poor government clerk who scrimps and saves to buy a new coat, only to have it stolen from him. He also wrote his only novel, «Мёртвые души» (1842), which he called a "poem" (поэма) in prose.

Gogol's life was troubled and complex. It was marked by attempts to flee Russia, episodes of manuscript burning, brilliant successes and catastrophic failures. Toward the end of his life he became increasingly obsessed with religion. In 1848, he went on a pilgrimage to the Holy Land and then returned to Russia. Once there, he burned the manuscript of the second volume of «Мёртвые души» and died, undoubtedly a victim of exaggerated ascetic practices and the medicine of his day.

Altogether Gogol wrote five stories set in St. Petersburg: «Невский проспект» (1835), «Записки сумасшедшего» (1835), «Портрет»

Н. В. Гоголь

(1835), «Нос» (1836), and «Шинель» (1842). In all of these stories, the capital is portrayed as an uncanny place where the bureaucracy leads a life of its own at the expense of the humans who live under it. The very things that make Gogol good — his rich, intricate language and, above all, the sheer unexpectedness of his humor — also make him difficult to read, but you will certainly find him well worth the effort.

Упражнения

1. *In this particular story, there are a number of diminutives. Substitute one of the given diminutives in each of the following sentences. Translate the sentences into English. How do you think you have changed their tone?*

кру́гленький, лёгонький, стате́йка, табачо́к, то́ненький, ча́сик, шля́пка

1. В это время подошла пожилая дама и с ней тонкая девушка в жёлтой шляпе.

лёгони

2. Он отправил внимание на лёгкую даму, которая слегка наклонялась.

круглёсенький

3. Он увидел из-под шляпы круглый подбородок.

4. Если хотите, опишите это как редкое произведение натуры и напечатайте эту статью в «Северной пчеле».

5. Не угодно ли вам понюхать табаку?

6. Эй, славно засну два часа! *табачоки*

2. *Gogol is noted for his unexpected and intricate comparisons. Try your hand at completing these comparisons. Later, as you read the story, compare your work to the original.*

1. С ней вошла тонкая девушка в жёлтой шляпе, лёгкой, как ...

2. Лёгкая дама слегка наклонялась, как ...

3. Шерсть на лошади была длинная, как ...

4. В третью минуту радость становится ещё слабее и незаметно сливается с обыкновенным положением души, как ...

3. *These are classified advertisements from the story «Нос». First determine who or what is being advertised and then find the words that describe that person or object. Add your answers to the lists that have been started here. The first one has been done for you.*

Образец: *кто?/что?*   *какой?/какое?*
кучер   *трезвого поведения*

1. отпускается в услужение кучер трезвого поведения

2. малоподержанная коляска, вывезенная в 1814 году из Парижа

3. отпускается дворовая девка девятнадцати лет, упражнявшаяся в прачечном деле, годная и для других работ

4. прочные дрожки без одной рессоры

5. молодая горячая лошадь в серых яблоках, семнадцати лет от роду

6. новые, полученные из Лондона, семена репы и редиса

7. дача со всеми угодьями: двумя стойлами для лошадей и местом, на котором можно развести превосходный берёзовый или еловый сад

Перед чтением

1. В русском языке существует много выражений со словом «нос», а также много выражений со словом «чёрт». Обсудите значения следующих выражений. При каких обстоятельствах их можно употреблять? Существуют ли английские эквиваленты?

на носу́ – скоро

под но́сом – близко

нос к но́су – близко один к другому

сова́ть нос – вмешиваться (не в своё дело)

оста́вить с но́сом – обмануть

под нос говори́ть – говорить очень тихо

да́льше своего́ но́са не ви́деть – быть ограниченным

води́ть за́ нос – обманывать

чёрт возьми́ – выражение негодования

чёрт зна́ет – неизвестно

сам чёрт не разберёт – никто не поймёт

Чем чёрт не шу́тит! – Всё может случиться!

Нос

I

Марта 25 числа случилось в Петербурге необыкновенно странное происшествие. Цирюльник Иван Яковлевич, живущий на Вознесенском проспекте (фамилия его утрачена, и даже на вывеске его — где изображён господин с намыленною щекою и надписью: «И кровь отворяют» — не выставлено ничего более), цирюльник Иван Яковлевич проснулся довольно рано и услышал запах горячего хлеба. Приподнявшись немного на кровати, он увидел, что супруга его, довольно почтенная дама, очень любившая пить кофий, вынимала из печи только что испечённые хлебы.

— Сегодня я, Прасковья Осиповна, не буду пить кофий, — сказал Иван Яковлевич, — а вместо

цирю́льник *уст barber*

утра́тить *lose*

вы́веска *sign*

намы́лить *lather*

отворя́ть *let (blood)*

услы́шать за́пах *smell*

приподня́ться *sit up*

супру́га *жена/*
почте́нный *respectable*

того хочется мне съесть горячего хлеба с луком. (То есть Иван Яковлевич хотел бы и того и другого, но знал, что было совершенно невозможно требовать двух вещей разом, ибо Прасковья Осиповна очень не любила таких прихотей). «Пусть дурак есть хлеб, мне же лучше, — подумала про себя супруга, — останется кофию лишняя порция». И бросила один хлеб на стол.

прихоть   *whim*

Иван Яковлевич для приличия надел сверх рубашки фрак и, усевшись перед столом, приготовил две головки луку, взял в руки нож и, сделавши значительную мину, принялся резать хлеб. Разрезавши хлеб на две половины, он поглядел в середину и, к удивлению своему, увидел что-то белевшееся. Иван Яковлевич ковырнул осторожно ножом и пощупал пальцем. «Плотное! — сказал он сам про себя, — что бы это такое было?».

сверх   *over*

ми́на   *expression*

беле́ться   *gleam*
ковырну́ть   *pick*/пощу́пать   *feel*
пло́тный   *solid*

Он засунул пальцы и вытащил — нос!.. Иван Яковлевич и руки опустил; стал протирать глаза и щупать: нос, точно нос! и ещё, казалось, как будто чей-то знакомый. Ужас изобразился в лице Ивана Яковлевича. Но этот ужас был ничто против негодования, которое овладело его супругою.

засу́нуть   *stick in*
протира́ть   *rub*

изобрази́ться   *appear*

негодова́ние   *indignation*

— Где это ты, зверь, отрезал нос? — закричала она с гневом. — Мошенник! пьяница! Я сама на тебя донесу полиции. Разбойник какой! Вот уж я от трёх человек слышала, что ты во время бритья так теребишь за носы, что еле держатся.

моше́нник   *rogue*
донести́   *inform*

тереби́ть   *pull*

Но Иван Яковлевич был ни жив, ни мёртв. Он узнал, что этот нос был не чей другой, как коллежского асессора[1] Ковалёва, которого он брил каждую середу и воскресенье.

---

[1]Collegiate assessor (*коллежский асессор*) is the eighth rank in the table of ranks used in the civil service in nineteenth-century Russia. It corresponded to the rank of major (*майор*) in the military.

— Стой, Прасковья Осиповна! Я положу его, завернувши в тряпку, в уголок: пусть там маленечко полежит, а после его вынесу.

тря́пка *rag*

мале́нечко *немного*

— И слушать не хочу! Чтобы я позволила у себя в комнате лежать отрезанному носу?.. Сухарь поджаристый! Знай умеет только бритвой возить по ремню, а долга своего скоро совсем не в состоянии будет исполнять, потаскушка, негодяй! Чтобы я стала за тебя отвечать полиции?... Ах ты пачкун, бревно глупое! Вон его! вон! неси куда хочешь! чтобы я духу его не слыхала!

суха́рь поджа́ристый
abusive term

реме́нь *strap*

потаску́шка *lecher*

пачку́н *sloven*/бревно́ *log*

дух *trace*

Иван Яковлевич стоял совершенно как убитый. Он думал, думал — и не знал что подумать. — Чёрт его знает, как это сделалось, — сказал он наконец, почесав рукою за ухом. — Пьян ли я вчера возвратился, или нет, уж наверное сказать не могу. А по всем приметам должно быть происшествие несбыточное: ибо хлеб — дело печёное, а нос совсем не то. Ничего не разберу!..

почеса́ть *scratch*

приме́та *indication*

несбы́точный *impossible*

разобра́ть *make out*

Иван Яковлевич замолчал. Мысль о том, что полицейские отыщут у него нос и обвинят его, привела его в совершенное беспамятство. Уже ему мерещился алый воротник, красиво вышитый серебром, шпага... и он дрожал всем телом. Наконец достал он своё исподнее платье и сапоги, натащил на себя всю эту дрянь и, сопровождаемый нелёгкими увещаниями Прасковьи Осиповны, завернул нос в тряпку и вышел на улицу.

беспа́мятство *frenzy*

мере́щиться *appear*/
а́лый *красный*/
шпа́га *sword*/
испо́дний *under*

дрянь *trash*

увеща́ние *exhortation*

Он хотел его куда-нибудь подсунуть: или в тумбу под воротами, или так как-нибудь нечаянно выронить, да и повернуть в переулок. Но на беду ему попадался какой-нибудь знакомый человек, который начинал тотчас запросом: «Куда идёшь?» или: «Кого так рано собрался брить?» — так что Иван Яковлевич никак не мог улучить минуты. В другой раз он уже совсем уронил его, но будочник ещё издали указал ему алебардою, примолвив: «Подыми! вон ты что-то уронил!» И

подсу́нуть *stick under*/ту́мба *post*

вы́ронить *drop*/переу́лок *alley*/
на беду́ *as luck would have it*

улучи́ть *sieze*

бу́дочник *уст* *policeman*/
алеба́рда *halberd*

Иван Яковлевич должен был поднять нос и спрятать его в карман. Отчаяние овладело им, тем более что народ беспрестанно умножался на улице, по мере того как начали отпираться магазины и лавочки.

умножа́ться *multiply*
отпира́ться *открываться*
ла́вочка *shop*

Он решился идти к Исакиевскому мосту: не удастся ли как-нибудь швырнуть его в Неву?.. Но я несколько виноват, что до сих пор не сказал ничего об Иване Яковлевиче, человеке почтенном во многих отношениях.

швырну́ть *throw*

Иван Яковлевич, как всякий порядочный русский мастеровой, был пьяница страшный. И хотя каждый день брил чужие подбородки, но его собственный был у него вечно небрит. Фрак у Ивана Яковлевича (Иван Яковлевич не ходил в сюртуке) был пегий; то есть он был чёрный, но весь в коричнево-жёлтых и серых яблоках; воротник лоснился, а вместо трёх пуговиц висели одни только ниточки. Иван Яковлевич был большой циник, и когда коллежский асессор Ковалёв обыкновенно говорил ему во время бритья: «У тебя, Иван Яковлевич, вечно воняют руки!» — то Иван Яковлевич отвечал на это вопросом: «Отчего ж бы им вонять?» — «Не знаю, братец, только воняют», — говорил коллежский асессор, и Иван Яковлевич, понюхавши табаку, мылил ему за это и на щеке, и под носом, и за ухом, и под бородою — одним словом, где только ему была охота.

мастерово́й *уст workman*

пе́гий *piebald*
в я́блоках *dappled*
лосни́ться *shine*
ни́точка *thread*

воня́ть *stink*

поню́хать *sniff*

Этот почтенный гражданин находился уже на Исакиевском мосту. Он прежде всего осмотрелся; потом нагнулся на перила, будто бы посмотреть под мост: много ли рыбы бегает, и швырнул потихоньку тряпку с носом. Он почувствовал, как будто бы с него разом свалилось десять пуд; Иван Яковлевич даже усмехнулся. Вместо того чтобы идти брить чиновничьи подбородки, он отправился в заведение с надписью «Кушанье и чай» спросить стакан пуншу, как вдруг заметил в конце моста квартального надзирателя благородной наружности, с широкими

пери́ла *railing*

потихо́ньку *stealthily*
свали́ться *fall off/*пуд *weight*
усмехну́ться *grin*

заведе́ние *establishment*

кварта́льный надзира́тель
уст police officer

бакенбардами, в треугольной шляпе, со шпагою. Он обмер; а между тем квартальный кивал ему пальцем и говорил:

бакенба́рды *sideburns/* **треуго́льный** *triangular/* **обмере́ть** *grow faint/* **кива́ть** *motion*

— А подойди сюда, любезный!

Иван Яковлевич, зная форму, снял издали ещё картуз и, подошедши проворно, сказал:

карту́з *cap/***прово́рно** *quickly*

— Желаю здравия вашему благородию!

здра́вие *уст* *здоровье*

— Нет, нет, братец, не благородию; скажи-ка, что ты там делал, стоя на мосту?

— Ей-богу, сударь, ходил брить, да посмотрел только, шибко ли река идёт.

ши́бко *much*

— Врёшь, врёшь! Этим не отделаешься. Изволь-ка отвечать! — Я вашу милость два раза в неделю, или даже три, готов брить без всякого прекословия, — отвечал Иван Яковлевич.

отде́латься *get out of it*

прекосло́вие *уст* *condition*

— Нет, приятель, это пустяки! Меня три цирюльника бреют, да ещё и за большую честь почитают. А вот изволь-ка рассказать, что ты там делал?

пустяки́ *nonsense*

Иван Яковлевич побледнел... Но здесь происшествие совершенно закрывается туманом, и что далее произошло, решительно ничего не известно.

1.1 Где и когда происходит действие этого рассказа?

1.2 Опишите Ивана Яковлевича и его жену.

1.3 Что случилось с Иваном Яковлевичем утром 25 марта?

1.4 Как Прасковья Осиповна отнеслась к его открытию?

1.5 Зачем Иван Яковлевич вышел на улицу?

1.6 Что случилось, когда Иван Яковлевич встретился с квартальным надзирателем?

1.7 Какова роль рассказчика в этой повести? Принимает ли он участие в событиях? Выражает ли он своё отношение к происходящему?

II

Коллежский асессор Ковалёв проснулся довольно рано и сделал губами: «брр...» — что всегда он делал, когда просыпался, хотя сам не мог растолковать, по какой причине. Ковалёв потянулся, приказал себе подать небольшое стоявшее на столе зеркало. Он хотел взглянуть на прыщик, который вчерашнего вечера вскочил у него на носу; но, к величайшему изумлению, увидел, что у него вместо носа совершенно гладкое место! Испугавшись, Ковалёв велел подать воды и протёр полотенцем глаза: точно, нет носа! Он начал щупать рукою, чтобы узнать: не спит ли он? кажется, не спит. Коллежский асессор Ковалёв вскочил с кровати, встряхнулся; нет носа!... Он велел тотчас подать себе одеться и полетел прямо к обер-полицмейстеру.

Но между тем необходимо сказать что-нибудь о Ковалёве, чтобы читатель мог видеть, какого рода был этот коллежский асессор. Коллежских асессоров, которые получают это звание с помощью учёных аттестатов, никак нельзя сравнивать с теми коллежскими асессорами, которые делались на Кавказе. Это два совершенно особенные рода. Учёные коллежские асессоры... Но Россия такая чудная земля, что если скажешь об одном коллежском асессоре, то все коллежские асессоры, от Риги до Камчатки, непременно примут на свой счёт. То же разумей и о всех званиях и чинах. Ковалёв был кавказский коллежский асессор. Он два года только ещё состоял в этом звании и потому ни на минуту не мог его позабыть; а чтобы более придать себе благородства и веса, он никогда не называл себя коллежским асессором, но всегда майором. «Послушай, голубушка, — говорил он обыкновенно, встретивши на улице бабу, продававшую манишки, — ты приходи ко мне на дом; квартира моя в Садовой; спроси только: здесь ли живёт майор Ковалёв? — тебе всякий покажет». Если же встречал какую-нибудь

растолкова́ть *объяснить*

потяну́ться *stretch*

пры́щик *pimple*

протере́ть *rub*

встряхну́ться *shake self*

зва́ние *title*

на свой счёт *personally/*
разуме́й *it goes without saying/*
чин *rank*

мани́шка *dickey*

смазливенькую, то давал ей сверх того секретное приказание, прибавляя: «Ты спроси, душенька, квартиру майора Ковалёва». По этому-то самому и мы будем вперёд этого коллежского асессора называть майором.

смазли́вый *comely*

Майор Ковалёв имел обыкновение каждый день прохаживаться по Невскому проспекту. Воротничок его манишки был всегда чрезвычайно чист и накрахмален. Бакенбарды у него были такого рода, какие и теперь ещё можно видеть у губернских и уездных землемеров, у архитекторов и полковых докторов, также у отправляющих разные полицейские обязанности и вообще у всех тех мужей, которые имеют полные, румяные щёки и очень хорошо играют в бостон: эти бакенбарды идут по самой средине щеки и прямёхонько доходят до носа. Майор Ковалёв носил множество печаток сердоликовых, и с гербами, и таких, на которых было вырезано: середа, четверг, понедельник и проч. Майор Ковалёв приехал в Петербург по надобности, а именно искать приличного своему званию места: если удастся, то вице-губернаторского, а не то — экзекуторского в каком-нибудь видном департаменте. Майор Ковалёв был не прочь и жениться, но только в таком случае, когда за невестою случится двести тысяч капиталу. И потому читатель теперь может судить сам, каково было положение этого майора, когда он увидел вместо довольно недурного и умеренного носа преглупое, ровное и гладкое место.

прохáживаться *stroll*

накрахмáлить *starch*

отправля́ть *exercise*

среди́на *середина/*
прямёхонько *прямо*
печáтка *signet/*
сердоли́ковый *cornelian/*
герб *crest/*
и прóчее *et cetera*
нáдобность *necessity*

прочь *opposed*

умéренный *average*

Как на беду, ни один извозчик не показывался на улице, и он должен был идти пешком, закутавшись в свой плащ и закрывши платком лицо, показывая вид, как будто у него шла кровь. «Но авось-либо мне так представилось: не может быть, чтобы нос пропал сдуру», — подумал он и зашёл в кондитерскую нарочно с тем, чтобы посмотреться в зеркало. К счастию, в кондитерской никого не было; мальчишки мели

изво́зчик *cab*

закýтаться *wrap up*

предстáвиться *seem*
сдýру *for no good reason*
конди́терская *pastry shop*

мести́ *weep*

комнаты и расставляли стулья; некоторые с
сонными глазами выносили на подносах горячие
пирожки; на столах и стульях валялись залитые
кофием вчерашние газеты.

«Ну, слава Богу, никого нет, — произнёс он, —
теперь можно поглядеть». Он робко подошёл к
зеркалу и взглянул. Чёрт знает что, какая дрянь!
— произнёс он, плюнувши. — Хотя бы уже что-
нибудь было вместо носа, а то ничего!..»

С досадою закусив губы, вышел он из
кондитерской и решился, против своего
обыкновения, не глядеть ни на кого и никому не
улыбаться. Вдруг он стал как вкопанный у дверей
одного дома; в глазах его произошло явление
неизъяснимое: перед подъездом остановилась
карета; дверцы отворились; выпрыгнул,
согнувшись, господин в мундире и побежал вверх
по лестнице. Каков же был ужас и вместе
изумление Ковалёва, когда он узнал, что это был
собственный его нос! При этом необыкновенном
зрелище, казалось ему, всё переворотилось у него
в глазах; он чувствовал, что едва мог стоять; но
решился во что бы ни стало ожидать его
возвращения в карету, весь дрожа как в
лихорадке. Чрез две минуты нос действительно
вышел. Он был в мундире, шитом золотом, с
большим стоячим воротником; на нём были
замшевые панталоны; при боку шпага. По шляпе
с плюмажем можно было заключить, что он
считался в ранге статского советника. По всему
заметно было, что он ехал куда-нибудь с визитом.
Он поглядел на обе стороны, закричал кучеру:
«Подавай!» — сел и уехал.

Бедный Ковалёв чуть не сошёл с ума. Он не знал,
как и подумать о таком странном происшествии.
Как же можно, в самом деле, чтобы нос, который
ещё вчера был у него на лице, не мог ездить и
ходить, — был в мундире! Он побежал за
каретою, которая, к счастью, проехала недалеко
и остановилась перед Казанским собором.

поднóс *tray*
валя́ться *lie around/***зали́ть** *spill*

плю́нуть *spit*

закуси́ть *bite*

вкóпанный *transfixed*

зре́лище *spectacle/*
переворо́ти́ться *spin*

лихора́дка *fever/***чрез** *уст* *через*

за́мшевый *suede*
плюма́ж *plume*
ранг *rank/*
ста́тский сове́тник *ист*
councillor of state

Каэзнский собор

Он поспешил в собор, пробрался сквозь ряд нищих старух с завязанными лицами и двумя отверстиями для глаз, над которыми он прежде так смеялся, и вошёл в церковь. Молельщиков внутри церкви было немного; они все стояли только при входе в двери. Ковалёв чувствовал себя в таком расстроенном состоянии, что никак не в силах был молиться, и искал глазами этого господина по всем углам. Наконец увидел его стоявшего в стороне. Нос спрятал совершенно лицо своё в большой стоячий воротник и с выражением величайшей набожности молился.

«Как подойти к нему? — думал Ковалёв. — По всему, по мундиру, по шляпе видно, что он статский советник. Чёрт его знает, как это сделать!»

Он начал около него покашливать; но нос ни на минуту не оставлял набожного своего положения и отвешивал поклоны.

— Милостивый государь... — сказал Ковалёв, внутренно принуждая себя ободриться, — милостивый государь...

пробра́ться *push through*
ни́щий *beggar/***завяза́ть** *bind*
отве́рстие *slit*
моле́льщик *уст* *worshiper*

моли́ться *pray*

на́божность *piety*

пока́шливать *clear throat*

отве́шивать покло́ны *make low bows*

— Что вам угодно? — отвечал нос, оборотившись.

— Мне странно, милостивый государь... мне кажется... вы должны знать своё место. И вдруг я вас нахожу, и где же? — в церкви. Согласитесь...

— Извините меня, я не могу взять в толк, о чём вы изволите говорить... объяснитесь.

взять в толк   *понять*

«Как мне ему объяснить?» — подумал Ковалёв и, собравшись с духом, начал:

собра́ться с ду́хом
    gather courage

— Конечно, я... впрочем, я майор. Мне ходить без носа, согласитесь, это неприлично. Какой-нибудь торговке, которая продаёт на Воскресенском мосту очищенные апельсины, можно сидеть без носа; но, имея в виду получить... притом будучи во многих домах знаком с дамами: Чехтарёва, статская советница, и другие... Вы посудите сами... Я не знаю, милостивый государь. (При этом майор Ковалёв пожал плечами.) Извините... если на это смотреть сообразно с правилами долга и чести... вы сами можете понять...

торго́вка   *peddlar*
очи́стить   *peel*

пожа́ть плеча́ми   *shrug*
сообра́зно   *in compliance*

— Ничего решительно не понимаю, — отвечал нос. — Изъяснитесь удовлетворительнее.

— Милостивый государь... — сказал Ковалёв с чувством собственного достоинства, — я не знаю, как понимать слова ваши... Здесь всё дело, кажется, совершенно очевидно... Или вы хотите... Ведь вы мой собственный нос!

Нос посмотрел на майора, и брови его несколько нахмурились.

— Вы ошибаетесь, милостивый государь. Я сам по себе. Притом между нами не может быть никаких тесных отношений. Судя по пуговицам вашего вицмундира, вы должны служить по другому ведомству.

те́сный   *close*

ве́домство   *department*

Сказавши это, нос отвернулся и продолжал молиться.

2.1 Что случилось с коллежским асессором Ковалёвым утром 25 марта?

2.2 Где Ковалёв получил своё звание? Как он относится к этому званию?

2.3 Зачем Ковалёв приехал в Петербург? Почему он называет себя «майором»?

2.4 Опишите коллежского асессора Ковалёва. Какой у него характер?

2.5 Опишите нос. Как он был одет?

2.6 Почему Ковалёв не может подойти к своему собственному носу?

2.7 Что бы вы сделали на месте Ковалёва?

Ковалёв совершенно смешался, не зная, что́ делать и что́ даже подумать. В это время послышался приятный шум дамского платья; подошла пожилая дама, вся убранная кружевами, и с нею тоненькая, в белом платье, очень мило рисовавшемся на её стройной талии, в палевой шляпке, лёгкой, как пирожное. За ними остановился и открыл табакерку высокий гайдук с большими бакенбардами и целой дюжиной воротников.

смеша́ться *be confused*

кру́жево *lace*

рисова́ться *display/*
та́лия *waist/* **па́левый** *pale yellow/*
пиро́жное *pastry/*
табаке́рка *snuff box/*
гайду́к *footman*

Ковалёв подступил поближе, высунул батистовый воротничок манишки, поправил висевшие на золотой цепочке свои печатки и, улыбаясь по сторонам, отправил внимание на лёгонькую даму, которая, как весенний цветочек, слегка наклонялась и подносила ко лбу свою беленькую ручку с полупрозрачными пальцами. Улыбка на лице Ковалёва раздвинулась ещё далее, когда он увидел из-под шляпки её кругленький, яркой белизны подбородок и часть щеки, осенённой цветом первой весенней розы. Но вдруг он отскочил, как будто бы обжёгшись. Он вспомнил, что у него вместо носа совершенно нет ничего, и слёзы выдавились из глаз его. Он оборотился с тем, чтобы напрямик сказать господину в мундире, что он только прикинулся статским советником, что он плут и подлец и что он больше ничего, как только его собственный нос... Но носа уже не было; он успел ускакать, вероятно опять к кому-нибудь с визитом.

подступи́ть *approach/*
бати́стовый *cambric*

наклоня́ться *bend*
прозра́чный *transparent*
раздви́нуться *spread*

белизна́ *whiteness/*
подборо́док *chin/*
осени́ть *уст   tint*

напрями́к *point blank*
прики́нуться *pretend*
плут *swindler*

ускака́ть *slip off*

Это повергло Ковалёва в отчаяние. Он пошёл назад и остановился с минуту под колоннадою, тщательно смотря во все стороны, не попадётся ли где нос. Он очень хорошо помнил, что шляпа на нём была с плюмажем и мундир с золотым шитьём; но шинель не заметил, ни цвета его кареты, ни лошадей, ни даже того, был ли у него сзади какой-нибудь лакей и в какой ливрее. Притом карет неслось такое множество взад и вперёд и с такою быстротою, что трудно было даже приметить; но если бы и приметил он какую-нибудь из них, то не имел бы никаких средств остановить. День был прекрасный и солнечный. На Невском народу была тьма; дам целый цветочный водопад сыпался по всему тротуару, начиная от Полицейского до Аничкина моста. Вон и знакомый ему надворный советник идёт, которого он называл подполковником, особливо ежели то случалось при посторонних. Вон и Ярыгин, столоначальник в сенате, большой приятель, который вечно в бостоне обремизивался, когда играл восемь. Вон и другой майор, получивший на Кавказе асессорство, махает рукой, чтобы шёл к нему...

— А, чёрт возьми! — сказал Ковалёв. — Эй, извозчик, вези прямо к обер-полицмейстеру!

Ковалёв сел в дрожки и только покрикивал извозчику: «Валяй во всю ивановскую!».

— У себя обер-полицмейстер? — вскричал он, зашедши в сени.

— Никак нет, — отвечал привратник, — только что уехал.

— Вот тебе раз!

— Да, — прибавил привратник, — оно и не так давно, но уехал. Минуточкой бы пришли раньше, то, может, застали бы дома.

Ковалёв, не отнимая платка от лица, сел на извозчика и закричал отчаянным голосом:

пове́рнуть *send*

тща́тельно *carefully*

Нос фильм

на ураливе

тьма *multitude*

водопа́д *waterfall*/**сы́паться** *pour*

надво́рный *court*

подполко́вник *lt. colonel*

посторо́нний *stranger*

столонача́льник *ист*
  department chief

обреми́зиваться *уст* *blunder*

валя́й во всю ива́новскую
  full speed ahead

се́ни *passage*

привра́тник *doorman*

вот тебе раз *aggravation*

— Пошёл!

— Куда? — сказал извозчик.

— Пошёл прямо!

— Как прямо? тут поворот: направо или налево?

Этот вопрос остановил Ковалёва и заставил его опять подумать. В его положении следовало ему прежде всего отнестись в Управу благочиния, не потому, что оно имело прямое отношение к полиции, но потому, что её распоряжения могли быть гораздо быстрее, чем в других местах; искать же удовлетворения по начальству того места, при котором нос объявил себя служащим, было бы безрассудно, потому что из собственных ответов носа уже можно было видеть, что для этого человека ничего не было священного и он мог также солгать и в этом случае, как солгал, уверяя, что он никогда не видался с ним. Итак, Ковалёв уже хотел было приказать ехать в Управу благочиния, как опять пришла мысль ему, что этот плут и мошенник, который поступил уже при первой встрече таким бессовестным образом, мог опять, удобно пользуясь временем, как-нибудь улизнуть из города, — и тогда все искания будут тщетны или могут продолжиться, чего Боже сохрани, на целый месяц. Наконец, кажется, само небо вразумило его. Он решился отнестись прямо в газетную экспедицию и заблаговременно сделать публикацию с обстоятельным описанием всех качеств, дабы всякий, встретивший его, мог в ту же минуту его представить к нему или по крайней мере дать знать о месте пребывания. Итак он, решив на этом, велел извозчику ехать в газетную экспедицию и во всю дорогу не переставал его тузить кулаком в спину, приговаривая: «Скорей, подлец! скорей, мошенник!» — «Эх, барин!» — говорил извозчик, потряхивая головой и стегая вожжой свою лошадь, на которой шерсть была длинная, как на болонке. Дрожки наконец остановились, и Ковалёв, запыхавшись, вбежал в

Упра́ва благочи́ния _ист_
Department of Public Order

распоряже́ние _order_

безрассу́дно _senseless_

солга́ть _lie_

бессо́вестный _shameless_

улизну́ть _slip away_
тще́тный _futile_

вразуми́ть _convince_
экспеди́ция _dispatch office_
заблаговре́менно _in advance_
да́бы _уст_ _чтобы_

тузи́ть _pommel_

стега́ть _lash_
шерсть _fur_
боло́нка _toy dog_
запыха́ться _get out of breath_

небольшую приёмную комнату, где седой чиновник, в старом фраке и очках, сидел за столом и, взявши в зубы перо, считал принесённые медные деньги.

— Кто здесь принимает объявления? — закричал Ковалёв. — А, здравствуйте!

— Моё почтение, — сказал седой чиновник, поднявши на минуту глаза и опустивши их снова на разложенные кучи денег.

— Я желаю припечатать...

— Позвольте. Прошу немножко повременить, — произнёс чиновник, ставя одною рукою цифру на бумаге и передвигая пальцами левой руки два очка на счётах.

Лакей с галунами и наружностию, показывавшею пребывание его в аристократическом доме, стоял возле стола с запискою в руках, и почёл приличным показать свою общежительность:

— Поверите ли, сударь, что собачонка не стоит восьми гривен, то есть я не дал бы за неё и восьми грошей; а графиня любит, ей-Богу, — и вот тому, кто её отыщет, сто рублей! Если сказать по приличию, то вот так, как мы теперь с вами, вкусы людей совсем не совместны: уж когда охотник, то держи лягавую собаку или пуделя: не пожалей пятисот, тысячу дай, но зато уж чтоб была собака хорошая. Почтенный чиновник слушал это с значительною миною и в то же время занимался сметою: сколько букв в принесённой записке. По сторонам стояло множество старух, купеческих сидельцев и дворников с записками. В одной значилось, что отпускается в услужение: кучер трезвого поведения; в другой — малоподержанная коляска, вывезенная в 1814 году из Парижа; там отпускалась дворовая девка девятнадцати лет, упражнявшаяся в прачечном деле, годная и для других работ; прочные дрожки без одной рессоры; молодая горячая лошадь в серых

дать объявление

ку́ча   *pile*

повремени́ть   *подождать*

очко́   *marker/***счёты**   *abacus*

общежи́тельность *уст*
   sociability

гри́вна *уст*   *10 kopecks*
грош *уст*   *1/2 kopeck/*
ей-Богу   *honest to God*

совме́стный   *compatible*
ляга́вая соба́ка   *setter*
пожале́ть   *regret*

сме́та   *estimate*

сиде́лец *уст*   *shop clerk*
дво́рник   *yardkeeper*
услуже́ние *уст*   *service/*
тре́звый   *sober/*
малоподе́ржанный
   slightly used

пра́чечный   *laundry*
про́чный   *durable*
рессо́ра   *spring*

яблоках, семнадцати лет от роду; новые, полученные из Лондона, семена репы и редиса; дача со всеми угодьями: двумя стойлами для лошадей и местом, на котором можно развести превосходной берёзовый или еловый сад; там же находился вызов желающих купить старые подошвы, с приглашением явиться к переторжке каждый день от восьми до трёх часов утра. Комната, в которой местилось всё это общество, была маленькая, и воздух в ней был чрезвычайно густ; но коллежский асессор Ковалёв не мог слышать запаха, потому что закрылся платком и потому что самый нос его находился Бог знает в каких местах.

се́мя *seed*/**ре́па** *turnip*/
реди́с *radish*/
уго́дье *adjacent property*/
сто́йло *stall*
берёзовый *birch*/**ело́вый** *fir*

подо́шва *sole (shoe)*/
перето́ржка *уст* *auction*
мести́ться *be located*

густо́й *thick*

3.1 Опишите даму, которая отвлекла внимание Ковалёва от носа.

3.2 Где и как Ковалёв искал свой нос?

3.3 Зачем он хотел обратиться в Управу благочиния?

3.4 Почему он, наконец, решил поехать в газетную экспедицию?

3.5 По какому делу пришёл лакей в газетную экспедицию?

3.6 Опишите других посетителей газетной экспедиции. Какие объявления они хотят поместить в газете?

— Милостивый государь, позвольте вас попросить... Мне очень нужно, — сказал он наконец с нетерпением.

— Сейчас, сейчас! Два рубля сорок три копейки! Сию минуту! Рубль шестьдесят четыре копейки! — говорил седовласый господин, бросая старухам и дворникам записки в глаза. — Вам что угодно? — наконец сказал он, обратившись к Ковалёву.

седовла́сый *gray haired*

— Я прошу... — сказал Ковалёв, — случилось мошенничество или плутовство, я до сих пор не могу никак узнать. Я прошу только припечатать, что тот, кто ко мне этого подлеца представит, получит достаточное вознаграждение.

вознагражде́ние *reward*

— Позвольте узнать, как ваша фамилия?

— Нет, зачем же фамилию? Мне нельзя сказать её. У меня много знакомых: Чехтарёва, статская советница, Пелагея Григорьевна Подточина, штаб-офицерша... Вдруг узнают, Боже сохрани! Вы можете просто написать: коллежский асессор, или ещё лучше, состоящий в майорском чине.

— А сбежавший был ваш дворовый человек?

— Какое дворовый человек? Это бы ещё не такое большое мошенничество! Сбежал от меня... нос...

— Гм! какая странная фамилия! И на большую сумму этот господин Носов обокрал вас?

— Нос, то есть... вы не то думаете! Нос, мой собственный нос пропал неизвестно куда. Чёрт хотел подшутить надо мною!

— Да каким же образом пропал? Я что-то не могу хорошенько понять.

— Да я не могу вам сказать, каким образом; но главное то, что он разъезжает теперь по городу и называет себя статским советником. И потому я вас прошу объявить, чтобы поймавший представил его немедленно ко мне в самом скорейшем времени. Вы посудите, в самом деле, как же мне быть без такой заметной части тела? Это не то, что какой- нибудь мизинный палец на ноге, которую я в сапог — и никто не увидит, если его нет. Я бываю по четвергам у статской советницы Чехтарёвой; Подточина Пелагея Григорьевна, штаб-офицерша, и у ней дочка очень хорошенькая, тоже очень хорошие знакомые, и вы посудите сами, как же мне теперь... Мне теперь к ним нельзя явиться.

мизи́нный *little*

Чиновник задумался, что означали крепко сжавшиеся его губы.

сжа́ться *purse*

— Нет, я не могу поместить такого объявления в газетах, — сказал он наконец после долгого молчания.

— Как? отчего?

— Так. Газета может потерять репутацию. Если всякий начнёт писать, что у него сбежал нос, то...

И так уже говорят, что печатается много несообразности и ложных слухов.

несообра́зность *absurdity*

— Да чем же это дело несообразное? Тут, кажется, ничего нет такого.

— Это вам так кажется, что нет. А вот на прошлой неделе такой же был случай. Пришёл чиновник таким же образом, как вы теперь пришли, принёс записку, денег по расчёту пришлось два рубля семьдесят три копейки, и всё объявление состояло в том, что сбежал пудель чёрной шерсти. Кажется, что бы тут такое? А вышел пасквиль: пудель-то этот был казначей, не помню какого-то заведения.

па́сквиль *libel/*
казначе́й *treasurer*

— Да ведь я вам не о пуделе делаю объявление, а о собственном моём носе: стало быть, почти то же, что о самом себе.

— Нет, такого объявления я никак не могу поместить.

— Да когда у меня точно пропал нос!

— Если пропал, то это дело медика. Говорят, что есть такие люди, которые могут приставить какой угодно нос. Но, впрочем, я замечаю, что вы должны быть человек весёлого нрава и любите в обществе пошутить.

како́й уго́дно *any kind at all*

— Клянусь вам, вот как Бог свят! Пожалуй, уж если до того дошло, то я покажу вам.

— Зачем беспокоиться! — продолжал чиновник, нюхая табак. — Впрочем, если не в беспокойство, — прибавил он с движением любопытства, — то желательно бы взглянуть.

Коллежский асессор отнял от лица платок.

— В самом деле, чрезвычайно странно! — сказал чиновник, — место совершенно гладкое, как будто бы только что выпеченный блин. Да, до невероятности ровное!

блин *pancake*

— Ну, вы и теперь будете спорить? Вы видите
сами, что нельзя не напечатать. Я сам буду
особенно благодарен; и очень рад, что этот
случай доставил мне удовольствие с вами
познакомиться...

Майор, как видно из этого, решился на сей раз
немного поподличать.

поподличать   *debase self*

— Напечатать-то, конечно, дело небольшое, —
сказал чиновник, — только я не предвижу в этом
никакой для вас выгоды. Если уже хотите, то
отдайте тому, кто имеет искусное перо, описать
это как редкое произведение натуры и
напечатать эту статейку в «Северной пчеле» (тут
он понюхал ещё раз табаку) для пользы
юношества (тут он утёр нос) или так, для общего
любопытства.

выгода   *profit*
искусный   *skillful*

юношество   *молодёжь/*
  утереть   *wipe*

Коллежский асессор был совершенно
обезнадёжен. Он опустил глаза вниз газеты, где
было извещение о спектаклях; уже лицо его было
готово улыбнуться, встретив имя актрисы,
хорошенькой собою, и рука взялась за карман:
есть ли при нём синяя ассигнация, потому что
штаб-офицеры, по мнению Ковалёва, должны
сидеть в креслах, — но мысль о носе всё
испортила!

обезнадёжить *уст*   *deprive of hope*
извещение   *notice*

синяя ассигнация *уст*   *5-ruble
  note*

кресло   *box*

Сам чиновник, казалось, был тронут
затруднительным положением Ковалёва. Желая
сколько-нибудь облегчить его горесть, он почёл
приличным выразить участие своё в нескольких
словах:

облегчить   *lighten*

— Мне, право, очень прискорбно, что с вами
случился такой анекдот. Не угодно ли вам
понюхать табачку? Это разбивает головные боли
и печальные расположения; даже в отношении к
геморроидам это хорошо.

мне прискорбно   *I regret*
анекдот   *strange thing*
разбивать   *dispel*
расположение   *mood*
геморроиды   *hemorrhoids*

Говоря это, чиновник поднёс Ковалёву табакерку,
довольно ловко подвернув под неё крышку с
портретом какой-то дамы в шляпке.

подвернуть   *tuck under*

Этот неумышленный поступок вывел из терпения Ковалёва.

неумы́шленный   *thoughtless*

— Я не понимаю, как вы находите место шуткам, — сказал он с сердцем, — разве вы не видите, что у меня именно нет того, чем бы я мог понюхать? Чтоб чёрт побрал ваш табак! Я теперь не могу смотреть на него, и не только на скверный ваш березинский, но хоть бы вы поднесли мне самого рапе.

бере́зинский, рапе́
kinds of tobacco

4.1   Какое объявление хочет поместить в газете Ковалёв?

4.2   Почему Ковалёв не хочет назвать свою фамилию?

4.3   Какую ошибку сначала делает чиновник? Почему он не понимает Ковалёва?

4.4   Почему чиновник не хочет поместить объявление Ковалёва в газете?

4.5   Почему чиновник говорит Ковалёву, что он человек «весёлого нрава»?

4.6   Что предлагает Ковалёву чиновник? Почему Ковалёв так на это обиделся?

Сказавши это, он вышел, глубоко раздосадованный, из газетной экспедиции и отправился к частному приставу, чрезвычайному охотнику до сахару. На дому его вся передняя, она же и столовая, была установлена сахарными головами, которые нанесли к нему из дружбы купцы. Кухарка в это время скидала с частного пристава казённые ботфорты; шпага и все военные доспехи уже мирно развесились по углам, и грозную трёхугольную шляпу уже затрогивал трёхлетний сынок его; и он, после боевой, бранной жизни, готовился вкусить удовольствия мира.

раздоса́довать   *irritate*
ча́стный при́став   *local police officer*
охо́тник   *lover*
установи́ть   *cover*
голова́   *loaf*
скида́ть уст   снима́ть
казённый   *government*/
   ботфо́рты   *boots*/
   доспе́хи уст   *armor*
затро́гивать уст   *touch*
вкуси́ть   *partake*

Ковалёв вошёл к нему в то время, когда он потянулся, крякнул и сказал: «Эй, славно засну два часика!» И потому можно было предвидеть, что приход коллежского асессора был совершенно не вовремя; и не знаю, хотя бы он даже принёс ему в то время несколько фунтов

потяну́ться   *stretch*/
кря́кнуть   *grunt*

чаю или сукна, он бы не был принят слишком радушно. Частный был большой поощритель всех искусств и мануфактурностей, но государственную ассигнацию предпочитал всему. «Это вещь, — обыкновенно говорил он, — уж нет ничего лучше этой вещи: есть не просит, места займёт немного, в кармане всегда поместится, уронишь — не расшибётся».

поощри́тель *patron*

расшиби́ться *break*

Частный принял довольно сухо Ковалёва и сказал, что после обеда не то время, чтобы производить следствие, что сама натура назначила, чтобы, наевшись, немного отдохнуть (из этого коллежский асессор мог видеть, что частному приставу были небезызвестны изречения древних мудрецов), что у порядочного человека не оторвут носа и что много есть на свете всяких майоров, которые не имеют даже и исподнего в приличном состоянии и таскаются по всяким непристойным местам.

сле́дствие *investigation*

изрече́ние *saying/***дре́вний** *ancient/* **мудре́ц** *sage*

таска́ться *gad about*
непристо́йный *indecent*

То есть не в бровь, а прямо в глаз! Нужно заметить, что Ковалёв был чрезвычайно обидчивый человек. Он мог простить всё, что ни говорили о нём самом, но никак не извинял, если это относилось к чину или званию. Он даже полагал, что в театральных пьесах можно пропускать всё, что относится к обер-офицерам, но на штаб-офицеров никак не должно нападать. Приём частного так его сконфузил, что он тряхнул головою и сказал с чувством достоинства, немного расставив свои руки: «Признаюсь, после этаких обидных с вашей стороны замечаний я ничего не могу прибавить...» — и вышел.

не в бровь, а в глаз *bull's eye*

сконфу́зить *disconcert*
тряхну́ть *shake*

Он приехал домой, едва слыша под собою ноги. Были уже сумерки. Печальною или чрезвычайно гадкою показалась ему квартира после всех этих неудачных исканий. Взошедши в переднюю, увидел он на кожаном запачканном диване лакея своего Ивана, который, лёжа на спине, плевал в потолок и попадал довольно удачно в одно и то же место. Такое равнодушие чековека взбесило

су́мерки *dusk*

запа́чкать *soil*
плева́ть *spit*

его; он ударил его шляпою по лбу, примолвив: «Ты, свинья, всегда глупостями занимаешься!»

примо́лвить *уст* *сказать*

Иван вскочил вдруг с своего места и бросился со всех ног снимать с него плащ.

со всех ног *as fast as one can/*
плащ *cloak*

Вошедши в свою комнату, майор, усталый и печальный, бросился в кресла и наконец после нескольких вздохов сказал:

вздох *sigh*

— Боже мой! Боже мой! За что это такое несчастие? Будь[2] я без руки или без ноги — всё бы это лучше; будь я без ушей — скверно, однако ж все сноснее: но без носа человек — чёрт знает что: птица не птица, гражданин не гражданин, — просто возьми да и вышвырни за окошко! И пусть бы уже на войне отрубили или на дуэли, или я сам был причиною; но ведь пропал ни за что и ни про что, пропал даром, ни за грош!... Только нет, не может быть, — прибавил он, немного подумав. — Невероятно, чтобы нос пропал; никаким образом невероятно. Это, верно, или во сне снится, или просто грезится; может быть, я как-нибудь ошибкою выпил вместо воды водку, которою вытираю после бритья себе бороду. Иван, дурак, не принял, и я, верно, хватил её.

вы́швырнуть *hurl out*
отруби́ть *lop off*

грезиться *hallucinate*

Чтобы действительно увериться, что он не пьян, майор ущипнул себя так больно, что сам вскрикнул. Эта боль совершенно уверила его, что он действует и живёт наяву. Он потихоньку приблизился к зеркалу и сначала зажмурил глаза с тою мыслию, что авось-либо нос покажется на своём месте; в ту же минуту отскочил назад, сказавши:

ущипну́ть *pinch*

наяву́ *awake*
зажму́рить глаза́ *squint*

— Экой пасквильный вид!

па́сквильный *libelous*

Это было, точно, непонятно. Если бы пропала пуговица, серебряная ложка, часы или что-нибудь подобное; но пропасть, и кому же пропасть? и

---

[2]The singular imperative may be used as a conditional: *If I were.*

притом и ещё на собственной квартире!.. Майор Ковалёв, сообразя все обстоятельства, предполагал едва ли не ближе всего к истине, что виною этого должен быть не кто другой, как штаб-офицерша Подточина, которая желала, чтобы он женился на её дочери. Он и сам любил за нею приволокнуться, но избегал окончательной разделки. Когда же штаб-офицерша объявила ему напрямик, что она хочет выдать её за него, он потихоньку отчалил с своими комплиментами, сказавши, что ещё молод, что нужно ему прослужить лет пяток, чтобы уже ровно было сорок два года. И потому штаб-офицерша, верно из мщения, решилась его испортить и наняла для этого каких-нибудь колдовок-баб, потому что никаким образом нельзя было предположить, чтобы нос был отрезан: никто не входил к нему в комнату; цирюльник же Иван Яковлевич брил его ещё в среду, а в продолжение всей среды и даже во весь четверток нос у него был цел — это он помнил и знал очень хорошо; притом была бы им чувствуема боль, и, без сомнения, рана не могла бы так скоро зажить и быть гладкою, как блин. Он строил в голове планы: звать ли штаб-офицершу формальным порядком в суд, или явиться к ней самому и уличить её. Размышления его прерваны были светом, блеснувшим сквозь все скважины дверей, который дал знать, что свеча в передней уже зажжена Иваном. Скоро показался и сам Иван, неся её перед собою и озаряя ярко всю комнату. Первым движением Ковалёва было схватить платок и закрыть то место, где вчера ещё был нос, чтобы в самом деле глупый человек не зазевался, увидя у барина такую странность.

Не успел Иван уйти в конуру свою, как послышался в передней незнакомый голос, произнёсший:

— Здесь ли живёт коллежский асессор Ковалёв?

сообрази́ть *consider*
предполага́ть *conjecture*

приволокну́ться *flirt*
разде́лка *уст* *outcome*

отча́лить *disengage*

наня́ть *hire*
колдо́вка *witch*

зажи́ть *heal*

уличи́ть *expose*
блесну́ть *flash*

озаря́ть *illuminate*

зазева́ться *stand gaping*

конура́ *lair*

— Войдите. Майор Ковалёв здесь, — сказал Ковалёв, вскочивши поспешно и отворяя дверь.

Вошёл полицейский чиновник красивой наружности, с бакенбардами не слишком светлыми и не тёмными, с довольно полными щеками, тот самый, который в начале повести стоял в конце Исакиевского моста.

— Вы изволили затерять нос свой?

— Так точно.

— Он теперь найден.

— Что вы говорите? — закричал майор Ковалёв. Радость отняла у него язык. Он глядел в оба на стоявшего перед ним квартального, на полных губах и щеках которого ярко мелькал трепетный свет свечи. — Каким образом?

глядеть в оба *stare*

трепетный *flickering*

— Странным случаем: его перехватили почти на дороге. Он уже садился в дилижанс и хотел уехать в Ригу. И пашпорт давно был написан на имя одного чиновника. И странно то, что я сам принял его сначала за господина. Но, к счастию, были со мной очки, и я тот же час увидел, что это был нос. Ведь я близорук, и если вы станете передо мною, то я вижу только, что у вас лицо, но ни носа, ни бороды, ничего не замечу. Моя тёща, то есть мать жены моей, тоже ничего не видит.

перехватить *intercept*

близорукий *nearsighted*

тёща *mother-in-law*

Ковалёв был вне себя.

— Где же он? Где? Я сейчас побегу.

— Не беспокойтесь. Я, зная, что он вам нужен, принёс его с собою. И странно то, что главный участник в этом деле есть мошенник цирюльник на Вознесенской улице, который сидит теперь на съезжей. Я давно подозревал его в пьянстве и воровстве, и ещё третьего дня стащил он в одной лавочке бортище пуговиц. Нос ваш совершенно таков, как был. — При этом квартальный полез в карман и вытащил оттуда завернутый в бумажке нос.

съезжая *ист police station*
третьего дня *day before/ yesterday/***стащить** *swipe/***бортище** *дюжина*

— Так, он! — закричал Ковалёв. — Точно, он! Выкушайте сегодня со мною чашечку чаю.

вы́кушать *уст* drink

— Почёл бы за большую приятность, но никак не могу: мне нужно заехать отсюда в смирительный дом... Очень большая поднялась дороговизна припасы... У меня в доме живёт и тёща, то есть мать моей жены, и дети; старший особенно подаёт большие надежды: очень умный мальчишка, но средств для воспитания совершенно нет никаких...

смири́тельный дом *уст* *тюрьма/*
дорогови́зна high prices/
припа́сы supplies

Ковалёв догадался и, схватив со стола красную ассигнацию, сунул в руки надзирателю, который, расшаркавшись, вышел за дверь, и в ту же почти минуту Ковалёв слышал уже голос его на улице, где он увещевал по зубам одного глупого мужика, наехавшего с своею телегою как раз на бульвар.

кра́сная ассигна́ция 10-ruble note

расша́ркаться bow

увещева́ть по зуба́м *ударить*

5.1 Почему купцы приносят частному приставу сахар и другие «мануфактурности»?

5.2 Что он за человек?

5.3 Чем был занят частный пристав, когда пришёл Ковалёв?

5.4 Что особенно обидело Ковалёва в том, что ему сказал пристав?

5.5 Чем занимался Иван, когда Ковалёв вернулся домой?

5.6 Кого Ковалёв обвиняет в исчезновении носа? На чём основаны его подозрения?

5.7 Как квартальному надзирателю удалось найти нос?

5.8 Кого квартальный надзиратель обвиняет в случившемся?

5.9 На что в конце разговора намекает надзиратель?

Коллежский асессор по уходе квартального несколько минут оставался в каком-то неопределённом состоянии и едва через несколько минут пришёл в возможность видеть и чувствовать: в такое беспамятство повергла его неожиданная радость. Он взял бережливо найденный нос в обе руки, сложенные горстью, и ещё раз рассмотрел его внимательно.

неопределённый indefinite

бережли́во carefully
сложи́ть го́рстью cup

— Так он, точно он! — говорил майор Ковалёв. — Вот и прыщик на левой стороне, вскочивший вчерашнего дня.

Майор чуть не засмеялся от радости.

Но на свете нет ничего долговременного, а потому и радость в следующую минуту за первою уже не так жива; в третью минуту она становится ещё слабее и наконец незаметно сливается с обыкновенным положением души, как на воде круг, рождённый падением камешка, наконец сливается с гладкою поверхностью. Ковалёв начал размышлять и смекнул, что дело ещё не кончено: нос найден, но ведь нужно его приставить, поместить на своё место.

слива́ться *merge*

роди́ть *occasion*/
  ка́мешек *pebble*/
  пове́рхность *surface*/
  смекну́ть *понять*

— А что, если он не пристанет?

При таком вопросе, сделанном самому себе, майор побледнел.

С чувством неизъяснимого страха бросился он к столу, придвинул зеркало, чтобы как-нибудь не поставить нос криво. Руки его дрожали. Осторожно и осмотрительно наложил он его на прежнее место. О ужас! Нос не приклеивается!.. Он поднёс его ко рту, нагрел его слегка своим дыханием и опять поднёс к гладкому месту, находившемуся между двух щёк;[3] но нос никаким образом не держался.

осмотри́тельно *cautiously*

нагре́ть *warm*

—Ну! ну же! полезай, дурак! — говорил он ему. Но нос был как деревянный и падал на стол с таким странным звуком, как будто бы пробка. Лицо майора судорожно скривилось. — Неужели он не прирастёт? — говорил он в испуге. Но сколько раз ни подносил он его на его же собственное место, старание было по-прежнему неуспешно.

полеза́й *прост* *get on there*

су́дорожно *convulsively*/
  скриви́ться *grimace*

стара́ние *efforts*

Он кликнул Ивана и послал его за доктором, который занимал в том же самом доме лучшую квартиру в бельэтаже. Доктор этот был видный

бельэта́ж *first floor*/
  ви́дный из себя́ *good looking*

---

[3]The preposition *между* is governing the genitive case here.

из себя мужчина, имел прекрасные смолистые бакенбарды, свежую, здоровую докторшу, ел поутру свежие яблоки и держал рот в необыкновенной чистоте, полоща его каждое утро почти три четверти часа и шлифуя зубы пятью разных родов щёточками. Доктор явился в ту же минуту. Спросивши, как давно случилось несчастие, он поднял майора Ковалёва за подбородок и дал ему большим пальцем щелчка в то самое место, где прежде был нос, так что майор должен был откинуть свою голову назад с такою силою, что ударился затылком в стену. Медик сказал, что это ничего, и, посоветовавши отодвинуться немного от стены, велел ему перегнуть голову сначала на правую сторону, и, пощупавши то место, где прежде был нос, сказал: «Гм!» Потом велел ему перегнуть голову на левую сторону и сказал: «Гм!» — и в заключение дал опять ему большим пальцем щелчка, так что майор Ковалёв дёрнул головою, как конь, которому смотрят в зубы. Сделавши такую пробу, медик покачал головою и сказал:

— Нет, нельзя. Вы уж лучше так оставайтесь, потому что можно сделать ещё хуже. Оно, конечно, приставить можно; я бы, пожалуй, вам сейчас приставил его; но я вас уверяю, что это для вас хуже.

— Вот хорошо! как же мне оставаться без носа? — сказал Ковалёв. — Уж хуже не может быть, как теперь. Это просто чёрт знает что! Куда же я с этакою пасквильностию покажусь? Я имею хорошее знакомство; вот и сегодня мне нужно быть на вечере в двух домах. Я со многими знаком: статская советница Чехтарёва, Подточина — штаб-офицерша... хоть после теперешнего поступка её я не имею с ней другого дела, как только чрез полицию. Сделайте милость, — произнёс Ковалёв умоляющим голосом, — нет ли средства? как-нибудь приставьте; хоть не хорошо, лишь бы только держался; я даже могу его слегка подпирать

смоли́стый *pitch black*

полоска́ть *rinse*
шлифова́ть *polish*

щелчо́к *flick*

отки́нуть *jerk*
заты́лок *back of head*

перегну́ть *tilt*

заключе́ние *conclusion*

дёрнуть *jerk*
про́ба *test*
покача́ть голово́й *shake head*

сре́дство *means*

подпира́ть *prop up*

рукою в опасных случаях. Я же притом и не танцую, чтобы мог вредить каким-нибудь неосторожным движением. Всё, что относится насчёт благодарности за визиты, уж будьте уверены, сколько дозволят мои средства...

дозво́лить *уст* permit

— Верите ли, — сказал доктор ни громким, ни тихим голосом, но чрезвычайно уветливым и магнетическим, — что я никогда из корысти не лечу. Это противно моим правилам и моему искусству. Правда, я беру за визиты, но единственно с тем только, чтобы не обидеть моим отказом. Конечно, я бы приставил ваш нос; но я вас уверяю честью, если уже вы не верите моему слову, что это будет гораздо хуже. Предоставьте лучше действию самой натуры. Мойте чаще холодною водой, и я вас уверяю, что вы, не имея носа, будете так же здоровы, как если бы имели его. А нос я вам советую положить в банку со спиртом или, ещё лучше, влить туда две столовые ложки острой водки и подогретого уксуса, — и тогда вы можете взять за него порядочные деньги. Я даже сам возьму его, если вы только не подорожитесь.

уве́тливый *уст* affable
коры́сть profit
лечи́ть treat

предоста́вить leave to

подогре́ть warm
у́ксус vinegar

подорожи́ться *уст* ask too much

— Нет, нет! ни за что не продам! — вскричал отчаянный майор Ковалёв, — лучше пусть он пропадёт!

отча́янный desperate

— Извините! — сказал доктор, откланиваясь, — я хотел быть вам полезным... Что же делать! По крайней мере вы видели моё старание.

откла́ниваться take leave

Сказавши это, доктор с благородною осанкою вышел из комнаты. Ковалёв не заметил даже лица его и в глубокой бесчувственности видел только выглядывавшие из рукавов его чёрного фрака рукавчики белой и чистой, как снег, рубашки.

оса́нка bearing

рука́в sleeve
рука́вчика cuff

6.1 С чем сравнивает Гоголь радость Ковалёва?

6.2 Что произошло, когда Ковалёв захотел приставить нос на место?

6.3 Опишите врача, который пришёл к Ковалёву.

6.4 Что он ему посоветовал делать с носом?

Он решился на другой день, прежде представления жалобы, писать к штаб-офицерше, не согласится ли она без бою возвратить ему то, что следует. Письмо было такого содержания:

жа́лоба *complaint*

«Милостивая государыня Александра Григорьевна!

Не могу понять странного со стороны вашей действия. Будьте уверены, что, поступая таким образом, ничего не выиграете и ничуть не принудите меня жениться на вашей дочери. Поверьте, что история насчёт моего носа мне совершенно понятна, равно как то, что в этом вы есть главные участницы, а не кто другой. Внезапное его отделение с своего места, побег и маскирование, то под видом одного чиновника, то, наконец, в собственном виде, есть больше ничего, кроме следствие волхвований, произведённых вами или теми, которые упражняются в подобных вам благородных занятиях. Я с своей стороны почитаю долгом вас предуведомить: если упоминаемый мною нос не будет сегодня же на своём месте, то я принуждён буду прибегнуть к защите и покровительству законов.

волхвова́ние *sorcery*

упражня́ться *practice*

предуведоми́ть *forewarn*

прибе́гнуть *resort/*
покрови́тельство *protection*

Впрочем, с совершенным почтением к вам имею честь быть

почте́ние *respect*

Ваш покорный слуга
Платон Ковалёв».

поко́рный *humble*

«Милостивый государь
Платон Кузьмич!

Чрезвычайно удивило меня письмо ваше. Я, признаюсь вам по откровенности, никак не ожидала, а тем более относительно несправедливых укоризн со стороны вашей. Предуведомляю вас, что я чиновника, о котором упоминаете вы, никогда не принимала у себя в доме, ни замаскированного, ни в настоящем виде. Бывал у меня, правда, Филипп Иванович

укори́зна *reproach*

Потанчиков. И хотя он, точно, искал руки моей дочери, будучи сам хорошего, трезвого поведения и великой учёности, но я никогда ни подавала ему никакой надежды. Вы упоминаете ещё о носе. Если вы разумеете под сим, что будто бы я хотела оставить вас с носом, то есть дать вам формальный отказ, то меня удивляет, что вы сами об этом говорите, тогда как я, сколько вам известно, была совершенно противного мнения, и если вы теперь же посватаетесь на моей дочери законным образом, я готова сей же час удовлетворить вас, ибо это составляло всегда предмет моего живейшего желания, в надежде чего остаюсь всегда готовою к услугам вашим

Александра Подточина».

«Нет, — говорил Ковалёв, прочитавши письмо, — она точно не виновата. Не может быть! Письмо так написано, как не может написать человек, виноватый в преступлении. — Коллежский асессор был в этом сведущ потому, что был послан несколько раз на следствие ещё в Кавказской области. — Каким же образом, какими же судьбами это приключилось? Только чёрт разберёт это!» — сказал он наконец, опустив руки.

Между тем слухи об этом необыкновенном происшествии распространились по всей столице, и как водится, не без особенных прибавлений. Тогда умы всех именно настроены были к чрезвычайному: недавно только что занимали публику опыты действия магнетизма. Притом история о танцующих стульях в Конюшенной улице была ещё свежа, и потому нечего удивляться, что скоро начали говорить, будто нос коллежского асессора Ковалёва ровно в три часа прогуливается по Невскому проспекту. Любопытных стекалось каждый день множество. Сказал кто-то, что нос будто бы находился в магазине Юнкера — возле Юнкера такая сделалась толпа и давка, что должна была даже полиция вступиться. Один спекулятор почтенной наружности, с бакенбардами, продавший при

учёность *erudition*

посва́таться *seek to marry*

све́дущий *experienced*

приключи́ться *happen*
опусти́ть ру́ки *give up*

распространи́ться *spread*

прибавле́ние *addition/*
настро́ить *incline*

стека́ться *throng*

Ю́нкер store
да́вка *crush*
вступи́ться *intervene*

входе в театр разные сухие кондитерские пирожки, нарочно поделал прекрасные деревянные прочные скамьи, на которые приглашал любопытных становиться за восемьдесят копеек от каждого посетителя. Один заслуженный полковник нарочно для этого вышел раньше из дому и с большим трудом пробрался сквозь толпу; но, к большому негодованию своему, увидел в окне магазина вместо носа обыкновенную шерстяную фуфайку и литографированную картинку с изображением девушки, поправлявшей чулок, и глядевшего на неё из-за дерева франта с откидным жилетом и небольшою бородкою, — картинку, уже более десяти лет висящую всё на одном месте. Отошед, он сказал с досадою: «Как можно этакими глупыми и неправдоподобными слухами смущать народ?»

Потом пронёсся слух, что не на Невском проспекте, а в Таврическом саду прогуливается нос майора Ковалёва, что будто бы он давно уже там; что когда ещё проживал там Хозрев-Мирза, то очень удивлялся этой странной игре природы. Некоторые из студентов Хирургической академии отправились туда. Одна знатная, почтенная дама просила особенным письмом смотрителя за садом показать детям её этот редкий феномен и, если можно, с объяснением наставительным и назидательным для юношей.

Всем этим происшествиям были чрезвычайно рады все светские, необходимые посетители раутов, любившие смешить дам, у которых запас в то время совершенно истощился. Небольшая часть почтенных и благонамеренных людей была чрезвычайно недовольна. Один господин говорил с негодованием, что он не понимает, как в нынешний просвещённый век могут распространяться нелепые выдумки, и что он удивляется, как не обратит на это внимания правительство. Господин этот, как видно, принадлежал к числу тех господ, которые желали

скамья́ *bench*

заслу́женный *worthy*

фуфа́йка *sweater*

поправля́ть *straighten*
франт *dandy*/**откидно́й** *open*

смуща́ть *stir up*

Хо́зрев-Мирза́
персидский принц

настави́тельный *edifying*/
назида́тельный *instructive*

ра́ут *уст* *приём*/
смеши́ть *amuse*/**запа́с** *stock*/
истощи́ться *run out*/
благонаме́ренный *уст*
well-meaning

просвещённый *enlightened*
неле́пый *absurd*/
вы́думка *fabrication*

бы впутать правительство во всё, даже в свои ежедневные ссоры с женою. Вслед за этим... но здесь вновь всё происшествие скрывается туманом, и что было потом, решительно неизвестно.

впу́тать *involve*

7.1 Почему Ковалёв решает отправить письмо Подточиной?

7.2 О чём он в нём пишет?

7.3 Как она понимает его слова? Что она ему отвечает?

7.4 Какие слухи ходят о носе коллежского асессора Ковалёва? Как эти слухи воспринимаются разными людьми?

III *Perfect nonsense is going on in the world.*

Чепуха совершенная делается на свете. Иногда вовсе нет никакого правдоподобия: вдруг тот самый нос, который разъезжал в чине статского советника и наделал столько шуму в городе, очутился как ни в чём не бывало вновь на своём месте; то есть именно между двух щёк майора Ковалёва. Это случилось уже апреля седьмого числа. Проснувшись и нечаянно взглянув в зеркало, видит он: нос! хвать рукою — точно нос! «Эге!» — сказал Ковалёв и в радости чуть не дёрнул по всей комнате босиком тропака, но вошедший Иван помешал. Он приказал тот же час дать себе умыться и, умываясь, взглянул ещё раз в зеркало: нос! Вытираясь утиральником, он опять взглянул в зеркало: нос!

дёрнуть тропа́к *dance a jig/* **босико́м** *barefooted*

утира́льник уст *полотенце*

— А посмотри, Иван, кажется, у меня на носу как будто прыщик, — сказал он и между тем думал: «Вот беда, как Иван скажет: да нет, сударь, не только прыщика, и самого носа нет!»

Но Иван сказал:

— Ничего-с, никакого прыщика: нос чистый!

«Хорошо, чёрт побеги!» — сказал сам себе майор и щёлкнул пальцами. В это время выглянул в дверь цирюльник Иван Яковлевич, но так боязливо, как кошка, которую только что высекли за кражу сала.

щёлкнуть па́льцами *snap fingers*

вы́сечь *whip/* **са́ло** *fat*

— Говори вперёд: чисты руки? — кричал ещё издали его Ковалёв.

— Чисты.

— Врёшь!

— Ей-Богу-с, чисты, сударь.

— Ну, смотри же.

Ковалёв сел. Иван Яковлевич закрыл его салфеткою и в одно мгновение с помощью кисточки превратил всю бороду его и часть щеки в крем, какой подают на купеческих именинах.

ки́сточка *shaving brush*
купе́ческий *merchant class/*
имени́ны *nameday party*

«Вишь ты! — сказал сам себе Иван Яковлевич, взглянувши на нос, и потом перегнул голову на другую сторону и посмотрел на него сбоку. — Вона! эк его, право, как подумаешь»,[4] — продолжал он и долго смотрел на нос. Наконец легонько, с бережливостью, какую только можно себе вообразить, он приподнял два пальца, с тем чтобы поймать его за кончик. Такова уж была система Ивана Яковлевича.

лего́нько *gently/*
бережли́вость *уст* *care*

— Ну, ну, ну смотри! — закричал Ковалёв.

Иван Яковлевич и руки опустил, оторопел и смутился, как никогда не смущался. Наконец осторожно стал он щекотать бритвой у него под бородою; и хотя ему было совсем несподручно и трудно брить без придержки за нюхательную часть тела, однако же, кое-как упираясь своим шероховатым большим пальцем ему в щёку и в нижнюю десну, наконец одолел все препятствия и выбрил.

оторопе́ть *be struck dumb*

щекота́ть *tickle*
несподру́чно *уст* *inconvenient*
приде́ржка *holding on*

шерохова́тый *rough*
десна́ *gum/***одоле́ть** *overcome*

Когда всё было готово, Ковалёв поспешил тот же час одеться, взял извозчика и поехал прямо в кондитерскую. Входя, закричал он ещё издали: «Мальчик, чашку шоколаду!» — а сам в ту же минуту к зеркалу: есть нос! Он весело оборотился

---

[4]Иван Яколевич is painfully inarticulate. You can imagine his surprise, but you would find it difficult to translate his actual words.

назад и с сатирическим видом посмотрел, несколько прищуря глаз, на двух военных, у одного из которых был нос никак не больше жилетной пуговицы. После того отправился он в канцелярию того департамента, где хлопотал об вице-губернаторском месте, а в случае неудачи об эксекуторском. Проходя чрез приёмную, он взглянул в зеркало: есть нос! Потом поехал он к другому коллежскому асессору, или майору, большому насмешнику, которому он часто говорил в ответ на разные занозистые заметки: «Ну, уж ты, я тебя знаю, ты шпилька!» Дорогою он подумал: «Если и майор не треснет со смеху, увидевши меня, тогда уж верный знак, что всё, что ни есть, сидит на своём месте». Но коллежский асессор ничего. «Хорошо, хорошо, чёрт побери!» — подумал про себя Ковалёв. На дороге встретил он штаб-офицершу Подточину вместе с дочерью, раскланялся с ними и был встречен с радостными восклицаньями: стало быть ничего, в нём нет никакого ущерба. Он разговаривал с ними очень долго и, нарочно вынувши табакерку, набивал пред ними весьма долго свой нос с обоих подъездов, приговаривая про себя: «Вот, мол, вам, бабьё, куриный народ! а на дочке всё-таки не женюсь. Так просто, par amour — изволь!» И майор Ковалёв с тех пор прогуливался как ни в чём не бывало и на Невском проспекте, и в театрах, и везде. И нос тоже как ни в чём не бывало сидел на его лице, не показывая даже вида, чтобы отлучался по сторонам. И после того майора Ковалёва видели вечно в хорошем юморе, улыбающегося, преследующего решительно всех хорошеньких дам и даже остановившегося один раз перед лавочкой в Гостином дворе и покупавшего какую-то орденскую ленточку, неизвестно для каких причин, потому что он сам не был кавалером никакого ордена.

Вот какая история случилась в северной столице нашего обширного государства! Теперь только, по соображении всего, видим, что в ней есть

прищу́рить *narrow*

хлопота́ть *petition*

насме́шник *scoffer*
зано́зистый *quarrelsome*
шпи́лька *tease*
тре́снуть *burst*

ущёрб *damage*

подъе́зд *entrance/*
пригова́ривать *repeat/*
бабьё *women/*
кури́ный *chicken*

отлуча́ться *take leave*

пресле́довать *chase*

Гости́ный двор *store*

соображе́ние *consideration*

много неправдоподобного. Не говоря уже о том, что, точно, странно сверхъестественное отделение носа и появление его в разных местах в виде статского советника, — как Ковалёв не смекнул, что нельзя чрез газетную экспедицию объявлять о носе? Я здесь не в том смысле говорю, чтобы мне казалось дорого заплатить за объявление: это вздор, и я совсем не из числа корыстолюбивых людей. Но неприлично, неловко, нехорошо! И опять тоже — как нос очутился в печёном хлебе и как сам Иван Яковлевич?.. нет, этого я никак не понимаю, решительно не понимаю! Но что́ странее, что́ непонятнее всего, — это то, как авторы могут брать подобные сюжеты. Признаюсь, это уж совсем непостижимо, это точно... нет, нет, совсем не понимаю. Во-первых, пользы отечеству решительно никакой; во-вторых... но и во-вторых тоже нет пользы. Просто я не знаю, что это...

А, однако же, при всём том, хотя, конечно, можно допустить и то, и другое, и третье, может даже... ну да и где ж не бывает несообразностей?.. А всё, однако же, как поразмыслишь, во всём этом, право, есть что-то. Кто что ни говори, а подобные происшествия бывают на свете, — редко, но бывают.

сверхъесте́ственный *supernatural*

корыстолюби́вый *self-interested*

непостижи́мый *incomprehensible*

несообра́зность *absurdity*
поразмы́слить *think over*

8.1 Что случилось с Ковалёвым 7 апреля?

8.2 Как Ковалёв проверял, есть ли у него нос?

8.3 Какую роль играет Иван Яковлевич во всей этой истории?

8.4 Как Ковалёв относится к женщинам? Играет ли это существенную роль в рассказе?

8.5 Какую роль играет сам город в этой повести?

8.6 Как относится рассказчик к собственному произведению?

8.7 Можно ли считать этот рассказ правдоподобным? Есть ли в нём элементы реализма?

Задания

1. Ковалёв так и не успел написать объявление о своём носе. От имени Ковалёва напишите объявление о потерянном носе для петербургской газеты.

2. Придумайте ещё несколько слухов, которые могли бы ходить о носе коллежского асессора Ковалёва.

3. Разыграйте сцену из этого рассказа, которая вам больше всего понравилась.

маленький человек

Онегин / Печорин

√3

маленький человек

Акакий Акакиевич

Самсон Вырин

"Медный всадник"

Евгений

Михаил Юрьевич Лермонтов

Фаталист (1840)

Михаил Юрьевич Лермонтов was born in Moscow in 1814. He received his education at the School of Cavalry Cadets in St. Petersburg. In 1834, he received a commission in the Hussars of the Guard. On two separate occasions he was transferred to the Caucausus — once in 1837 because of the poem «Смерть поэта», in which he expressed his outrage over the death of Pushkin, and a second time in 1840 because of dueling. In 1841, at the resort town of Pyatigorsk in the Caucausus, he was killed in a duel.

Lermontov is known for his lyrics and narrative poems. His best known longer works are «Демон» (1839), the story of the love of a fallen angel for a mortal, and «Мцыри» (1840), the confession of a novice in a Georgian monastery, who sings in praise of the freedom that he has known outside of the monastery walls.

Lermontov wrote one significant work of prose — the novel «Герой нашего времени» (1840). This novel, like «Повести Белкина», consists of a series of tales, which may be read independently, but which are all nevertheless united by the central figure of the young nobleman and officer Григорий Александрович Печорин. Pechorin narrates «Фаталист», the last story in the series. «Герой нашего времени» takes place in the Caucasus, an exotic setting where the reader will meet Russian officers and Cossacks (казак) as well as Chechens (чеченец) and Circassians (черкес).

Упражнения

1. *The prefix* пре- *added to an adjective or an adverb adds a superlative connotation.* Преопасный, *for example, means extremely dangerous. Substitute one of the following words for an*

М. Ю. Лермонтов

*приникать
участие*

*adjective or adverb in each of these sentences. Translate the
sentences into English. How have you changed their meaning?*

прему́дрый, преспоко́йный, прехладнокро́вный

1. Он бросился вперёд и до самого конца дела хладнокровно
перестреливался с чеченцами.

2. Вулич спокойно пересыпал в свой кошелёк мои червонцы.

3. Этот человек, который так недавно метил себе спокойно в лоб,
теперь вдруг вспыхнул и смутился.

4. Были некогда люди мудрые, которые думали, что светила
небесные принимают участие в наших спорах.

2. *Complete the sentence with one of the words given in parentheses.
Since the words are close in meaning, you will find more than one
correct answer. Later, as you read the story, compare your choices to
the original. What factors may have influenced Lermontov's choice
of words?*

1. ... (говорили, разговаривали, рассуждали, спорили) о том, что мусульманское поверье, будто судьба человека написана на небесах, находит и между нами, ... (военными, офицерами, русскими, христианами), многих поклонников.

2. Когда он ... (вернулся, пришёл, явился) в цепь, там была уж сильная *перестрелка*. Вулич не заботился ни о пулях, ни о шашках чеченских: он ... (искал, *отыскивал*, нашёл) своего счастливого понтёра.

    shoot-out

3. — Вы нынче ... (погибнете, *умрёте*)! — сказал я ему.

4. Иные ... (заметили, сказали, утверждали), что, вероятно, полка была ... (засорена, грязная), другие ... (говорили, разговаривали, рассуждали) шёпотом, что прежде порох был сырой.

    O луна   D месяц /луна

5. ... (месяц, *луна*) полный/-ая и красный/-ая начал/-а показываться из-за домов.

6. ... (звёзды, светила) спокойно сияли на тёмно-голубом ... (небе, своде).

7. Мне стало смешно, когда я вспомнил, что были ... (когда-то, некогда) люди, который думали, что ... (звёзды, светила небесные) принимают участие в наших спорах.

8. Эти ... (звёзды, лампады) горят с прежним блеском.

9. А мы, их жалкие потомки, скитаемся по земле без убеждения и гордости, без наслаждения и страха, кроме той невольной боязни, которая сжимает сердце при мысли о ... (неизбежном конце, смерти).

10. ... (месяц, луна) уже светил/-а прямо на дорогу.

11. ... (месяц, луна) освещал/-а её милые губки.

12. Я ... (закрыл, затворил) за собою дверь моей комнаты, ... (засветил, зажёг) свечу и ... (лёг, бросился) на постель.

3. *Combine the sentences below using relative clauses, participles, verbal adverbs, and any other strategies that you can think of. Your objective is to form the smallest number of sentences possible. Later, as you read the story, compare your results with Lermontov's original.*

1. Мы — их жалкие потомки.

2. Мы скитаемся по земле.

3. Мы без убеждений.

4. Мы без гордости.

5. Мы без наслаждения.

6. Мы без страха, кроме невольной боязни.

7. Невольная боязнь сжимает сердце при мысли о неизбежном конце.

8. Мы неспособны более к великим жертвам для блага человека.

9. Мы неспособны более к великим жертвам даже для собственного счастья.

10. Мы знаем невозможность собственного счастья.

11. Мы равнодушно переходим от сомнения к сомнению.

12. Наши предки бросались от одного заблуждения к другому.

13. Мы не имеем надежды.

14. Мы не имеем неопределённого наслаждения.

15. Мы не имеем хотя и истинного наслаждения.

16. Душа встречает наслаждение во всякой борьбе с людьми.

17. Душа встречает наслаждение во всякой борьбе с судьбой.

Перед чтением

1. Что значит слово «фаталист»? Считаете ли вы себя фаталистом?

2. Что значит слово «предопределение»? Верите ли вы в него?

Текст и вопросы

Фаталист

Мне как-то раз случилось прожить две недели в казачьей станице на левом фланге; тут же стоял батальон пехоты; офицеры собирались друг у друга поочерёдно, по вечерам играли в карты.

стани́ца　*Cossack village*
пехо́та　*infantry*
поочерёдно　*by turns*

Однажды, наскучив бостоном и бросив карты под стол, мы засиделись у майора С*** очень долго; разговор, против обыкновения, был занимателен. Рассуждали о том, что мусульманское поверье, будто судьба человека написана на небесах, находит и между нами, христианами, многих

рассужда́ть　*говорить*

поклонников; каждый рассказывал разные необыкновенные случаи pro или contra.

— Всё это, господа, ничего не доказывает, — сказал старый майор, — ведь никто из вас не был свидетелем тех странных случаев, которыми вы подтверждаете свои мнения?..

— Конечно, никто, — сказали многие, — но мы слышали от верных людей...

— Всё это вздор! — сказал кто-то, — где эти верные люди, видевшие список, на котором означен час нашей смерти?.. И если точно есть предопределение, то зачем же нам дана воля, рассудок? почему мы должны давать отчёт в наших поступках?

В это время один офицер, сидевший в углу комнаты, встал и, медленно подойдя к столу, окинул всех спокойным и торжественным взглядом. Он был родом серб, как видно было из его имени.

Наружность поручика Вулича отвечала вполне его характеру. Высокий рост и смуглый цвет лица, чёрные волосы, чёрные проницательные глаза, большой, но правильный нос, принадлежность его нации, печальная и холодная улыбка, вечно блуждавшая на губах его, — всё это будто согласовалось для того, чтобы придать ему вид существа особенного, не способного делиться мыслями и страстями с теми, которых судьба дала ему в товарищи.

Он был храбр, говорил мало, но резко; никому не поверял своих душевных и семейных тайн, вина почти вовсе не пил, за молодыми казачками, — которых прелесть трудно постигнуть, не видав их,— он никогда не волочился. Говорили, однако, что жена полковника была неравнодушна к его выразительным глазам; но он не шутя сердился, когда об этом намекали.

Была только одна страсть, которой он не таил: страсть к игре. За зелёным столом он забывал всё

поклонник   *adherent*

доказывать   *prove*

подтверждать   *corroborate*

верный   *reliable*

рассудок   *reason*/**отчёт**   *account*

окинуть взглядом   *посмотреть*
родом   *by birth*

смуглый   *swarthy*

правильный   *regular*
принадлежность   *attribute*
блуждать   *wander*
согласоваться   *harmonize*
делиться   *share*

душевный   *spiritual*

прелесть   *charm*/
постигнуть   *comprehend*/
волочиться   *run after*

выразительный   *expressive*

таить   *conceal*

и обыкновенно проигрывал; но постоянные
неудачи только раздражали его упрямство.
Рассказывали, что раз, во время экспедиции,
ночью, он на подушке метал банк, ему ужасно
везло. Вдруг раздались выстрелы, ударили
тревогу, все вскочили и бросились к оружию.
«Поставь ва-банк!» — кричал Вулич, не
подымаясь, одному из самых горячих понтёров.
«Идёт семёрка», — отвечал тот, убегая. Несмотря
на всеобщую суматоху, Вулич докинул талью;
карта была дана.

раздража́ть	*exacerbate*
разда́ться	*ring out*
трево́га	*alarm*
сумато́ха	*confusion*/та́лья	*deal*

Когда он явился в цепь, там была уж сильная
перестрелка. Вулич не заботился ни о пулях, ни о
шашках чеченских: он отыскивал своего
счастливого понтёра.

| цепь | *skirmish line* |
| ша́шка | *sabre* |

— Семёрка дана! — закричал он, увидев его
наконец в цепи застрельщиков, которые
начинали вытеснять из леса неприятеля, и,
подойдя ближе, он вынул свой кошелёк и
бумажник и отдал их счастливцу, несмотря на
возражения о неуместности платежа. Исполнив
этот неприятный долг, он бросился вперёд, увлёк
за собою солдат и до самого конца дела
прехладнокровно перестреливался с
чеченцами.

застре́льщик	*skirmisher*
вытесня́ть	*dislodge*
кошелёк	*purse*
бума́жник	*wallet*
возраже́ние	*objection*/
неуме́стность	*inappropriateness*/
увле́чь	*carry along*/
де́ло	*engagement*

1.1 Где и когда происходит действие этого рассказа?

1.2 Кто, вам кажется, будет героем рассказа?

1.3 Сравните жизнь офицеров в этом рассказе с жизнью офицеров
в повести «Выстрел».

1.4 Чем офицеры занимаются по вечерам?

1.5 Как офицеры относятся к людям, среди которых они сейчас
оказались?

1.6 Опишите поручика Вулича. Какой у него характер?

1.7 Зачем Печорин подробно сообщает о том, что произошло,
когда Вулич играл в карты?

Когда поручик Вулич подошёл к столу, то все
замолчали, ожидая от него какой-нибудь
оригинальной выходки.

| вы́ходка | *stunt* |

— Господа! — сказал он (голос его был спокоен, хотя тоном ниже обыкновенного), — господа! к чему пустые споры? Вы хотите доказательств: я вам предлагаю испробовать на себе, может ли человек своевольно располагать своею жизнью, или каждому из нас заранее назначена роковая минута... Кому угодно?

предлага́ть *propose*
своево́льно *voluntarily/*
располага́ть *dispose/*
роково́й *fatal*

— Не мне, не мне! — раздалось со всех сторон, — вот чудак! придёт же в голову!...

— Предлагаю пари, — сказал я шутя.

пари́ *bet*

— Какое?

— Утверждаю, что нет предопределения, — сказал я, высыпая на стол десятка два червонцев — всё, что было у меня в кармане.

утвержда́ть *maintain*

— Держу, — отвечал Вулич глухим голосом, — Майор, вы будете судьёю; вот пятнадцать червонцев: остальные пять вы мне должны, и сделаете мне дружбу, прибавить их к этим.

держа́ть *take (a bet)*

— Хорошо, — сказал майор, — только не понимаю, право, в чём дело и как вы решите спор?

Вулич молча вышел в спальню майора; мы за ним последовали. Он подошёл к стене, на которой висело оружие, и наудачу снял с гвоздя один из разнокалиберных пистолетов; мы ещё его не понимали, но когда он взвёл курок и насыпал на полку пороха, то многие, невольно вскрикнув, схватили его за руки.

после́довать *follow*
гвоздь *nail*

взвести́ *raise/***куро́к** *cock/*
насы́пать *sprinkle/*
по́лка *pan/***по́рох** *powder*

— Что ты хочешь делать? Послушай, это сумасшествие! — закричали ему.

— Господа! — сказал он медленно, освобождая свои руки,— кому угодно заплатить за меня двадцать червонцев?

Все замолчали и отошли.

Вулич вышел в другую комнату и сел у стола; все последовали за ним: он знаком пригласил нас сесть кругом. Молча повиновались ему: в эту

знак *gesture*
повинова́ться *obey*

минуту он приобрёл над нами какую-то таинственную власть. Я пристально посмотрел ему в глаза; но он спокойным и неподвижным взором встретил мой испытующий взгляд, и бледные губы его улыбнулись; но, несмотря на его хладнокровие, мне казалось, я читал печать смерти на бледном лице его. Я замечал, и многие старые воины подтверждали моё замечание, что часто на лице человека, который должен умереть через несколько часов, есть какой-то странный отпечаток неизбежной судьбы, так что привычным глазам трудно ошибиться.

— Вы нынче умрёте! — сказал я ему. Он быстро ко мне обернулся, но отвечал медленно и спокойно:

— Может быть, да, может быть, нет...
Потом, обратясь к майору, спросил: заряжен ли пистолет? Майор в замешательстве не помнил хорошенько.

— Да полно, Вулич! — закричал кто-то, — уж, верно, заряжен, коли в головах висел; что за охота шутить!..

— Глупая шутка! — подхватил другой.

— Держу пятьдесят рублей против пяти, что пистолет не заряжен! — закричал третий.

Составились новые пари.

Мне надоела эта длинная церемония.

— Послушайте, — сказал я, — или застрелитесь, или повесьте пистолет на прежнее место, и пойдёмте спать.

— Разумеется, — воскликнули многие, — Пойдёмте спать.

— Господа, я вас прошу не трогаться с места! — сказал Вулич, приставив дуло пистолета ко лбу. Все будто окаменели.

при́стально	*intently*
испыту́ющий	*searching*
во́ин	*soldier*
отпеча́ток	*mark*
привы́чный	*experienced*
по́лно	*enough*
ко́ли	*если/*
в голова́х	*at head (bed)*
подхвати́ть	*chime in*
соста́виться	*make*
застрели́ться	*shoot self*
тро́гаться	*move*
ду́ло	*muzzle*
окамене́ть	*turn to stone*

— Господин Печорин,— прибавил он, — возьмите карту и бросьте вверх.

Я взял со стола, как теперь помню, червонного туза и бросил кверху: дыхание у всех остановилось; все глаза, выражая страх и какое-то неопределённое любопытство, бегали от пистолета к роковому тузу, который, трепеща на воздухе, опускался медленно; в ту минуту, как он коснулся стола, Вулич спустил курок... осечка!

черво́нный	*of hearts*
трепета́ть	*flutter*
косну́ться	*touch*/**осе́чка** *misfire*

— Слава Богу! — вскрикнули многие, — не заряжен...

— Посмотрим, однако ж,— сказал Вулич. Он взвёл опять курок, прицелился в фуражку, висевшую над окном; выстрел раздался — дым наполнил комнату. Когда он рассеялся, сняли фуражку; она была пробита в самой середине, и пуля глубоко засела в стене.

рассе́яться	*disperse*
засе́сть	*lodge*

Минуты три никто не мог слова вымолвить; Вулич преспокойно пересыпал в свой кошелёк мои червонцы.

вы́молвить	*сказать*

Пошли толки о том, отчего пистолет в первый раз не выстрелил; иные утверждали, что, вероятно, полка была засорена, другие говорили шёпотом, что прежде порох был сырой и что после Вулич присыпал свежего; но я утверждал, что последнее предположение несправедливо, потому что я во всё время не спускал глаз с пистолета.

то́лки	*talk*
ины́е	*some*
засори́ть	*obstruct*
шёпот	*whisper*/**сыро́й** *damp*

— Вы счастливы в игре, — сказал я Вуличу...

— В первый раз отроду, — отвечал он, самодовольно улыбаясь, — это лучше банка и штосса.

банк	card game
штосс	card game

— Зато немножко опаснее.

— А что? вы начинали верить предопределению?

— Верю; только не понимаю теперь, отчего мне казалось, будто вы непеременно должны нынче умереть...

Этот же человек, который так недавно метил себе преспокойно в лоб, теперь вдруг вспыхнул и смутился.

ме́тить *aim*

— Однако ж довольно! — сказал он, вставая, — пари наше кончилось, и теперь ваши замечания, мне кажется, неуместны... — Он взял шапку и ушёл. Это мне показалось странным — и недаром!..

неуме́стный *inappropriate*

2.1 О чём спорили офицеры?

2.2 Как Вулич предлагает решить этот спор?

2.3 Что ему отвечает Печорин? Как бы вы поступили на его месте?

2.4 Почему Печорин считает, что Вулич должен умереть?

2.5 Почему Вулич просит Печорина бросить карту вверх?

2.6 Почему последние слова Печорина так расстроили Вулича?

2.7 Решил ли Вулич своим поступком спор офицеров о судьбе? Могли бы вы предложить лучшее доказательство?

Скоро все разошлись по домам, различно толкуя о причудах Вулича и, вероятно, в один голос называя меня эгоистом, потому я держал пари против человека, который хотел застрелиться; как будто он без меня не мог найти удобного случая!..

причу́да *caprice*

Я возвращался домой пустыми переулками станицы; месяц, полный и красный, как зарево пожара, начинал показываться из-за зубчатого горизонта домов; звёзды спокойно сияли на тёмно-голубом своде, и мне стало смешно, когда я вспомнил, что были некогда люди премудрые, думавшие, что светила небесные принимают участие в наших ничтожных спорах за клочок земли или за какие-нибудь вымышленные права!.. И что ж? эти лампады, зажжённые, по их мнению, только для того, чтоб освещать их битвы и торжества, горят с прежним блеском, а их страсти и надежды давно угасли вместе с ними, как огонёк, зажжённый на краю леса беспечным странником! Но зато какую силу воли

за́рево *glow*
пожа́р *fire*/**зу́бчатый** *jagged*
сия́ть *shine*
свод *firmament*

свети́ло *luminary*
ничто́жный *insignificant*/
клочо́к *scrap*/
вы́мышленный *imaginary*

освеща́ть *illuminate*
би́тва *battle*
уга́снуть *go out*

стра́нник *wanderer*

придавала им уверенность, что целое небо с своими бесчисленными жителями на них смотрит с участием, хотя немым, но неизменным!.. А мы, их жалкие потомки, скитающиеся по земле без убеждений и гордости, без наслаждения и страха, кроме той невольной боязни, сжимающей сердце при мысли о неизбежном конце, мы неспособны более к великим жертвам ни для блага человечества, ни даже для собственного нашего счастия, потому что знаем его невозможность и равнодушно переходим от сомнения к сомнению, как наши предки бросались от одного заблуждения к другому, не имея, как они, ни надежды, ни даже того неопределённого, хотя и истинного наслаждения, которое встречает душа во всякой борьбе с людьми или с судьбою...

И много других подобных дум проходило в уме моём; я их не удерживал, потому что не люблю останавливаться на какой-нибудь отвлечённой мысли; и к чему это ведёт?.. В первой молодости моей я был мечтателем; я любил ласкать попеременно то мрачные, то радужные образы, которые рисовало мне беспокойное и жадное воображение. Но что от этого мне осталось? Одна усталость, как после ночной битвы с привидением, и смутное воспоминание, исполненное сожалений. В этой напрасной борьбе я истощил и жар души, и постоянство воли, необходимое для действительной жизни; я вступил в эту жизнь, пережив её уже мысленно, и мне стало скучно и гадко, как тому, кто читает дурное подражание давно ему известной книге.

Происшествие этого вечера произвело на меня довольно глубокое впечатление и раздражило мои нервы; не знаю наверное, верю я ли теперь предопределению или нет, но в этот вечер я ему твёрдо верил: доказательство было разительно, и я, несмотря на то, что посмеялся над нашими предками и их услужливой астрологией, попал невольно в их колею; но я остановил себя вовремя на этом опасном пути и, имея правило

уве́ренность	assurance
бесчи́сленный	countless
немо́й	dumb
пото́мок	descendant/
скита́ться	wander/
наслажде́ние	pleasure/
сжима́ть	grip
неизбе́жный	inevitable
же́ртва	sacrifice
пре́док	ancestor
заблужде́ние	delusion
отвлечённый	abstract
ласка́ть	entertain
попереме́нно	by turns/
ра́дужный	cheerful
уста́лость	fatigue
привиде́ние	apparition/
сму́тный	vague
истощи́ть	exhaust
мы́сленно	mentally
подража́ние	imitation
раздражи́ть	irritate
рази́тельный	striking
услу́жливый	obliging
колея́	rut

ничего не отвергать решительно и ничему не вверяться слепо, отбросил метафизику в сторону и стал смотреть под ноги. Такая предосторожность была очень кстати: я чуть-чуть не упал, наткнувшись на что-то толстое и мякое, но, по-видимому, неживое. Наклоняюсь — месяц уж светил прямо на дорогу — и что же? передо мною лежала свинья, разрубленная пополам шашкой... Едва я успел её рассмотреть, как услышал шум шагов: два казака бежали из переулка, один подошёл ко мне и спросил: не видал ли я пьяного казака, который гнался за свиньёй. Я объявил им, что не встречал казака, и указал на несчастную жертву его неистовой храбрости.

— Экой разбойник! — сказал второй казак, — как напьётся чихиря, так и пошёл крошить всё, что ни попало. Пойдём за ним, Еремеич, надо его связать, а то...

Они удалились, а я продолжал свой путь с большей осторожностью и наконец счастливо добрался до своей квартиры.

Я жил у одного старого урядника, которого любил за добрый его нрав, а особенно за хорошенькую дочку Настю.

Она, по обыкновению, дожидалась меня у калитки, завернувшись в шубку; луна освещала её милые губки, посиневшие от ночного холода. Узнав меня, она улыбнулась, но мне было не до неё. «Прощай, Настя», — сказал я, проходя мимо. Она хотела что-то отвечать, но только вздохнула.

Я затворил за собою дверь моей комнаты, засветил свечу и бросился на постель; только сон на этот раз заставил себя ждать более обыкновенного. Уж восток начинал бледнеть, когда я заснул, но — видно, было написано на небесах, что в эту ночь я не высплюсь. В четыре часа утра два кулака застучали ко мне в окно. Я вскочил: что такое?.. «Вставай, одевайся!» —

вверя́ться *trust*

предосторо́жность *precaution/*
кста́ти *opportune/*
наткну́ться *stumble*

разруби́ть *cleave/***пополáм** *in half*

гна́ться *chase*

неи́стовый *furious*

чихи́рь local wine/
кроши́ть *hack/*
всё, что попало *everything/*
связа́ть *tie up*

уря́дник *ист* *Cossack sergeant*

кали́тка *gate/*
шу́бка *fur coat/*
посине́ть *turn blue*

кричало мне несколько голосов. Я наскоро оделся и вышел. «Знаешь, что случилось?» — сказал мне в один голос три офицера, пришедшие за мною; они были бледны как смерть.

— Что?

— Вулич убит.

Я остолбенел.

остолбене́ть *be astonished*

— Да, убит! — продолжали они, — пойдём скорее.

— Да куда же?

— Доро́гой узнаешь.

3.1 Как офицеры относятся к Печорину? Почему?

3.2. О чём думал Печорин, когда он шёл домой? Какое отношение имеют его размышления к этому рассказу?

3.3 С кем сравнивает Печорин современного человека? Считает ли он, что люди сейчас живут лучше, чем они жили раньше?

3.4 Что вы узнали о молодости Печорина?

3.5 Какую роль играет Настя в этом рассказе?

3.6 Что вы можете сказать о характере Печорина?

Мы пошли. Они рассказали мне всё, что случилось, с примесью разных замечаний насчёт странного предопределения, которое спасло его от неминуемой смерти за полчаса до смерти. Вулич шёл один по тёмной улице; на него наскочил пьяный казак, изрубивший свинью, и, может быть, прошёл бы мимо, не заметив его, если б Вулич, вдруг остановясь, не сказал: «Кого ты, братец, ищешь?» — *«Тебя!»* — отвечал казак, ударив его шашкой, и разрубил его от плеча почти до сердца... Два казака, встретившие меня и следившие за убийцей, подоспели, подняли раненого, но он был уже при последнем издыхании и сказал только два слова: «Он прав!». Я один понимал тёмное значение этих слов: они относились ко мне; я предсказал невольно бедному его судьбу; мой инстинкт не обманул

при́месь *addition*

немину́емый *inevitable*

наскочи́ть *run into/*
изруби́ть *slash*

подоспе́ть *come in time*
последнее издыха́ние
dying breath

нево́льно *involuntarily*

меня: я точно прочёл на его изменившемся лице печать близкой кончины.

Убийца заперся в пустой хате, на конце станицы: мы шли туда. Множество женщин бежало с плачем в ту же сторону; по временам опоздавший казак выскакивал на улицу, второпях пристёгивая кинжал, и бегом опережал нас. Суматоха была страшная.

Вот наконец мы пришли; смотрим: вокруг хаты, которой двери и ставни заперты изнутри, стоит толпа. Офицеры и казаки толкуют горячо между собою: женщины воют, приговаривая и причитывая. Среди их бросилось мне в глаза значительное лицо старухи, выражавшее безумное отчаяние. Она сидела на толстом бревне, облокотясь на свои колени и поддерживая голову руками: то была мать убийцы. Её губы по временам шевелились: молитву они шептали или проклятие?

Между тем надо было на что-нибудь решиться и схватить преступника. Никто, однако, не отваживался броситься первый.

Я подошёл к окну и посмотрел в щель ставня: бледный, он лежал на полу, держа в правой руке пистолет; окровавленная шашка лежала возле него. Выразительные глаза его страшно вращались кругом; порою он вздрагивал и хватал себя за голову, как будто неясно припоминая вчерашнее. Я не прочёл большой решимости в этом беспокойном взгляде и сказал майору, что напрасно он не велит выломать дверь и броситься туда казакам, потому что лучше это сделать теперь, нежели после, когда он совсем опомнится.

В это время старый есаул подошёл к двери и назвал его по имени; тот откликнулся.

— Согрешил, брат Ефимыч,— сказал есаул, — так уж нечего делать, покорись!

кончи́на *demise*

запере́ться *lock self in/*
ха́та *hut*

плач *wailing*
выска́кивать *rush out/*
второпя́х *hastily/*
кинжа́л *dagger/*
опережа́ть *overtake*

причи́тывать *lament*

облокоти́ться *lean*

шевели́ться *move*
прокля́тие *curse*

отва́живаться *dare*

щель *crack*

вздра́гивать *shudder*

реши́мость *decisiveness*

вы́ломать *break down*

есау́л *ист* *Cossack captain*
откли́кнуться *respond*

согреши́ть *уст* *sin*
покори́ться *submit*

— Не покорюсь! — отвечал казак.

— Побойся Бога! Ведь ты не чеченец окаянный, а честный христианин; ну, уж коли грех твой тебя попутал, нечего делать: своей судьбы не минуешь!

окая́нный *cursed*
грех *sin/*попу́тать *entangle*
минова́ть *escape*

— Не покорюсь! — закричал казак грозно, и слышно было, как щёлкнул взведённый курок.

— Эй, тётка! — сказал есаул старухе, — поговори сыну, авось тебя послушает... Ведь это только Бога гневить. Да смотри, вот и господа уж два часа дожидаются.

гневи́ть *уст anger*

Старуха посмотрела на него пристально и покачала головой.

— Василий Петрович, — сказал есаул, подойдя к майору,— он не сдастся — я его знаю. А если дверь разломать, то много наших перебьёт. Не прикажете ли лучше его пристрелить? в ставне щель широкая.

сда́ться *surrender*

В эту минуту у меня в голове промелькнула странная мысль: подобно Вуличу, я вздумал испытать судьбу.

— Погодите, — сказал я майору,— я его возьму живого.

погоди́ть *подождать*

Велев есаулу завести с ним разговор и поставив у дверей трёх казаков, готовых её выбить и броситься ко мне на помощь при данном знаке, я обошёл хату и приблизился к роковому окну. Сердце моё сильно билось.

— Ах ты окаянный! — кричал есаул, — что ты, над нами смеёшься, что ли? али думаешь, что мы с тобой не совладаем? — Он стал стучать в дверь изо всей силы; я, приложив глаз к щели, следил за движениями казака, не ожидавшего с этой стороны нападения, — и вдруг оторвал ставень и бросился в окно головой вниз. Выстрел раздался у меня над самым ухом, пуля сорвала эполет. Но дым, наполнивший комнату, помешал моему противнику найти шашку, лежавшую возле него.

совлада́ть *gain control*

нападе́ние *attack*

Я схватил его за руки, казаки ворвались, и не прошло трёх минут, как преступник был уже связан и отведён под конвоем. Народ разошёлся. Офицеры меня поздравляли — и точно, было с чем!

После всего этого как бы, кажется, не сделаться фаталистом? Но кто знает наверное, убеждён ли он в чём или нет?.. и как часто мы принимаем за убеждение обман чувств или промах рассудка!..

Я люблю сомневаться во всём: это расположение ума не мешает решительности характера — напротив, что до меня касается, то я всегда смелее иду вперёд, когда не знаю, что меня ожидает. Ведь хуже смерти ничего не случится — а смерти не минуешь!

Возвратясь в крепость, я рассказал Максиму Максимычу всё, что случилось со мною и чему был я свидетель, и пожелал узнать его мнение насчёт предопределения. Он сначала не понимал этого слова, но я объяснил его как мог, и тогда он сказал, значительно покачав головою:

— Да-с! конечно-с! Это штука довольно мудрёная!.. Впрочем, эти азиатские курки часто осекаются, если дурно смазаны или недовольно крепко прожмёшь пальцем; признаюсь, не люблю я также винтовок черкесских; они как-то нашему брату неприличны: приклад маленький — того и гляди, нос обожжёт... Зато уж шашки у них — просто моё почтение!

Потом он промолвил, несколько подумав:

— Да, жаль беднягу... Чёрт же его дёрнул ночью с пьяным разговаривать!.. Впрочем, видно, уж так у него на роду было написано!..

Больше от него ничего не мог добиться: он вообще не любит метафизических прений.

4.1 Как погиб Вулич?

4.2 Как Печорин понял последние слова Вулича?

4.3 Какую роль играет есаул в этом рассказе? О чём он беспокоится?

ворва́ться *burst into*

убеди́ть *convince*

обма́н *deception*

расположе́ние *disposition*

кре́пость *fort*

-с усил *deference/*
шту́ка *thing/*
мудрёный *tricky*

прожа́ть *squeeze*

винто́вка *rifle/*
наш брат *our kind/*
прикла́д *butt/*
обже́чь *burn*

бедня́га *poor thing/*
дёрнуть *force*

пре́ния *discussion*

4.4 Почему мать пьяного казака отказывается поговорить с сыном?

4.5 Почему Печорину захотелось взять пьяного казака живым? Что им руководило?

4.6 Верит ли Максим Максимыч в предопределение? Как он понимает историю, которую рассказывает ему Печорин?

4.7 Верит ли Печорин в предопределение?

4.8 Сравните роль Печорина в этом рассказе с ролью рассказчика в повести «Выстрел».

4.9 Почему этот рассказ называется «Фаталист»?

Задания

1. Решите какие из этих предложений подтверждают существование предопределения и какие его опровергают. Кем они были высказаны?

   Где эти верные люди, видевшие список, на котором назначен час нашей смерти?

   И если точно есть предопределение, то зачем же нам дана воля, рассудок? почему мы должны давать отчёт в наших поступках?

   Уж восток начинал бледнеть, когда я заснул, но — видно, было написано на небесах, что в эту ночь я не высплюсь.

   Ну, уж коли грех твой тебя перепутал, нечего делать: своей судьбы не минуешь.

   Впрочем, видно, уж так у него на роду было написано!..

2. Проведите диспут на тему «Верим ли мы в судьбу и предопределение». Придумайте убедительные аргументы за и против.

3. Перепишите эпизод, в котором Вулич решает испытать свою судьбу таким образом, чтобы в вашем варианте Печорин уговаривал его не стрелять.

4. Разыграйте сцену, где Вулич испытывает свою судьбу.

5. Напишите газетную статью о главном событии в этом рассказе. Не забудьте опросить всех свидетелей.

Иван Сергеевич Тургенев

Бурмистр (1847)

Иван Сергеевич Тургенев was born in 1818 in central Russia (Орёл). The dominant figure in his early life was his mother, the owner of the vast estate on which he was raised. Her treatment of the more than 5,000 serfs in her keeping was brutal, and reflections of it can be found in many of Turgenev's works.

Turgenev entered Moscow University in 1833, and then, in 1834, transferred to the University of St. Petersburg, from which he graduated in 1837. In 1838, Turgenev, who was already known for his Western sympathies, left Russia for Germany. He returned to Russia after three years, but in 1843, he became romantically involved with Pauline Viardot, a famous opera singer. Many of his subsequent trips to Western Europe were to the various places where she and her husband were staying.

The story «Бурмистр», first published in 1847, was included in Turgenev's first literary success, «Записки охотника» (1852). The narrator of this collection of sketches, as the title implies, is a hunter, who simply describes what he sees in his travels. The stories, which were first published separately in journals, seemed innocent enough, but when read together turned out to be extremely critical of the institution of serfdom. Some of the stories were lyrical celebrations of the Russian countryside, while others portrayed the serf's life in a positive and sympathetic light. «Бурмистр» was unusual among the stories in its overt criticism of a certain type of landowner. The novel was warmly received by conservatives and liberals alike and is credited with having influenced Aleksandr II in his decision to emancipate the serfs in 1861.

Turgenev's novels are often direct responses to topical issues of his day. His best known novel is «Отцы и дети» (1862), in which he attempted to portray a "hero of his time," the nihilist Евгений Базаров.

И. С. Тургенев

Turgenev's portrayal, which he had intended to be sympathetic, outraged the liberals, who perceived it as a caricature. Offended, Turgenev left for Western Europe, where he eventually made his home. He died there in 1883.

Упражнения

1. *Imperfective verbal adverbs in Russian indicate actions that take place at the same time as the action of the main verb of the sentence. Remove the verbal adverbs from these sentences. Make sure that you find a way to maintain the original relationship between the two actions of each sentence in your new version. Translate your sentences into English.*

1. — Ведь я тебя спрашиваю, любезный мой? — спокойно продолжал Аркадий Павлыч, не спуская с него глаз.

2. — Ведь вы, может быть, не знаете, — продолжал он, покачиваясь на обеих ногах, — у меня там мужики на оброке.

3. Они ехали с гумна и пели песни, подпрыгивая всем телом и болтая ногами на воздухе.

4. При виде нашей коляски и старосты они внезапно умолкли, сняли свои зимние шапки и приподнялись, как бы ожидая приказаний.

5. Г-н Пеночкин встал и вышел из коляски, приветливо озираясь кругом.

6. Он стоял у дверей и то и дело сторонился и оглядывался, давая дорогу проворному камердинеру.

7. Тут он приблизился, разводя руками, к господину Пеночкину, нагнулся и прищурил один глаз.

8. Аркадий Павлыч, засыпая, ещё потолковал немного об отличных качествах русского мужика.

9. Софрон выслушивал барскую речь со вниманием, иногда возражая, но уже не величал Аркадия Павлыча ни отцом, ни милостивцем.

10. — Ну, так чем же он тебя замучил? — заговорил он, глядя на старика сквозь усы.

11. Просители постояли ещё немного на месте, посмотрели друг на друга и поплелись, не оглядываясь, восвояси.

2. *Fill in the blanks with an appropriate form of* сам, себя *or* свой. *Translate the sentences into English. Later, as you read the story, compare your choice to Turgenev's*

1. Аркадий Павлыч о благе подданных ... печётся и наказывает их — для их же блага.

2. ... же, в случае так называемой печальной необходимости, резких и порывистых движений избегает и голоса возвышать не любит.

3. Он удивительно хорошо ... держит.

4. Даже кучера подчинились его влиянию и каждый день ... ... лица моют.

5. Он пил чай, смеялся, рассматривал ... ногти, курил, подкладывал ... подушки под бок и вообще чувствовал ... в отличном расположении духа.

6. Аркадий Павлыч налил ... рюмку красного вина, поднёс её к губам и вдруг нахмурился.

7. Мы возьмём с ... повара.

8. Г-н Пеночкин живописно сбросил с ... плащ и вышел из коляски.

9. Сына ... старик прогнал.

10. Софрон ушёл к ... , получив приказание на следующий день.

11. Аркадий Павлыч желал показать мне ... именье и упросил меня остаться.

12. Я и ... был не прочь и убедиться на деле в отличных качествах государственного человека.

3. *The prefix* за- *sometimes not only perfectivizes a verb but also adds to it the connotation of "beginning." In each of these sentences replace one of the verbs with a verb beginning with* за-. *Translate your new sentences into English. How have you changed the meaning of the sentence?*

заговори́ть, заколоти́ть, запе́ть, запища́ть

1. И Аркадий Павлыч пел какой-то французский романс.

2. Сторож колотил в доску.

3. Ребёнок пищал где-то в избе.

4. — Батюшка, Аркадий Павлыч, — с отчаяньем говорил старик, помилуй, заступись.

Перед чтением

Как вы представляете себе отношения между помещиком и крестьянами в девятнадцатом веке в России? Какие качества, по-вашему, должен иметь хороший помещик?

Текст и вопросы

Бурмистр

Верстах в пятнадцати от моего именья живёт один мне знакомый человек, молодой помещик, гвардейский офицер в отставке, Аркадий Павлыч Пеночкин. Дичи у него в поместье водится много, дом построен по плану французского архитектора, люди одеты по-английски, обеды задаёт он отличные, принимает гостей ласково, а

дичь *game*

всё-таки неохотно к нему едешь. Он человек
рассудительный и положительный, воспитанье
получил, как водится, отличное, служил, в
высшем обществе потёрся, а теперь хозяйством
занимается с большим успехом. Аркадий Павлыч,
говоря собственными его словами, строг, но
справедлив, о благе подданных своих печётся и
наказывает их — для их же блага. «С ними
надобно обращаться, как с детьми, — говорит он
в таком случае, — невежество, mon cher; il faut
prendre cela en considération».[1] Сам же, в случае
так называемой печальной необходимости, резких и
порывистых движений избегает и голоса возвышать
не любит, но более тычет рукою прямо, спокойно
приговаривая: «Ведь я тебя просил, любезный мой»,
или: «Что с тобою, друг мой, опомнись», — причём
только слегка стискивает зубы и кривит рот. Роста
он небольшого, сложён щеголевато, собою весьма
недурен, руки и ногти в большой опрятности
содержит: с его румяных губ и щёк так и пышет
здоровьем. Смеётся он звучно и беззаботно,
приветливо щурит светлые, карие глаза. Одевается
он отлично и со вкусом; выписывает французские
книги, рисунки и газеты, но до чтения
небольшой охотник: «Вечного жида»[2] едва
осилил. В карты играет мастерски. Вообще
Аркадий Павлыч считается одним из
образованнейших дворян и завиднейших
женихов нашей губернии; дамы от него без ума и
в особенности хвалят его манеры. Он
удивительно хорошо себя держит, осторожен, как
кошка, и ни в какую историю замешан отроду не
бывал, хотя при случае дать себя знать и робкого
человека озадачить и срезать любит. Дурным
обществом решительно брезгает —
скомпрометироваться боится; зато в весёлый час
объявляет себя поклонником Эпикура,[3] хотя
вообще о философии отзывается дурно, называя

рассуди́тельный *reasonable*

потере́ться *circulate*

по́дданный *subject/* пе́чься *care*
нака́зывать *punish*

неве́жество *ignorance*

поры́вистый *sharp*
ты́кать *point*

сти́скивать *clench/*
  криви́ть *twist/*
  щеголева́тый *elegant/*
  опря́тность *tidiness*
пы́хать *radiate*
зву́чно *resonantly*
щу́рить глаза́ *narrow eyes*

оси́лить *manage*

хвали́ть *praise*

замеша́ть *involve*
дать себя знать *make self felt*
озада́чить *trouble/*
  среза́ть *cut down/*
  бре́згать *shun*

---

[1]My dear, that must be taken into consideration.
[2]*The Wandering Jew* (1844-45) by Eugene Sue
[3]Epicurus, Greek philosopher who named pleasure the highest and greatest good.

её туманной пищей германских умов, а иногда и просто чепухой. Музыку он тоже любит; за картами поёт сквозь зубы, но с чувством; из Лючии и Сомнамбулы тоже иное помнит, но что-то всё высоко забирает. По зимам он ездит в Петербург. Дом у него в порядке необыкновенном; даже кучера подчинились его влиянию и каждый день не только вытирают хомуты и армяки чистят, но и самим себе лица моют. Дворовые люди Аркадия Павлыча посматривают, правда, что-то исподлобья, — но у нас на Руси угрюмого от заспанного не отличишь. Аркадий Павлыч говорит голосом мягким и приятным, с расстановкой и как бы с удовольствием пропуская каждое слово сквозь свои прекрасные, раздушенные усы; также употребляет много французских выражений, как-то: «Mais c'est impayable!», «Mais comment donc!»[4] и пр. Со всем тем я, по крайней мере, не слишком охотно его посещаю, и если бы не тетерева и не куропатки , вероятно, совершенно бы с ним раззнакомился. Странное какое-то беспокойство овладевает вами в его доме; даже комфорт вас не радует, и всякий раз, вечером, когда появится перед вами завитый камердинер в голубой ливрее с гербовыми пуговицами и начнёт подобострастно стягивать с вас сапоги, вы чувствуете, что если бы вместо его бледной и сухопарой фигуры внезапно предстали перед вами изумительно широкие скулы и невероятно тупой нос молодого дюжего парня, только что взятого барином от сохи, но уже успевшего в десяти местах распороть по швам недавно пожалованный нанковый кафтан, — вы бы обрадовались несказанно и охотно бы подверглись опасности лишиться вместе с сапогом и собственной вашей ноги вплоть до самого вертлюга...

Лючи́я, Сомна́мбула operas

забира́ть pitch

хому́т collar (horse)/
армя́к уст peasant's coat

исподло́бья sullenly

Русь ancient name for Russia/
за́спанный sleepy

расстано́вка deliberation

разду́шенный scented

пр. (прочее) so on

те́терев grouse/
куропа́тка partridge

овладева́ть possess

зави́тый curled/**камерди́нер** valet

ге́рбовый heraldic

подобостра́стно servilely

сухопа́рый lean

ску́лы cheekbones

тупо́й snub/**дю́жий** hefty

от сохи́ off the farm

распоро́ть пр open/**шов** seam

пожа́ловать уст bestow/
на́нковый nankeen (cloth)

лиши́ться be deprived of

вертлю́г thighbone

1.1 Кто такой Аркадий Павлыч Пеночкин?

---

[4]But that's priceless! Really now!

1.2 Опишите Аркадия Павлыча. Какой у него характер?

1.3 Как Аркадий Павлыч относится к литературе и к философии?

1.4 Как он относится к своим подчинённым?

1.5 Чем он привлекает людей, особенно женщин?

1.6 Почему рассказчик его не любит?

1.7 С кем рассказчик сравнивает слуг Аркадия Павлыча? В чью пользу это сравнение?

Несмотря на моё нерасположение к Аркадию Павлычу, пришлось мне однажды провести у него ночь. На другой день я рано по утру велел заложить свою коляску, но он не хотел меня отпустить без завтрака на английский манер и повёл к себе в кабинет. Вместе с чаем подали нам котлеты, яйца всмятку, масло, мёд, сыр и пр. Два камердинера, в чистых белых перчатках, быстро и молча предупреждали наши малейшие желания. Мы сидели на персидском диване. На Аркадии Павлыче были широкие шёлковые шаровары, чёрная бархатная куртка, красивый фес с синей кистью и китайские жёлтые туфли без задков. Он пил чай, смеялся, рассматривал свои ногти, курил, подкладывал себе подушки под бок и вообще чувствовал себя в отличном расположении духа. Позавтракавши плотно и с видимым удовольствием, Аркадий Павлыч налил себе рюмку красного вина, поднёс её к губам и вдруг нахмурился.

— Отчего вино не нагрето? — спросил он довольно резким голосом одного из камердинеров.

Камердинер смешался, остановился, как вкопанный, и побледнел.

— Ведь я тебя спрашиваю, любезный мой? — спокойно продолжал Аркадий Павлыч, не спуская с него глаз.

Несчастный камердинер помялся в месте, покрутил салфеткой и не сказал ни слова.

нерасположе́ние *dislike*

всмя́тку *soft boiled*

предупрежда́ть *anticipate*

шарова́ры *wide trousers*
ба́рхатный *velvet*/**фес** *fez*
задо́к *back*

пло́тно *squarely*

помя́ться *hesitate*
покрути́ть *twist*

Аркадий Павлыч потупил голову и задумчиво посмотрел на него исподлобья.

— Pardon, mon cher,[5] — промолвил он с приятной улыбкой, дружески коснувшись рукой до моего колена, и снова уставился на камердинера. — Ну, ступай, — прибавил он после небольшого молчания, поднял брови и позвонил.

уста́виться   *stare*

Вошёл человек, толстый, смуглый, чёрноволосый, с низким лбом и совершенно заплывшими глазами.

заплы́вший   *puffy*

— Насчёт Фёдора... распорядиться, — проговорил Аркадий Павлыч вполголоса и с совершенным самообладанием.

распоряди́ться   *take steps*

самооблада́ние   *self control*

— Слушаю-с, — отвечал толстый и вышел.

— Voilà, mon cher, les désagréments de la campagne,[6] — весело заметил Аркадий Павлыч. — Да куда же вы? Останьтесь, посидите ещё немного.

— Нет, — отвечал я, — мне пора.

— Всё на охоту! Ох, уж эти мне охотники! Да вы куда теперь едете?

— За сорок вёрст отсюда, в Рябово.

— В Рябово? Ах, Боже мой, да в таком случае я с вами поеду. Рябово всего в пяти верстах от моей Шипиловки, а я таки давно в Шипиловке не бывал: всё времени улучить не мог. Вот как кстати пришлось: вы сегодня в Рябове поохотитесь, а вечером ко мне. Ce sera charmant.[7] Мы вместе поужинаем, — мы возьмём с собою повара, — вы у меня переночуете. Прекрасно! прекрасно! — прибавил он, не дождавшись моего ответа. C'est arrangé...[8] Эй, кто

поохо́титься   *hunt*

по́вар   *cook/*
переночева́ть   *spend the night*

---

[5]Excuse me, my dear.

[6]That, my dear, is the unpleasant side of country life.

[7]It will be delightful.

[8]It's arranged.

там? Коляску нам велите заложить, да поскорей.
Вы в Шипиловке не бывали? Я бы посовестился
предложить вам провести ночь в избе моего
бурмистра, да вы, я знаю, неприхотливы и в
Рябове в сенном бы сарае ночевали... Едем, едем!

И Аркадий Павлыч запел какой-то французский
романс.

— Ведь вы, может быть, не знаете, — продолжал
он, покачиваясь на обеих ногах, — у меня там
мужики на оброке.[9] Конституция — что будешь
делать? Однако оброк мне платят исправно. Я бы
их, признаться, давно на барщину ссадил, да
земли мало! Я и так удивляюсь, как они концы с
концами сводят. Впрочем, c'est leur affaire.[10]
Бурмистр у меня там молодец, une forte tête,[11]
государственный человек! Вы увидите... Как,
право, это хорошо пришлось!

посовести́ться *be ashamed*

сенно́й сара́й *hay barn*

испра́вно *punctually*

концы́ с конца́ми свод́ить
make ends meet

2.1   Что подавали на завтрак у Аркадия Павлыча?

2.2   Как выглядел Аркадий Павлыч за завтраком? На кого он был похож?

2.3   За что Аркадий Павлыч рассердился на камердинера? Как он выразил своё недовольство?

2.4   Как это отразилось на его настроении?

2.5   Что Аркадий Павлыч говорит об оброке? Как он относится к системе оброка?

2.6   Сравните картину деревенской жизни, описанную Тургеневым, с той картиной, которую нам даёт Пушкин.

2.7   Что будет с камердинером, который не подогрел вино?

Делать было нечего. Вместо девяти часов утра мы
выехали в два. Охотники поймут моё нетерпенье.
Аркадий Павлыч любил, как он выражался, при
случае побаловать себя и забрал с собою такую
бездну белья, припасов, платья, духов, подушек и

поба́ловать *spoil*

бе́здна *huge amount*

---

[9] Arkady Pavlych is speaking here of the two systems by which a serf could discharge his obligation to the landowner. Under обро́к serfs farmed the land on their own account and then paid the landowner for the use of the land. Under ба́рщина the serfs farmed the land for the landowner but paid no money directly to him.

[10] It's their business.

[11] A good head.

разных несессеров, что иному бережливому и владеющему собою немцу хватило бы всей этой благодати на год. При каждом спуске с горы Аркадий Павлыч держал краткую, но сильную речь кучеру, из чего я мог заключить, что мой знакомец порядочный трус. Впрочем, путешествие совершилось весьма благополучно; только на одном недавно починённом мостике телега с поваром завалилась, и задним колесом ему придавило желудок.

Аркадий Павлыч, при виде падения доморощенного Камера, испугался не на шутку и тотчас велел спросить: целы ли у него руки? Получив же ответ утвердительный, немедленно успокоился. Со всем тем, ехали мы довольно долго; я сидел в одной коляске с Аркадием Павлычем и под конец путешествия почувствовал тоску смертельную, тем более, что в течение нескольких часов мой знакомец совершенно выдохся и начинал уже либеральничать. Наконец, мы приехали, только не в Рябово, а прямо в Шипиловку; как-то оно так вышло. В тот день я и без того уже поохотиться не мог и потому скрепя сердце покорился своей участи.

Повар приехал несколькими минутами ранее нас и, по-видимому, уже успел распорядиться и предупредить кого следовало, потому что при самом въезде в околицу встретил нас староста (сын бурмистра), дюжий и рыжий мужик в косую сажень ростом, верхом и без шапки, в новом армяке нараспашку. «А где же Софрон?» — спросил его Аркадий Павлыч. Староста сперва проворно соскочил с лошади, поклонился барину в пояс, промолвил: «Здравствуйте, батюшка Аркадий Павлыч», — потом приподнял голову, встряхнулся и доложил, что Софрон отправился в Перов, но что за ним уже послали. «Ну, ступай за нами», — сказал Аркадий Павлыч. Староста отвёл из приличия лошадь в сторону, взвалился на неё и пустился рысцой за коляской, держа шапку в руке. Мы поехали по деревне. Несколько

несессе́р *dressing case/*
бережли́вый *thrifty*

благода́ть *abundance/*
спуск *slope*

трус *coward*

почини́ть *repair/*
мо́стик *мост/***колесо́** *wheel*

доморо́щенный *home grown/*
Ка́мер *famous chef*
утверди́тельный *affirmative*

смерте́льный *deathly*

вы́дохнуться *exhaust repetoire/*
либера́льничать *expound liberal*
    views

скрепя́ се́рдце *reluctantly*
у́часть *fate*

коса́я са́жень *country mile*
нараспа́шку *unbuttoned*

взвали́ться *hoist self*
рысцо́й *at a trot*

мужиков в пустых телегах попались нам
навстречу; они ехали с гумна и пели песни,
подпрыгивая всем телом и болтая ногами на
воздухе; но при виде нашей коляски и старосты
внезапно умолкли, сняли свои зимние шапки
(дело было летом) и приподнялись, как бы
ожидая приказаний. Аркадий Павлыч милостиво
им поклонился. Тревожное волнение видимо
распространялось по селу. Бабы в клетчатых
панёвах швыряли щепками в недогадливых или
слишком усердных собак; хромой старик с
бородой, начинавшейся под самыми глазами,
оторвал недопоенную лошадь от колодезя, ударил
её неизвестно за что по боку, а там же
поклонился. Мальчишки в длинных рубашонках с
воплем бежали в избы, ложились брюхом на
высокий порог, свешивали головы, закидывали
ноги кверху и таким образом весьма проворно
перекатывались за дверь, в тёмные сени, откуда
уже и не показывались. Даже курицы стремились
ускоренной рысью в подворотню: один бойкий
петух с чёрной грудью, похожей на атласный
жилет, и красным хвостом, закрученным на
самый гребень, остался было на дороге и уже
совсем собрался кричать, да вдруг сконфузился и
тоже побежал. Изба бурмистра стояла в стороне
от других, посреди густого зелёного конопляника.
Мы остановились перед воротами. Г-н Пеночкин
встал, живописно сбросил с себя плащ и вышел
из коляски, приветливо озираясь кругом.
Бурмистрова жена встретила нас с низкими
поклонами и подошла к барской ручке. Аркадий
Павлыч дал ей нацеловаться вволю и взошёл на
крыльцо. В сенях, в тёмном углу, стояла
старостиха и тоже поклонилась, но к руке
подойти не дерзнула. В так называемой холодной
избе[12] — из сеней направо — уже возились две
другие бабы; они выносили оттуда всякую дрянь,
пустые жбаны, одеревенелые тулупы, масленые
горшки, люльку с кучей тряпок и пёстрым

гумно́ *threshing floor*
подпры́гивать *bob/***болта́ть** *dangle*

умо́лкнуть *fall silent*

кле́тчатый *checked*
панёва *skirt/*
  швыря́ть *fling/***ще́пка** *chip/*
  недога́дливый *slow witted*

недопо́енный *unwatered/*
  коло́дезь *well*

вопль *howl /*
  брю́хо *belly/*
  поро́г *threshold /*
  све́шивать *lower /*
  заки́дывать *throw /*
  перека́тываться *roll*

подворо́тня *gateway/***бо́йкий** *perky*
атла́сный *satin*
закру́ченный *twisted*
гре́бень *comb*
крича́ть *crow*

конопля́ник *hemp field*

живопи́сно *picturesquely*
озира́ться *gaze*

вво́лю *to heart's content*

ста́ростиха *жена старосты*
дерзну́ть *dare*
вози́ться *be busy*

жбан *cask/*
  одеревене́лый *stiffened/***тулу́п**
  *sheepskin coat /***лю́лька** *cradle*

---

[12]An unheated room located, in this case, to the right of the entrance way.

ребёнком, подметали банными вениками сор.
Аркадий Павлыч выслал их вон и поместился на
лавке под образами. Кучера начали вносить
сундуки, ларцы и прочие удобства, всячески
стараясь умерить стук своих тяжёлых сапогов.

Между тем Аркадий Павлыч расспрашивал
старосту об урожае, посеве и других
хозяйственных предметах. Староста отвечал
удовлетворительно, но как-то вяло и неловко,
словно замороженными пальцами кафтан
застёгивал. Он стоял у дверей и то и дело
сторонился и оглядывался, давая дорогу
проворному камердинеру. Из-за его
могущественных плеч удалось мне увидеть, как
бурмистрова жена в сенях втихомолку колотила
какую-то другую бабу. Вдруг застучала телега и
остановилась перед крыльцом: вошёл бурмистр.

Этот, по словам Аркадия Павлыча,
государственный человек был роста небольшого,
плечист, сед и плотен, с красным носом,
маленькими голубыми глазами и бородой в виде
веера. Заметим кстати, что с тех пор, как Русь
стоит, не бывало ещё на ней примера
раздобревшего и разбогатевшего человека без
окладистой бороды; иной весь свой век носил
бородку жидкую, клином, — вдруг, смотришь,
обложился кругом словно сияньем, откуда волос
берётся! Бурмистр, должно быть, в Перове
подгулял: и лицо-то у него отекло порядком, да и
вином от него попахивало.

— Ах вы, отцы наши, милостивцы наши,—
заговорил он нараспев и с таким умилением на
лице, что вот-вот, казалось, слёзы брызнут,—
насилу-то изволили пожаловать!.. Ручку, батюшка,
ручку,—прибавил он, уже загодя протягивая губы.

Аркадий Павлыч удовлетворил его желание.

— Ну, что, брат Софрон, каково у тебя дела идут?
— спросил он ласковым голосом.

— Ах вы, отцы наши,— воскликнул Софрон, да как
же им худо идти, делам-то! Да ведь вы, наши

банный *bath*/**веник** *broom*/ **сор** *litter*

образ *икона*

сундук *trunk*/**ларец** *chest*

умерить *lessen*

посев *sowing*

вяло *listlessly*

то и дело *now and then*
сторониться *step aside*

могущественный *mighty*
втихомолку *on the sly*/ **колотить** *beat*

плечистый *broad shouldered*

веер *fan*

раздобреть *put on weight*/ **разбогатеть** *grow rich*/ **окладистый** *broad and thick* / **жидкий** *thin*/**клином** *pointed*/ **сиянье** *halo*

подгулять *выпить*/ **отечь** *swell*/**порядком** *thoroughly*/ **попахивать** *smell*
милостивец *benefactor*
нараспев *sing-song*/ **умиление** *tenderness*
пожаловать *уст visit*
загодя *in good time*

отцы, вы, милостивцы, деревеньку нашу
просветить изволили приездом-то своим,
осчастливили по гроб дней. Слава тебе, господи,
Аркадий Павлыч, слава тебе, господи!
Благополучно обстоит всё милостью вашей.

просвети́ть *enlighten*
осчастли́вить *make happy/*
　по гроб дней *to the end of*
　　our days/
　благополу́чно обстои́т всё
　　everything is fine

Тут Софрон помолчал, поглядел на барина и, как
бы снова увлечённый порывом чувства (притом
же и хмель брал своё), в другой раз попросил
руки и запел пуще прежнего:

поры́в *burst*

— Ах вы, отцы наши, милостивцы... и... уж то! Ей-
Богу, совсем дураком от радости стал... Ей-Богу,
смотрю да не верю... Ах вы, отцы наши!..

Аркадий Павлыч глянул на меня, усмехнулся и
спросил: «N'est-ce pas que c'est touchant?».[13]

— Да, батюшка, Аркадий Павлыч, — продолжал
неугомонный бурмистр, — как же вы это?
Сокрушаете вы меня совсем, батюшка; известить
меня не изволили о вашем приезде-то. Где же вы
ночку-то проведёте? Ведь тут нечистота, сор...

неугомо́нный *indefatigable*
сокруша́ть *distress/*
　извести́ть *inform*

— Ничего, Софрон, ничего, — с улыбкой отвечал
Аркадий Павлыч, — здесь хорошо.

— Да ведь, отцы вы наши, — для кого хорошо?
Для нашего брата, мужика, хорошо; а ведь вы... ах
вы, отцы мои, милостивцы, ах вы, отцы мои!..
Простите меня, дурака, с ума спятил, ей-Богу
одурел вовсе.

с ума́ спя́тить *lose one's mind*
одуре́ть *grow stupid*

3.1　Опишите поездку в Шипиловку. О чём говорили Аркадий
　　　Павлыч и его гость?

3.2　Почему Аркадий Павлыч беспокоился о здоровье своего
　　　повара?

3.3　Опишите старосту Шипиловки. Как к нему относятся другие
　　　крестьяне?

3.4　Как крестьяне реагируют на приезд Аркадия Павлыча?

3.5　Опишите бурмистра. Как он относится к Аркадию Павлычу?
　　　Как вы думаете, Аркадию Павлычу нравится его поведение?

---

[13]Touching, isn't it?

Между тем подали ужин; Аркадий Павлыч начал кушать. Сына своего старик прогнал — дескать, духоты напущаешь.

— Ну, что, размежевался, старина? — спросил г-н Пеночкин, который явно желал подделаться под мужицкую речь и мне подмигивал.

— Размежевались, батюшка, всё твоею милостью. Третьего дня сказку подписали. Хлыновские-то сначала поломались ... поломались, отец, точно. Требовали... требовали... и Бог знает, чего требовали; да ведь дурачьё, батюшка, народ глупый. А мы, батюшка, милостью твоею благодарность заявили и Миколая Миколаича посредственника удовлетворили; всё по твоему приказу действовали, батюшка; как ты изволил приказать, так мы и действовали, и с ведома Егора Дмитрича всё действовали.

— Егор мне докладывал, — важно заметил Аркадий Павлыч.

— Как же, батюшка, Егор Дмитрич, как же.

— Ну, и стало быть, вы теперь довольны? Софрон только того и ждал.

— Ах вы, отцы наши, милостивцы наши! — запел он опять... — Да помилуйте вы меня... да ведь, мы за вас, отцы наши, денно и нощно Господу Богу молимся... Земли, конечно, маловато...

Пеночкин перебил его:

— Ну, хорошо, хорошо, Софрон, знаю, ты мне усердный слуга... А что, как умолот?

Софрон вздохнул.

— Ну, отцы вы наши, умолот-то не больно хорош. Да что, батюшка Аркадий Павлыч, позвольте вам доложить, дельцо какое вышло. (Тут он приблизился, разводя руками, к господину Пеночкину, нагнулся и прищурил один глаз.) Мёртвое тело на нашей земле оказалось.

де́скать *shows reported speech*

духота́ *bad air/*
напуща́ть *прост fill*
размежева́ться *fix boundaries/*
старина́ *old boy/*
подде́латься *imitate/*
подми́гивать *wink*

ска́зка *уст official document/*
хлы́новский *from Хлынов/*
полома́ться *make difficulties*

дурачьё *fools*

посре́дственник *arbitrator*

ве́домо *consent*

поми́ловать *pardon*
де́нно и но́щно *день и ночь*

переби́ть *interrupt*

умоло́т *yield*

де́льцо *дело*
разводи́ть рука́ми *spread hands*

— Как так?

— И сам ума не приложу, батюшка, отцы вы наши: видно, враг попутал. Да, благо, подле чужой межи оказалось; а только, что греха таить, на нашей земле. Я его тотчас на чужой-то клин и приказал стащить, пока можно было, да караул приставил и своим заказал: молчать! — говорю. А становому на всякий случай объяснил: вот какие порядки, говорю; да чайком его, да благодарность... Ведь что, батюшка, думаете? Ведь осталось у чужаков на шее; а ведь мёртвое тело, что двести рублёв — как калач.[14]

ума́ не приложу́	*have no idea*
враг *чёрт*	
межа́	*boundary*
клин	*field*
стащи́ть *drag off/* **кара́ул** *guard*	
станово́й *ист*	*district police officer*

Г-н Пеночкин много смеялся уловке своего бурмистра и несколько раз сказал мне, указывая на него головой: «Quel gaillard, a?»[15]

уло́вка *trick*

Между тем на дворе совсем стемнело; Аркадий Павлыч велел со стола прибирать и сена принести. Камердинер постлал нам простыни, разложил подушки; мы легли. Софрон ушёл к себе, получив приказание на следующий день. Аркадий Павлыч, засыпая, ещё потолковал немного об отличных качествах русского мужика и тут же заметил мне, что со времени управления Софрона за шипиловскими крестьянами не водится ни гроша недоимки... Сторож заколотил в доску... ребёнок, видно, ещё не успевший проникнуться чувством должного самоотверженья, запищал где-то в избе... Мы заснули.

прибира́ть	*clear*
постла́ть	*spread*
управле́ние	*management*
недои́мка	*arrears/*
сто́рож	*watchman*
прони́кнуться	*be filled with*
самоотверже́ние	*selflessness/*
запища́ть	*squeal*

На другой день утром мы встали довольно рано. Я было собрался ехать в Рябово, но Аркадий Павлыч желал показать мне своё именье и упросил меня остаться. Я и сам был не прочь и убедиться на деле в отличных качествах государственного человека — Софрона. Явился бурмистр. На нём был синий армяк,

на де́ле *in fact*

---

[14]Sofron is implying that by expressing his "gratitude" to the police officer he has avoided a fine.
[15]What a guy!

подпоясанный красным кушаком. Говорил он гораздо меньше вчерашнего, глядел зорко и пристально в глаза барину, отвечал складно и дельно. Мы вместе с ним отправились на гумно. Софронов сын, трёхаршинный староста, по всем признакам человек весьма глупый, также пошёл за нами, да ещё присоединился к нам земский Федосеич, отставной солдат с огромными усами и престранным выражением лица: точно он весьма давно тому назад чему-то необыкновенно удивился да с тех пор уж и не пришёл в себя. Мы осмотрели гумно, ригу, овины, сараи, ветряную мельницу, скотный двор, зеленя, конопляники; всё было действительно в отличном порядке, одни унылые лица мужиков приводили меня в некоторое недоумение. Кроме полезного, Софрон заботился ещё о приятном: все канавы обсадил ракитником, между скирдами на гумне дорожки провёл и песочком посыпал, на ветряной мельнице устроил флюгер в виде медведя с разинутой пастью и красным языком, к кирпичному скотному двору прилепил нечто вроде греческого фронтона и под фронтоном белилами надписал: «Пастроен вселе Шипиловке втысеча восем Сод саракавом году. Сей скотный двор».[16] — Аркадий Павлыч разнежился совершенно, пустился излагать мне на французском языке выгоды оброчного состоянья, причём, однако, заметил, что барщина для помещиков выгоднее, — да мало ли чего нет!.. Начал давать бурмистру советы, как сажать картофель, как для скотины корм заготовлять и пр. Софрон выслушивал барскую речь со вниманием, иногда возражая, но уже не величал Аркадия Павлыча ни отцом, ни милостивцем и всё напирал, что земли-де у них маловато, прикупить бы не мешало. «Что ж, купите, — говорил Аркадий Павлыч, — на моё имя, я не

подпоя́санный *belted/***куша́к** *sash*

зо́рко *vigilantly*

скла́дно *coherently*

зе́мский *assistant*

ри́га *threshing barn/***ови́н** *corn crib/*
ветряна́я ме́льница *windmill/*
ско́тный двор *cattle yard/*
зеленя́ *winter wheat*

кана́ва *ditch*

раки́тник *broom/***скирда́** *stack*

флю́гер *weather vane*

рази́нутый *gaping/***пасть** *maw*

кирпи́чный *brick*

фронто́н *pediment*

бели́ла *white paint*

разне́житься *soften*

излага́ть *set forth*

да ма́ло ли чего́ нет *but there are many considerations*

корм *food*

велича́ть *уст* *называть*

напира́ть *emphasize*

---

[16]Построен в селе Шипиловке в тысяча восемьсот сороковом году. Сей скотный двор.

прочь».[17] На эти слова Софрон не отвечал ничего, только бороду поглаживал. «Однако теперь бы не мешало съездить в лес», — заметил г-н Пеночкин. Тотчас привели нам верховых лошадей; мы поехали в лес, или, как у нас говорится, в «заказ». В этом «заказе» нашли мы глушь и дичь страшную, за что Аркадий Павлыч похвалил Софрона и потрепал его по плечу. Г-н Пеночкин придерживался насчёт лесоводства русских понятий и тут же рассказал мне презабавный, по его словам, случай, как один шутник-помещик вразумил своего лесника, выдрав у него около половины бороды, в доказательство того, что от подрубки лес гуще не вырастает... Впрочем, в других отношениях и Софрон и Аркадий Павлыч — оба не чуждались нововведений. По возвращении в деревню бурмистр повёл нас посмотреть веялку, недавно выписанную им из Москвы. Веялка, точно, действовала хорошо, но если бы Софрон знал, какая неприятность ожидала и его и барина на этой последней прогулке, он, вероятно, остался бы с нами дома.

погла́живать   *stroke*

верхово́й   *riding*

зака́з *уст*   *preserve*
глушь   *undergrowth*
потрепа́ть   *pat*
приде́рживаться   *adhere to*

лесни́к   *forester*
вы́драть   *tear out*
подру́бка   *thinning*

чужда́ться   *shun*
нововведе́ние   *innovation*
ве́ялка   *winnowing machine*
вы́писать   *order*

4.1   Расскажите об отношениях между бурмистром и его сыном.

4.2   Зачем Софрон рассказал Аркадию Павлычу историю о мёртвом теле?

4.3   Как Софрон вышел из положения?

4.4   Как Аркадий Павлыч относится к Софрону?

4.5   Опишите хозяйство Софрона. Можно ли его считать хорошим бурмистром?

4.6   Чего хочет Софрон от Аркадия Павлыча?

4.7   Какой теории лесоводства придерживается Аркадий Павлыч? Какую историю рассказывает он в подтверждение своей теории?

4.8   Как рассказчик относится к тому, что говорит Аркадий Павлыч?

4.9   Можно ли сказать, что Аркадий Павлыч хороший помещик?

---

[17]Sofron can buy land only in the name of Penochkin.

Вот что случилось. Выходя из сарая, увидали мы следующее зрелище. В нескольких шагах от двери, подле грязной лужи, в которой беззаботно плескались три утки, стояло на коленках два мужика: один — старик лет шестидесяти, другой — малый лет двадцати, оба в замашных заплатанных рубахах, на босу ногу и подпоясанные верёвками. Земский Федосеич усердно хлопотал около них и, вероятно, успел бы уговорить их удалиться, если б мы замешкались в сарае, но, увидев нас, он вытянулся в струнку и замер на месте. Тут же стоял староста с разинутым ртом и недоумевающими кулаками. Аркадий Павлыч нахмурился, закусил губу и подошёл к просителям. Оба молча поклонились ему в ноги.

— Что вам надобно? о чём вы просите? — спросил он строгим голосом и несколько в нос. (Мужики взглянули друг на друга и словечка не промолвили, только прищурились, словно от солнца, да поскорей дышать стали.)

— Ну, что же? — продолжал Аркадий Павлыч и тотчас же обратился к Софрону. — Из какой семьи?

— Из Тоболеевой семьи, — медленно отвечал бурмистр.

— Ну, что же вы? — заговорил опять г. Пеночкин, — языков у вас нет, что ли? Сказывай ты, чего тебе надобно? — прибавил он, качнув головой на старика. — Да не бойся, дурак.

Старик вытянул свою тёмно-бурую, сморщенную шею, криво разинул посиневшие губы, сиплым голосом произнёс: «Заступись, государь!» — и снова стукнул лбом в землю. Молодой мужик тоже поклонился. Аркадий Павлыч с достоинством посмотрел на их затылки, закинул голову и расставил немного ноги.

— Что такое? На кого ты жалуешься?

— Помилуй, государь! Дай вздохнуть... Замучены совсем. (Старик говорил с трудом.)

лу́жа *puddle*

плеска́ться *splash*/**стоя́ть на**/ **коле́нках** *kneel*

ма́лый *boy*/**зама́шный** *homespun*/ **запла́танный** *patched*/ **на бо́су но́гу** *bare legged*/ **верёвка** *rope*

вы́тянуться в стру́нку *stand at attention*/**замере́ть** *freeze*

недоумева́ть *be puzzled*

бу́рый *brown*/**смо́рщенный** *wrinkled*

си́плый *hoarse*

заступи́ться *intercede*

заки́нуть *throw back*

вздохну́ть *catch breath*/ **заму́чить** *wear out*

—Кто тебя замучил?

— Да Софрон Яковлич, батюшка.

Аркадий Павлыч помолчал.

— Как тебя зовут?

— Антипом, батюшка.

— А это кто?

— А сынок мой, батюшка.

Аркадий Павлыч помолчал опять и усами повёл.

повести́ *twitch*

— Ну, так чем же он тебя замучил? — заговорил
он, глядя на старика сквозь усы.

— Батюшка, разорил вконец. Двух сыновей,
батюшка, без очереди в некруты отдал, а теперя
и третьего отнимает.[18] Вчера, батюшка,
последнюю коровушку со двора свёл и хозяйку
мою избил — вон его милость. (Он указал на
старосту.)

разори́ть *ruin*/**вконе́ц** *completely*
не́крут *уст* *рекрут*

коро́вушка *корова*

— Гм! — произнёс Аркадий Павлыч.

— Не дай вконец разориться, кормилец.

корми́лец *provider*

Г-н Пеночкин нахмурился.

— Что же это, однако, значит? — спросил он
бурмистра вполголоса и с недовольным видом.

— Пьяный человек-с, отвечал бурмистр, в первый
раз употребляя «слово-ер», — неработящий. Из
недоимки не выходит вот уж пятый год-с.

сло́во-е́р *using -c to show
deference*

— Софрон Яковлич за меня недоимку взнёс,
батюшка, — продолжал старик, вот пятый годочек
пошёл, как взнёс, а как взнёс — в кабалу меня и
забрал, батюшка, да вот и...

взнести́ *pay*
годо́чек *год*
кабала́ *bondage*

— А отчего недоимка за тобой завелась? — грозно
спросил г. Пеночкин. (Старик понурил голову.) —

пону́рить *hang*

---

[18]It was the responsibility of the community to provide recruits for the army. Sofron, as bailiff, has the authority to
decide whom to send.

Чай, пьянствовать любишь, по кабакам шататься? (Старик разинул было рот.) Знаю я вас, — с запальчивостью продолжал Аркадий Павлыч, — ваше дело пить да на печи лежать, а хороший мужик за вас отвечай.

— И грубиян тоже,— ввернул бурмистр в господскую речь.

— Ну, уж это само собою разумеется. Это всегда так бывает; это уж я не раз заметил. Целый год распутствует, грубит, а теперь в ногах валяется.

— Батюшка, Аркадий Павлыч, — с отчаяньем заговорил старик, помилуй, заступись, — какой я грубиян? Как перед Господом Богом говорю, невмоготу приходится. Невзлюбил меня Софрон Яковлич, за что невзлюбил — Господь ему судья! Разоряет вконец, батюшка... Последнего вот сыночка... и того... (На жёлтых и сморщенных глазах старика сверкнула слезинка.) Помилуй, государь, заступись...

— Да и не нас одних, — начал было молодой мужик...

Аркадий Павлыч вдруг вспыхнул:

— А тебя кто спрашивает, а? Тебя не спрашивают, так ты молчи... Это что такое? Молчать, говорят тебе! молчать!.. Ах, Боже мой! да это просто бунт. Нет, брат, у меня бунтовать не советую... у меня... (Аркадий Павлыч шагнул вперёд, да вероятно, вспомнил о моём присутствии, отвернулся и положил руки в карманы.) Je vous demande bien pardon, mon cher,[19] — сказал он с принуждённой улыбкой, значительно понизив голос. — C'est le mauvais côté de la médaille...[20] Ну, хорошо, хорошо, — продолжал он, не глядя на мужиков, — я прикажу... хорошо, ступайте.

чай *уст* *наверно/*
шата́ться *stagger*

запа́льчивость *vehemence*

грубия́н *rude person/*
вверну́ть *insert*

распу́тствовать *lead a dissolute life*

невмоготу́ *unbearable*

бунт *mutiny*

---

[19]I beg your pardon, my dear.
[20]It's the other side of the coin.

(Мужики не поднимались.) Ну, да ведь я сказал вам... хорошо. Ступайте же, я прикажу, говорят вам.

Аркадий Павлыч обернулся к ним спиной. «Вечно неудовольствия», — проговорил он сквозь зубы и пошёл большими шагами домой. Софрон отправился вслед за ним. Земский выпучил глаза, словно куда-то очень далеко прыгнуть собирался. Староста выпугнул уток из лужи. Просители постояли ещё немного на месте, посмотрели друг на друга и поплелись, не оглядываясь, восвояси.

> выпучить глаза́ *goggle*
>
> вы́пугнуть *scare out*
>
> поплести́сь *trudge away/* восвоя́си *back*

Часа два спустя я уже был в Рябове и вместе с Анпадистом, знакомым мне мужиком, собирался на охоту. До самого моего отъезда Пеночкин дулся на Софрона. Заговорил я с Анпадистом о шипиловских крестьянах, о г. Пеночкине, спросил его, не знает ли тамошнего бурмистра.

> ду́ться *be sulky*

— Софрона-то Яковлича?.. вона!

> во́на *прост* конечно

— А что он за человек?

— Собака, а не человек: Такой собаки до самого Курска не найдёшь.

— А что?

— Да ведь Шипиловка только что числится за тем, как бишь его, за Пенкиным-то; ведь не он ей владеет: Софрон владеет.

> чи́слиться *belong to*
> как бишь его *what's his name/*
> Пе́нкин *Пеночкин*

— Неужто?

> неу́жто *неужели*

Как своим добром владеет. Крестьяне ему кругом должны; работают на него словно батраки: кого с обозом посылает, кого куды ... затормошил совсем.

> добро́ *property*
> батра́к *farm hand*
> обо́з *transport/*
> куды́ *прост куда/*
> затормоши́ть *bother to death*

— Земли у них, кажется, немного?

— Немного? Он у одних хлыновских восемьдесят десятин нанимает да у наших сто двадцать; вот те и целых полтораста десятин. Да он не одной землёй промышляет: и лошадьми промышляет, и скотом, и дёгтем, и маслом, и пенькой, и чем-

> десяти́на *уст* 2.7 acres
>
> промышля́ть *earn living*
> дёготь *tar/*пенька́ *hemp*

чем... Умён, больно умён, и богат же, бестия! Да вот чем плох — дерётся. Зверь — не человек; сказано: собака, пёс, как есть пёс.

— Да что ж они на него не жалуются?

— Экста! Барину-то что за нужда! недоимок не бывает, так ему что? Да, поди ты, — прибавил он после небольшого молчания, — пожалуйста. Нет, он тебя... да, поди-ка... Нет уж, он тебя вот как, того...

Я вспомнил про Антипа и рассказал ему, что видел.

— Ну, — промолвил Анпадист, — заест он его теперь; заест человека совсем. Староста теперь его забьёт. Экой сходке с ним повздорил, с бурмистром-то, нетерпёж, знать, пришлось... Велико дело! Вот он его, Антипа-то, клевать и начал. Теперь и доедет. Ведь он такой пёс, собака, прости, Господи, моё прегрешенье, знает на кого налечь. Стариков-то, что побогаче да посемейнее, не трогает, лысый чёрт, а тут вот и расходился! Ведь он Антиповых сыновей без очереди в некруты отдал, мошенник беспардонный, пёс, прости, Господи, моё прегрешенье!

Мы отправились на охоту.

Зальцбрунин, в Силезии,
июль. 1847

бе́стия	*rascal*
дра́ться	*beat people*
э́кста	*exclamation/*
что за нужда́	*what's the point*
зае́сть	*eat alive*
схо́дка *уст*	*meeting/*
повздо́рить	*quarrel/*
нетерпёж *прост*	*impatience /*
клева́ть	*peck at*
дое́хать *прост*	*worry to death*
прегрешéнье *уст*	*sins*
налéчь	*lean on*
расходи́ться	*lose restraint*

5.1 Опишите крестьян, которые встретили Аркадия Павлыча, когда он выходил из сарая.

5.2 Чем занимались земский и староста? Почему кулаки у старосты «недоумевающие»?

5.3 Чего хотели крестьяне от Аркадия Павлыча?

5.4 Как изменилось поведение Софрона?

5.5 Как реагировал на это Аркадий Павлыч?

5.6 За что Аркадий Павлыч рассердился на молодого крестьянина? Что он хотел с ним делать?

5.7 Что вы бы сделали на месте рассказчика, если бы вы стали свидетелем такой сцены?

5.8 Как Анпадист объясняет положение дел в Шипиловке? Что, по его мнению, будет со старым Антипом?

5.9 В этом рассказе мы видим Софрона глазами разных людей. Сравните мнение о нём Аркадия Павлыча, рассказчика и Анпадиста.

5.10 Какую роль играет в этом произведении рассказчик? Чем эта роль отличается от роли рассказчика в других произведениях, которые вы здесь прочитали?

5.11 Считаете ли вы этот рассказ более реалистическим или менее реалистическим по сравнению с предыдущими рассказами? Почему?

5.12 Могла ли такая история случиться в нашем обществе? Кто в нашем обществе играл бы роль Софрона? А кто играл бы роль Аркадия Павлыча?

5.13 Почему этот рассказ называется «Бурмистр»?

Задания

1. Какие из следующих эпитетов подходят для характеристики Аркадия Павлыча? Какие ещё вы бы могли добавить к этому списку? Составьте по этому образцу список эпитетов для описания Софрона.

симпатичный	либеральный	милосердный
трусливый	эгоистичный	жадный
чувствительный	внимательный	умный
молодой	образованный	равнодушный
вежливый	справедливый	строгий
самолюбивый	общительный	виноватый

2. Какие из следующих утверждений по отношению к Аркадию Павлычу вы считаете положительными, а какие отрицательными?

1. Его дом построен по плану французского архитектора.

2. Люди одеты по-английски.

3. Обеды задаёт он отличные.

4. Он принимает гостей ласково.

5. Он человек рассудительный и положительный.

6. Он получил отличное образование.

7. Он занимается хозяйством с большим успехом.

8. Он строг, но справедлив.

9. Он печётся о благе своих подданных.

10. Он наказывает своих подданных для их же блага.

11. Одевается он отлично и со вкусом.

12. До чтения он небольшой охотник.

13. Он осторожен, как кошка.

14. Он любит робкого человека озадачить.

15. Он всё высоко забирает.

16. Он любит при случае побаловать себя.

17. Он порядочный трус.

3. Опишите посещение Шипиловки Аркадием Павлычем с точки зрения Софрона.

Фёдор Михайлович Достоевский
Ёлка и свадьба (1848)

Фёдор Михайлович Достоевский was born in 1821 in Moscow. His father, who was of noble birth, initially served in the army and then worked briefly as a physician at a Moscow hospital for the poor; his mother came from the merchant class. In 1837, Dostoevsky left Moscow to study at the Military Engineering School in St. Petersburg. At approximately the same time, his father bought a small estate outside of Moscow. In 1839, Dostoevsky learned that his father had been killed, murdered by his own peasants, whom he had apparently abused.

Following his graduation in 1843, Dostoevsky briefly served in the military, but in 1844, he resigned to devote himself entirely to literature. In 1847, Dostoevsky began attending meetings of the Petrashevsky Circle, a group of utopian socialists. In 1849, the entire group was arrested, and some of its members, including Dostoevsky, were subjected to a mock firing squad. Dostoevsky's real sentence was four years in a Siberian penal colony (1850–1854), followed by another four years in exile. In exile, he met and married his first wife, Мария Исаева. The couple returned to St. Petersburg in 1859. During this period of imprisonment and exile, Dostoevsky's health deteriorated, and the epileptic seizures that he had experienced since youth became markedly worse.

In 1864, Dostoevsky's wife died. Her death was followed by that of his brother, who had been his partner in many of his publishing ventures. Partially as a result of inherited debts, Dostoevsky left Russia for Western Europe, where he struggled with compulsive gambling. Writing under tremendous financial pressure and constraints of time, he hired a stenographer, Анна Снитикина, whom he married in 1867. In 1871, the couple returned to St. Petersburg, where, ten years later, Dostoevsky, who suffered from emphysema, died of a hemorrhage.

Dostoevsky's first novel «Бедные люди» (1846), was well received by the reading public and the critics, who saw in it a continuation of the theme of the "little person" downtrodden by an impersonal bureaucracy begun by Gogol in his Petersburg stories. The story «Ёлка и свадьба» (1848), which belongs to this early period of Dostoevsky's career, does show some flashes of Gogolian grotesque and hyperbole, but in it the civic theme dominates in a way that is quite uncharacteristic of Gogol.

Dostoevsky underwent a profound religious conversion in Siberia. He rejected the Western orientation of the Petrashevsky Circle and instead concentrated on what he felt to be the traditional values of the Russian people. In his mature works the interest in civic themes that informed his earlier works has been replaced by moral and spiritual concerns. During the last years of his life, when he was plagued by personal problems and debt, he nevertheless produced his greatest and most complex works: «Записки из подполья» (1864); «Преступление и наказание» (1866); «Идиот» (1868) «Бесы» (1872); and «Братья Карамазовы» (1880).

Упражнения

1. *Perfective verbal adverbs in Russian indicate actions that have been completed prior to the action of the main verb of the sentence. Remove the verbal adverbs from these sentences. Make sure that you find a way to maintain the original relationship between the two actions of each sentence. Translate your sentences into English.*

1. Получив свою книжку, он долгое время ходил около других игрушек.

2. Сказав это, Юлиан Мастакович хотел ещё один раз поцеловать милую девочку.

3. Он был красен как рак и, взглянув в зеркало, как будто сконфузился себя самого.

4. Юлиан Мастакович, весь покраснев от досады и злости, пугал рыжего мальчика.

5. Перепуганный мальчик, решившись на отчаянное средство, попробовал было залезть под стол.

6. Нахохотавшись вдоволь, я воротился в залу.

7. Взглянув внимательно на жениха, я вдруг узнал в нём Юлиана Мастаковича.

8. «Однако расчёт был хорош!» — подумал я, протеснившись на улицу...

2. *Dostoevsky, like Gogol, uses a number of diminutives. Substitute diminutives from the list for words in the following sentences. Translate your new sentences into English. How do you think you have changed the tone of the sentence?*

аму́рчик, веснова́тенький, кру́гленький, мальчи́шка, оре́шек, румя́ненький, ры́женький, скро́мненький, сы́тенький, ти́хонький, то́лстенький, ху́денький

1. Но всех более обратила на себя внимание его сестра, девочка лет одиннадцати, прелестная, как амур, тихая, задумчивая, бледная, с большими задумчивыми глазами.

2. Наконец, последний ребёнок, мальчик лет десяти, худой, маленький, весноватый, рыжий, получил только одну книжку повестей.

3. —Пошёл, пошёл отсюда, пошёл!, — говорил он мальчику.

4. Нужно заметить, что Юлиан Мастакович был немножко толстый.

5. Это был человек сытый, румяный, словом, что называется крепняк, круглый, как орех.

6. — Жаль-с, — повторил хозяин, — мальчик скромный.

3. *Past passive participles are used in the long form in attributive position and in the short form in predicative position. In each of these sentences, first decide which form of the participle should be used and then insert it in an approriate form. Translate the sentences into English.*

1. Это был высокий, худощавый мужчина, весьма серьёзный, весьма прилично ... (оде́тый/оде́т).

2. Мой господин ... (принуждённый/принуждён) был весь вечер гладить свои бакенбарды.

3. Можно было подумать, что сперва ... (произведённый/ произведён) на свет одни бакенбарды, а потом уж ... (приста́вленный/приста́влен) к ним господин.

4. Кое-кто замечал шёпотом, что за ней уже ... (отло́женный/ отло́жен) на приданое триста тысяч рублей.

5. Он был мальчик крайне ... (заби́тый/заби́т) и ... (запу́ганный/ запу́ган).

6. ... (Оде́тый/Оде́т) он был в курточку из убогой нанки.

7. Мне казалось, что он был крайне ... (взволно́ванный/
   взволно́ван).

8. А знаете ли вы, милое дитя, из чего ваша куколка ...
   (сде́ланный/сде́лан)?

9. Тут Юлиан Мастакович, ... (взволно́ванный/взволно́ван)
   донельзя, осмотрелся кругом.

Перед чтением

Опишите картину «Неравный брак» на следующей странице. Что
здесь происходит? О чём думает мужчина? Какие чувства у невесты?
Какие события могли предшествовать этому моменту?

В. В. Пукирев,
Неравный брак,
1862 г.

Текст и вопросы

Ёлка и свадьба

На днях я видел свадьбу... но нет! Лучше я вам расскажу про ёлку[1]. Свадьба хороша; она мне очень понравилась, но другое происшествие лучше. Не знаю, каким образом, смотря на эту свадьбу, я вспомнил про ёлку. Это вот как случилось. Ровно лет пять назад, накануне Нового года, меня пригласили на детский бал. Лицо приглашавшее было одно известное деловое лицо, со связями, с знакомством, с интригами, так что можно было подумать, что детский бал этот был предлогом для родителей сойтись в кучу и потолковать об иных интересных материях невинным, случайным, нечаянным образом. Я был человек посторонний; материй у меня не было никаких, и потому я провёл вечер довольно независимо. Тут был и ещё один господин, у которого, кажется, не было ни роду, ни племени, но который, подобно мне, попал на семейное счастье... Он прежде всех бросился мне на глаза. Это был высокий, худощавый мужчина, весьма серьёзный, весьма прилично одетый. Но видно было, что ему вовсе не до радостей и семейного счастья: когда он отходил куда-нибудь в угол, то сейчас же переставал улыбаться и хмурил свои густые чёрные брови. Знакомых, кроме хозяина, на всём бале у него не было ни единой души. Видно было, что ему страх скучно, но он выдерживал храбро, до конца, роль совершенно развлечённого и счастливого человека. Я после узнал, что это один господин из провинции, у которого было какое-то решительное, головоломное дело в столице, который привёз нашему хозяину рекомендательное письмо, которому хозяин наш покровительствовал вовсе

на днях *the other day*

нечаянный *unintentional*

ни роду ни племени *neither kith nor kin*

броситься на глаза *уст* *be striking*
худощавый *thin*

хмурить брови *frown*

страх *очень*/**выдерживать** *endure*

развлечённый *entertained*

головоломный *bewildering*

покровительствовать *patronize*

---

[1]Ёлка is both the Christmas tree and the party.

не con amore[2] и которого пригласил из учтивости на свой детский бал. В карты не играл, сигары ему не предложили, в разговоры с ним никто не пускался, может быть, издали узнав птицу по перьям, и потому мой господин принуждён был, чтоб только куда-нибудь девать руки, весь вечер гладить свои бакенбарды. Бакенбарды были действительно весьма хороши. Но он гладил их до того усердно, что глядя на него, решительно можно было подумать, что сперва произведены на свет одни бакенбарды, а потом уж приставлен к ним господин, чтобы их гладить.

Кроме этой фигуры, таким образом принимавшей участие в семейном счастии хозяина, у которого было пятеро сытеньких мальчиков, понравился мне ещё один господин. Но этот был совершенно другого свойства. Это было лицо. Звали его Юлиан Мастакович. С первого взгляда можно было видеть, что он был гостем почётным и находился в таких же отношениях к хозяину, в каких хозяин к господину, гладившему свои бакенбарды. Хозяин и хозяйка говорили ему бездну любезностей, ухаживали, поили его, лелеяли, подводили к нему, для рекомендации, своих гостей, а его самого ни к кому не подводили. Я заметил, что у хозяина заискрилась слеза на глазах, когда Юлиан Мастакович отнёсся по вечеру, что он редко проводит таким приятным образом время. Мне как-то стало страшно в присутсвии такого лица, и потому, полюбовавшись на детей, я ушёл в маленькую гостиную, которая была совершенно пуста, и засел в цветочную беседку хозяйки, занимавшую почти половину всей комнаты.

Дети все были до невероятности милы и решительно не хотели походить на *больших*,

учти́вость *courtesy*

гла́дить *stroke*

пои́ть *give drink*
леле́ять *cherish*

заискри́ться *sparkle*
отнести́сь *уст* *affirm*

бесе́дка *area with plants*

походи́ть *resemble*

---

[2]with love

несмотря на все увещания гувернанток и маменек. Они разобрали всю ёлку вмиг, до последней конфетки, и успели уже переломать половину игрушек, прежде чем узнали, кому какая назначена. Особенно хорош был один мальчик, черноглазый, в кудряшках, который всё хотел меня застрелить из своего деревянного ружья. Но всех более обратила на себя внимание его сестра, девочка лет одиннадцати, прелестная, как амурчик, тихонькая, задумчивая, бледная, с большими задумчивыми глазами навыкате. Её как-то обидели дети, и потому она ушла в ту самую гостиную, где сидел я, и занялась в уголку — своей куклой. Гости с уважением указывали на одного богатого откупщика, её родителя, и кое-кто замечал шёпотом, что за ней уже отложено на приданое триста тысяч рублей. Я оборотился взглянуть на любопытствующих о таком обстоятельстве, и взгляд мой упал на Юлиана Мастаковича, который, закинув руки за спину и наклонив немножечко голову набок, как-то чрезвычайно внимательно прислушивался к празднословию этих господ. Потом я не мог не подивиться мудрости хозяев при раздаче детских подарков. Девочка, уже имевшая триста тысяч рублей приданого, получила богатейшую куклу. Потом следовали подарки понижаясь, смотря по понижению рангов родителей всех этих счастливых детей. Наконец, последний ребёнок, мальчик лет десяти, худенький, маленький, весноватенький, рыженький, получил только одну книжку повестей, толковавших о величии природы, о слезах умиления и прочее, без картинок и даже без виньетки. Он был сын гувернантки хозяйских детей, одной бедной вдовы, мальчик крайне забитый и запуганный. Одет он был в курточку из убогой нанки. Получив свою книжку, он долгое время ходил около других игрушек; ему ужасно хотелось поиграть с другими детьми, но он не смел; видно было, что он уже чувствовал и понимал своё положение. Я очень люблю наблюдать за детьми.

кудря́шки *ringlets*

аму́р *cupid*
навы́кате *protruding*

откупщи́к *ист tax farmer*

прида́ное *dowry*

праздносло́вие *idle talk*

веснова́тый *freckled*

винье́тка *decoration*

убо́гий *wretched/*
нанка́ *nankeen (cloth)*

Чрезвычайно любопытно в них первое, самостоятельное проявление в жизни. Я заметил, что рыженький мальчик до того соблазнился богатыми игрушками других детей, особенно театром, в котором ему непременно хотелось взять на себя какую-то роль, что решился поподличать. Он улыбался и заигрывал с другими детьми, он отдал своё яблоко одутловатому мальчишке, у которого навязан был полный платок гостинцев, и даже решился повозить одного на себе, чтоб только не отогнали его от театра. Но чрез минуту какой-то озорник препорядочно поколотил его. Ребёнок не посмел заплакать. Тут явилась гувернантка, его маменька, и велела ему не мешать играть другим детям. Ребёнок вошёл в ту же гостиную, где была девочка. Она пустила его к себе, и оба вместе усердно принялись наряжать богатую куклу.

соблазни́ться *be tempted*

заи́грывать *make advances*
одутлова́тый *puffy*

гости́нец *sweets*

озорни́к *naughty child*
поколоти́ть *thrash*

наряжа́ть *dress up*

1.1 Где и когда происходит главное событие этого рассказа?

1.2 Что напомнило рассказчику о ёлке?

1.3 По какому случаю собрались гости?

1.4 Опишите господина из провинции. Как он попал на этот бал?

1.5 Опишите Юлиана Мастаковича. Сколько ему можно дать лет? Как он себя ведёт на детском празднике? Как к нему относятся гости?

1.6 Как вы себе представляете сцену вокруг ёлки? Что делали дети? Как они себя вели?

1.7 По какому принципу раздавали детям подарки?

1.8 Опишите девочку, которая привлекла внимание рассказчика. Какой подарок она получила?

1.9 Опишите сына гувернантки. Какой подарок он получил?

1.10 Как дети на ёлке относятся к сыну гувернантки? Почему они так себя с ним ведут?

1.11 Расскажите, как рассказчик, девочка и рыжий мальчик все оказались в маленькой гостиной. Чем они там занимались?

Я сидел уже с полчаса в плющёвой беседке и почти задремал, прислушиваясь к маленькому говору рыженького мальчика и красавицы с

плющёвый *ivy*

го́вор *voices*

тремястами тысяч приданого, хлопотавших о кукле, как вдруг в комнату вошёл Юлиан Мастакович. Он воспользовался скандалёзною сценою ссоры детей и вышел потихоньку из залы. Я заметил, что он с минуту назад весьма горячо говорил с папенькой будущей богатой невесты, с которым только что познакомился, о преимуществе какой-то службы перед другою. Теперь он стоял в раздумье и как будто что-то рассчитывал по пальцам.

— Триста... триста, — шептал он. — Одиннадцать... двенадцать... тринадцать и так далее. Шестнадцать — пять лет! Положим, по четыре на сто — 12, пять раз=60, да на эти 60... ну, положим, всего будет через пять лет — четыреста. Да! вот... Да не по четыре со ста не держит, мошенник! Может восемь аль десять со ста берёт. Ну, пятьсот, положим, пятьсот тысяч, по крайней мере, это наверно; ну, излишек на тряпки, гм...

> **изли́шек** *something extra/*
> **тря́пки** *clothes*
> **вы́сморкаться** *blow nose*

Он кончил раздумье, высморкался и хотел уже выйти из комнаты, как вдруг взглянул на девочку и остановился. Он меня не видал за горшками с зеленью. Мне казалось, что он был крайне взволнован. Или расчёт подействовал на него, или что-нибудь другое, но он потирал себе руки и не мог постоять на месте. Это волнение увеличилось до нец плюс ултра[3], когда он остановился и бросил другой, решительный взгляд на будущую невесту. Он было двинулся вперёд, но сначала огляделся кругом. Потом, на цыпочках, как будто чувствуя себя виноватым, стал подходить к ребёнку. Он подошёл с улыбочкой, нагнулся и поцеловал её в голову. Та, не ожидая нападения, вскрикнула от испуга.

> **потира́ть** *rub*

> **на цы́почках** *on tiptoe*

— А что вы тут делаете, милое дитя? — спросил он шёпотом, оглядываясь и трепля девочку по щеке.

— Играем...

---

[3]extreme

— А? с ним? — Юлиан Мастакович покосился на мальчика.

покоси́ться *glare*

— А ты бы, душенька, пошёл в залу, — сказал он ему.

Мальчик молчал и глядел на него во все глаза. Юлиан Мастакович опять поосмотрелся кругом и опять нагнулся к девочке.

— А что это у вас, куколка, милое дитя? — спросил он.

— Куколка, — отвечала девочка, морщась и немножко робея.

мо́рщиться *make a face*
робе́ть *act shy*

— Куколка... А знаете ли вы, милое дитя, из чего ваша куколка сделана?

— Не знаю... — отвечала девочка шёпотом и совершенно потупив голову.

— А из тряпочек, душенька. Ты бы пошёл, мальчик, в залу, к своим сверстникам, — сказал Юлиан Мастакович, строго посмотрев на ребёнка. Девочка и мальчик поморщились и схватились друг за друга. Им не хотелось разлучаться.

све́рстник *person the same age*

— А знаете ли вы, почему подарили вам эту куколку? — спросил Юлиан Мастакович, понижая всё более и более голос.

— Не знаю.

— А оттого, что вы были милое и благодарное дитя всю неделю.

Тут Юлиан Мастакович, взволнованный донельзя, осмотрелся кругом и, понижая всё более и более голос, спросил наконец неслышным, почти совсем замирающим от волнения и нетерпения голосом:

— А будете ли вы любить меня, милая девочка, когда я приеду в гости к вашим родителям?

Сказав это, Юлиан Мастакович хотел ещё один раз поцеловать милую девочку, но рыженький мальчик, видя, что она совсем хочет заплакать, схватил её за руки и захныкал от полнейшего сочувствия к ней. Юлиан Мастакович рассердился не в шутку.

— Пошёл, пошёл отсюда, пошёл! — говорил он мальчишке. — Пошёл в залу! пошёл туда к своим сверстникам!

— Нет, не нужно, не нужно! подите вы прочь, — сказала девочка, ⊥ оставьте его, оставьте его! — говорила она, почти совсем заплакав.

Кто-то зашумел в дверях, Юлиан Мастакович тотчас же приподнял свой величественный корпус и испугался. Но рыженький мальчик испугался ещё более Юлиана Мастаковича, бросил девочку и тихонько, опираясь о стенку, прошёл из гостиной в столовую. Чтоб не подать подозрений, Юлиан Мастакович пошёл также в столовую. Он был красен как рак и, взглянув в зеркало, как будто сконфузился себя самого. Ему, может быть, стало досадно за горячку свою и своё нетерпение. Может быть, его так поразил вначале расчёт по пальцам, так соблазнил и вдохновил, что он, несмотря на всю солидность и важность, решился поступить как мальчишка и прямо абордировать свой предмет, несмотря на то что предмет мог быть настоящим предметом по крайней мере пять лет спустя. Я вышел за почтенным господином в столовую и увидел странное зрелище. Юлиан Мастакович, весь покраснев от досады и злости, пугал рыжего мальчика, который, уходя от него всё дальше и дальше, не знал — куда забежать от страха.

— Пошёл, что здесь делаешь, пошёл, негодник, пошёл! Ты здесь фрукты таскаешь, а? Ты здесь фрукты таскаешь? Пошёл, негодник, пошёл, сопливый, пошёл, пошёл к своим сверстникам!

Перепуганный мальчик, решившись на отчаянное средство, попробовал было залезть под стол.

Тогда его гонитель, разгорячённый донельзя, вынул свой длинный батистовый платок и начал им выхлёстывать из-под стола ребёнка, присмиревшего до последней степени. Нужно заметить, что Юлиан Мастакович был немножко толстенек. Это был человек сытенький, румяненький, словом, что называется крепняк, кругленький, как орешек. Он вспотел, пыхтел и краснел ужасно. Наконец он почти остервенился, так велико было в нём чувство негодования и, может быть (кто знает?), ревности. Я захохотал во всё горло. Юлиан Мастакович оборотился и, несмотря на всё значение своё, сконфузился в прах. В это время из противоположной двери вошёл хозяин. Мальчишка вылез из-под стола и обтирал свои колени и локти. Юлиан Мастакович поспешил поднесть к носу платок, который держал, за один кончик, в руках.

гони́тель   *persecutor*

выхлёстывать   *lash at*
присмире́ть   *grow quiet*

крепня́к   *healthy specimen*
вспоте́ть   *sweat* / **пыхте́ть**   *puff*
остервени́ться   *be enraged*

ре́вность   *jealousy*

в прах   *utterly*

обтира́ть   *brush off*

2.1   Зачем Юлиан Мастакович вошёл в маленькую гостиную?

2.2   О чём он думал, когда считал на пальцах?

2.3   Как он подошёл к играющим детям? Почему рассказчик говорит, что он «как будто чувствовал себя виноватым»?

2.4   О чём он говорил с девочкой?

2.5   Как вели себя дети во время этого разговора?

2.6   За что Юлиан Мастакович рассердился на рыжего мальчика?

2.7   Опишите сцену, произошедшую между Юлианом Мастаковичем и рыжим мальчиком в столовой.

2.8   Как реагировал на этот эпизод рассказчик? Что бы вы сделали на его месте?

Хозяин немножко с недоумением посмотрел на троих нас; но, как человек, знающий жизнь и смотрящий на неё с точки серьёзной, тотчас же воспользовался тем, что поймал наедине своего гостя.

— Вот-с тот мальчик-с, — сказал он, указав на рыженького, — о котором я имел честь просить...

— А? — отвечал Юлиан Мастакович, ещё не совсем оправившись.

подобострастно

— Сын гувернантки детей моих, — продолжал хозяин просительным тоном, — бедная женщина, вдова, жена одного честного чиновника; и потому... Юлиан Мастакович, если возможно...

—Ах, нет, нет, — поспешно закричал Юлиан Мастакович, — нет, извините меня, Филипп Алексеевич, никак невозможно-с. Я справлялся: вакансии нет, а если бы и была, то на неё уже десять кандидатов, гораздо более имеющих право, чем он... Очень жаль, очень жаль...

Он имеет безплатныя места для мальчика

справля́ться *make inquiries*

— Жаль-с, — повторил хозяин, — мальчик скромненький, тихонький...

— Шалун большой, как я замечаю, — отвечал Юлиан Мастакович, истерически скривив рот, — пошёл мальчик, что ты стоишь, пойди к своим сверстникам! — сказал он, обращаясь к ребёнку.

шалу́н *trouble maker*

Тут он, кажется, не мог утерпеть и взглянул на меня одним глазом. Я тоже не мог утерпеть и захохотал ему прямо в глаза. Юлиан Мастакович тотчас же отворотился и довольно явственно для меня спросил у хозяина, кто этот странный молодой человек? Они зашептались и вышли из комнаты. Я видел потом, как Юлиан Мастакович, слушая хозяина, с недоверчивостью качал головою.

я́вственно *ясно*

Нахохотавшись вдоволь, я воротился в залу. Там великий муж, окруженный отцами и матерями семейств, хозяйкой и хозяином, что-то с жаром толковал одной даме, к которой его только что подвели. Дама держала за руку девочку, с которою, десять минут назад, Юлиан Мастакович имел сцену в гостиной. Теперь он рассыпался в похвалах и восторгах о красоте, талантах, грации и благовоспитанности милого дитяти. Он заметно юлил перед маменькой. Мать слушала его чуть ли не со слезами восторга. Губы отца улыбались. Хозяин радовался излиянию всеобщей радости. Даже все гости сочувствовали, даже игры детей были остановлены, чтоб не мешать

вдо́воль *to my heart's content*

рассыпа́ться *be profuse*

благовоспи́танность *breeding*
юли́ть *fawn*

излия́ние *outpouring*

разговору. Весь воздух был напоён благоговением. Я слышал потом, как тронутая до глубины сердца маменька интересной девочки в отборных выражениях просила Юлиана Мастаковича сделать ей особую честь, подарить их дом своим драгоценным знакомством; слышал, с каким неподдельным восторгом Юлиан Мастакович принял приглашение и как потом гости, разойдясь все, как приличие требовало, в разные стороны, рассыпались друг перед другом в умилительных похвалах откупщику, откупщице, девочке и в особенности Юлиану Мастаковичу.

— Женат этот господин? — спросил я, почти вслух, одного из знакомых моих, стоявшего ближе всех к Юлиану Мастаковичу.

Юлиан Мастакович бросил на меня испытующий и злобный взгляд.

— Нет! — отвечал мне мой знакомый, огорчённый до глубины сердца моею неловкостью, которую я сделал умышленно...

Недавно я проходил мимо ***ской церкви; толпа и съезд поразили меня. Кругом говорили о свадьбе. День был пасмурный, начиналась изморось; я пробрался за толпою в церковь и увидел жениха. Это был маленький, кругленький, сытенький человечек с брюшком, весьма разукрашенный. Он бегал, хлопотал и распоряжался. Наконец раздался говор, что привезли невесту. Я протеснился сквозь толпу и увидел чудную красавицу, для которой едва настала первая весна. Но красавица была бледна и грустна. Она смотрела рассеянно; мне показалось даже, что глаза её были красны от недавних слёз. Античная строгость каждой черты лица её придавала какую-то важность и торжественность её красоте. Но сквозь эту грусть просвечивал ещё первый детский, невинный облик; сказывалось что-то донельзя наивное, неустановившееся, юное и, казалось, без просьб само за себя молившее о пощаде.

напоённый   *suffused*
благогове́ние   *reverence*

отбо́рный   *choice*
подари́ть   *grace*

неподде́льный   *unfeigned*

рассказчик

умы́шленно   *intentionally*

съезд   *traffic*
па́смурный   *overcast*
и́зморось   *drizzle*

брюшко́   *paunch*
разукра́шенный   *adorned*
распоряжа́ться   *give orders*
протесни́ться   *push through*

просве́чивать   *shine through*
о́блик   *aspect*
неустанови́вшийся   *incomplete*
поща́да   *mercy*

Говорили, что ей едва минуло шестнадцать лет. Взглянув внимательно на жениха, я вдруг узнал в нём Юлиана Мастаковича, которого не видел ровно пять лет. Я поглядел на неё... Боже мой! Я стал протесняться скорее из церкви. В толпе толковали, что невеста богата, что у невесты пятьсот тысяч приданого... и на сколько-то тряпками...

«Однако расчёт был хорош!» — подумал я, протеснившись на улицу...

3.1 О чём попросил хозяин Юлиана Мастаковича?

3.2 Чем Юлиан Мастакович объясняет свой отказ? Вам кажется, что он говорит искренне?

3.3 О чём, вы думаете, говорили хозяин и Юлиан Мастакович, когда они выходили из столовой?

3.4 Объясните значение последней сцены, которую рассказчик наблюдает на балу.

3.5 Почему рассказчик спрашивает, женат ли Юлиан Мастакович? Почему его друг считает такой вопрос бестактным?

3.6 Опишите свадьбу, которую видел рассказчик.

3.7 Почему, вам кажется, родители невесты согласились на этот брак?

3.8 Могла ли такая история случиться в нашем обществе?

3.9 Почему этот рассказ называется «Ёлка и свадьба»? Какие ещё вы можете придумать подходящие названия?

Задания

1. Какие слова из этого списка описывают Юлиана Мастаковича?
   Какие ещё слова можно добавить к списку?

умный	добрый	богатый	значительный
почётный	честный	виноватый	жадный
чувствительный	старый	ревнивый	толстый
романтичный	сентиментальный	эгоистичный	деловой
вежливый	смешной	щедрый	сытый

2. Опишите сцену в гостиной с точки зрения одного из детей.

3. Напишите эпилог о жизни Юлиана Мастаковича и его невесты
   через десять лет.

Лев Николаевич Толстой
Севастополь в мае (1855)

Count Лев Николаевич Толстой was born in 1828 near Tula in central Russia. He spent his early years at Ясная Поляна, the family estate. He entered the University of Kazan in 1844 but left in 1847 to take up management of the estate.

In 1851, Tolstoy travelled to the Caucausus, where he enlisted in the army. When the Crimean War broke out in 1853, Tolstoy requested a transfer to the beseiged city of Sevastopol. He remained in Sevastopol until its fall in 1855, following which he returned to his estate.

In 1862, Tolstoy married Софья Андреевна Берс, a young lady whose background was similar to his own, but who was considerably his junior. During the early years of his marriage, Tolstoy regarded the family as the focus of mankind's existence. Sophia Andreevna was the ideal helpmate. She bore her husband 13 children, managed the extensive household of Yasnaya Polyana, and assisted him in his creative work.

In the late 1870's, Tolstoy experienced a crisis of faith. He became preoccupied with the inevitability of death. He emerged from this depression in 1880 with a new moral and ethical creed whose tenets were in conflict with those of the Russian Orthodox Church. The Church excommunicated Tolstoy in 1901, but he continued to enjoy tremendous authority as a religious philosopher until the end of his life.

Tolstoy's conversion produced difficulties in his private as well as his public life. He rejected his earlier writing as immoral but was forced to let his wife use the royalties from those works to support the family. In 1910, following a quarrel with Sophia Andreevna, Tolstoy abandoned Yasnaya Polyana for an unknown destination. He left home in the company of one of his daughters, but illness forced him to stop at the railway station of Astapovo, where he died.

Tolstoy began his literary career as a young officer in the Caucausus. His first story, «Детство», was published in 1852. In 1855–56, he published the «Севастопольские рассказы», a cycle of three stories

Л. Н. Толсто́й (1854)

about the seige of Sevastopol. His great novels were written after his
return to Russia. He worked on «Война и мир» from 1863 to 1869 and
on «Анна Каренина» from 1873 to 1876. Following his conversion, his
work became increasingly tendentious. His best known work of this
period is «Смерть Ивана Ильича» (1886).

«Севастополь в мае» (1855) is the second of the «Севастопольские
рассказы» It takes place during the Crimean War of 1853-56. In that war
Russia fought the allied forces of Turkey, England, France, and Sardinia
for control of the Middle East. One of the central episodes of the war
was the siege of Sevastopol, which lasted from September, 1854, to
September, 1855.

The Crimean War was in many regards an old-fashioned war. Officers
gave orders from horseback, while lines of men slaughtered each other
in face to face combat. By day the allies destroyed the Russian trenches,

and at night the Russians repaired them in order to prevent the allies from capturing the city. Treatment of the troops on both sides was appalling. The Russian dead and wounded at Sevastopol were estimated at 102,000, while the total number of losses including those lost to disease have been estimated at 600,000.

The Crimean War was perceived in different ways by those who attempted to deal with it artistically. War artists have left their impressions, but the most striking visual images of the war were recorded by a new kind of artist, the photographer. In literature, the Crimean War inspired both Tennyson's gloriously romantic "Charge of the Light Brigade" as well as the aggressively anti-romantic tales of the young Tolstoy.

Упражнения

1. *Fill in the blanks with an appropriate form of* тот же. *Translate the sentences into English.*

1. А всё _____ звуки раздаются с бастионов.

2. Всё с _____ жаром стремятся с различных сторон света разнородные толпы людей, с ещё более разнородными желаниями, к этому роковому месту.

3. Он подошёл сначала к павильону, подле которого стояли музыканты, которым вместо пюпитров другие солдаты _____ полка держали ноты.

4. Штабс-капитан забывал, что не знал, что _____ предчувствие испытывает всякий, кто идёт в дело.

5. — Атаковали ложементы, заняли, французы подвезли огромные резервы, — говорил _____ самый офицер, который приходил вечером.

6. С бастионов доносился _____ грохот орудий и ружейной перепалки, и _____ огни вспыхивали на чёрном небе.

7. — А в самом деле, кажется, много лишнего народа идёт, — сказал Гальцин, останавливая опять _____ высокого солдата.

8. На бульваре были всё _____ вчерашние лица и всё с _____ вечными побуждениями лжи, тщеславия и легкомыслия.

2. *Fill in the blanks with an appropriate numeral. Then translate the sentences into English. Remember that inverting a numeral and a noun is one way of showing approximation.*

1. Действительно, какая бы была разница между _____ (1) русским, воюющим против _____ (1) представителя союзников, и между _____ (80.000) воюющих против _____ (80.000)?

2. У нас при этом убито _____ (200) человек, а у французов до _____ (15.000).

3. Князь Гальцин, бывший вчера на четвёртом бастионе и видевший от себя в _____ (20) шагах лопнувшую бомбу, считал себя не меньшим храбрецом, чем этот господин.

4. — Я сам расспрашиваю, — сказал князь Гальцин и снова обратился к солдату с _____ (2) ружьями.

5. Большая, высокая тёмная зала — освещённая только _____ (4) или _____ (5) свечами, с которыми доктора подходили осматривать раненых, — была буквально полна.

6. Человек _____ (40) солдат-носильщиков, стояли у дверей и молча, изредка тяжело вздыхая, смотрели на эту картину...

7. Здесь он нашёл _____ (4) солдат, которые, усевшись на камушки, курили трубки.

8. Он рысью пробежал шагов _____ (5) и упал на землю.

9. В блиндаже сидел генерал N., командир бастиона и ещё человек _____ (6) офицеров.

10. Калугин не сообразил того, что он в разные времена всего-навсего провёл часов _____ (50) на бастионах, тогда как капитан жил там _____ (6) месяцев.

11. Кто не испытал, тот не может вообразить себе того наслаждения, которое ощущает человек, уходя после _____ (3) часов.

12. Действительно, минут через _____ (20) генерал вернулся вместе с офицерами.

> 3. *Indefinite pronouns and adverbs formed with -то are used to talk about real things that for one reason or another are not named. Translate the English in each of these sentences with an indefinite pronoun or adverb. What effect has Tolstoy achieved by using them?*

1. Батальон часа два под огнём стоял около _____ (*some kind of*) стенки.

2. Батальоный командир сказал _____ (*something*).

3. Юнкер смотрел вперёд в тёмную даль, ожидая _____ (*something*) страшного.

4. Опять батальоный командир впереди сказал _____ (*something*).

5. Пест наколол руку на _____ (*some kind of*) колючку.

6. Вдруг со всех сторон заблестело мильон огней, засвистело, затрещало _____ (*something*).

7. Он закричал и побежал _____ (*somewhere*).

8. Потом он споткнулся и упал на _____ (*something*).

9. _____ (*Someone*) взял ружьё и воткнул во _____ (*something*) мягкое.

10. «Ah! Dieu!» — закричал _____ (*someone*) страшным, пронзительным голосом.

Перед чтением

Опишите картину В. Г. Перова «Пластуны». Где находятся эти люди? Что они делают? О чём они думают? О чём говорят двое на заднем плане?

В. Г. Перов, *Пластуны под Севастополем,* 1874 г.

Текст и вопросы

Севастополь в мае

I

Уже шесть месяцев прошло с тех пор, как
просвистало первое ядро с бастионов
Севастополя и взрыло землю на работах
неприятеля, и с тех пор тысячи бомб, ядер и
пуль не переставали летать с бастионов в
траншеи и с траншей на бастионы и ангел
смерти не переставал парить над ними.

Тысячи людских самолюбий успели оскорбиться,
тысячи успели удовлетвориться, надуться, тысячи
— успокоиться в объятиях смерти. Сколько
звёздочек надето, сколько снято, сколько Анн,
Владимиров,[1] сколько розовых гробов и
полотняных покровов! А всё те же звуки
раздаются с бастионов, всё так же — с невольным
трепетом и суеверным страхом — смотрят в
ясный вечер французы из своего лагеря на
желтоватую изрытую землю бастионов
Севастополя, на чёрные движущиеся по ним
фигуры наших матросов и считают амбразуры, из
которых сердито торчат чугунные пушки; всё так
же в трубу рассматривает с вышки телеграфа
штурманский унтер-офицер пёстрые фигуры
французов, их батареи, палатки, колонны,
движущиеся по Зелёной горе, и дымки,
вспыхивающие в траншеях, и всё с тем же жаром
стремятся с различных сторон света разнородные
толпы людей, с ещё более разнородными
желаниями, к этому роковому месту.

А вопрос, не решённый дипломатами, ещё
меньше решается порохом и кровью.

просвиста́ть	*whistle/*
ядро́	*cannon ball/*
взрыть	*plough up/*
рабо́ты	*entrenchments*
транше́я	*trench*
пари́ть	*soar*
оскорби́ться	*be insulted*
наду́ться	*be puffed up*
гроб	*coffin*
полотня́ный	*linen/*
покро́в	*shroud*
суеве́рный	*superstitious*
изры́ть	*dig up*
матро́с	*sailor/*
амбразу́ра	*gunport/*
чугу́нный	*cast iron/*
пу́шка	*cannon/*
труба́	*telescope/*
вы́шка	*watchtower/*
шту́рманский	*communications*
разноро́дный	*diverse*

---

[1]The orders of St. Anne and St. Vladimir. The order of St. Anne could be worn around the neck and is sometimes
referred to as *Анна на шее.*

Мне часто приходила странная мысль: что́, ежели бы одна воюющая сторона предложила другой — выслать из каждой армии по одному солдату? Желание могло бы показаться странным, но отчего не исполнить его? Потом выслать другого, с каждой стороны, потом третьего, четвёртого и т. д., до тех пор, пока осталось бы по одному солдату в каждой армии (предполагая, что армии равно сильны и что количество было бы заменяемо качеством). И тогда, ежели уже действительно сложные политические вопросы между разумными представителями разумных созданий должны решаться дракой, пускай бы подрались эти два солдата — один бы осаждал город, другой бы защищал его.

воева́ть   *war*

заменя́ть   *replace*

осажда́ть   *besiege*

Это рассуждение кажется только парадоксом, но оно верно. Действительно, какая бы была разница между одним русским, воюющим против одного представителя союзников, и между восемьюдесятью тысячами воюющих против восьмидесяти тысяч? Отчего не двадцать против двадцати? Отчего не один против одного? Никак одно не логичнее другого. Последнее, напротив, гораздо логичнее, потому человечнее. Одно из двух: или война есть сумасшествие, или ежели люди делают это сумасшествие, то они совсем не разумные создания, как у нас почему-то принято думать.

сою́зник   *ally*

1.1 Когда и где происходит действие этого рассказа?

1.2 Какое впечатление производит первая сцена? Почему рассказ начинается с этой сцены?

1.3 Думаете ли вы, что война является необходимой частью современной жизни? Объясните свою точку зрения.

1.4 Каково отношение рассказчика к войне?

1.5 Вы считаете себя «ястребом» или «голубем»?

II

В осаждённом городе Севастополе, на бульваре, около павильона играла полковая музыка, и толпы военного народа и женщин празднично

пра́здночно   *with a festive air*

двигались по дорожкам. Светлое весеннее солнце взошло с утра над английскими работами, перешло на бастионы, потом на город — на Николаевскую казарму и, одинаково радостно светя для всех, теперь спускалось к далёкому синему морю, которое, мерно колыхаясь, светилось серебряным блеском.

казáрма *barracks*

мéрно *rhythmically/*
колыхáться *sway*

Высокий, немного сутуловатый, пехотный офицер, натягивая на руку не совсем белую, но опрятную перчатку, вышел из калитки одного из маленьких матросских домиков, настроенных на левой стороне Морской улицы, и, задумчиво глядя себе под ноги, направился в гору к бульвару. Выражение некрасивого с низким лбом лица этого офицера изобличало тупость умственных способностей, но притом рассудительность честность и склонность к порядочности. Он был дурно сложён — длинноног, неловок и как будто стыдлив в движениях. На нём была незатасканная фуражка, тонкая, немного странного лиловатого цвета шинель, из-под борта которой виднелась золотая цепочка часов; панталоны со штрипками и чистые, блестящие, хотя и с немного стоптанными в разные стороны каблуками, опойковые сапоги, — но не столько по этим вещам, которые не встречаются обыкновенно у пехотного офицера, сколько по общему выражению его персоны, опытный военный глаз сразу отличал в нём не совсем обыкновенного пехотного офицера, а немного повыше. Он должен был быть или немец, ежели бы не изобличали черты лица его чисто русское происхождение, или адъютант, или квартермистр полковой (но тогда бы у него были шпоры), или офицер, на время кампании перешедший из кавалерии, а может из гвардии. Он действительно был перешедший из кавалерии и в настоящую минуту, поднимаясь к бульвару, думал о письме, которое сейчас получил от бывшего товарища, теперь отставного, помещика Т. губернии, и жены его, бледной голубоглазой

сутуловáтый *stoop-shouldered/*
пехóтный *infantry*

настрóить *build*

изобличáть *reveal/*тýпость *dullness*

рассудúтельность *reasonableness*
порядочность *decency*
стыдлúвый *awkward*
незатáсканный *unsullied*

борт *coat breast/*
виднéлся *could be seen/*
штрúпка *foot strap*

стоптáть *wear down*
опóйковый *calf skin*

адъютáнт *aide-de-camp/*
квартермúстр *quartermaster*

Наташи, своей большой приятельницы. Он вспомнил одно место письма, в котором товарищ пишет:

«Когда приносят нам «Инвалид», то Пупка (так отставной улан называл жену свою) бросается опрометью в переднюю, хватает газеты и бежит с ними на *эс в беседку, в гостиную* (в которой, помнишь, как славно мы проводили с тобой зимние вечера, когда полк стоял у нас в городе), и с таким жаром читает *ваши* геройские подвиги, что ты себе представить не можешь. Она часто про тебя говорит: «Вот Михайлов, — говорит она, — так это *душка человек*, я готова расцеловать его, когда увижу, — он *сражается на бастионах* и непременно получит **гефглевский** крест, и про него в газетах напишут», и т. д. и т. д., так что я решительно начинаю ревновать к тебе». В другом месте он пишет: «До нас газеты доходят ужасно поздно, а хотя изустных новостей и много, не всем можно верить. Например, знакомые тебе *барышни с музыкой* рассказывали вчера, что уж будто Наполеон пойман нашими казаками и отослан в Петербург, но ты понимаешь, как много я этому верю. Рассказывал же нам один приезжий из Петербурга (он у министра, по особым порученьям, премилый человек, и теперь, как в городе никого нет, такая для нас *рисурс*, что ты себе представить не можешь) — так он говорит наверно, что наши заняли Евпаторию, *так что французам нет уже сообщения с Балаклавой*, и что у нас при этом убито двести человек, а у французов до пятнадцати тысяч. Жена была в таком восторге по этому случаю, что *кутила* целую ночь, и говорит, что ты, наверное, по её предчувствию, был в этом деле и отличился...»

Несмотря на те слова и выражения, которые я нарочно отметил курсивом, и на весь тон письма, по которым высокомерный читатель, верно, составил себе истинное и невыгодное понятие в отношении порядочности о самом штабс-

Инвалид	newspaper
о́прометью	*headlong*
эс	*loveseat*
по́двиг	*heroic deed*
ду́шка	*darling*
сража́ться	*fight*
изу́стный	*word of mouth*
поруче́ние	*commission*
сообще́ние	*communications*
кути́ть	*carouse*
курси́в	*italics*
высокоме́рный	*haughty*
невы́годный	*unfavorable*

капитане Михайлове, на стоптанных сапогах, о товарище его, который пишет *рисурс* и имеет такие странные понятия о географии, о бледном друге на *эсе* (может быть, даже и не без основания вообразив себе эту Наташу с грязными ногтями), и вообще о всём этом праздном грязненьком провинциальном презренном для него круге, штабс-капитан Михайлов с невыразимо грустным наслаждением вспомнил о своём губернском бледном друге и как он сиживал, бывало, с ним по вечерам в беседке и говорил о *чувстве*, вспомнил о добром товарище-улане, как он сердился и ремизился, когда они, бывало, в кабинете составляли пульку по копейке, как жена смеялась над ним, — вспомнил о дружбе к себе этих людей (может быть, ему казалось, что было что-то больше со стороны бледного друга): все эти лица с своей обстановкой мелькнули в его воображении в удивительно-сладком, отрадно-розовом цвете, и он, улыбаясь своим воспоминаниям, дотронулся рукою до кармана, в котором лежало это *милое* для него письмо. Эти воспоминания имели тем большую прелесть для штабс-капитана Михайлова, что тот круг, в котором ему теперь привелось жить в пехотном полку, был гораздо ниже того, в котором он вращался прежде, как кавалерист и дамский кавалер, везде хорошо принятый в городе Т.

Его прежний круг был до такой степени выше теперешнего, что, когда в минуты откровенности ему случалось рассказывать пехотным товарищам, как у него были свои дрожки, как он танцевал на балах у губернатора и играл в карты с штатским генералом, его слушали равнодушно-недоверчиво, как будто не желая только противоречить и доказывать противное — «пускай говорит», мол, и что ежели он не выказывал явного презрения к кутёжу товарищей — водкой, к игре по четверти копейки на старые карты, и вообще к грубости их отношений, то это надо отнести к особенной кротости, уживчивости и рассудительности его характера.

пра́здный *idle*
презре́нный *despicable*

си́живать *сидеть*

реми́зиться *pay penalty*
пу́лька *pool*

обстано́вка *surroundings*
отра́дный *delightful*

привести́сь *chance*

враща́ться *circulate*

открове́нность *openness*

шта́тский *in civilian clothes*

противоре́чить *contradict*

презре́ние *contempt/*
кутёж *carousing*

кро́тость *meekness*
ужи́вчивость *affability*

От воспоминаний штабс-капитан Михайлов невольно перешёл к мечтам и надеждам. «Каково будет удивление и радость Наташи, — думал он, шагая на своих стоптанных сапогах по узенькому переулочку, — когда она вдруг прочтёт в «Инвалиде» описание, как я первый влез на пушку и получил Георгия. Капитана же я должен получить по старому представлению. Потом очень легко я в этом же году могу получить майора по линии, потому что много перебито, да и ещё, верно, много перебьют нашего брата в эту кампанию. А потом опять будет дело, и мне, как известному человеку, поручат полк... подполковник... Анну на шею... полковник...» — и он был уже генералом, удостаивающим посещения Наташу, вдову товарища, который, по его мечтам, умрёт к этому времени, когда звуки бульварной музыки яснее долетели до его слуха, толпы народа кинулись ему в глаза, и он очутился на бульваре прежним пехотным штабс-капитаном, ничего не значащим, неловким и робким.

представле́ние *recommendation*

удоста́ивать *honor*

2.1 В какое время года происходит действие этого рассказа? В какое время дня?

2.2 Какова роль природы в описании событий в этом рассказе?

2.3 Опишите штабс-капитана Михайлова.

2.4 Какой характер у Михайлова? О чём он мечтает?

2.5 Опишите друзей Михайлова в Т. губернии. Сравните Наташу с Марьей Гавриловной («Метель»).

2.6 Когда рассказчик говорит, что читатель, наверно, уже составил себе невыгодное понятие об этих людях, что он имеет в виду?

2.7 Думаете ли вы, что Михайлов может быть героем этого рассказа?

III

Он подошёл сначала к павильону, подле которого стояли музыканты, которым вместо пюпитров другие солдаты того же полка, раскрывши,

пюпи́тр *music stand*
раскры́ть *open up*

держали ноты и около которых, больше смотря, чем слушая, составили кружок писаря, юнкера*, няньки с детьми и офицеры в старых шинелях. Кругом павильона стояли, сидели и ходили большею частью моряки, адъютанты и офицеры в белых перчатках и новых шинелях. По большой аллее бульвара ходили всяких сортов офицеры и всяких сортов женщины, изредка в шляпках, большей частью в платочках (были и без платочков и без шляпок), но ни одной не было старой, а замечательно, что все молодые. Внизу по тенистым пахучим аллеям белых акаций ходили и сидели уединённые группы.

Никто особенно рад не был, встретив на бульваре штабс-капитана Михайлова, исключая, может быть, его полка капитанов Обжогова и Сусликова, которые с горячностью пожали ему руку, но первый был в верблюжьих штанах, без перчаток, в обтрёпанной шинели и с таким красным, вспотевшим лицом, а второй кричал так громко и развязно, что совестно было ходить с ними, особенно перед офицерами в белых перчатках, из которых с одним — с адъютантом — штабс-капитан Михайлов кланялся, а с другим — штаб-офицером — мог бы кланяться, потому что два раза встречал его у общего знакомого. Притом же, что весёлого ему было гулять с этими господами Обжоговым и Сусликовым, когда он и без того по шести раз на день встречал их и пожимал им руки. Не для этого же он пришёл на музыку.

Ему бы хотелось подойти к адъютанту, с которым он кланялся, и поговорить с этими господами совсем не для того, чтобы капитаны Обжогов и Сусликов, и поручик Паштецкий, и другие видели, что он говорит с ними, но просто для того, что они приятные люди, притом знают все новости — порассказали бы...

---

*A nobleman serving as a non-commissioned officer.

пи́сарь *clerk*
ня́нька *nanny*

бо́льшей ча́стью *for the most part/*
моря́к *sailor*

тени́стый *shady/*
паху́чий *fragrant/*
ака́ция *acacia/*
уединённый *isolated*

горя́чность *warmth*
верблю́жий *camel's hair*
обтрёпанный *frayed*

Но отчего же штабс-капитан Михайлов боится и не решается подойти к ним? «Что, ежели они вдруг мне не поклонятся, — думает он, — или поклонятся и будут продолжать говорить между собою, как будто меня нет, или вовсе уйдут от меня, и я там останусь один между *аристократами?*» Слово *аристократы* (в смысле высшего отборного круга, в каком бы то ни было сословии) получило у нас в России, где бы, кажется, вовсе не должно было быть его, с некоторого времени большую популярность и проникло во все края и во все слои общества, куда проникло только тщеславие (а в какие условия времени и обстоятельства не проникает эта гнусная страстишка?), — между купцами, между чиновниками, писарями, офицерами, в Саратов, в Мамадыши, в Винницы, везде, где есть люди. А так как в осаждённом городе Севастополе людей много, следовательно и тщеславия много, то есть и *аристократы,* несмотря на то что ежеминутно висит смерть над головой каждого *аристократа и неаристократа.*

Для капитана Обжогова штабс-капитан Михайлов *аристократ,* потому что у него чистая шинель и перчатки, и он его за это терпеть не может, хотя уважает немного; для штабс-капитана Михайлова адъютант Калугин *аристократ,* потому что он адъютант и на «ты» с другим адъютантом, и за это он не совсем хорошо расположен к нему, хотя и боится его. Для адъютанта Калугина граф Нордов *аристократ,* и он его всегда ругает и презирает в душе за то, что он флигель-адъютант. Ужасное слово *аристократ.* Зачем подпоручик Зубов так принуждённо смеётся, хотя ничего нет смешного, проходя мимо своего товарища, который сидит с штаб-офицером? Чтобы доказать этим, что хотя он и не *аристократ,* но всё-таки не хуже их. Зачем штаб-офицер говорит таким слабым, лениво-грустным, не своим голосом? Чтоб доказать своему собеседнику, что он *аристократ* и очень милостив, разговаривая с подпоручиком. Зачем юнкер так размахивает

сосло́вие *class*

прони́кнуть *penetrate/*
слой *stratum/*
тщесла́вие *vanity*

гну́сный *vile*

терпе́ть *tolerate*

располо́женный *disposed*

руга́ть *criticize*
презира́ть *despise/*
фли́гель- *of the tsar/*
подпору́чик *ucm sub-lieutenant*

разма́хивать *wave*

руками и подмигивает, идя за барыней, которую он в первый раз видит и к которой он ни за что не решится подойти? Чтоб показать всем офицерам, что, несмотря на то что он им шапку снимает, он всё-таки *аристократ* и ему очень весело. Зачем артиллерийский капитан так грубо обошёлся с добродушным ординарцем? Чтобы показать всем, что он никогда не заискивает и в *аристократах* не нуждается, и т. д. и т. д. и т. д.

ордина́рец *orderly*
заи́скивать *curry favor*

Тщеславие, тщеславие и тщеславие везде — даже на краю гроба и между людьми, готовыми к смерти из-за высокого убеждения. Тщеславие! Должно быть, оно есть характеристическая черта и особенная болезнь нашего века. Отчего между прежними людьми не слышно было об этой страсти, как об оспе или холере? Отчего в наш век есть только три рода людей: одних — принимающих начало тщеславия как факт необходимо существующий, поэтому справедливый, и свободно подчиняющихся ему; других — принимающих его как несчастное, но непреодолимое условие, и третьих — бессознательно, рабски действующих под его влиянием? Отчего Гомеры и Шекспиры говорили про любовь, про славу и про страдания, а литература нашего века есть только бесконечная повесть «Снобсов» и «Тщеславие»?*

о́спа *small pox*

нача́ло *principle*

подчиня́ться *obey*

3.1 Какие люди пришли на музыку?

3.2 Почему Михайлов не хочет общаться с Обжоговым и Сусликовым?

3.3 Почему Михайлов стеснялся подойти к Калугину?

3.4 Как вам кажется, понимает ли сам Михайлов причины своего поведения?

3.5 В нашем обществе существует проблема «аристократов» и «неаристократов»? Какую роль играет в нём тщеславие?

3.6 Какова роль рассказчика в этом произведении?

Book of Snobs (1848) and *Vanity Fair* (1848) by William Makepeace Thackeray

Штабс-капитан Михайлов два раза в
нерешительности прошёл мимо кружка *своих
аристократов*, в третий раз сделал усилие над
собой и подошёл к ним. Кружок этот составляли
четыре офицера: адъютант Калугин, знакомый
Михайлова, адъютант князь Гальцин, бывший
даже немного *аристократом* для самого Калугина,
подполковник Нефердов, один из так
называемых *ста двадцати двух* светских людей,
поступивших на службу из отставки под влиянием
отчасти патриотизма, отчасти честолюбия и,
главное, того, что все это делали; старый
клубный московский холостяк, здесь
присоединившийся к партии недовольных,
ничего не делающих, ничего не понимающих и
осуждающих все распоряжения начальства, и
ротмистр Праскухин, тоже один из ста двадцати
двух героев. К счастию Михайлова, Калугин был
в прекрасном расположении духа (генерал только
что поговорил с ним весьма доверенно, и князь
Гальцин, приехав из Петербурга, остановился у
него), он счёл не унизительным подать руку
штабс-капитану Михайлову, чего не решился,
однако, сделать Праскухин, весьма часто
встречавшийся на бастионе с Михайловым,
неоднократно пивший его вино и водку и даже
должный ему по преферансу двенадцать рублей с
полтиной. Не зная ещё хорошо князя Гальцина,
ему не хотелось изобличить перед ним своё
знакомство с простым пехотным штабс-
капитаном; он слегка поклонился ему.

— Что, капитан, — сказал Калугин, — когда опять
на бастиончик? Помните, как мы с вами
встретились на Шварцовском редуте, — жарко
было? а?

— Да, жарко, — сказал Михайлов, с прискорбием
вспоминая о том, какая у него была печальная
фигура, когда он в ту ночь, согнувшись,
пробираясь по траншее на бастион, встретил
Калугина, который шёл таким молодцом, бодро
побрякивая саблей.

честолю́бие	*ambition*
холостя́к	*bachelor*
присоедини́ться	*join*
осужда́ть	*condemn*
расположе́ние ду́ха	*mood*
дове́ренно	*confidentially*
унизи́тельный	*degrading*
неоднокра́тно	*more than once*
префера́нс	*card game*
полти́на	*50 kopecks*
изобличи́ть	*expose*
реду́т *ист*	*redoubt*
приско́рбие	*regret*
пробира́ться	*make way*
побря́кивать	*rattle*

— Мне, по-настоящему, приходится завтра идти, но у нас болен, — продолжал Михайлов, — один офицер, так... — Он хотел рассказать, что черёд был не его, но так как командир восьмой роты был нездоров, а в роте оставался прапорщик только, то он счёл своей обязанностью предложить себя на место поручика Непшитшетского и потому шёл нынче на бастион. Калугин не дослушал его.

черёд *очередь*

— А я чувствую, что на днях что-нибудь будет, — сказал он князю Гальцину.

— А что, не будет ли нынче чего-нибудь? — робко спросил Михайлов, поглядывая то на Калугина, то на Гальцина. Никто не отвечал ему. Князь Гальцин только сморщился как-то, пустил глаза мимо его фуражки и, помолчав немного, сказал:

сморщиться *frown*

— Славная девочка эта в красном платочке. Вы её не знаете, капитан?

— Это около моей квартиры дочь одного матроса, — отвечал штабс-капитан.

— Пойдёмте посмотрим её хорошенько. И князь Гальцин взял под руку с одной стороны Калугина, с другой штабс-капитана, вперёд уверенный, что это не может не доставить последнему большого удовольствия, что действительно было справедливо.

Штабс-капитан был суеверен и считал большим грехом перед делом заниматься женщинами, но в этом случае он притворился большим развратником, чему, видимо, не верили князь Гальцин и Калугин и что чрезвычайно удивляло девицу в красном платочке, которая не раз замечала, как штабс-капитан краснел, проходя мимо её окошка. Праскухин шёл сзади и всё толкал за руку князя Гальцина, делая разные замечания на французском языке; но так как вчетвером нельзя было идти по дорожке, он принуждён был идти один и только на втором круге взял под руку подошедшего и заговорившего с

суеверный *superstitious*

притвориться *pretend*
развратник *profligate*

толкать *jog*

ним известно храброго морского офицера Сервягина, желавшего тоже присоединиться к кружку аристократов. И известный храбрец с радостью просунул свою мускулистую честную руку за локоть, всем и самому Сервягину хорошо известному за не слишком хорошего человека, Праскухину. Но когда Праскухин, объясняя князю Гальцину своё знакомство с этим моряком, шепнул ему, что это был известный храбрец, князь Гальцин, бывший вчера на четвёртом бастионе и видевший от себя в двадцати шагах лопнувшую бомбу, считая себя не меньшим храбрецом, чем этот господин, и предполагая, что весьма много репутаций приобретается задаром, не обратил на Сервягина никакого внимания.

просу́нуть *thrust*

шепну́ть *whisper*

ло́пнуть *burst*

приобрета́ться *be acquired*
зада́ром *for no reason*

Штабс-капитану Михайлову так приятно было гулять в этом обществе, что он забыл про *милое* письмо из Т., про мрачные мысли, осаждавшие его при предстоящем отправлении на бастион, и, главное, про то, что в семь часов ему надо было быть дома. Он пробыл с ними до тех пор, пока они не заговорили исключительно между собой, избегая его взглядов, давая тем знать, что он может идти, и, наконец, совсем ушли от него. Но штабс-капитан всё-таки был доволен и, проходя мимо юнкера барона Песта, который был особенно горд и самонадеян со вчерашней ночи, которую он в первый раз провёл в блиндаже пятого бастиона, и считал себя вследствие этого героем, он нисколько не огорчился подозрительно-высокомерным выражением, с которым юнкер вытянулся и снял перед ним фуражку.

осажда́ть *assail*
предстоя́щий *impending/*
отправле́ние *departure*

исключи́тельно *exclusively*

самонаде́янный *conceited*
блинда́ж *bunker*
всле́дствие *as a result*
огорчи́ться *be grieved*
подозри́тельный *suspicious*

4.1 Объясните выражение «сто двадцать два».

4.2 Опишите людей в компании, к которой подошёл Михайлов.

4.3 Как был ими встречен Михайлов?

4.4 Как он себя с ними вёл?

4.5 Какой характер у Калугина?

4.6 Какой человек Праскухин?

4.7   Кого вы теперь считаете героем рассказа? Почему?

IV

Но едва штабс-капитан перешагнул порог своей квартиры, как совсем другие мысли пошли ему в голову. Он увидал свою маленькую комнатку с земляным неровным окнами, залеплёнными бумагой, свою старую кровать с прибитым над ней ковром, на котором изображена была амазонка и висели два тульские пистолета, грязную, с ситцевым одеялом постель юнкера, который жил с ним; увидал своего Никиту, который с взбудораженными сальными волосами, почёсываясь, встал с полу; увидал свою старую шинель, личные сапоги и узелок, из которого торчали конец мыльного сыра и горлышко портерной бутылки с водкой, приготовленные для него на бастион, и с чувством, похожим на ужас, он вдруг вспомнил, что ему нынче на целую ночь идти с ротой в ложементы.

«Наверное, мне быть убитым нынче, — думал штабс-капитан, — я чувствую. И главное, что не мне надо было идти, а я сам вызвался. И уж это всегда убьют того, кто напрашивается. И чем болен этот проклятый Непшитшетский? Очень может быть, что и вовсе не болен, а тут из-за него убьют человека, а непременно убьют. Впрочем, ежели не убьют, то, верно, представят. Я видел, как полковому командиру понравилось, когда я сказал, что позвольте мне идти, ежели поручик Непшитшетский болен. Ежели не выйдет майора, то уж Владимира наверно. Ведь я уж тринадцатый раз иду на бастион. Ох, тринадцать! скверное число. Непременно убьют, чувствую, что убьют; но надо же было кому-нибудь идти, нельзя с прапорщиком роте идти, а что-нибудь бы случилось, ведь это честь полка, честь армии от этого зависит. Мой *долг* был идти... да, *долг*. А есть предчувствие». Штабс-капитан забывал, что это предчувствие, в более или менее сильной степени, приходило ему каждый раз, как нужно

перешагну́ть   *cross*

земляно́й   *dirt /*
  неро́вный   *uneven/*
  залепи́ть   *paste/*
  приби́ть   *nail*

си́тцевый   *cotton*

взбудора́женный   *tousled/*
  са́льный   *greasy/*
  почёсываться   *scratch/*
  ли́чный   *extra*
го́рлышко   *neck*
по́ртерный   *porter*

ложеме́нт *уст*   *entrenchment*

напра́шиваться   *ask for it*
прокля́тый   *damned*

предста́вить   *recommend*

предчу́вствие   *foreboding*

было идти на бастион, и не знал, что то же, в более или менее сильной степени, предчувствие испытывает всякий, кто идёт в дело. Немного успокоив себя этим понятием долга, которое у штабс-капитана, как и вообще у всех людей недалёких, было особенно развито и сильно, он сел к столу и стал писать прощальное письмо отцу, с которым последнее время был не совсем в хороших отношениях по денежным делам. Через десять минут, написав письмо, он встал от стола с мокрыми от слёз глазами и, мысленно читая все молитвы, которые знал (потому что ему совестно было перед своим человеком громко молиться Богу), стал одеваться. Ещё очень хотелось ему поцеловать образок Митрофа́ния, благословение покойницы матушки и в который он имел особенную веру, но так как он стыдился сделать это при Никите, то выпустил образа из сюртука так, чтобы мог их достать, не расстёгиваясь, на улице. Пьяный и грубый слуга лениво подал ему новый сюртук (старый, который обыкновенно надевал штабс-капитан, идя на бастион, не был починён).

— Отчего не починён сюртук? Тебе только бы всё спать, этакой! — сердито сказал Михайлов.

— Чего спать? — проворчал Никита. — День-деньской бегаешь, как собака: умаешься небось, — а тут не засни ещё.

— Ты опять пьян, я вижу.

— Не на ваши деньги напился, что попрекаете.

— Молчи, скотина! — крикнул штабс-капитан, готовый ударить человека, ещё прежде расстроенный, а теперь окончательно выведенный из терпения и огорчённый грубостью Никиты, которого он любил, баловал даже и с которым жил уже двенадцать лет.

— Скотина! скотина! — повторял слуга. — И что ругается скотиной, сударь? Ведь теперь время какое? нехорошо ругать.

недалёкий *not very bright*
проща́льный *farewell*

образо́к *маленькая икона/*
благослове́ние *blessing/*
поко́йница *deceased/*
стыди́ться *be ashamed*

расстёгиваться *unfasten*

проворча́ть *grumble/*
день-деньско́й *livelong day/*
ума́яться *get tired/*
небо́сь *very likely*

попрека́ть *reproach*

скоти́на *beast*

вы́вести из терпе́ния *exasperate*

балова́ть *spoil*

руга́ться *call names*

Михайлов вспомнил, куда он идёт, и ему стыдно стало.

— Ведь ты хоть кого выведешь из терпения, Никита, — сказал он кротким голосом. — Письмо это к батюшке, на столе оставь так и не трогай, — прибавил он, краснея.

кро́ткий *meek*

— Слушаю-с, — сказал Никита, расчувствовавшийся под влиянием вина, которое он выпил, как говорил, *«на свои деньги»*, и с видным желанием заплакать, хлопая глазами.

расчу́вствоваться *be touched*

хло́пать глаза́ми *blink*

Когда же на крыльце штабс-капитан сказал: «Прощай, Никита!» — то Никита вдруг разразился принуждёнными рыданиями и бросился целовать руки своего барина. «Прощайте, барин!» — всхлипывая, говорил он.

разрази́ться *burst (into)/*
рыда́ние *sobbing*

всхли́пывать *sob*

Старуха матроска, стоявшая на крыльце, как женщина, не могла не присоединиться тоже к этой чувствительной сцене, начала утирать глаза грязным рукавом и приговаривать что-то о том, что уж на что господа, и те какие муки принимают, а что она бедный человек, вдовой осталась, и рассказала в сотый раз пьяному Никите о своём горе: как её мужа убили ещё в первую бандировку и как её домишко разбили (тот, в котором она жила, принадлежал не ей), и т. д. и т. д. По уходе барина Никита закурил трубку, попросил хозяйскую девочку сходить за водкой и весьма скоро перестал плакать, а напротив, побранился с старухой за какую-то ведёрку, которую она ему будто раздавила.

му́ка *torment*

бандиро́вка *прост бомбардировка*

побрани́ться *have words*
ведёрка *pail/*
раздави́ть *smash*

«А может быть, только ранят, — рассуждал сам с собой штабс-капитан, уже сумерками подходя с ротой к бастиону. — Но куда? как? сюда или сюда? — думал он, мысленно указывая на живот и на грудь. — Вот ежели бы сюда, — он думал о верхней части ноги, — да кругом бы обошла. — Ну, а как сюда да осколком — кончено!»

ра́нить *wound/*
рассужда́ть *reason*

осколок *splinter*

Штабс-капитан, однако, сгибаясь, по траншеям благополучно дошёл до ложементов, расставил с

сгиба́ться *bend down*
расста́вить *post*

сапёрным офицером, уже в совершенной темноте, людей на работы и сел в ямочку под бруствером. Стрельба была малая; только изредка вспыхивали то у нас, то у него молнии, и светящаяся трубка бомбы прокладывала огненную дугу на тёмном звёздном небе. Но все бомбы ложились далеко сзади и справа ложемента, в котором в ямочке сидел штабс-капитан, так что он успокоился отчасти, выпил водки, закусил мыльным сыром, закурил папиросу и, помолившись Богу, хотел заснуть немного.

сапёрный *sapper*
я́ма *pit*
бру́ствер *breastwork*
мо́лния *lightning*
прокла́дывать *lay/*
  о́гненный *fiery/*
  дуга́ *arc*

отча́сти *partially*

5.1   Опишите квартиру штабс-капитана Михайлова.

5.2   Опишите его слугу, Никиту. Какие у них отношения?

5.3   Какие отношения у Михайлова с его родителями?

5.4   Почему Михайлов идёт на бастион?

5.5   Почему он не может молиться?

5.6   Как бы вы поступили на месте Михайлова?

V

Князь Гальцин, подполковник Нефердов, юнкер барон Пест, который встретил их на бульваре, и Праскухин, которого никто не звал, с которым никто не говорил, но который не отставал от них, все с бульвара пошли пить чай к Калугину.

— Ну так ты мне не досказал про Ваську Менделя, — говорил Калугин, сняв шинель, сидя около окна на мягком, покойном кресле и расстёгивая воротник чистой крахмальной голландской рубашки, — как же он женился.

покойный *comfortable*
крахма́льный *starched*

— Умора, братец! Je vous dis, il y avait un temps où on ne parlait que de ça à Pétersbourg,[2] — сказал, смеясь, князь Гальцин, вскакивая от фортепьян, у которых он сидел, и садясь на окно подле Калугина, — просто умора. Уж я всё это знаю подробно. — И он весело, умно и бойко стал рассказывать какую-то любовную историю,

умо́ра *what a joke!*

[2]I tell you, at one time it was the only thing people talked about in Petersburg.

которую мы пропустим потому, что она для нас не интересна.

Но замечательно то, что не только князь Гальцин, но и все эти господа, расположившись здесь кто на окне, кто задравши ноги, кто за фортепьянами, казались совсем другими людьми, чем на бульваре: не было этой смешной надутости, высокомерности, которые они выказывали пехотным офицерам; здесь они были между своими в натуре, и особенно Калугин и князь Гальцин, очень милыми, весёлыми и добрыми ребятами. Разговор шёл о петербургских сослуживцах и знакомых.

— Что Масловский?

— Который? лейб-улан или конногвардеец?

— Я их обоих знаю. Конногвардеец при мне мальчишка был, только что из школы вышел. Что старший — ротмистр?

— О! уж давно.

— Что, всё возится с своей цыганкой?

— Нет, бросил, — и т. д. в этом роде.

Потом князь Гальцин сел к фортепьянам и славно спел цыганскую песенку. Праскухин, хотя никто не просил его, стал вторить, и так хорошо, что его уж просили вторить, чему он был очень доволен.

Человек вошёл с чаем со сливками и крендельками на серебряном подносе.

— Подай князю, — сказал Калугин.

— А ведь странно подумать, — сказал Гальцин, взяв стакан и отходя к окну, — что мы здесь в осаждённом городе: *фортаплясы*, чай со сливками, квартира такая, что я, право, желал бы такую иметь в Петербурге.

расположи́ться *make self comfortable*

задра́ть *pull up*

наду́тость *arrogance*

выка́зывать *display*

сослужи́вец *colleague*

лейб- *of the tsar/*
конногварде́ец *Horse Guard*

вози́ться *fool around/*
цыга́нка *gypsy/*
в э́том ро́де *in the same vein*

вто́рить *harmonize*

кренделёк *pastry*

фортапля́сы *прост* *фортепья́но*

— Да уж ежели бы ещё этого не было, — сказал всем недовольный старый подполковник, — просто было бы невыносимо это постоянное ожидание чего-то... видеть, как каждый день бьют, бьют — и всё нет конца, ежели при этом бы жить в грязи и не было удобств.

невыноси́мо *intolerable*

— А как же наши пехотные офицеры, — сказал Калугин, — которые живут на бастионах с солдатами, в блиндаже и едят солдатский борщ, — как им-то?

Вот этого я не понимаю и, признаюсь, не могу верить, — сказал Гальцин, — чтобы люди в грязном белье, во вшах и с неумытыми руками могли бы быть храбры. Этак, знаешь, cette belle bravoure de gentilhomme,* — не может быть.

вошь *louse*

— Да они не понимают этой храбрости, — сказал Праскухин.

— Ну что ты говоришь пустяки, — сердито перебил Калугин, — уж я видел их здесь больше тебя и всегда и везде скажу, что наши пехотные офицеры хоть, правда, во вшах и по десять дней белья не переменяют, а это герои, удивительные люди.

В это время в комнату вошёл пехотный офицер.

— Я... мне приказано... я могу ли явиться к ген... к его превосходительству от генерала NN.? — спросил он, робея и кланяясь.

Калугин встал, но, не отвечая на поклон офицера, с оскорбительной учтивостью и натянутой официальной улыбкой спросил офицера, не угодно ли *им* подождать, и, не попросив его сесть и не обращая на него больше внимания, повернулся к Гальцину и заговорил по-французски, так что бедный офицер, оставшись посередине комнаты, решительно не

оскорби́тельный *insulting*
натя́нутый *forced*

---

*the glorious bravery of a gentleman

знал, что делать с своей персоной и руками без перчаток, которые висели перед ним.

— По крайне нужному делу-с, — сказал офицер после минутного молчания.

— А! так пожалуйте, — сказал Калугин с той же оскорбительной улыбкой, надевая шинель и провожая его к двери.

6.1 Сравните квартиру адъютанта Калугина с квартирой Михайлова.

6.2 Чем занимались Калугин и его гости?

6.3 Какое место занимает Праскухин в их компании?

6.4 Что они говорят о пехотных офицерах?

6.5 Думаете ли вы, что Калугин убеждён в том, что он говорит?

—Eh bien, messieurs, je crois que cela chauffera cette nuit,* — сказал Калугин, выходя от генерала.

— А? что? что? вылазка? — стали спрашивать все.　　　　**вы́лазка** *attack*

— Уж не знаю — сами увидите, — отвечал Калугин с таинственной улыбкой.

— Да ты мне скажи, — сказал барон Пест, — ведь ежели есть что-нибудь, так я должен идти с Т. полком на первую вылазку.

— Ну, так и иди с Богом.

— И мой принципал на бастионе, стало быть, и　　**принципа́л** *уст* *commander*
мне надо идти, — сказал Праскухин, надевая саблю, но никто не отвечал ему: он сам должен был знать, идти ли ему или нет.

— Ничего не будет, уж я чувствую, — сказал барон Пест, с замиранием сердца думая о предстоящем деле, но лихо набок надевая фуражку и громкими　　**ли́хо** *dashingly*
твёрдыми шагами выходя из комнаты вместе с Праскухиным и Нефердовым, которые тоже с тяжёлым чувством страха торопились к своим

---

*Well, gentlemen, I think things will heat up tonight.

местам. «Прощайте, господа». — «До свиданья,
господа! ещё нынче ночью увидимся», —
прокричал Калугин из окошка, когда Праскухин и
Пест, нагнувшись на луки казачьих сёдел, должно
быть воображая себя казаками, прорысил по
дороге.

лука́ *pommel*/седло́ *saddle*
прорыси́ть *gallop*

— Да, немножко! — прокричал юнкер, который не
разобрал, что ему говорили, и топот казачьих
лошадок скоро стих в тёмной улице.

то́пот *clatter*
сти́хнуть *fade away*

— Non, dites moi, est-ce qu'il y aura véritablement
quelque chose cette nuit?[3] — сказал Гальцин, лёжа
с Калугиным на окошке и глядя на бомбы,
которые поднимались над бастионами.

— Тебе я могу рассказать, видишь ли, ведь ты был
на бастионах? (Гальцин сделал знак согласия,
хотя он был только раз на четвёртом бастионе.)
Так против нашего люнета была траншея, — и
Калугин, как человек неспециальный, хотя и
считавший свои военные суждения весьма
верными, начал, немного запутанно и перевирая
фортификационные выражения, рассказывать
положение наших и неприятельских работ и план
предполагавшегося дела.

люне́т *fortification*

сужде́ние *opinion*
запу́танно *confusedly /*
перевира́ть *muddle*

— Однако начинают попукивать около
ложементов. Ого! Это наша или *его?* вон лопнула,
— говорили они, лёжа на окне, глядя на огненные
линии бомб, скрещивающиеся в воздухе, на
молнии выстрелов, на мгновение освещавшие
тёмно-синее небо, и белый дым пороха и
прислушиваясь к звукам всё усиливающейся и
усиливающейся стрельбы.

попу́кивать *let fly*

скре́щиваться *crisscross*

уси́ливаться *grow louder*

— Quel charmant coup d'oeil![4] а? — сказал
Калугин, обращая внимание своего гостя на это
действительно красивое зрелище. — Знаешь,
звёзды не различишь от бомбы иногда.

различи́ть *distinguish*

---

[3]No, tell me, will anything really happen tonight?
[4]What a charming sight!

— Да, я сейчас думал, что это звезда, а она опустилась, вот лопнула, а эта большая звезда — как её зовут? — точно как бомба.

— Знаешь, я до того привык к этим бомбам, что, я уверен, в России в звёздную ночь мне будет казаться, что это всё бомбы: так привыкаешь.

до того   *tak*

— Однако не пойти ли мне на эту вылазку? — сказал князь Гальцин после минутного молчания, содрогаясь при одной мысли быть *там* во время такой страшной канонады и с наслаждением думая о том, что его ни в каком случае не могут послать туда ночью.

содрога́ться   *shudder*

— Полно, братец! и не думай, да и я тебя не пущу, — отвечал Калугин, очень хорошо зная, однако, что Гальцин ни за что не пойдёт туда, — Ещё успеешь, братец!

— Серьёзно? Так думаешь, что не надо ходить? а?

В это время в том направлении, по которому смотрели эти господа, за артиллерийским гулом послышалась ужасная трескотня и тысячи маленьких огней, беспрестанно вспыхивая, заблестели по всей линии.

гул   *roar*

трескотня́   *crackle*

заблесте́ть   *shine*

— Вот оно когда пошло настоящее! — сказал Калугин. — Этого звука ружейного я слышать не могу хладнокровно, как-то, знаешь, за душу берёт. Вон и «ура», — прибавил он, прислушиваясь к дальнему протяжному гулу сотен голосов: «а-а-а-а-а» — доносившихся до него с бастиона.

протя́жный   *drawn-out/*
со́тня   *hundreds*

— Чьё это «ура»? их или наше?

— Не знаю, но это уж рукопашная пошла, потому что стрельба затихла.

рукопа́шная   *hand-to-hand fighting*

В это время под окном, к крыльцу, подскакал ординарец офицер с казаком и слез с лошади.

— Откуда?

— С бастиона. Генерала нужно.

— Пойдёмте. Ну что?

— Атаковали ложементы... заняли... французы подвезли огромные резервы... атаковали наших... было только два батальона, — говорил, запыхавшись, тот же самый офицер, который приходил вечером, с трудом переводя дух, но совершенно развязно направляясь к двери.

переводи́ть дух *catch breath*

— Что ж, отступили? — спросил Гальцин.

— Нет, — сердито отвечал офицер, — подоспел батальон, отбили, но полковой командир убит, офицеров много, приказано просить подкрепления...

подкрепле́ние *reinforcement*

И с этими словами он с Калугиным прошёл к генералу, куда уже мы не последуем за ними.

Через пять минут Калугин сидел верхом на казачьей лошадке (и опять той особенной quasi-казацкой посадкой, в которой, я замечал, все адъютанты видят почему-то что-то особенно приятное) и рысцой ехал на бастион, с тем чтобы передать туда некоторые приказания и дождаться известий об окончательном результате дела; а князь Гальцин, под влиянием того тяжёлого волнения, которое производят обыкновенно близкие признаки дела на зрителя, не принимающего в нём участия, вышел на улицу и без всякой цели стал взад и вперёд ходить по ней.

поса́дка *seat*

при́знак *evidence*

7.1 Какие новости приносит Калугин от генерала?

7.2 Какие предчувствия возникают у разных людей в этой группе?

7.3 Как они скрывают свои настоящие чувства?

7.4 С чем Калугин и Гальцин сравнивают бомбы? Почему это зрелище им кажется красивым?

7.5 Как на этот раз ведёт себя пехотный офицер при Калугине? Почему его поведение так изменилось?

VI

[In Chapter 6 Nikita and the sailor's wife also watch the bombardment. At the end of the chapter they are joined by the Polish Lieutenant Nepshitshetsky, who has been playing cards in Mikhailov's apartment.]

VII

Всё больше и больше раненых на носилках и пешком, поддерживаемых одни другими и громко разговаривающих между собой, встречалось Гальцину.

носи́лки   *stretcher*

— Как они подскочили, братцы мои, — говорил басом один высокий солдат, нёсший два ружья за плечами, — как подскочили, как крикнут: Алла, Алла!* так так друг на друга и лезут. Одних бьёшь, а другие лезут — ничего не сделаешь. Видимо-невидимо...

Но в этом месте рассказа Гальцин остановил его.

— Ты с бастиона?

— Так точно, ваше благородие.

— Ну, что там было? Расскажи.

— Да что было? Подступила их, ваше благородие, *сила,* лезут на вал, да и шабаш Одолели совсем, ваше благородие!

вал   *rampart/*
шаба́ш   *that's all*

— Как одолели? да ведь вы отбили же?

— Где тут отбить, когда *его* вся *сила* подошла: перебил всех наших, а сикурсу не подают. (Солдат ошибался, потому что траншея была за нами, но это — странность, которую всякий может заметить: солдат, раненный в деле, всегда считает его проигранным и ужасно кровопролитным.)

сику́рс   *reinforcement*

за на́ми   *ours*

кровопроли́тный   *bloody*

— Как же мне говорили, что отбили, — с досадой сказал Гальцин.

---

*Наши солдаты, воюя с турками, так привыкли к этому крику врагов, что теперь всегда рассказывают, что французы тоже кричат «Алла!». [ЛНТ]

В это время поручик Непшитшетский в темноте, по белой фуражке, узнав князя Гальцина и желая воспользоваться случаем, чтобы поговорить с таким важным человеком, подошёл к нему.

— Не изволите ли знать, что это такое было? — спросил он учтиво, дотрагиваясь рукою до козырька.

козырёк *peak (cap)*

— Я сам расспрашиваю, — сказал князь Гальцин и снова обратился к солдату с двумя ружьями, — может быть, после тебя отбили? Ты давно оттуда?

— Сейчас, ваше благородие! — отвечал солдат, — Вряд ли, должно за ним траншея осталась, — совсем одолел.

— Ну, как вам не стыдно, — отдали траншею. Это ужасно! — сказал Гальцин, огорчённый этим равнодушием. — Как вам не стыдно! — повторил он, отворачиваясь от солдата.

— О! это ужасный народ! Вы их изволите знать, — подхватил поручик Непшитшетский, — я вам скажу, от этих людей ни гордости, ни патриотизма, ни чувства лучше не спрашивайте. Вы вот посмотрите, эти толпы идут, ведь тут десятой доли нет раненых, а то всё *асистенты*, только бы уйти с дела. Подлый народ! Срам так поступать, ребята, срам! Отдать *нашу* траншею! — добавил он, обращаясь к солдатам.

до́ля *part*
по́длый *vile*/срам *shame*

— Что ж, когда *сила*! — проворчал солдат.

— И! ваши благородия! — заговорил в это время солдат с носилок, поравнявшихся с ними. — Как же не отдать, когда перебил всех почитай? Кабы наша сила была, ни в жисть бы не отдали. А то что сделаешь? Я одного заколол, а тут меня как ударят... О-ох, легче, братцы, ровнее, братцы, ровней иди... о-о-о! — застонал раненый.

поравня́ться *draw even*
почита́й *почти*/кабы́ *если бы*
жисть *прост жизнь*
заколо́ть *run through*

— А в самом деле, кажется, много лишнего народа идёт, — сказал Гальцин, останавливая опять того же высокого солдата с двумя ружьями. — Ты зачем идёшь? Эй, ты, остановись!

Солдат остановился и левой рукой снял шапку.

— Куда ты идёшь и зачем? — закричал он на него строго. — Него...[5]

Но в это время, совсем вплоть подойдя к солдату, он заметил, что правая рука его была за обшлагом и в крови выше локтя.

обшла́г *cuff*

— Ранен, ваше благородие!

— Чем ранен?

— Сюда-то, должно, пулей, — сказал солдат, указывая на руку, — а уж здесь не могу знать, чем голову-то прошибло, — и нагнув её, показал окровавленные и слипшиеся волосы на затылке.

прошиби́ть *break through*
сли́пнуться *stick together*

— А ружьё другое чьё?

— Стуцер французской, ваше благородие, отнял; да я бы не пошёл, кабы не евтого солдатика проводить, а то упадёт неравно, — прибавил он, указывая на солдата, который шёл немного впереди, опираясь на ружьё и с трудом таща и передвигая левую ногу.

сту́цер *carbine*
е́втот *прост* *этот*

— А ты *где* идёшь, мерзавец! — крикнул поручик Непшитшетский на другого солдата, который попался ему навстречу, желая своим рвением прислужиться важному князю. Солдат тоже был ранен.

мерза́вец *scoundrel*

рве́ние *zeal*
прислужи́ться *уст* *find favor*

Князю Гальцину вдруг ужасно стыдно стало за поручика Непшитшетского и ещё больше за себя. Он почувствовал, что краснеет — что редко с ним случалось, — отвернулся от поручика и, уже больше не расспрашивая раненых и не наблюдая за ними, пошёл на перевязочный пункт.

перевя́зочный пункт *aid station*

С трудом пробившись на крыльце между пешком шедшими ранеными и носильщиками, входившими с ранеными и выходившими с мёртвыми, Гальцин вошёл в первую комнату,

проби́ться *struggle through*
носи́льщик *stretcher-bearer*

---

[5]Galtsin is on the verge of saying *негодяй* (scoundrel).

взглянул и тотчас же невольно повернулся назад
и выбежал на улицу. Это было слишком ужасно!

8.1 Какую сцену увидел на улице князь Гальцин?

8.2 Что он хотел узнать у раненых солдат?

8.3 Какие новости они принесли?

8.4 Что произошло на самом деле?

8.5 Как Непшитшетский реагировал на то, что он услышал от раненого солдата?

8.6 Почему Гальцину стало стыдно за себя и за поручика Непшитшетского?

VIII

Большая, высокая тёмная зала — освещённая
только четырьмя или пятью свечами, с которыми
доктора подходили осматривать раненых, — была
буквально полна. Носильщики беспрестанно
вносили раненых, складывали их один подле
другого на пол, на котором уже было так тесно,
что несчастные толкались и мокли в крови друг
друга, и шли за новыми. Лужи крови, видные на
местах незанятых, горячечное дыхание
нескольких сотен человек и испарения рабочих с
носилками производили какой-то особенный,
тяжёлый, густой, вонючий смрад, в котором
пасмурно горели четыре свечи на различных
концах залы. Говор разнообразных стонов,
вздохов, хрипений прерываемый иногда
пронзительным криком, носился по всей
комнате. *Сёстры,* с спокойными лицами и с
выражением не того пустого женского
болезненно-слёзного сострадания, а деятельного
практического участия, то там, то сям, шагая
через раненых, с лекарством, с водой, бинтами,
корпией, мелькали между окровавленными
шинелями и рубахами. Доктора, с мрачными
лицами и засученными рукавами, стоя на коленах
перед ранеными, около которых фельдшера
держали свечи, всовывали пальцы в пульные
раны, ощупывая их, и переворачивали отбитые
висевшие члены, несмотря на ужасные стоны и

скла́дывать *lay together*

толка́ться *jostle each other/* **мо́кнуть** *get wet*

горя́чечный *feverish*
испаре́ние *perspiration*

воню́чий *stinking/* **смрад** *stench*

разнообра́зный *diverse*
хрипе́ние *death rattle*

сострада́ние *compassion /* **де́ятельный** *active/* **там и сям** *here and there/* **бинт** *bandage* **ко́рпия** *lint*

засучи́ть *roll up*
фе́льдшер *physician's assistant*
всо́вывать *stick into/* **пу́льный** *bullet/* **ощу́пывать** *feel*

член *limb*

мольбы страдальцев. Один из докторов сидел около двери за столиком и в ту минуту, как в комнату вошёл Гальцин, записывал уже пятьсот тридцать второго.

мольба́ *entreaty/*
страда́лец *sufferer*

— Иван Богаев, рядовой третьей роты С. полка, fractura femoris complicata,[6] — кричал другой из конца залы, ощупывая разбитую ногу. — Переверни-ка его.

рядово́й *private*

— О-ой, отцы мои, вы наши отцы! — кричал солдат, умоляя, чтобы его не трогали.

— Perforatio capitis.[7]

— Семён Нефердов, подполковник Н. пехотного полка. Вы немножко потерпите, полковник, а то этак нельзя, я брошу, — говорил третий, ковыряя каким-то крючком в голове несчастного подполковника.

ковыря́ть *poke*
крючо́к *hook*

— Ай, не надо! Ой, ради Бога, скорее, скорее, ради а-а-а-а!

— Perforatio pectoris...[8] Севастьян Середа, рядовой... какого полка?.. впрочем, не пишите: moritur.[9] Несите его, — сказал доктор, отходя от солдата, который, закатив глаза, хрипел уже...

закати́ть *roll/***хрипе́ть** *rattle*

Человек сорок солдат-носильщиков, дожидаясь ноши перевязанных в госпиталь и мёртвых в часовню, стояли у дверей и молча, изредка тяжело вздыхая, смотрели на эту картину...

но́ша *burden*

. . . .

IX

По дороге к бастиону Калугин встретил много раненых; но, по опыту зная, как в деле дурно действует на дух человека это зрелище, он не

---

[6]compound fracture of the femur
[7]perforated skull
[8]perforated chest
[9]he is dying

только не останавливался расспрашивать их, но, напротив, старался не обращать на них никакого внимания. Под горой ему попался ординарец, который, марш-марш, скакал с бастиона.

скака́ть *gallop*

— Зобкин! Зобкин! Постойте на минуту.

— Ну, что? —

— Вы откуда?

— Из ложементов.

— Ну как там? жарко?

— Ад! ужасно!

ад *hell*

И ординарец поскакал дальше.

Действительно, хотя ружейной стрельбы было мало, канонада завязалась с новым жаром и ожесточением.

ожесточе́ние *ferocity*

«Ах, скверно!» — подумал Калугин, испытывая какое-то неприятное чувство, и ему тоже пришло предчувствие, то есть мысль очень обыкновенная — мысль о смерти. Но Калугин был не штабс-капитан Михайлов, он был самолюбив и одарён деревянными нервами, то, что называют храбр, одним словом. Он не поддался первому чувству и стал ободрять себя. Вспомнил про одного адъютанта, кажется Наполеона, который передав приказания, марш-марш, с окровавленной головой подскакал к Наполеону.

одари́ть *endow*

ободря́ть *encourage*

—Vous êtes blessé?[10] — сказал ему Наполеон.

—Je vous demande pardon, sire, je suis tué,[11] — и адъютант упал с лошади и умер на месте.

Ему показалось это очень хорошо, и он вообразил себя даже немножко этим адъютантом, потом ударил лошадь плетью, принял ещё более лихую *казацкую посаду*, оглянулся на казака,

плеть *lash*

---

[10]Are you wounded?
[11]I beg your pardon, sire, I am killed.

который, стоя на стременах, рысил за ним, и совершенным молодцом приехал к тому месту, где надо было слезать с лошади. Здесь он нашёл четырёх солдат, которые, усевшись на камушки, курили трубки.

стре́мя *stirrup*

ка́мушек *rock*

— Что вы здесь делаете? — крикнул он на них.

— Раненого отводили, ваше благородие, да отдохнуть присели, — отвечал один из них, пряча за спину трубку и снимая шапку.

пря́тать *hide*

— То-то отдохнуть! марш к своим местам, вот я полковому командиру скажу.

9.1 Опишите что происходило на перевязочном пункте.

9.2 Сколько там находилось раненых?

9.3 Что замечает рассказчик о женщинах в этой части повести?

9.4 Какое впечатление могла произвести эта сцена на Гальцина?

9.5 Почему Калугин, в отличие от Гальцина, не расспрашивает раненых?

9.6 Почему он вспоминает об адъютанте Наполеона?

9.7 Что заставило Калугина так рассердиться на встреченных им четырёх солдат?

И он вместе с ними пошёл по траншее в гору, на каждом шагу встречая раненых. Поднявшись в гору, он повернул в траншею налево и, пройдя по ней несколько шагов, очнулся совершенно один. Близёхонько от него прожужжал осколок и ударился в траншею. Другая бомба поднялась перед ним и, казалось, летела прямо на него. Ему вдруг сделалось страшно: он рысью пробежал шагов пять и упал на землю. Когда же бомба лопнула, и далеко от него, ему стало ужасно досадно на себя, и он встал, оглядываясь, не видал ли кто-нибудь его падения, но никого не было.

очну́ться *find self*
близёхонько *очень близко/*
прожужжа́ть *buzz*

Уже раз проникнув в душу, страх не скоро уступает место другому чувству; он, который всегда хвастался, что никогда не нагибается, ускоренными шагами и чуть-чуть не ползком

ползко́м *on hand and knees*

пошёл по траншее. «Ах, нехорошо! — подумал он, спотыкнувшись, — непременно убьют». — и, чувствуя, как трудно дышалось ему и как пот выступал по всему телу, он удивлялся самому себе, но уже не пытался преодолеть своего чувства.

спотыкну́ться   *stumble*

Вдруг чьи-то шаги послышались впереди его. Он быстро разогнулся, поднял голову и, бодро побрякивая саблей, пошёл уже не такими скорыми шагами, как прежде. Он не узнавал себя. Когда он сошёлся с встретившимся ему сапёрным офицером и матросом и первый крикнул ему: «Ложитесь!» — указывая на светлую точку бомбы, которая, светлее и светлее, быстрее и быстрее приближаясь, шлёпнулась около траншеи, он только немного и невольно, под влиянием испуганного крика, нагнул голову и пошёл дальше.

разогну́ться   *straighten up*

шлёпнуться   *tumble down*

— Вишь, какой бравый! — сказал матрос, который преспокойно смотрел на падавшую бомбу и опытным глазом сразу расчёл, что осколки её не могут задеть в траншее, — и ложиться не хочет.

бра́вый   *daring*

расчёсть   *calculate*
заде́ть   *touch*

Уже несколько шагов только оставалось Калугину перейти через площадку до блиндажа командира бастиона, как опять на него нашло затмение и этот глупый страх; сердце забилось сильнее, кровь хлынула в голову, и ему нужно было усилие над собою, чтобы пробежать до блиндажа.

на него нашло́ затме́ние   *his mind went blank*

хлы́нуть   *rush*

— Что вы так запыхались? — сказал генерал, когда он ему передал приказания.

— Шёл скоро очень, ваше превосходительство!

— Не хотите ли вина стакан?

Калугин выпил стакан вина и закурил папиросу. Дело уже прекратилось, только сильная канонада продолжалась с обеих сторон. В блиндаже сидел генерал N., командир бастиона и ещё человек шесть офицеров, в числе которых был и Праскухин, и говорили про разные подробности дела. Сидя в этой уютной комнатке, обитой голубыми обоями, с диваном, кроватью, столом, на котором лежат бумаги, стенными часами и образом, перед которым горит лампадка, глядя на эти признаки жилья и на толстые аршинные балки, составлявшие потолок, и слушая выстрелы, казавшиеся слабыми в блиндаже, Калугин решительно понять не мог, как он два раза позволил себя одолеть такой непростительной слабости; он сердился на себя, и ему хотелось опасности, чтобы снова испытать себя.

— А вот я рад, что и вы здесь, капитан, — сказал он морскому офицеру в штаб-офицерской шинели, с большими усами и Георгием, который вошёл в это время в блиндаж и просил генерала дать ему рабочих, чтобы исправить на его батарее две амбразуры, которые были засыпаны. — Мне генерал приказал узнать, — продолжал Калугин, когда командир батареи перестал говорить с генералом, — могут ли ваши орудия стрелять по траншее картечью?

— Одно только орудие может, — угрюмо отвечал капитан.

— Всё-таки пойдёмте посмотрим.

Капитан нахмурился и сердито крякнул.

— Уж я всю ночь там простоял, пришёл отдохнуть немного, — сказал он, — нельзя ли вам одним сходить? там мой помощник, лейтенант Карц, вам всё покажет.

Капитан уже шесть месяцев командовал этой одной из самых опасных батарей, — и даже, когда не было блиндажей, не выходя, с начала осады жил на бастионе и между *моряками* имел репутацию храбрости. Поэтому-то отказ его особенно поразил и удивил Калугина.

«Вот репутации!» — подумал он.

— Ну, так я пойду один, если вы позволите, сказал он несколько насмешливым тоном

обо́и *wallpaper*

арши́нный *уст* *2-foot*
ба́лка *beam*

непрости́тельный *inexcusable*

испра́вить *repair*
засыпа́ть *bury*

карте́чь *grapeshot*

оса́да *siege*

капитану, который, однако, не обратил на его слова никакого внимания.

Но Калугин не сообразил того, что он в разные времена всего-навсего провёл часов пятьдесят на бастионах, тогда как капитан жил там шесть месяцев. Калугина ещё возбуждали тщеславие — желание блеснуть, надежда на награды, на репутацию и прелесть риска; капитан же уж прошёл через всё это — сначала тщеславился, храбрился, рисковал, надеялся на награды и репутацию и даже приобрёл их, но теперь уже все эти побудительные средства потеряли для него силу, и он смотрел на дело иначе: исполнял в точности свою обязанность, но, хорошо понимая, как мало ему оставалось случайностей жизни, после шестимесячного пребывания на бастионе уже не рисковал этими случайностями без строгой необходимости, так что молодой лейтенант, с неделю тому назад поступивший на батарею и показывавший теперь её Калугину, с которым они бесполезно друг перед другом высовывались в амбразуры и вылезали на банкеты, казался в десять раз храбрее капитана.

Осмотрев батарею и направляясь назад к блиндажу, Калугин наткнулся в темноте на генерала, который с своими ординарцами шёл на вышку.

— Ротмистр Праскухин! — сказал генерал. — Сходите, пожалуйста, в правый ложемент и скажите второму батальону М. полка, который там на работе, чтоб он оставил работу, не шумя вышел оттуда и присоединился бы к своему полку, который стоит под горой в резерве. Понимаете? Сами отведите к полку.

— Слушаю-с.

И Праскухин рысью побежал к ложементу. Стрельба становилась реже.

10.1 Когда начинает Калугин испытывать страх?

10.2 Как он ведёт себя при других?

всего-на́всего *all in all*

побуди́тельное сре́дство *incentive*

случа́йность *chance*

высо́вываться *lean out*
банке́т *rampart*

10.3 Калугин и матрос ведут себя одинаково в траншее — ни один из них не ложится — но причины у них для этого разные. Объясните у кого какие.

10.4 Почему Калугин просит капитана показать ему оружие?

10.5 Почему капитан не хочет этого делать?

10.6 Как Калугин понимает его отказ?

10.7 Какой приказ должен передать Праскухин?

X

— Это второй батальон М. полка? — спросил Праскухин, прибежав к месту и наткнувшись на солдат, которые в мешках носили землю.

— Так точно—с.

— Где командир?

Михайлов, полагая, что спрашивают ротного командира, вылез из своей ямочки и, принимая Праскухина за начальника, держа руку у козырька, подошёл к нему.

— Генерал приказал... вам... позвольте идти... поскорей... и, главное, потише... назад, не назад, а к резерву, — говорил Праскухин, искоса поглядывая по направлению огней неприятеля.

и́скоса *sidelong*

Узнав Праскухина, опустив руку и разобрав, в чём дело, Михайлов передал приказанье, и батальон весело зашевелился, забрал ружья, надел шинели и двинулся.

Кто не испытал, тот не может вообразить себе того наслаждения, которое ощущает человек, уходя после трёх часов бомбардированья из такого опасного места, как ложементы. Михайлов, в эти три часа уже несколько раз считавший свой конец неизбежным и несколько раз успевший перецеловать все образа, которые были на нём, под конец успокоился немного, под влиянием того убеждения, что его непременно убьют и что он уже не принадлежит этому миру. Несмотря ни на что, однако, ему большого труда

ощуща́ть *feel*

стоило удержать свои ноги, чтобы они не
бежали, когда он перед ротой, рядом с
Праскухиным, вышел из ложементов.

— До свиданья, — сказал ему майор, командир
другого батальона, который оставался в
ложементах и с которым они вместе закусывали
мыльным сыром, сидя в ямочке около бруствера,
— счастливого пути.

— И вам желаю счастливого отстоять; теперь,
кажется, затихло.

Но только он успел сказать это, как неприятель,
должно быть заметив движение в ложементах,
стал палить чаще и чаще. Наши стали отвечать
ему, и опять поднялась сильная канонада. Звёзды
высоко, но не ярко блестели на небе; ночь была
темна — хоть глаз выколи, — только огни
выстрелов и разрыва бомб мгновенно освещали
предметы. Солдаты шли скоро и молча и
невольно перегоняя друг друга; только слышны
были за беспрестанными раскатами выстрелов
мерный звук их шагов по сухой дороге, звук
столкнувшихся штыков или вздох и молитва
какого-нибудь робкого солдатика:«Господи,
Господи! что это такое!» Иногда слышался стон
раненого и крики: «Носилки!» (В роте, которой
командовал Михайлов, от одного
артиллерийского огня выбыло в ночь двадцать
шесть человек.) Вспыхивала молния на мрачном
далёком горизонте, часовой с бастиона кричал:
«Пу-ушка!» — и ядро, жужжа над ротой, взрывало
землю и взбрасывало камни.

«Чёрт возьми! как они тихо идут, — думал
Праскухин, беспрестанно оглядываясь назад,
шагая подле Михайлова, — право, лучше побегу
вперёд, ведь я передал приказанье... Впрочем,
нет, ведь эта скотина может рассказывать потом,
что я трус, почти так же, как я вчера про него
рассказывал. Что будет, то будет — пойду рядом».

«И зачем он идёт со мной, — думал с своей
стороны Михайлов, — сколько я ни замечал, он

хоть глаз вы́коли *pitch black*

перегоня́ть *overtake*
раска́т *peal*
ме́рный *regular*
штык *bayonet*

часово́й *sentry*
жужжа́ть *buzz* / взрыва́ть *blow up*

всегда приносит несчастье; вот она ещё летит прямо сюда, кажется».

Пройдя несколько сот шагов, они столкнулись с Калугиным, который, бодро, побрякивая саблей, шёл к ложементам, с тем чтобы, по приказанию генерала, узнать как подвинулись там работы. Но, встретив Михайлова, он подумал, что, чем ему самому под этим страшным огнём идти туда, чего и не было ему приказано, он может расспросить всё подробно у офицера, который был там. И действительно, Михайлов подробно рассказал про работы, хотя во время рассказа и немало позабавил Калугина, который, казалось, никакого внимания не обращал на выстрелы, — тем, что при каждом снаряде, иногда падавшем и весьма недалеко, приседал, нагибал голову и всё уверял, что «это прямо сюда».

позаба́вить *amuse*

снаря́д *shell*

— Смотрите, капитан это прямо сюда, — сказал, подшучивая, Калугин и толкая Праскухина. Пройдя ещё немного с ними, он повернул в траншею, ведущую к блиндажу. «Нельзя сказать, чтобы он был очень храбр, этот капитан», — подумал он, входя в двери блиндажа.

— Ну, что новенького? — спросил офицер, который, ужиная, один сидел в комнате.

— Да ничего, кажется, что уж больше дела не будет.

— Как не будет? напротив, генерал сейчас опять пошёл на вышку. Ещё полк пришёл. Да вот она, слышите? опять пошла ружейная. Вы не ходите. Зачем вам? — прибавил офицер, заметив движение, которое сделал Калугин.

«А мне, по-настоящему, непременно надо там быть, — подумал Калугин, — но уж я и так нынче много подвергал себя. Надеюсь, что я нужен не для одной chair à canon».[12]

---

[12]cannon fodder

— И в самом деле, я их лучше тут подожду, — сказал он.

Действительно, минут через двадцать генерал вернулся вместе с офицерами, которые были при нём; в числе их был и юнкер барон Пест, но Праскухина не было. Ложементы были отбиты и заняты нами.

Получив подробные сведения о деле, Калугин вместе с Пестом вышел из блиндажа.

11.1 Почему Праскухин так странно и отрывисто говорит с Михайловым?

11.2 Как Михайлов справлялся со своим страхом?

11.3 Опишите как солдаты уходили из ложементов.

11.4 Почему Праскухин и Михайлов шли вместе?

11.5 Зачем Калугин шёл к ложементам?

11.6 На основании чего Калугин считает, что Михайлов не очень храбр?

11.7 Почему Калугин не пошёл на вышку?

XI

— У тебя шинель в крови: неужели ты дрался в рукопашном? — спросил его Калугин.

— Ах, братец, ужасно! можешь себе представить...
— И Пест стал рассказывать, как он вёл всю роту, как ротный командир был убит, как он заколол француза и что ежели бы не он, то ничего не было и т. д.

Основания этого рассказа, что ротный командир был убит и что Пест убил француза, были справедливы: но, передавая подробности, юнкер выдумывал и хвастал.

выду́мывать *embroider*

Хвастал невольно, потому что, во время всего дела находясь в каком-то тумане и забытьи до такой степени, что всё, что случилось, казалось ему случившимся где-то, когда-то и с кем-то, очень естественно, он старался воспроизвести эти подробности с выгодной для себя стороны. Но вот как это было действительно.

Батальон, к которому прикомандирован был юнкер для вылазки, часа два под огнём стоял около какой-то стенки; потом батальонный командир впереди сказал что-то, ротные командиры зашевелились, батальон тронулся, вышел из-за бруствера и, пройдя шагов сто, остановился, построившись в ротные колонны. Песту сказали, чтобы он стал на правом фланге второй роты.

Решительно не отдавая себе отчёта, где и зачем он был, юнкер стал на место и с невольно сдержанным дыханием и холодной дрожью, пробегавшей по спине, бессознательно смотрел вперёд в тёмную даль, ожидая чего-то страшного. Ему, впрочем, не столько страшно было, потому что стрельбы не было, сколько дико, странно было подумать, что он находился вне крепости, в поле. Опять батальонный командир впереди сказал что-то. Опять шёпотом заговорили офицеры, передавая приказания, и чёрная стена первой роты вдруг опустилась. Приказано было лечь. Вторая рота легла также, и Пест, ложась, наколол руку на какую-то колючку. Не лёг только один командир второй роты, его невысокая фигура, с вынутой шпагой, которой он размахивал, не переставая говорить, двигалась перед ротой.

— Ребята! смотри, молодцами у меня! С ружей не палить, а штыками их, каналий. Когда я крикну «ура!» — за мной и не отставать... Дружней, главное дело... покажем себя, не ударим лицом в грязь, а, ребята? За царя, за батюшку! — говорил он, пересыпая свои слова ругательствами и ужасно размахивая руками.

— Как фамилия нашего ротного командира? — спросил Пест у юнкера, который лежал рядом с ним. — Какой он храбрый!

— Да, как в дело, всегда — мертвецки, — отвечал юнкер, — Лисинковский его фамилия.

дрожь *shiver*

ди́ко *bizarre*

наколо́ть *stick*/**колю́чка** *thorn*

кана́лья *уст* *abusive term*

руга́тельство *curse*

мертве́цки (пьян) *dead (drunk)*

В это время перед самой ротой мгновенно вспыхнуло пламя, раздался ужаснейший треск, оглушил всю роту, и высоко в воздухе зашуршели камни и осколки (по крайне мере секунд через пятьдесят один камень упал сверху и отбил ногу солдату). Это была бомба с *элевационного станка*, и то, что она попала в роту, доказывало, что французы заметили колонну.

— Бомбами пускать! сукин сын... Дай только добраться, тогда попробуешь штыка трёхгранного русского, проклятый! — заговорил ротный командир так громко, что батальонный командир должен был приказать ему молчать и не шуметь так много.

Вслед за этим первая рота встала, за ней вторая — приказано было взять ружья наперевес, и батальон пошёл вперёд. Пест был в таком страхе, что он решительно не помнил, долго ли? куда? и кто, на что? Он шёл как пьяный. Но вдруг со всех сторон заблестело мильон огней, засвистело, затрещало что-то; он закричал и побежал куда-то, потому что все бежали и все кричали. Потом он споткнулся и упал на что-то — это был ротный командир (который был ранен впереди роты и, принимая юнкера за француза, схватил его за ногу). Потом, когда он вырвал ногу и приподнялся, на него в темноте спиной наскочил какой-то человек и чуть опять не сбил с ног, другой человек кричал: «*Коли его! что смотришь?*» Кто-то взял ружьё и воткнул штык во что-то мягкое. «Ah! Dieu!»[13] — закричал кто-то страшным, пронзительным голосом, и тут только Пест понял, что он заколол француза.

Холодный пот выступил у него по всему телу, он затрясся, как в лихорадке, и бросил ружьё. Но это продолжалось только одно мгновение; ему тотчас же пришло в голову, что он герой. Он схватил ружьё и вместе с толпой, крича «ура»,

пла́мя *flame*/**треск** *crack*	
оглуши́ть *deafen*/	
зашуршёть *уст begin to rustle*	
стано́к *mount*	
су́кин сын *son of a bitch*	
трёхгра́нный *triangular*	
наперевёс *atilt*	
засвисте́ть *whistle*	
затреща́ть *crackle*	
вы́рвать *tear loose*	
воткну́ть *stick in*	
затрясти́сь *begin to shake*	

---

[13]Oh, God!

побежал прочь от убитого француза, с которого
тут же солдат стал снимать сапоги. Пробежав
шагов двадцать, он прибежал в траншею. Там
были наши и батальонный командир.

— А я заколол одного! — сказал он батальонному
командиру.

— Молодцом, барон...

. . . .

12.1 В каком состоянии находился барон Пест, когда его увидел
Калугин?

12.2 Что чувствует Пест, когда он оказывается в поле?

12.3 Как ведёт себя ротный командир?

12.4 При каких обстоятельствах Пест убил француза?

12.5 Какие чувства он испытывает после этого?

XII

— А знаешь, Праскухин убит, — сказал Пест,
провожая Калугина, который шёл к дому.

— Не может быть!

— Как же, я сам его видел.

— Прощай, однако, мне надо скорее.

«Я очень доволен, — думал Калугин, возвращаясь
к дому, — в первый раз на моё дежурство счастие.
Отличное дело, я — жив и цел, представления
будут отличные, и уж непременно золотая сабля.
Да, впрочем, и я стою её».

дежу́рство *watch*

Доложив генералу всё, что нужно было, он
пришёл в свою комнату, в которой, уже давно
вернувшись и дожидаясь его, сидел князь
Гальцин, читая «Splendeur et miseres des
courtisanes»,[14] которую нашёл на столе Калугина.

---

[14]*A Harlot High and Low* (1843-47) by Honoré de Balzac.

С удивительным наслаждением Калугин почувствовал себя дома, вне опасности, и, надев ночную рубашку, лёжа в постели, уж рассказал Гальцину подробности дела, передавая их весьма естественно, — с той точки зрения, с которой подробности эти доказывали, что он, Калугин, весьма дельный и храбрый офицер, на что, мне кажется, излишне бы было намекать, потому что это все знали и не имели никакого права и повода сомневаться, исключая, может быть, покойника ротмистра Праскухина, который, несмотря на то, что, бывало, считал за счастье ходить под руку с Калугиным, вчера только по секрету рассказывал одному приятелю, что Калугин очень хороший человек, но, между нами будь сказано, ужасно не любит ходить на бастионы.

де́льный *efficient*
изли́шне *unnecessary*

по́вод *cause*

будь ска́зано *let it be said*

Только что Праскухин, идя рядом с Михайловым, разошёлся с Калугиным и, подходя к менее опасному месту, начинал уже оживать немного, как он увидал молнию, ярко блеснувшую сзади себя, услыхал крик часового: «Маркела!» — и слова одного из солдат, шедших сзади: «Как раз на батальон прилетит!»

ожива́ть *revive*

марке́ла *mortar*

Михайлов оглянулся: светлая точка бомбы, казалось, остановилась на своём зените — в том положении, когда решительно нельзя определить её направления. Но это продолжалось только мгновение: бомба быстрее и быстрее, ближе и ближе, так что уже видны были искры трубки и слышно роковое посвистывание, опускалась прямо в середину батальона.

определи́ть *determine*

и́скра *spark*/**тру́бка** *fuse*
посви́стывание *whistling*

— Ложись! — крикнул чей-то испуганный голос.

Михайлов упал на живот. Праскухин невольно согнулся до самой земли и зажмурился; он слышал только, как бомба где-то очень близко шлёпнулась на твёрдую землю. Прошла секунда, показавшаяся часом, — бомбу не рвало. Праскухин испугался, не напрасно ли он струсил, — может быть, бомба упала далеко и ему только казалось,

зажму́риться *shut eyes*

рвать *explode*
стру́сить *be afraid*

что трубка шипит тут же. Он открыл глаза и с самолюбивым удовольствием увидал, что Михайлов, которому он должен двенадцать рублей с полтиной, гораздо ниже и около самых ног его, недвижимо, прижавшись к нему, лежал на брюхе. Но тут же глаза его на мгновение встретились с светящейся трубкой, в аршине от него, крутившейся бомбы.

Ужас — холодный, исключающий все другие мысли и чувства ужас — объял всё существо его; он закрыл лицо руками и упал на колена.

Прошла ещё секунда — секунда, в которую целый мир чувств, мыслей, надежд, воспоминаний промелькнул в его воображении.

«Кого убьёт — меня или Михайлова? Или обоих вместе? А коли меня, то куда? в голову, так всё кончено; а ежели в ногу, то отрежут, и я попрошу, чтобы непременно с хлороформом, — и я могу ещё жив остаться. А может быть, одного Михайлова убьёт, тогда я буду рассказывать, как мы рядом шли, его убило и меня кровью забрызгало. Нет, ко мне ближе — меня».

Тут он вспомнил про двенадцать рублей, которые был должен Михайлову, вспомнил ещё про один долг в Петербурге, который давно надо было заплатить; цыганский мотив, который он пел вечером, пришёл ему в голову; женщина, которую он любил, явилась ему в воображении, в чепце с лиловыми лентами; человек, которым он был оскорблён пять лет назад и которому не отплатил за оскорбленье, вспомнился ему, хотя вместе, нераздельно с этими тысячами других воспоминаний, чувство настоящего — ожидания смерти и ужаса — ни на мгновение не покидало его. «Впрочем, может быть, не лопнет», подумал он и с отчаянной решимостью хотел открыть глаза. Но в это мгновение, ещё сквозь закрытые веки, глаза его поразил красный огонь, с страшным треском что-то толкнуло его в

шипе́ть *hiss*

прижа́ться *press against*

крути́ться *spin*

объя́ть *overwhelm*

забры́згать *splash*

чепе́ц *bonnet*

ве́ко *eyelid*

середину груди; он побежал куда-то, споткнулся на подвернувшуюся под ноги саблю и упал на бок.

«Слава Богу! Я только контужен», — было его первою мыслью, и он хотел руками дотронуться до груди, — но руки его казались привязанными, и какие-то тиски сдавливали голову. В глазах его мелькали солдаты — и он бессознательно считал их: «Один, два, три солдата, а вот в подвернутой шинели офицер», — думал он; потом молния блеснула в его глазах, и он думал, из чего это выстрелили: из мортиры или из пушки? Должно быть, из пушки; а вот ещё выстрелили, а вот ещё солдаты — пять, шесть, семь солдат, идут всё мимо. Ему вдруг стало страшно, что они раздавят его; он хотел крикнуть, что он контужен, но рот был так сух, что язык прилип к нёбу, и ужасная жажда мучила его. Он чувствовал, как мокро было у него около груди, — и это ощущение мокроты напоминало ему о воде, и ему хотелось бы даже выпить то, чем это было мокро. «Верно, я в кровь разбился, как упал», — подумал он, и всё более и более начиная поддаваться страху, что солдаты, которые продолжали мелькать мимо, раздавят его, он собрал все силы и хотел закричать: «Возьмите меня», — но вместо этого застонал так ужасно, что ему страшно стало, слушая себя. Потом какие-то красные огни запрыгали у него в глазах, — и ему показалось, что солдаты кладут на него камни; огни всё прыгали реже и реже, камни, которые на него накладывали, давили его больше и больше. Он сделал усилие, чтобы раздвинуть камни, вытянулся и уже больше не видел, не слышал, не думал и не чувствовал. Он был убит на месте осколком в середину груди.

тиски́ *vice*/**сда́вливать** *squeeze*

прили́пнуть *stick*/**нёбо** *roof of mouth*
жа́жда *thirst*

запры́гать *begin to jump*

13.1 Почему Калугин сам не спрашивает Песта о Праскухине?

13.2 Почему Калугин так доволен собой?

13.3 Что говорит рассказчик об отношениях между Калугиным и Праскухиным?

13.4 Какие мысли и чувства владели Праскухиным перед взрывом?

13.5 Что он видел и ощущал перед смертью?

13.6 Сколько времени заняли все эти события?

XIII

Михайлов, увидав бомбу, упал на землю и так же зажмурился, так же два раза открывал и закрывал глаза и так же, как и Праскухин, необъятно много передумал и перечувствовал в эти две секунды, во время которых бомба лежала неразорванною. Он мысленно молился Богу и всё твердил: «Да будет воля Твоя! И зачем я пошёл в военную службу, — вместе с тем думал он, — и ещё перешёл в пехоту, чтобы участвовать в кампании; не лучше ли было мне остаться в уланском полку в городе Т., проводить время с моим другом Наташей... а теперь вот что!» И он начал считать: раз, два, три, четыре, загадывая, что ежели разорвёт в чёт, то он будет жив, а в нечет — то будет убит. «Всё кончено! — убит!» — подумал он, когда бомбу разорвало (он не помнил, в чёт или нечет), и он почувствовал удар и жестокую боль в голове. «Господи, прости мои согрешения!» — проговорил он, всплеснув руками, приподнялся и без чувст упал навзничь.

Первое ощущение, когда он очнулся, была кровь, которая текла по носу, и боль в голове, становившаяся гораздо слабее. «Это душа отходит, — подумал он, — что будет *там*? Господи! Приими дух мой с миром. Только одно странно, — рассуждал он, — что, умирая, я так ясно слышу шаги солдат и звуки выстрелов».

— Давай носилки — эй! ротного убило! — крикнул над его головой голос, который он невольно узнал за голос барабанщика Игнатьева.

Кто-то взял его за плечи. Он попробовал открыть глаза и увидал над головой тёмно-синее небо, группы звёзд и две бомбы, которые летели над ним, догоняя одна другую, увидал Игнатьева, солдат с носилками и ружьями, вал траншеи и вдруг поверил, что он ещё на том свете.

необъя́тно *boundlessly*

неразо́рванный *unexploded*
тверди́ть *repeat*

зага́дывать *predict*
чёт *even number*

всплесну́ть рука́ми *clasp hands*
на́взничь *backward*

бараба́нщик *drummer*

на том све́те *in this world*

Он был камнем легко ранен в голову. Самое первое впечатление его было как будто сожаление: он так было хорошо и спокойно приготовился к переходу *туда*, что на него неприятно подействовало возвращение к действительности, с бомбами, траншеями, солдатами и кровью; второе впечатление его была бессознательная радость, что он жив, и третье — страх и желание уйти скорей с бастиона. Барабанщик платком завязал голову своему командиру и, взяв его под руку, повёл к перевязочному пункту.

«Куда и зачем я иду, однако?—подумал штабс-капитан, когда он опомнился немного. — Мой долг оставаться с ротой, а не уходить вперёд, тем более что и рота скоро выйдет из-под огня, — шепнул ему какой-то голос, — а с раной остаться в деле — непременно награда».

— Не нужно, братец, — сказал он, вырывая руку от услужливого барабанщика, которому, главное, самому хотелось поскорее выбраться отсюда, — я не пойду на перевязочный пункт, а останусь с ротой.

И он повернул назад.

— Вам бы лучше перевязаться, ваше благородие, как следует, — сказал робкий Игнатьев, — ведь это сгоряча она только оказывает, что ничего, а то хуже бы не сделать, ведь тут вон какая жарня идёт... право, ваше благородие.

сгоряча́ *in the heat of the moment*
жарня́ *жаркая схватка*

Михайлов остановился на минуту в нерешительности и, кажется, последовал бы совету Игнатьева, ежели бы не вспомнилась ему сцена, которую он на днях видел на перевязочном пункте: офицер с маленькой царапиной на руке пришёл перевязываться, и доктора улыбались, глядя на него, и даже один — с бакенбардами — сказал ему, что он никак не умрёт от этой раны и что вилкой можно больней уколоться.

цара́пина *scratch*

«Может быть, так же недоверчиво улыбнутся и моей ране, да ещё скажут что-нибудь», — подумал штабс-капитан и решительно, несмотря на доводы барабанщика, пошёл назад к роте.

довод *argument*

— А где ординарец Праскухин, который шёл со мной? — спросил он прапорщика, который вёл роту, когда они встретились.

— Не знаю, убит, кажется, — неохотно отвечал прапорщик, который, между прочим, был очень недоволен, что штабс-капитан вернулся и тем лишил его удовольствия сказать, что он один офицер остался в роте.

— Убит или ранен? Как же вы не знаете, ведь он с нами шёл. И отчего вы его не взяли?

— Где тут было брать, когда жарня этакая!

— Ах, как же вы это, Михал Иванович, — сказал Михайлов сердито, — как же бросить, ежели он жив; да и убит, так всё-таки тело надо было взять, — как хотите, ведь он ординарец генерала и ещё жив, может.

— Где жив, когда я вам говорю, я сам подходил и видел, — сказал прапорщик. — Помилуйте! только бы своих уносить. Вон стерва! Ядрами теперь стал пускать, — прибавил он, приседая. Михайлов тоже присел и схватился за голову, которая от движенья ужасно заболела у него.

стерва *abusive term*

— Нет, непременно надо сходить взять: может быть, он ещё жив, — сказал Михайлов. — Это наш *долг*, Михайло Иваныч!

Михайло Иваныч не отвечал.

«Вот ежели бы он был хороший офицер, он бы взял тогда, а теперь надо солдат посылать одних; а и посылать как? Под этим страшным огнём могут убить задаром», — думал Михайлов.

— Ребята! Надо сходить назад — взять офицера, что ранен там, в канаве, — сказал он не слишком громко и повелительно, чувствуя, как неприятно

повелительно *authoritatively*

будет солдатам исполнять это приказанье, — и
действительно, так как он ни к кому именно не
обращался, никто не вышел, чтобы исполнить
его.

— Унтер-офицер! Поди сюда.

Унтер-офицер, как будто не слыша, продолжал
идти на своём месте.

«И точно может, он уже умер и *не стоит*
подвергать людей напрасной опасности, а
виноват один я, что не позаботился. Схожу сам,
узнаю, жив ли он. Это мой *долг*», сказал сам себе
Михайлов.

— Михал Иваныч! Ведите роту, а я вас догоню, —
сказал он и, одной рукой подобрав шинель,
другой рукой дотрагиваясь беспрестанно до
образка Митрофания-угодника, в котором он
имел особенную веру, почти ползком и дрожа от
страха, рысью побежал по траншее.

догна́ть *catch up with*

уго́дник *miracle worker*

Убедившись в том, что товарищ его был убит,
Михайлов, так же пыхтя, приседая и
придерживая рукой сбившуюся повязку и голову,
которая сильно начинала болеть у него,
потащился назад. Батальон уже был под горой на
месте и почти вне выстрелов, когда Михайлов
догнал его. Я говорю: *почти* вне выстрелов,
потому что изредка залетали и сюда шальные
бомбы (осколком одной в эту ночь убит один
капитан, который сидел во время дела в
матросской землянке).

сби́ться *slip*

шально́й *stray*

земля́нка *dugout*

«Однако надо будет завтра сходить на
перевязочный пункт записаться, — подумал штабс-
капитан, в то же время как пришедший фельдшер
перевязывал его, — это поможет к
представленью».

записа́ться *check in*

14.1 Какая разница между тем, что ощущали Михайлов и
Праскухин?

14.2 Что чувствовал Михайлов, когда пришёл в себя?

14.3 Почему Михайлов решил не идти на перевязочный пункт?

14.4 Почему прапорщик не взял с собой Праскухина?

14.5 По какой причине Михайлов так беспокоится о Праскухине?

14.6 Почему он решил сам пойти за Праскухиным?

14.7 Что вы бы сделали на месте Михайлова?

XIV

Сотни свежих окровавленных тел людей, за два часа тому назад полных разнообразных, высоких и мелких надежд и желаний, с окоченелыми членами, лежали на росистой цветущей долине траншеи, и на ровном полу часовни Мёртвых в Севастополе; сотни людей — с проклятиями и молитвами на пересохших устах — ползали, ворочались и стонали, — одни между трупами на цветущей долине, другие на носилках, на койках и на окровавленном полу перевязочного пункта; а всё так же, как и в прежние дни, загорелась зарница над Сапун-горою, побледнели мерцающие звёзды, потянул белый туман с шумящего тёмного моря, зажглась алая заря на востоке, разбежались багровые длинные тучки по светло-лазурному горизонту, и всё так же, как и в прежние дни, обещая радость, любовь и счастье всему ожившему миру, выплыло могучее, прекрасное светило.

окоченéлый *stiffened*
росúстый *dewy*/**долúна** *valley*

пересóхнуть *dry out*/**устá** *поэт* *pот*
стонáть *groan*/**труп** *corpse*
кóйка *cot*

зарнúца *heat lightning*
мерцáть *twinkle*
заря́ *dawn*
багрóвый *crimson*

могýчий *mighty*

XV

На другой день вечером опять егерская музыка играла на бульваре, и опять офицеры, юнкера, солдаты и молодые женщины празднично гуляли около павильона и по нижним аллеям из цветущих душистых белых акаций.

éгерский *ист* *military*

душúстый *fragrant*

Калугин, князь Гальцин и какой-то полковник ходили под руки около павильона и говорили о вчерашнем деле. Главною путеводительною нитью разговора, как это всегда бывает в подобных случаях, было не самое дело, а то участие, которое принимал, и храбрость, которую выказал рассказывающий в деле. Лица и

путеводúтельный *guiding*

звук голосов их имели серьёзное, почти печальное выражение, как будто потери вчерашнего дня сильно трогали и огорчали каждого, но, сказать по правде, так как никто из них не потерял очень близкого человека (да и бывают ли в военном быту очень близкие люди?), это выражение печали было выражение официальное, которое они только считали обязанностью выказывать. Напротив, Калугин и полковник были бы готовы каждый день видеть такое дело, с тем чтобы только каждый раз получать золотую саблю и генерал-майора, несмотря на то что они были прекрасные люди. Я люблю, когда называют извергом какого-нибудь завоевателя, для своего честолюбия губящего миллионы. Да спросите по совести прапорщика Петрушова и подпоручика Антонова и т. д., всякий из них маленький Наполеон, маленький изверг и сейчас готов затеять сражение, убить человек сотню для того только чтоб получить лишнюю звёздочку или треть жалованья.

и́зверг *monster*
завоева́тель *conqueror*
губи́ть *destroy*

зате́ять *initiate*

жа́лованье *salary*

— Нет, извините, — говорил полковник, — прежде началось на левом фланге. *Ведь я был там.*

— А может быть, — отвечал Калугин, — *я больше был на правом; я два раза туда ходил: один раз отыскивал генерала, а другой раз так, посмотреть ложементы пошёл. Вот где жарко было.*

— Да уж, верно, Калугин знает, — сказал полковнику князь Гальцин, — ты знаешь, *мне* нынче *В...* про тебя говорил, что ты молодцом.

— Потери только, потери ужасные, — сказал полковник тоном официальной печали, — *у меня в полку четыреста человек выбыло. Удивительно, как я жив вышел оттуда.*

В это время навстречу этим господам, на другом конце бульвара, показалась лиловатая фигура Михайлова на стоптанных сапогах и с повязанной головой. Он очень сконфузился, увидав их: ему вспомнилось, как он вчера приседал перед Калугиным, и пришло в голову, как бы они не подумали, что он притворяется раненым. Так что ежели бы эти господа не смотрели на него, то он бы сбежал вниз и ушёл бы домой, с тем чтобы не выходить до тех пор, пока можно будет снять повязку.

— Il fallait voir dans quel état je l'ai rencontré hier sous le feu,[15] — улыбнувшись, сказал Калугин в то время, как они сходились.

— Что, вы ранены, капитан? — сказал Калугин с улыбкой, которая значила: «Что, вы видели меня вчера? каков я?»

— Да, немножко, камнем, — отвечал Михайлов, краснея и с выражением на лице, которое говорило: «Видел, и признаюсь, что вы молодец, а я очень, очень плох».

— Est-ce que le pavillon est baissé déjà?[16] — спросил князь Гальцин опять с своим высокомерным выражением, глядя на фуражку штабс-капитана и не обращаясь ни к кому в особенности.

— Non pas encore,[17] — отвечал Михайлов, которому хотелось показать, что он знает и поговорить по-французски.

— Неужели продолжается ещё перемирие? — сказал Гальцин, учтиво обращаясь к нему по-русски и тем говоря, — как это показалось штабс-капитану, — что вам, должно быть, тяжело будет говорить по-французски, так не лучше ли уж просто?.. И с этим адъютанты отошли от него.

перемирие *truce*

Штабс-капитан, так же как и вчера, почувствовал себя чрезвычайно одиноким и, поклонившись с разными господами — с одними не желая

---

[15] You should have seen the state I found him in yesterday under fire.

[16] Has the flag already been lowered?

[17] Not yet.

сходиться, а к другим не решаясь подойти, — сел около памятника Казарского[18] и закурил папиросу. Барон Пест тоже пришёл на бульвар. Он рассказывал, что был на перемирии и говорил с французскими офицерами, что будто один французский офицер сказал ему: «S'il n'avait pas fait clair encore pendant une demi-heure, les embuscades auraient été reprises»,[19] и как он отвечал ему: «Monsieur! Je ne dis pas non, pour ne pas vous donner un démenti»,[20] — и как хорошо он сказал и т. д.

В сущности же, хотя и был на перемирии, он не успел сказать там ничего очень умного, хотя ему и ужасно хотелось поговорить с французами (ведь это ужасно весело говорить с французами). Юнкер барон Пест долго ходил по линии и всё спрашивал французов, которые были близко к нему: «De quel régiment êtes-vous?»[21] Ему отвечали — и больше ничего. Когда он зашёл слишком далеко за линию, то французский часовой, не подозревая, что этот солдат знает по-французски, в третьем лице выругал его: «Il vient regarder nos travaux ce sacré c....»,[22] — сказал он. Вследствие чего, не находя больше интереса на перемирии, юнкер барон Пест поехал домой и уже дорогой придумал те французские фразы, которые теперь рассказывал. На бульваре были и капитан Зобов, который громко разговаривал, и капитан Обжогов в растерянном виде, и артиллерийский капитан, который ни в ком не заискивает, и счастливый в любви юнкер, и все те же вчерашние лица и всё с теми же вечными побуждениями лжи, тщеславия и легкомыслия. Недоставало только Праскухина, Нефердова и ещё кой-кого, о которых здесь едва ли помнил и думал кто-нибудь теперь, когда тела их ещё не

в су́щности   *in fact*

расте́рянный   *dishevelled*

побужде́ние   *motive*
недостава́ть   *be missing*

---

[18]Александр Иванович Казарский (1797-1833), hero of the Russo-Turkish War of 1828-29.
[19]If it had been dark another half hour, the entrenchments would have been retaken.
[20]I will not say no lest I contradict you.
[21]What regiment are you from?
[22]He's come to look at our entrenchments, the damned ...

успели быть обмыты, убраны и зарыты в землю, и о которых через месяц точно так же забудут отцы, матери, дети, ежели они были, или не забыли про них прежде.

— А я его не узнал было, старика-то, — говорит солдат на уборке тел, за плечи поднимая перебитый в груди труп с огромной раздувшейся головой, почернелым глянцевитым лицом и вывернутыми зрачками, — под спину берись, Морозка, а то как бы не перервался. Ишь дух скверный!

«Ишь дух скверный!» — вот всё, что осталось между людьми от этого человека.

разду́ться *swell*
почерне́лый *darkened/*
глянцеви́тый *shiny/*
вы́вернуть *turn in/*
зрачо́к *pupil/*
перерва́ться *fall apart/*
дух *прост запах*

. . . .

15.1 Опишите поле сражения через день после битвы.

15.2 О чём говорили Калугин и Гальцин?

15.3 Почему Михайлов сконфузился, когда он их увидел?

15.4 Какое значение имеет французский язык для этих людей?

15.5 Как барон Пест лично относится к французам?

15.6 Сравните сегоняшнюю сцену на бульваре со вчерашней.

XVI

На нашем бастионе и на французской траншее выставлены белые флаги, и между ними в цветущей долине кучками лежат без сапог, в серых и синих одеждах, изуродованные трупы, которые сносят рабочие и накладывают на повозки. Ужасный, тяжёлый запах мёртвого тела наполняет воздух. Из Севастополя и из французского лагеря толпы народа высыпали смотреть на это зрелище и с жадным и благосклонным любопытством стремятся одни к другим.

изуро́дованный *mutilated*

пово́зка *cart*

благоскло́нный *well-intentioned*

Послушайте, что говорят между собой эти люди.

Вот в кружке собравшихся около него русских и французов молоденький офицер, хотя плохо, но достаточно хорошо, чтоб его понимали, говорящий по-французски, рассматривает гвардейскую сумку.

су́мка pouch

— Э сеси пуркуа се уазо иси?[24] — говорит он

— Parce que c'est une giberne d'un régiment de la garde, monsieur, qui porte l'aigle impérial.[25]

— Э ву де ла гард?[26]

— Pardon, monsieur, du sixième de ligne.[27]

— Э сеси у аште?[28] — спрашивает офицер, указывая на деревянную жёлтую сигарочницу, в которой француз курит папиросу.

сига́рочница cigar holder

— A Balaclave, monsieur! C'est tout simple — en bois de palme.[29]

— Жоли![30] — говорит офицер, руководимый в разговоре не столько собственными произволом, сколько словами, которые он знает.

произво́л desire

— Si vous voulez bien garder cela comme souvenir de cette recontre, vous m'obligerez.[31] — И учтивый француз выдувает папироску и подаёт офицеру сигарочницу с маленьким поклоном. Офицер даёт ему свою, и все присутствующие в группе, как французы, так и русские, кажутся очень довольными и улыбаются.

выдува́ть blow out

Вот пехотный бойкий солдат, в розовой рубашке и шинели внакидку, в сопровождении других солдат, которые, руки за спину, с весёлыми, любопытными лицами, стоят за ним, подошёл к французу и попросил у него огня закурить трубку. Француз разжигает, расковыривает трубку и высыпает огня русскому.

внаки́дку over shoulders/
сопровожде́ние accompaniment

разжига́ть make burn/
расковы́ривать dig into

---

[24]Why is this bird here?

[25]Because it's the pouch of a guard regiment, sir, which bears the imperial eagle.

[26]Are you from the guard?

[27]I beg your pardon, sir, from the sixth line regiment.

[28]Where did you buy this?

[29]In Balaclava, sir. It's very simple, made of palm wood.

[30]Pretty!

[31]If you would keep it as a souvenir of our meeting, I would be obliged.

— Табак *бун*,[32] — говорит солдат в розовой
рубашке, и зрители улыбаются.

— Oui, bon tabac, tabac turc, — говорит француз,
— et chez vous tabac russe? bon?[33]

— Рус *бун*,[34] — говорит солдат в розовой рубашке,
причём присутствующие покатываются со смеху.
— Франсе нет бун, бонжур, мусье,[35] — говорит
солдат в розовой рубашке, сразу уж выпуская весь
свой заряд знаний языка, и треплет француза по
животу и смеётся. Французы тоже смеются.

— Ils ne sont pas jolis ses bêtes de russes,[36] —
говорит один зуав из толпы французов.

— De quoi de ce qu'ils rient donc?[37] — говорит
другой чёрный, с итальянским выговором,
подходя к нашим.

— Кафтан бун, — говорит бойкий солдат,
рассматривая шитые полы зуава, и опять
смеются.

— Ne sortez pas de la ligne, à vos places, sacré
nom...[38] — кричит французский капрал, и
солдаты с видимым неудовольствием расходятся.

А вот в кружке французских офицеров наш
молодой кавалерийский офицер так и
рассыпается французским парикмахерским
жаргоном. Речь идёт о каком-то comte Sazonoff,
que j'ai beaucoup connu, monsieur, — говорит
французский офицер с одним эполетом, — c'est
un de ces vrais comtes russes, comme nous les
aimons.[39]

покáтываться *roll*

зарáд *arsenal*

зуáв *Zouave*

вы́говор *accent*

капрáл *уст* *corporal*

---

[32]good
[33]Yes, good tobacco, Turkish tobacco. And where you come from is there Russian tobacco? Good?
[34]Russian good.
[35]French [no] good, good day, sir!
[36]They're not pretty, these stupid Russians.
[37]What are they laughing about then?
[38]Don't leave the line, back to your places, damn it...
[39]Count Sazonov, whom I knew well, sir, is one of those true Russian counts — the kind we like.

— Il y a un Sazonoff que j'ai connu, — говорит
кавалерист, — mais il n'est pas comte, a moins que
je sache, un petit brun de votre âge à peu pres.[40]

— C'est ça, monsieur, c'est lui. Oh, que je voudrais le
voir ce cher comte. Si vous le voyez, je vous pris bien
de lui faire mes compliments. Capitaine Latour,[41] —
говорит он, кланяясь.

— N'est ce pas terrible la triste besogne, que nous
faisons? Ça chauffait cette nuit, n'est-ce pas?[42] —
говорит кавалерист, желая поддержать разговор
и указывая на трупы.

— Oh, monsieur, c'est affreux! Mais quels gaillards
vos soldats, quels gaillards! C'est un plaisir que de se
battre contre des gaillards comme eux.[43]

— Il faut avouer que les vôtres ne se mouchent pas du
pied non plus,[44] — говорит кавалерист, кланяясь и
воображая, что он очень мил. Но довольно.

Посмотрите лучше на этого десятилетнего
мальчишку, который в старом, должно быть
отцовском, картузе, в башмаках на босу ногу и
нанковых штанишках, поддерживаемых одною
помочью, с самого начала перемирия вышел за
вал и всё ходил по лощине, с тупым
любопытством глядя на французов и на трупы,
лежащие на земле, и набирал полевые голубые
цветы, которыми усыпана эта роковая долина.
Возвращаясь домой с большим букетом, он,
закрыв нос от запаха, который наносило на него
ветром, остановился около кучки снесённых тел
и долго смотрел на один страшный, безголовый
труп, бывший ближе к нему. Постояв довольно
долго, он подвинулся ближе и дотронулся ногой

башма́к	*shoe*
по́мочь	*suspender*
лощи́на	*glen*
усы́пать	*bestrew*

---

[40]There is a Sazonov, whom I knew, but he's not a count as far as I know, but a small dark man about your age.
[41]That's it, sir, that's him. Oh, how I would like to see the dear count. If you see him, please give him my regards —
Captain Latour.
[42]Isn't it terrible, this sad business that we're engaged in. It was hot last night, wasn't it?
[43]Oh, it's frightful, sir. But how brave your soldiers are, such brave young men! It's a pleasure to fight against such brave
men.
[44]You must admit that yours are not so bad either.

до вытянутой окоченевшей руки трупа. Рука покачнулась и опять стала на своё место. Мальчик вдруг вскрикнул, спрятал лицо в цветы и **во весь дух** побежал прочь к крепости.

во весь дух   *at full speed*

Да, на бастионе и на траншее выставлены белые флаги, цветущая долина наполнена **смрадными** телами, прекрасное солнце спускается к синему морю, и синее море, колыхаясь, блестит на золотых лучах солнца. Тысячи людей толпятся, смотрят, говорят и улыбаются друг другу. И эти люди — христиане, **исповедующие** один великий закон любви и самоотвержения, глядя на то, что они сделали, с **раскаянием** не упадут вдруг на колени перед Тем, Кто, дав им жизнь, вложил в душу каждого, вместе с страхом смерти, любовь к добру и прекрасному, и со слезами радости и счастия не обнимутся, как братья? Нет! Белые тряпки спрятаны — и снова свистят орудия смерти и страданий, снова льётся невинная кровь и слышатся стоны и проклятия.

смра́дный   *stinking*

испове́довать   *profess*

раска́яние   *repentance*

Вот я и сказал, что хотел сказать на этот раз. Но тяжёлое **раздумье** одолевает меня. Может, не надо было говорить этого. Может быть, то, что я сказал, принадлежит к одной из тех злых истин, которые, бессознательно **таясь** в душе каждого, не должны быть высказываемы, чтобы не сделаться вредными, как **осадок** вина, который не надо **взбалтывать**, чтобы не испортить его.

разду́мье   *doubt*

таи́ться   *be concealed*

оса́док   *dregs*
взба́лтывать   *shake up*

Где выражение зла, которого должно избегать? Где выражение добра, которому должно подражать в этой повести? Кто **злодей**, кто герой её? Все хороши и все дурны.

злоде́й   *villian*

Ни Калугин, с своей блестящей храбростью (bravoure de gentilhomme) и тщеславием, двигателем всех поступок, ни Праскухин, пустой, безвредный человек, хотя и павший *на брани* за веру, престол, *и отечество* ни Михайлов с своей робостью и ограниченным взглядом, ни Пест — ребёнок без твёрдых убеждений и правил, не могут быть ни злодеями, ни героями повести.

брань *поэт*   *battle*
престо́л   *throne*

Герой же моей повести, которого я люблю всеми силами души, которого старался воспроизвести во всей красоте его и который всегда был, есть и будет прекрасен, — правда.

воспроизвести́ *reproduce*

1855 года, 26 июня.

16.1 Как ведут себя русские и французы во время перемирия?

16.2 Опишите мальчика, который бродит по долине.

16.3 Почему мальчик вдруг вскрикнул и убежал?

16.4 Что говорит Толстой о своём рассказе?

Задания

1. В этом рассказе по крайней мере пять главных действующих лиц. Решите какими качестами обладает каждый из них.

Михайлов	Калугин	Праскухин	Пест	Гальцин
храбрый				
трусливый				
простой				
сложный				
романтик				
реалист				
герой				
злодей				
ответственный				
добросовестный				
самолюбивый				

2. Напишите письмо Наташе от имени штабс-капитана Михайлова.

3. От имени штабс-капитана Михайлова напишите письмо его отцу.

4. Расскажите о событиях Главы 11 от лица Песта, как он их описывал Калугину.

5. Запишите разговор между Калугиным, Михайловым и Гальциным из Главы 15. Без комментария автора разговор получится небольшим.

Иван Сергеевич Тургенев

Отцы и дети (отрывок) (1863)

At the beginning of «Отцы и дети», Аркадий Кирсанов, a recent graduate of the University of St. Petersburg, returns to Марьино, his family estate, to visit his father, Николай Петрович, and his uncle, Павел Петрович. He brings with him his friend and mentor Евгений Базаров, a student of medicine and a "nihilist." When Arkady arrives, he discovers that his father, a widower, is romatically involved with Фенечка, a serf, and that she has given birth to a son, Митя. Minor characters in the novel include the house servants Дуняша, Пётр, and Прокофьич. In Chapter 10, the initial tension between the older Kirsanovs and the young men has finally reached a critical point.

Упражнения

1. *Substitute a diminutive from the list in each of the following sentences. Translate your sentences into English. How do you think you have changed their tone?*

   аристокра́тишко, госпо́дчик, денёк, лекари́шка

   1. Ненавижу я этого лекаря; по-моему, он просто шарлатан.

   2. Речь зашла об одном из соседних помещиков. «Дрянь, аристократ», — равнодушно заметил Базаров.

   3. Послушайте меня, Павел Петрович, дайте себе дня два сроку, сразу вы едва ли что-нибудь найдёте.

   4. Я уверен, что мы с тобой гораздо правее этих господ.

2. *In each of these sentences first decide to what the italicized words refer and then translate into English.*

   1. Вспомните английских аристократов. *Они* не уступают иоты от прав *своих*, и поэтому *они* уважают права других; *они* требуют

исполнения обязанностей в отношении к *ним*, и потому *они сами* исполняют *свои* обязанности. Аристократия дала свободу Англии и поддерживает *её*.

2. Я очень хорошо знаю, например, что вы изволите находить смешным мои привычки, мой туалет, мою опрятность наконец, но *это всё* проистекает из чувства самоуважения, из чувства долга.

3. Эта последняя фраза, видимо, не понравилась Базарову; от *неё* веяло философией, то есть романтизмом, ибо Базаров и философию назвал романтизмом.

4. Я не хочу верить, что вы точно знаете русский народ, что вы представители *его* потребностей, *его* стремлений! Нет, русский народ не такой, каким вы *его* воображаете. *Он* свято чтит предания, *он* – патриархальный, *он* не может жить без веры.

5. Вы порицаете моё направление, а кто вам сказал, что *оно* во мне случайно, что *оно* не вызвано тем самым народным духом, во имя *которого* вы так ратуете?

6. Сила! И в диком калмыке, и в монголе есть сила — да на что нам *она*? Нам дорога́ цивилизация; нам до́роги *её* плоды. И не говорите мне, что эти люди ничтожны: последний пачкун, тапёр, *которому* дают пять копеек за вечер, и *те* полезнее вас, потому что *они* представители цивилизации, а не грубой монгольской силы!

7. Мне сказывали, что в Риме наши художники в Ватикан ни ногой, Рафаэля считают чуть не дураком, потому что *это*, мол, авторитет; а *сами* бессильны и бесплодны до гадости, а у *самих* фантазии дальше «Девушки у фонтана» не хватает.

3. *The characters in this story, especially Bazarov, are given to speaking in idioms. Match each of the italicized idiomatic expressions in these sentences with one of the definitions from the list. Which ones have English equivalents?*

- — его успехи, жизнь близятся к концу
- — что-то неприятное, обидное
- — что-то надоевшее
- — молча потерпеть обиду
- — получим по заслугам, нечего жалеть
- — маленькое может причинить большое

1. — Твой отец добрый малый, — промолвил Базаров, — но он человек отставной, *его песенка спета*.

2. — *Слыхали мы эту песню много раз*, — возразил Базаров, — но что вы хотите этим доказать?

3. — Коли раздавят, *туда и дорога*, — промолвил Базаров.

4. —*От копеечной свечи Москва сгорела*, – ответил Базаров.

5a. *Пилюля горька –*

5b. *а проглотить её нужно.*

Перед чтением

Можно ли в наше время говорить о «разнице в поколениях»? В чём она проявляется?

Текст и вопросы

Отцы и дети

X

Прошло около двух недель. Жизнь в Марьине текла своим порядком: Аркадий сибаритствовал, Базаров работал. Все в доме привыкли к нему, к его небрежным манерам, к его немногосложным и отрывочным речам. Фенечка в особенности до того с ним освоилась, что однажды ночью велела разбудить его: с Митей сделались судороги; и он пришёл и, по обыкновению, полушутя, полузевая, просидел у ней часа два и помог ребёнку. Зато Павел Петрович всеми силами души своей возненавидел Базарова: он считал его гордецом, нахалом, циником, плебеем; он подозревал, что Базаров не уважает его, что он едва ли не презирает его — его, Павла Кирсанова! Николай Петрович побаивался молодого «нигилиста» и сомневался в пользе его влияния на Аркадия; но он охотно его слушал, охотно присутствовал при его физических и химических опытах. Базаров привёз с собой микроскоп и по целым часам с

течь своим порядком *go its course/*
сибаритствовать *pamper self*

небрежный *offhand/*
немногосложный *brief/*
отрывочный *abrupt/*
освоиться *feel comfortable*
судорога *cramp*

гордец *proud man*
нахал *smart aleck/*
плебей *plebeian*

побаиваться *бояться*

опыт *experiment*

ним возился. Слуги также привязались к нему, хотя он над ними подтрунивал; они чувствовали, что он всё-таки свой брат, не барин. Дуняша охотно с ним хихикала и искоса, значительно посматривала на него, пробегая мимо «перепёлочкой»; Пётр, человек до крайности самолюбивый и глупый, вечно с напряжёнными морщинами на лбу, человек, которого всё достоинство состояло в том, что он глядел учтиво, читал по складам и часто чистил щёточкой свой сюртучок, — и тот ухмылялся и светлел, как только Базаров обращал на него внимание; дворовые мальчишки бегали за «дохтуром», как собачонки. Один старик Прокофьич не любил его, с угрюмым видом подавал ему за столом кушанья, называл его «живодёром» и «прощелыгой» и уверял, что он с своими бакенбардами — настоящая свинья в кусте. Прокофьич, по-своему, был аристократ не хуже Павла Петровича.

Наступили лучшие дни в году — первые дни июня. Погода стояла прекрасная; правда, издали грозилась опять холера, но жители ...й губернии успели уже привыкнуть к её посещениям. Базаров вставал очень рано и отправлялся версты за две, за три, не гулять — он прогулок без цели терпеть не мог, — а собирать травы, насекомых. Иногда он брал с собой Аркадия. На возвратном пути у них обыкновенно завязывался спор, и Аркадий обыкновенно оставался побеждённым, хотя говорил больше своего товарища.

Однажды они как-то долго замешкались; Николай Петрович вышел к ним навстречу в сад и, поравнявшись с беседкой, вдруг услышал быстрые шаги и голоса обоих молодых людей. Они шли по ту сторону беседки и не могли его видеть.

— Ты отца недостаточно знаешь, — говорил Аркадий.

Николай Петрович притаился.

привяза́ться	become attached
подтру́нивать	tease
хихи́кать	giggle
перепёлка	quail
напряжённый	strained
чита́ть по склада́м	sound out words
ухмыля́ться	grin
светле́ть	brighten
живодёр	flayer/прощелы́га knave
куст	bush
грози́ться	threaten
бесе́дка	gazebo
притаи́ться	conceal self

— Твой отец добрый малый, — промолвил Базаров, — но он человек отставной, его песенка спета.

Николай Петрович приник ухом... Аркадий ничего не отвечал.

приникнуть ухом   *listen attentively*

«Отставной человек» постоял минуты две неподвижно и медленно поплёлся домой.

— Третьего дня, я смотрю, он Пушкина читает, — продолжал между тем Базаров. — Растолкуй ему, пожалуйста, что это никуда не годится. Ведь он не мальчик: пора бросить эту ерунду. И охота же быть романтиком в нынешнее время! Дай ему что-нибудь дельное почитать.

годиться   *be suitable*

ерунда   *nonsense*

дельный   *serious*

— Что бы ему дать? — спросил Аркадий.

— Да, я думаю, Бюхнерово «Stoff und Kraft»[1] на первый случай.

— Я сам так думаю, — заметил одобрительно Аркадий. — «Stoff und Kraft» написано популярным языком.

одобрительно   *approvingly*

— Вот как мы с тобой, — говорил в тот же день после обеда Николай Петрович своему брату, сидя у него в кабинете, — в отставные люди попали, песенка наша спета. Что ж? Может быть, Базаров и прав; но мне, признаюсь, одно больно: я надеялся именно теперь тесно и дружески сойтись с Аркадием, а выходит, что я остался назади, он ушёл вперёд, и понять мы друг друга не можем.

— Да почему он ушёл вперёд? И чем он от нас так уж очень отличается? — с нетерпением воскликнул Павел Петрович. — Это всё ему в голову синьор этот вбил, нигилист этот. Ненавижу я этого лекаришку; по-моему, он просто шарлатан; я уверен, что со всеми своими лягушками он и в физике недалеко ушёл.

вбить   *hammer in*

лягушка   *frog*

---

[1] Ludwig Büchner's *Force and Matter* (1855).

— Нет, брат, ты этого не говори: Базаров умён и знающ.

— И самолюбие какое противное, — перебил опять Павел Петрович.

— Да, — заметил Николай Петрович, — он самолюбив. Но без этого, видно, нельзя; только вот чего я в толк не возьму. Кажется, я всё делаю, чтобы не отстать от века: крестьян устроил, ферму завёл, так что даже меня во всей губернии *красным* величают; читаю, учусь, вообще стараюсь стать в уровень с современными требованиями, — а они говорят, что песенка моя спета. Да что, брат, я сам начинаю думать, что она точно спета.

— Это почему?

— А вот почему. Сегодня я сижу да читаю Пушкина... Помнится, «Цыгане» мне попались... Вдруг Аркадий подходит ко мне и молча, с этаким ласковым сожалением на лице, тихонько, как у ребёнка, отнял у меня книгу и положил передо мной другую, немецкую... улыбнулся и ушёл, и Пушкина унёс.

— Вот как! Какую же он книгу тебе дал?

— Вот эту.

И Николай Петрович вынул из заднего кармана сюртука пресловутую брошюру Бюхнера, девятого издания.

пресловутый   *notorious*

Павел Петрович повертел её в руках.

— Гм! — промычал он. — Аркадий Николаевич заботится о твоём воспитании. Что ж, ты пробовал читать?

промыча́ть   *mutter*

— Пробовал.

— Ну и что же?

— Либо я глуп, либо это всё — вздор. Должно быть, я глуп.

— Да ты по-немецки не забыл? — спросил Павел Петрович.

— Я по-немецки понимаю.

Павел Петрович опять повертел книгу в руках и исподлобья взглянул на брата. Оба помолчали.

— Да, кстати, — начал Николай Петрович, видимо желая переменить разговор. — Я получил письмо от Колязина.

— От Матвея Ильича?

— От него. Он приехал в *** ревизовать губернию. Он теперь в тузы вышел и пишет мне, что желает, по-родственному, повидаться с нами и приглашает нас с тобой и с Аркадием в город.

ревизова́ть *inspect*

туз *big shot*

— Ты поедешь? — спросил Павел Петрович.

— Нет; а ты?

— И я не поеду. Очень нужно тащиться за пятьдесят вёрст киселя есть. Mathieu хочет показаться нам во всей своей славе; чёрт с ним! будет с него губернского фимиама, обойдётся без нашего. И велика важность, тайный советник! Если б я продолжал служить, тянуть эту глупую лямку, я бы теперь был генерал-адъютантом. Притом же мы с тобой отставные люди.

кисе́ль есть *go on a wild goose chase*

фимиа́м *incense*

тяну́ть ля́мку *drudge*

— Да, брат; видно, пора гроб заказывать и ручки складывать крестом на груди, — заметил со вздохом Николай Петрович.

— Ну, я так скоро не сдамся, — пробормотал его брат. — У нас ещё будет схватка с этим лекарем, я это предчувствую.

схва́тка *fight*

1.1 Опишите Базарова и Аркадия. Чем они похожи? Чем они отличаются друг от друга?

1.2 Как слуги (Дуняша, Пётр и Прокофьич) относятся к Базарову?

1.3 Как к нему относится Фенечка?

1.4 Как старшие Кирсановы (Павел Петрович и Николай Петрович) относятся к Базарову?

1.5 Какое отношение у Аркадия к Базарову?

1.6 Объясните при каких обстоятельствах Николай Петрович услышал разговор между Аркадием и Базаровым? Как бы вы поступили на его месте?

1.7 Как Аркадий воспринял слова Базарова? Что бы вы сделали на его месте?

1.8 За что, вы думаете, молодые люди не любят Пушкина?

Схватка произошла в тот же день за вечерним чаем. Павел Петрович сошёл в гостиную уже готовый к бою, раздражённый и решительный. Он ждал только предлога, чтобы накинуться на врага; но предлог долго не представлялся. Базаров вообще говорил мало в присутствии «старичков Кирсановых» (так он называл обоих братьев), а в тот вечер он чувствовал себя не в духе и молча выпивал чашку за чашкой. Павел Петрович весь горел нетерпением; его желания сбылись наконец.

сбы́ться   *come true*

Речь зашла об одном из соседних помещиков. «Дрянь, аристократишко», — равнодушно заметил Базаров, который встречался с ним в Петербурге.
— Позвольте вас спросить, — начал Павел Петрович, и губы его задрожали, — по вашим понятиям слова: «дрянь» и «аристократ» одно и то же означают?

— Я сказал: «аристократишко», — проговорил Базаров, лениво отхлёбывая глоток чаю.

отхлёбывать   *swallow*/глото́к   *sip*

— Точно так-с; но я полагаю, что вы такого же мнения об аристократах, как и об аристократишках. Я считаю долгом объявить вам, что я этого мнения не разделяю. Смею сказать, меня все знают за человека либерального и любящего прогресс... но именно потому я уважаю аристократов — настоящих. Вспомните, милостивый государь (при этих словах Базаров поднял глаза на Павла Петровича), вспомните, милостивый государь, — повторил он с ожесточением, — английских аристократов. Они

ожесточе́ние   *bitterness*

не уступают иоты от прав своих, и поэтому они уважают права других; они требуют исполнения обязанностей в отношении к ним, и потому они сами исполняют *свои* обязанности. Аристократия дала свободу Англии и поддерживает её.

ио́та *iota*

— Слыхали мы эту песню много раз, — возразил Базаров, — но что вы хотите этим доказать?

— Я *эфтим* хочу доказать, милостивый государь (Павел Петрович, когда сердился, с намерением говорил: «эфтим» и «эфто», хотя хорошо знал, что подобных слов грамматика не допускает. В этой причуде сказывался остаток преданий александровского[2] времени. Тогдашние тузы, в редких случаях, когда говорили на родном языке, употребляли, одни — *эфто*, другие — *эхто:* мы, мол, коренные русаки,[3] и в то же время мы вельможи, которым позволяется пренебрегать школьным и правилами), я *эфтим* хочу доказать, что без чувства собственного достоинства, без уважения к самому себе, — а в аристократе эти чувства развиты, — нет никакого прочного основания общественному bien public...[4] общественному зданию. Личность, милостивый государь, — вот главное; человеческая личность должна быть крепка, как скала, ибо на ней всё строится. Я очень хорошо знаю, например, что вы изволите находить смешным мои привычки, мой туалет, мою опрятность наконец, но это всё проистекает из чувства самоуважения, из чувства долга, да-с, да-с, долга. Я живу в деревне, в глуши, но я не роняю себя, я уважаю в себе человека.

причу́да *eccentricity/*
преда́ние *tradition*

коренно́й *native*
вельмо́жа *уст big shot/*
пренебрега́ть *disregard*

зда́ние *structure*

скала́ *rock*

опря́тность *fastidiousness*
проистека́ть *spring*

роня́ть *debase*

—Позвольте, Павел Петрович, — промолвил Базаров, — вы вот уважаете себя и сидите сложа руки; какая ж от этого польза для bien public? Вы бы не уважали себя и то же бы делали.

сложа́ ру́ки *doing nothing*

Павел Петрович побледнел.

---

[2]During the reign of Alexander I (1801-1825).

[3]Russians who typify the national character.

[4]the public good

— Это совершенно другой вопрос. Мне вовсе не приходится объяснить вам теперь, почему я сижу сложа руки, как вы изволите выражаться. Я хочу только сказать, что аристократизм — принцип, а без принципов жить в наше время могут одни безнравственные или пустые люди. Я говорил это Аркадию на другой день его приезда и повторяю теперь вам. Не так ли, Николай?

Николай Петрович кивнул головой.

— Аристократизм, либерализм, прогресс, принципы, — говорил между тем Базаров, — подумаешь, сколько иностранных... и бесполезных слов! Русскому человеку они даром не нужны.

— Что же ему нужно, по-вашему? Послушать вас, так мы находимся вне человечества, вне его законов. Помилуйте — логика истории требует...

— Да на что нам эта логика? Мы и без неё обходимся.

— Как так?

— Да так же. Вы, я надеюсь, не нуждаетесь в логике для того, чтобы положить себе кусок хлеба в рот, когда вы голодны. Куда нам до этих отвлечённостей!

Павел Петрович взмахнул руками.

— Я вас не понимаю после этого. Вы оскорбляете русский народ. Я не понимаю, как можно не признавать принципов, правил! В силу чего же вы действуете?

— Я уже говорил вам, дядюшка, что мы не признаём авторитетов, — вмешался Аркадий.

— Мы действуем в силу того, что́ мы признаём полезным, — промолвил Базаров. — В теперешнее время полезнее всего отрицание — мы отрицаем.

— Всё?

безнра́вственный *immoral*

да́ром *as a gift*

отвлечённость *abstraction*

взмахну́ть *wave*

— Всё.

— Как? не только искусство, поэзию... но и...
страшно вымолвить...

— Всё, — с невыразимым спокойствием повторил
Базаров.

2.1 Что послужило причиной того, что Павел Петрович и
Базаров, наконец, поссорились?

2.2 Что Павел Петрович утверждает об английских аристократах?

2.3 Спорили ли вы когда-нибудь с родителями ваших друзей? О
чём?

2.4 Как участвует Аркадий в этом разговоре? Почему?

2.5 Какую роль играет Николай Петрович в этом разговоре? Что
бы вы сделали на его месте?

2.6 Почему Павел Петрович был так поражён, когда Базаров
сказал, что нигилисты отрицают всё? Что именно «страшно
вымолвить» Павлу Петровичу?

Павел Петрович уставился на него. Он этого не
ожидал, а Аркадий даже покраснел от
удовольствия.

— Однако позвольте, — заговорил Николай
Петрович. — Вы всё отрицаете или, выражаясь
точнее, вы всё разрушаете... Да ведь надобно же
и строить.

разрушать *destroy*

— Это не наше дело... Сперва нужно место
расчистить.

расчи́стить *clear*

— Современное состояние народа этого требует,
— с важностью прибавил Аркадий, — мы должны
исполнять эти требования, мы не имеем права
предаваться удовлетворению личного эгоизма.

предава́ться *indulge*

Эта последняя фраза, видимо, не понравилась
Базарову; от неё веяло философией, то есть
романтизмом, ибо Базаров и философию назвал
романтизмом; но он не почёл за нужное
опровергать своего молодого ученика.

ве́ять *smack of*

— Нет, нет! — воскликнул с внезапным порывом
Павел Петрович, — я не хочу верить, что вы,

господа, точно знаете русский народ, что вы
представители его потребностей, его
стремлений! Нет, русский народ не такой, каким
вы его воображаете. Он свято чтит предания, он
— патриархальный, он не может жить без веры...

    чтить *honor*

— Я не стану против этого спорить, — перебил
Базаров, — я даже готов согласиться, что *в этом*
вы правы.

— А если я прав...

— И всё-таки это ничего не доказывает.

— Именно ничего не доказывает, — повторил
Аркадий с уверенностию опытного шахматного
игрока, который предвидел опасный, по-
видимому, ход противника и потому нисколько
не смутился.

— Как ничего не доказывает? — пробормотал
изумлённый Павел Петрович. — Стало быть, вы
идёте против своего народа?

— А хоть бы и так? — воскликнул Базаров. —
Народ полагает, что, когда гром гремит, это
Илья-пророк[5] в колеснице по небу разъезжает.
Что ж? Мне соглашаться с ним? Да притом — он
русский, а разве я сам не русский?

    греме́ть *thunder*
    проро́к *prophet/*
    колесни́ца *chariot*

— Нет, вы не русский после всего, что вы сейчас
сказали! Я вас за русского признать не могу.

— Мой дед землю пахал, — с надменною
гордостию отвечал Базаров. — Спросите любого
из ваших же мужиков, в ком из нас — в вас или во
мне — он скорее признаёт соотечественника. Вы
и говорить-то с ним не умеете.

    паха́ть *plough/* **надме́нный** *haughty*

    соотé́чественник *fellow countryman*

— А вы говорите с ним и презираете его в то же
время.

— Что ж, коли он заслуживает презрения! Вы
порицаете моё направление, а кто вам сказал, что

    заслу́живать *deserve*
    порица́ть *censure*

---

[5]Elijah, ascended to heaven in a chariot of fire.

оно во мне случайно, что оно не вызвано тем самым народным духом, во имя которого вы так ратуете?

ра́товать *уст* *struggle*

— Как же! Очень нужны нигилисты!

— Нужны ли они или нет — не нам решать. Ведь и вы считаете себя не бесполезным.

— Господа, господа, пожалуйста, без личностей! — воскликнул Николай Петрович и приподнялся.

Павел Петрович улыбнулся и, положив руку на плечо брату, заставил его снова сесть.

— Не беспокойся, — промолвил он. — Я не позабудусь именно вследствие того чувства достоинства, над которым так жестоко трунит господин... господин доктор. Позвольте, — продолжал он, обращаясь снова к Базарову, — вы, может быть, думаете, что ваше учение новость? Напрасно вы это воображаете. Материализм, который вы проповедуете, был уже не раз в ходу и всегда оказывался несостоятельным...

труни́ть *make fun of*

пропове́довать *preach/*
в ходу́ *in vogue/*
несостоя́тельный *unsound*

— Опять иностранное слово! — перебил Базаров. Он начинал злиться, и лицо его приняло какой-то медный и грубый цвет. — Во-первых, мы ничего не проповедуем; это не в наших привычках...

зли́ться *get angry*

— Что же вы делаете?

— А вот что мы делаем. Прежде, в недавнее ещё время, мы говорили, что чиновники наши берут взятки, что у нас нет ни дорог, ни торговли, ни правильного суда...

взя́тка *bribe*

— Ну да, да, вы обличители, — так, кажется, это называется. Со многими из ваших обличений и я соглашаюсь, но...

обличи́тель *denouncer*

— А потом мы догадались, что болтать, всё только болтать о наших язвах не стоит труда, что это ведёт только к пошлости и доктринёрству; мы увидали, что и умники наши, так называемые передовые люди и обличители, никуда не годятся, что мы занимаемся вздором, толкуем о

я́зва *ulcer*
доктринёрство *doctrinairism*

передово́й *progressive*

каком-то искусстве, бессознательном творчестве, о парламентаризме, об адвокатуре и чёрт знает о чём, когда дело идёт о насущном хлебе, когда грубейшее суеверие нас душит, когда все наши акционерные общества лопаются единственно оттого, что оказывается недостаток в честных людях, когда самая свобода, о которой хлопочет правительство, едва ли пойдёт нам впрок, потому что мужик наш рад самого себя обокрасть, чтобы только напиться дурману в кабаке.

— Так, — перебил Павел Петрович, — так: вы во всём этом убедились и решились сами ни за что серьёзно не приниматься.

— И решились ни за что не приниматься, — угрюмо повторил Базаров.

Ему вдруг стало досадно на самого себя, зачем он так распространился перед этим барином.

— А только ругаться?

— И ругаться.

— И это называется нигилизмом?

— И это называется нигилизмом, — повторил опять Базаров, на этот раз с особенною дерзостью.

Павел Петрович слегка прищурился.

— Так вот как! — промолвил он странно спокойным голосом. — Нигилизм всему горю помочь должен, и вы, вы наши избавители и герои. Но за что же вы других-то, хоть бы тех обличителей, честите? Не так же ли вы болтаете, как и все?

— Чем другим, а этим грехом не грешны, — произнёс сквозь зубы Базаров.

— Так что ж? вы действуете, что ли? Собираетесь действовать?

адвокату́ра *legal profession*
насу́щный *daily*
суеве́рие *superstition*/души́ть *stifle*
акционе́рное *stock*/
ло́паться *go bankrupt*

пойти́ впрок *benefit*

дурма́н *intoxicant*

принима́ться *undertake*

распространи́ться *talk too much*

де́рзость *rudeness*

избави́тель *deliverer*

чести́ть *abuse*

3.1 В чём смысл спора между Павлом Петровичем и Базаровым о русском народе?

3.2 Почему Базаров не любит иностранных слов?

3.3 Базаров начинает объяснять, что такое нигилизм, но Павел Петрович его перебивает. С чего он начал своё объяснение? Чем, по-вашему, он бы его кончил?

3.4 Что хочет сказать Базаров, когда он замечает «Чем другим, а этим не грешны»?

Базаров ничего не отвечал. Павел Петрович так и дрогнул, но тотчас же овладел собою.

дро́гнуть *flinch*

— Гм!.. Действовать, ломать... — продолжал он. — Но как же это ломать, не зная даже почему?

— Мы ломаем, потому что мы сила, — заметил Аркадий.

Павел Петрович посмотрел на своего племянника и усмехнулся.

— Да, сила — так и не даёт отчёта, — проговорил Аркадий и выпрямился.

вы́прямиться *straighten*

— Несчастный! — возопил Павел Петрович; он решительно не был в состоянии крепиться долее, — хоть бы ты подумал, *что* в России ты поддерживаешь твоею пошлою сентенцией! Нет, это может ангела из терпения вывести! Сила! И в диком калмыке, и в монголе есть сила — да на что нам она? Нам дорога́ цивилизация, да-с, да-с, милостивый государь; нам до́роги её плоды. И не говорите мне, что эти люди ничтожны: последний пачкун, *un barbouilleur*,[6] тапёр, которому дают пять копеек за вечер, и те полезнее вас, потому что они представители цивилизации, а не грубой монгольской силы! Вы воображаете себя передовыми людьми, а вам только в калмыцкой кибитке сидеть! Сила! Да вспомните наконец, господа сильные, что вас всего четыре человека с половиною, а тех —

возопи́ть *уст* *shriek*
крепи́ться *restrain self*

сенте́нция *maxim*

калмы́к *Kalmyk*/**монго́л** *Mongol*

пачку́н *dauber*/**тапёр** *piano player*

киби́тка *tent*

---

[6]dauber

миллионы, которые не позволят вам попирать ногами свои священнейшие верования, которые раздавят вас!

— Коли раздавят, туда и дорога, — промолвил Базаров. — Только, бабушка ещё надвое сказала. Нас не так мало, как вы полагаете.

— Как? Вы не шутя думаете сладить, сладить с целым народом?

— От копеечной свечи, вы знаете, Москва сгорела, — ответил Базаров.

— Так, так. Сперва гордость почти сатаническая, потом глумление. Вот, вот чем увлекается молодёжь, вот чему покоряются неопытные сердца мальчишек! Вот, поглядите, один из них рядом с вами сидит, ведь он чуть не молится на вас, полюбуйтесь. (Аркадий отворотился и нахмурился.) И эта зараза уже далеко распространилась. Мне сказывали, что в Риме наши художники в Ватикан ни ногой, Рафаэля считают чуть не дураком, потому что это, мол, авторитет; а сами бессильны и бесплодны до гадости, а у самих фантазии дальше «Девушки у фонтана» не хватает, хоть ты что! И написана-то девушка прескверно. По-вашему, они молодцы, не правда ли?

— По-моему, — возразил Базаров, — Рафаэль гроша медного не стоит, да и они не лучше его.

— Браво! браво! Слушай, Аркадий... вот как должны современные молодые люди выражаться! И как, подумаешь, им не идти за вами! Прежде молодым людям приходилось учиться; не хотелось им прослыть за невежд, так они поневоле трудились. А теперь им стоит сказать: всё на свете вздор! — и дело в шляпе. Молодые люди обрадовались. И в самом деле, прежде они просто были болваны, а теперь они вдруг стали нигилисты.

— Вот и изменило вам хвалёное чувство собственного достоинства, — флегматически

попира́ть *trample*

ба́бушка на́двое сказа́ла *that remains to be seen*

сла́дить *bring around*

глумле́ние *mockery*

зара́за *infection*

ни ного́й *don't set a foot in*

беспло́дный *barren*

хоть ты что *no matter what*

просты́ть *have reputation/*
неве́жда *ignoramus*

де́ло в шля́пе *it's in the bag*

болва́н *blockhead*

хвалёный *vaunted*

заметил Базаров, между тем как Аркадий весь вспыхнул и засверкал глазами. — Спор наш зашёл слишком далеко... Кажется, лучше его прекратить. А я тогда буду готов согласиться с вами, — прибавил он, вставая, — когда вы представите мне хоть одно постановление в современном нашем быту, в семейном или общественном, которое бы не вызывало полного и беспощадного отрицания.

— Я вам миллионы таких постановлений представлю, — воскликнул Павел Петрович, — миллионы! Да вот хоть община, например.

Холодная усмешка скривила губу Базарова.

— Ну, насчёт общины, — промолвил он, — поговорите лучше с вашим братцем. Он теперь, кажется, изведал на деле, что такое община, круговая порука, трезвость и тому подобные штучки.

— Семья наконец, семья, так как она существует у наших крестьян! — закричал Павел Петрович.

— И этот вопрос, я полагаю, лучше для вас же самих разбирать в подробности. Вы, чай, слыхали о снохачах?[7] Послушайте меня, Павел Петрович, дайте себе денька два сроку, сразу вы едва ли что-нибудь найдёте. Переберите все наши сословия да подумайте хорошенько над каждым, а мы пока с Аркадием будем...

— Надо всем глумиться, — подхватил Павел Петрович.

— Нет, лягушек резать. Пойдём, Аркадий; до свидания, господа!

Оба приятели вышли. Братья остались наедине и сперва только посматривали друг на друга.

— Вот, — начал наконец Павел Петрович, — вот вам нынешняя молодёжь! Вот они — наши наследники!

постановле́ние   *institution*

беспоща́дный   *merciless*

общи́на   *peasant commune*

изве́дать   *experience*
кругова́я пору́ка   *mutual guarantee/*
    тре́звость   *sobriety/*штучка   *thing*

глуми́ться   *mock*

---

[7]men who have sexual relations with their daughters-in-law

— Наследники, — повторил с унылым вздохом Николай Петрович. Он в течение всего спора сидел как на угольях и только украдкой болезненно взглядывал на Аркадия. — Знаешь, что я вспомнил, брат? Однажды я с покойницей матушкой поссорился: она кричала, не хотела меня слушать... Я наконец сказал ей, что вы, мол, меня понять не можете; мы, мол, принадлежим к двум различным поколениям. Она ужасно обиделась, а я подумал: что делать? Пилюля горька — а проглотить её нужно. Вот теперь настала наша очередь, и наши наследники могут сказать нам: вы, мол, не нашего поколения, глотайте пилюлю.

у́голь *coal*/**укра́дкой** *furtively*

пилю́ля *pill*
проглоти́ть *swallow*

глота́ть *swallow*

— Ты уже чересчур благодушен и скромен, — возразил Павел Петрович, — я, напротив, уверен, что мы с тобой гораздо правее этих господчиков, хотя выражаемся, может быть, несколько устарелым языком, *vielli*,[8] и не имеем той дерзкой самонадеянности... И такая надутая эта нынешняя молодёжь! Спросишь иного: какого вина вы хотите, красного или белого? «Я имею привычку предпочитать красное!» — отвечает он басом и с таким важным лицом, как будто вся вселенная глядит на него в это мгновение...

благоду́шен *good-natured*

самонаде́янность *presumptuousness*/
наду́тый *haughty*

вселе́нная *universe*

— Вам больше чаю не угодно? — промолвила Фенечка, просунув голову в дверь: она не решалась войти в гостиную, пока в ней раздавались голоса споривших.

— Нет, ты можешь велеть самовар принять, — отвечал Николай Петрович и поднялся к ней навстречу. Павел Петрович отрывисто сказал ему *bon soir*,[9] и ушёл к себе в кабинет.

отры́висто *curtly*

4.1 Почему слова Аркадия так раздражают Павла Петровича?

4.2 В связи с чем Базаров говорит Павлу Петровичу, что ему изменило чувство собственного достоинства?

---

[8]old-fashioned
[9]good evening

4.3 Как Павел Петрович и Базаров относятся к искусству?

4.4 Какие примеры положительных общественных явлений приводит Павел Петрович? Что на это отвечает Базаров?

4.5 Чем кончился этот разговор?

4.6 Почему Николай Петрович вспоминает свою ссору с покойной матерью?

4.7 Кто, по-вашему, победил в этом споре?

Задания

1. С какими из этих высказываний мог бы согласиться Павел Петрович, а с какими Базаров?

   Грабь награбленное! *Базаров*

   Блажен, кто вырастил одну хотя бы розу. *Павел Петрович*

   В человеке всё должно быть прекрасно. *Павел Петрович*

   В борьбе обретём мы право своё. *Базаров*

   Красота спасёт мир. *Павел Петрович*

   Знание — сила. *Базаров*

   Где народ — там и стон. *Базаров*

   Природа — не храм, а мастерская. *обои?*

   Не в силе Бог, а в правде. *Базаров*

   Если враг не сдаётся, его уничтожают. *Базаров*

   Храните памятники искусства! *Павел Петрович*

2. Напишите продолжение о жизни этих четырёх людей через десять лет.

3. Напишите статью от имени Базарова о положении в современной нам России.

Фёдор Михайлович Достоевский

Преступление и наказание (отрывок) (1866)

The protagonist of «Преступление и наказание» is Родион Романович Раскольников, a student who has dropped out of St. Petersburg University. At the beginning of the novel, Raskolnikov is ill, financially distressed, concerned about his family, and, above all, convinced that a superior person has the right to take another's life if by doing so he can achieve great things. In this condition, he murders Алёна Ивановна, a pawnbroker, and her sister, Лизавета.

Early in the novel Raskolnikov meets Семён Захарович Мармеладов, a civil servant whose alcoholism has brought his family to ruin. Marmeladov tells Raskolnikov how Соня, his daughter from a previous marriage, has been forced to support the family by streetwalking. His second wife, Катерина Ивановна, is dying of tuberculosis, and there are three small children — Полечка, Лидочка, and Коля — to care for.

Raskolnikov's involvement with the Marmeladov family increases when Marmeladov is killed in a street accident. He helps bring the dying man home and leaves money for the widow. Later, Sonya visits Raskolnikov's apartment to invite him to a memorial dinner for her father the following day. While she is there, Raskolnikov introduces her to his mother and sister. She realizes that he himself lives in dreadful poverty and that the money he gave her stepmother was all that he had.

On the fourth day after the murder, Raskolnikov tells his mother and sister that he can no longer associate with them. Directly after parting with his family, he visits Sonya for the first time.

Ф. М. Достоевский

Упражнения

1. *Fill in the blanks with a time expression chosen from the ones listed below. Translate the completed sentences into English.*

в то же время, в девятом, в шесть часов, каждый день, каждый раз, два раза, на прошлой неделе, недели через три, минут пять, ни минуты, с минуту, через минуту

1. _____ (*In a minute*) вошла со свечой и Соня.

2. Он приветливо и почти с состраданием посмотрел на неё _____ (*about a minute*).

3. Он мне рассказал про то, как вы _____ (*at six o'clock*) пошли, а _____ (*sometime after eight*) назад пришли.

4. Катерина Ивановна говорит, что и сама _____ (*another minute*) не останется.

5. — Не _____ (*every day*) получаете-то?

6. Прошло _____ (*about five minutes*).

7. Он _____ (*every time*), проходя взад и вперёд, замечал эту книгу.

8. _____ (*In about three weeks*) на седьмую версту, милости просим!

9. Я и _____ (*last week*) панихиду служила.

10. _____ (*Twice*) начинала она, и всё не выговаривалось первого слога.

11. Ты живёшь в этой грязи, которую так ненавидишь, и _____ (*at the same time*) знаешь сама, что никому ты этим не помогаешь.

2. *Complete the sentence with an adverb formed from the given adjective. Translate the completed sentences into English.*

1. — Кто тут? — _____ (тревóжный) спросил женский голос.

2. — Это вы! Господи! — _____ (слáбый) вскрикнула Соня и стала как вкопанная.

3. Раскольников _____ (бы́стрый) отвернулся и сел на стул к столу.

4. Соня молча смотрела на своего гостя, так_____ (внимáтельный) и _____ (бесцеремóнный) осматривавшего её комнату.

5. — Я к вам в последний раз пришёл, — _____ (угрю́мый) продолжал Раскольников.

6. — Ну, да уж конечно! — произнёс он _____ (отры́вистый), и выражение лица его, и звук голоса опять вдруг переменились.

7. — Не знаю, — _____ (гру́стный) произнесла Соня.

8. Я _____ (жестóкий) поступила!

9. — Молчите! Не спрашивайте! Вы не стоите!... — вскрикнула она вдруг, _____ (стрóгий) и _____ (гнéвный) смотря на него.

10. Соня _____ (упóрный) глядела в землю и не отвечала.

11. — Читай! воскликнул он вдруг _____ (настóйчивый) и _____ (раздражи́тельный).

12. Ведь вы не веруете?... — прошептала она _____ (ти́хий).

3. *Fill in the blanks with a comparative form of the given adjective.*
Translate the completed sentences into English.

1. Ведь _____ (справедли́вый), тысячу раз_____
(справедли́вый) и _____ (разу́мный) было бы прямо
головой в воду и разом покончить!

2. Последняя мысль была ему всего _____ (отврати́тельный);
но он был уже скептик, он был молод, а потому и не мог не
верить, что последний выход, то есть разврат, был всего
_____ (вероя́тный).

3. Он начал _____ (приста́льный) всматриваться в неё.

4. Голос её становился всё _____ (суро́вый) и _____
(суро́вый).

5. Раскольников понимал отчасти, почему Соня не решалась ему
читать, и чем более понимал это, тем как бы _____
(гру́бый) и _____ (раздражи́тельный) настаивал на
чтении.

Перед чтением

1. Почему, вы думаете, люди совершают преступления? Что играет
бо́льшую роль — воспитание или наследственность?

2. При каких условиях можно оправдать убийство? А
проституцию?

Текст и вопросы

Преступление и наказание

Часть четвёртая

IV

А Раскольников пошёл прямо к дому на канаве,
где жила Соня. Дом был трёхэтажный, старый и
зелёного цвета. Он доискался дворника и получил
от него неопределённые указания, где живёт

кана́ва *canal*

дои́ска́ться *найти*
ука́за́ния *directions*

Капернаумов[1] портной. Отыскав в углу на дворе вход на узкую и тёмную лестницу, он поднялся наконец во второй этаж и вышел на галерею, обходившую его со стороны двора. Покамест он бродил в темноте и в недоумении, где бы мог быть вход к Капернаумову, вдруг, в трёх шагах от него, отворилась какая-то дверь; он схватился за неё машинально.

— Кто тут? — тревожно спросил женский голос.

— Это я... к вам, — ответил Раскольников и вошёл в крошечную переднюю. Тут, на продавленном стуле, в искривлённом медном подсвечнике, стояла свеча.

— Это вы! Господи! — слабо вскрикнула Соня и стала как вкопанная.

— Куда к вам? Сюда?

И Раскольников, стараясь не глядеть на неё, поскорей прошёл в комнату.

Через минуту вошла со свечой и Соня, поставила свечу и стала сама перед ним, совсем растерявшаяся, вся в невыразимом волнении и, видимо, испуганная его неожиданным посещением. Вдруг краска бросилась в её бледное лицо, и даже слёзы выступили на глазах... Ей было и тошно, и стыдно, и сладко... Раскольников быстро отвернулся и сел на стул к столу. Мельком успел он охватить взглядом комнату.

Это была большая комната, но чрезвычайно низкая, единственная отдававшаяся от Капернаумовых, запертая дверь к которым находилась в стене слева. На противоположной стороне, в стене справа, была ещё другая дверь, всегда запертая наглухо. Там уже была другая, соседняя квартира, под другим нумером. Сонина комната походила как будто на сарай, имела вид весьма неправильного четырёхугольника, и это

портно́й	tailor
галере́я	corridor
пока́мест	пока
машина́льно	automatically
кро́шечный	tiny/
прода́вленный	broken down/
искривлённый	crooked/
подсве́чник	candleholder
растеря́ться	be disconcerted
кра́ска	color
то́шно	sickening
ме́льком	in passing
охвати́ть	take in
отдава́ться	be rented
на́глухо	tightly
непра́вильный	irregular/
четырёхугольник	quadrangle

[1]The man from whom Sonya rents a room

придавало ей что-то уродливое. Стена с тремя окнами, выходившая на канаву, перерезывала комнату как-то вкось, отчего один угол, ужасно острый, убегал куда-то вглубь, так что его, при слабом освещении, даже и разглядеть нельзя было хорошенько; другой же угол был уже слишком безобразно тупой. Во всей этой большой комнате почти совсем не было мебели. В углу, направо, находилась кровать; подле неё, ближе к двери, стул. По той же стене, где была кровать, у самых дверей в чужую квартиру, стоял простой тесовый стол, покрытый синенькой скатертью; около стола два плетёных стула. Затем, у противоположной стены, поблизости от острого угла, стоял небольшой, простого дерева комод, как бы затерявшийся в пустоте. Вот всё, что было в комнате. Желтоватые, обшмыганные и истасканные обои почернели по всем углам; должно быть, здесь бывало сыро и угарно зимой. Бедность была видимая; даже у кровати не было занавесок.

Соня молча смотрела на своего гостя, так внимательно и бесцеремонно осматривавшего её комнату, и даже начала, наконец, дрожать в страхе, точно стояла перед судьёй и решителем своей участи.

— Я поздно... Одиннадцать часов есть? — спросил он, всё ещё не подымая на неё глаз.

— Есть, — пробормотала Соня. — Ах да, есть! — заторопилась она вдруг, как будто в этом был для неё весь исход, — сейчас у хозяев часы пробили... и я сама слышала... Есть.

— Я к вам в последний раз пришёл, — угрюмо продолжал Раскольников, хотя и теперь был только в первый, — я, может быть, вас не увижу больше...

— Вы... едете?

— Не знаю... всё завтра...

— Так вы не будете завтра у Катерины Ивановны?[2] — дрогнул голос у Сони.

— Не знаю. Всё завтра утром... Не в том дело: я пришёл одно слово сказать...

Он поднял на неё свой задумчивый взгляд и вдруг заметил, что он сидит, а она всё ещё стоит перед ним.

— Что же вы стоите? Сядьте, — проговорил он вдруг переменившимся, тихим и ласковым голосом.

Она села. Он приветливо и почти с состраданием посмотрел на неё с минуту.

— Какая вы худенькая! Вон какая у вас рука! Совсем прозрачная. Пальцы как у мёртвой.

Он взял её руку. Соня слабо улыбнулась.

— Я и всегда такая была, — сказала она.

— Когда и дома жили?

— Да.

— Ну, да уж конечно! — произнёс он отрывисто, и выражение лица его, и звук голоса опять вдруг переменились. Он ещё раз огляделся кругом.

— Это вы от Капернаумова нанимаете?

нанима́ть   *rent*

— Да-с...

— Они там, за дверью?

— Да... У них тоже такая же комната.

— Все в одной?

— В одной-с.

— Я бы в вашей комнате по ночам боялся, — угрюмо заметил он.

---

[2]For the memorial dinner.

— Хозяева очень хорошие, очень ласковые, — отвечала Соня, всё ещё как бы не опомнившись, — и вся мебель, и всё... всё хозяйское. И они очень добрые, и дети тоже ко мне часто ходят...

— Это косноязычные-то?

— Да-с... Он заикается и хром тоже. И жена тоже... Не то что заикается, а как будто не всё выговаривает. Она добрая, очень. А он бывший дворовый человек. А детей семь человек... и только старший один заикается, а другие просто больные... а не заикаются... А вы откуда про них знаете? — прибавила она с некоторым удивлением.

— Мне ваш отец всё тогда рассказал. Он мне всё про вас рассказал... И про то, как вы в шесть часов пошли, а в девятом назад пришли, и про то, как Катерина Ивановна у вашей постели на коленях стояла.

косноязы́чный	*tongue tied*
заика́ться	*stutter/*
хромо́й	*lame*

1.1 Опишите дом, в котором живёт Соня.

1.2 Какие чувства испытывала Соня, увидев у себя Раскольникова? Чем, вы думаете, вызвана её реакция?

1.3 Опишите Сонину комнату. Какое впечатление она производит на Раскольникова? Что она говорит о человеке, который там живёт?

1.4 Что рассказывает Соня о своих хозяевах?

1.5 Что Раскольников знал о жизни Сони?

1.6 Как вы думаете, зачем Раскольников пришёл к Соне? Что он хочет ей сказать?

Соня смутилась.

— Я его точно сегодня видела, — прошептала она нерешительно.

— Кого?

— Отца. Я по улице шла, там подле, на углу, в десятом часу, а он будто впереди идёт. И точно как будто он. Я хотела уж зайти к Катерине Ивановне...

— Вы гуляли?

— Да, — отрывисто прошептала Соня опять смутившись и потупившись.

потупиться   *look down*

— Катерина Ивановна ведь вас чуть не била, у отца-то?

— Ах, нет, что вы, что вы это, нет! — с каким-то даже испугом посмотрела на него Соня.

— Так вы её любите?

— Её? Да ка-а-ак же! — протянула Соня жалобно и с страданием сложив вдруг руки. — Ах! вы её... Если б вы только знали. Ведь она совсем как ребёнок... Ведь у ней ум совсем как помешан... от горя. А какая она умная была... какая великодушная... какая добрая! Вы ничего, ничего не знаете... ах!

жалобно   *sorrowfully*

помешанный   *deranged*

великодушный   *generous*

Соня проговорила это точно в отчаянии, волнуясь и страдая, и ломая руки. Бледные щёки её опять вспыхнули, в глазах выразилась мука. Видно было, что в ней ужасно много затронули, что ей ужасно хотелось что-то выразить, сказать, заступиться. Какое-то *ненасытимое* сострадание, если можно так выразиться, изобразилось вдруг во всех чертах лица её.

затронуть   *touch*

заступиться   *stand up for/*
ненасытимый   *insatiable*

— Била! Да что вы это! Господи, била! А хоть бы и била, так что ж! Ну так что ж? Вы ничего, ничего не знаете... Это такая несчастная, ах, какая несчастная! И больная... Она справедливости ищет... Она чистая. Она так верит, что во всём справедливость должна быть, и требует... И хоть мучайте её, а она несправедливого не сделает. Она сама не замечает, что это всё нельзя, чтобы справедливо было в людях, и раздражается... Как ребёнок, как ребёнок! Она справедливая, справедливая!

мучать   *torture*

— А с вами что будет?

Соня посмотрела вопросительно.

— Они ведь на вас остались. Оно, правда, и прежде всё было на вас, и покойник на похмелье к вам же ходил просить. Ну, а теперь вот что будет?

| похмелье | hair of the dog |

— Не знаю, — грустно произнесла Соня.

— Они там останутся?

— Не знаю, они на той квартире должны; только хозяйка, слышно, говорила сегодня, что отказать хочет, а Катерина Ивановна говорит, что и сама ни минуты не останется.

| должен | owe |
| отказать | turn out |

— С чего ж это она так храбрится? На вас надеется?

— Ах нет, не говорите так!... Мы одно, заодно живём, — вдруг опять взволновалась и даже раздражилась Соня, точь-в-точь как если бы рассердилась канарейка или какая другая маленькая птичка. — Да и как же ей быть? Ну как же, как же быть? — спрашивала она, горячась и волнуясь. — А сколько, сколько она сегодня плакала! У ней ум мешается, вы этого не заметили? Мешается; то тревожится, как маленькая, о том, чтобы завтра всё прилично было, закуски были и всё... то руки ломает, кровью харкает, плачет, вдруг стучать начнёт головой об стену, как в отчаянии. А потом опять утешится, на вас она всё надеется: говорит, что вы теперь ей помощник и что она где-нибудь немного денег займёт и поедет в свой город, со мною, и пансион для благородных девиц заведёт, а меня возьмёт надзирательницей, и начнётся у нас совсем новая, прекрасная жизнь, и целует меня, обнимает, утешает, и ведь так верит! так верит фантазиям-то! Ну разве можно ей противоречить? А сама-то весь-то день сегодня моет, чистит, чинит, корыто сама с своею слабенькою-то силой, в комнату втащила, запыхалась, так и упала на постель; а то мы в ряды ещё с ней утром ходили, башмачки Полечке

заодно	as one
точь-в-точь	exactly
горячиться	get excited
мешаться	become deranged
тревожиться	be alarmed
ломать	wring
харкать	spit
утешиться	find consolation
занять	borrow
завести	start
надзирательница	directress
чинить	mend/корыто	tub
ряды	stalls/башмачки	shoes

и Лене купить, потому у них все развалились, только у нас денег-то и недостало по расчёту, очень много недостало, а она такие миленькие ботиночки выбрала, потому у ней вкус есть, вы не знаете... Тут же в лавке так и заплакала, при купцах-то, что недостало... Ах, как было жалко смотреть.

развали́ться   *fall apart*

— Ну и понятно после того, что вы... так живёте, — сказал с горькою усмешкой Раскольников.

— А вам разве не жалко? Не жалко? — вскинулась опять Соня, — ведь вы, я знаю, вы последнее сами отдали, ещё ничего не видя. А если бы вы всё-то видели, о Господи! А сколько, сколько раз я её в слёзы вводила! Да на прошлой ещё неделе! Ох, я! Всего за неделю до его смерти. Я жестоко поступила! И сколько, сколько раз я это делала. Ах как теперь целый день вспоминать было больно!

вски́нуться   *flare up*

2.1   Что говорит Соня о покойном отце? Какое это имеет отношение к тому, что здесь происходит?

2.2   Что имеет в виду Раскольников, когда он спрашивает, гуляла ли Соня?

2.3   Расскажите об отношениях между Соней и семьёй её отца.

2.4   Как Соня относится к своей мачехе? Почему она считает её поведение сумасшедшим?

Соня даже руки ломала говоря, от боли воспоминания.

— Это вы-то жестокая?

— Да я, я! Я пришла тогда, — продолжала она плача, — а покойник и говорит: «прочти мне, говорит, Соня, у меня голова что-то болит, прочти мне... вот книжка», — какая-то книжка у него, у Андрея Семёныча достал, у Лебезятникова,[3] тут живёт, он такие смешные книжки всё доставал. А я говорю: «мне идти

---

[3]One of Marmeladov's neighbors

пора», так и не хотела прочесть, а зашла я к ним, главное чтоб воротнички показать Катерине Ивановне; мне Лизавета, торговка, воротнички и нарукавнички дёшево принесла, хорошенькие, новенькие и с узором. А Катерине Ивановне очень понравились, она надела и в зеркало посмотрела на себя, и очень, очень ей понравились: «подари мне, говорит, их, Соня, пожалуйста». *Пожалуйста* попросила, и уж так ей хотелось. А куда ей надевать! Так: прежнее, счастливое время только вспомнилось! Смотрится на себя в зеркало, любуется, и никаких-то, никаких-то у ней платьев нет, никаких-то вещей, вот уж сколько лет! И ничего-то она никогда ни у кого не попросит; гордая, сама скорей отдаст последнее, а тут вот попросила, — так уж ей понравились! А я и отдать пожалела, «на что вам, говорю, Катерина Ивановна?» Так и сказала, «на что». Уж этого-то не надо было бы ей говорить! Она так на меня посмотрела, и так ей тяжело-тяжело стало, что я отказала, и так это было жалко смотреть... И не за воротнички тяжело, а за то, что я отказала, я видела. Ах, так бы, кажется, теперь всё воротила, всё переделала, все эти прежние слова... Ох, я... да что!... вам ведь всё равно!

— Эту Лизавету торговку вы знали?

— Да... А вы разве знали? — с некоторым удивлением переспросила Соня.

— Катерина Ивановна в чахотке, в злой; она скоро умрёт, сказал Раскольников, помолчав и не ответив на вопрос.

— Ох, нет, нет, нет! — И Соня бессознательным жестом схватила его за обе руки, как бы упрашивая, чтобы нет.

— Да ведь это уж лучше, коль умрёт.

— Нет, не лучше, не лучше, совсем не лучше! — испуганно и безотчётно повторяла она.

нарука́вник   *cuff*
узо́р   *design*

любова́ться   *admire self*

рассстроилась

жёлтый билет- синоним *prostitution*

вороти́ть   *turn back*

чахо́тка   *tuberculosis*/злой   *acute*

упра́шивать   *beg*

безотчётно   *unconsciously*

— А дети-то? Куда ж вы тогда возьмёте их, коль не к вам?

— Ох, уж не знаю! — вскрикнула Соня почти в отчаянии и схватилась за голову. Видно было, что эта мысль уж много-много раз в ней самой мелькала, и он только вспугнул опять эту мысль.

— Ну а коль вы, ещё при Катерине Ивановне теперь, заболеете и вас в больницу свезут, ну что тогда будет? — безжалостно настаивал он.

— Ах, что вы, что вы! Этого-то уж не может быть! — и лицо Сони искривилось страшным испугом.

— Как не может быть? — продолжал Раскольников с жёсткой усмешкой, — не застрахованы же вы? Тогда что с ними станется? На улицу всею гурьбой пойдут, она будет кашлять и просить, и об стену где-нибудь головой стучать, как сегодня, а дети плакать... А там упадёт, в часть свезут, в больницу, умрёт, а дети...

— Ох, нет!... Бог этого не попустит! — вырвалось наконец из стеснённой груди у Сони. Она слушала, с мольбой смотря на него и складывая в немой просьбе руки, точно от него всё и зависело.

Раскольников встал и начал ходить по комнате. Прошло с минуту. Соня стояла, опустив руки и голову, в страшной тоске.

— А копить нельзя? На чёрный день откладывать? — спросил он, вдруг останавливаясь перед ней.

— Нет, — прошептала Соня.

— Разумеется, нет! А пробовали? — прибавил он чуть не с насмешкой.

— Пробовала.

— И сорвалось! Ну, да разумеется! Что и спрашивать!

вскри́кнуть	*shriek*
вспугну́ть	*start up*
безжа́лостно	*pitilessly*
искриви́ться	*become distorted*
жёсткий	*unfeeling/*
застрахо́ванный	*immune*
гурьба́	*troop*
часть *ист*	*police station*
попусти́ть *уст*	*allow/*
вы́рваться	*burst forth/*
стеснённый	*tight*
немо́й	*mute*
тоска́	*anguish*
копи́ть	*save/*
откла́дывать	*put away*
насме́шка	*mockery*
сорва́ться	*fall through*

И опять он пошёл по комнате. Ещё прошло с минуту.

— Не каждый день получаете-то?

Соня больше прежнего смутилась, и краска *(color)* ударила ей опять в лицо.

— Нет, — прошептала она с мучительным *(agonizing)* усилием. *(effort)*

— С Полечкой, наверно, то же самое будет, — сказал он вдруг.

— Нет! нет! Не может быть, нет! — как отчаянная, громко вскрикнула Соня, как будто её вдруг ножом ранили. — Бог, Бог такого ужаса не допустит!...

— Других допускает же.

— Нет, нет! Её Бог защитит, Бог!... — повторяла *(defend)* она, не помня себя.

— Да, может, и Бога-то совсем нет, — с каким-то даже злорадством ответил Раскольников, засмеялся и посмотрел на неё.

злора́дство *maliciousness*

Лицо Сони вдруг страшно изменилось: по нём пробежали судороги. С невыразимым укором *(inexpressible)* взглянула она на него, хотела было что-то сказать, но ничего не могла выговорить и только вдруг горько-горько зарыдала, закрыв руками лицо.

су́дорога *spasm/*уко́р *reproach*

зарыда́ть *sob*

— Вы говорите, у Катерины Ивановны ум мешается; у вас самой ум мешается, — проговорил он после некоторого молчания.

3.1 О каком случае рассказывает Соня?

3.2 Что имеет в виду Раскольников, когда он говорит, что Соня заболеет? *он предскажет её судьбу*

3.3 Какое будущее представляет себе Раскольников для этой семьи, и в особенности для Полечки?

3.4 Зачем Раскольников мучает Соню своими вопросами и замечаниями?

Прошло минут пять. Он всё ходил взад и вперёд, молча и не взглядывая на неё. Наконец подошёл к ней; глаза его сверкали. Он взял её обеими руками за плечи и прямо посмотрел в её плачущее лицо. Взгляд его был сухой, воспалённый, острый, губы его сильно вздрагивали... Вдруг он весь быстро наклонился и, припав к полу, поцеловал её ногу. Соня в ужасе от него отшатнулась, как от сумасшедшего. И действительно, он смотрел как совсем сумасшедший.

воспалённый *inflamed*
наклони́ться *bow down*
припа́сть *prostrate self*
отшатну́ться *recoil*

— Что вы, что вы это? Передо мной! — пробормотала она, побледнев, и больно-больно сжало вдруг ей сердце.

нетерпливо — *impatiently*

Он тотчас же встал.

— Я не тебе поклонился, я всему страданию человеческому поклонился, — как-то дико произнёс он и отошёл к окну. — Слушай, — прибавил он, воротившись к ней через минуту, — я давеча сказал одному обидчику, что он не стоит одного твоего мизинца... и что я моей сестре сделал сегодня честь, посадив её рядом с тобою.

да́веча *recently/*
оби́дчик *offensive person/*
мизи́нец *little finger*

— Ах, что вы это им сказали! И при ней? — испуганно вскрикнула Соня, — сидеть со мной! Честь! Да ведь я... бесчестная... я великая, великая грешница! Ах, что вы это сказали!

бесче́стный *dishonorable*
гре́шница *sinner*

— Не за бесчестие и грех я сказал это про тебя, а за великое страдание твоё. А что ты великая грешница, то это так, — прибавил он почти восторженно, — а пуще всего, тем ты грешница, что *понапрасну* умертвила и предала себя. Ещё бы это не ужас! Ещё бы не ужас, что ты живёшь в этой грязи, которую так ненавидишь, и в то же время знаешь сама (только стоит глаза раскрыть), что никому ты этим не помогаешь и никого ни от чего не спасаешь! Да скажи же мне наконец, —

восто́рженно *triumphantly*
понапра́сну *in vain/*
умертви́ть *destroy/*
преда́ть *betray*

проговорил он, почти в исступлении, — как этакой позор и такая низость в тебе рядом с другими противоположными и святыми чувствами совмещаются? Ведь справедливее, тысячу раз справедливее и разумнее было бы прямо головой в воду и разом покончить!

— А с ними-то что будет? — слабо спросила Соня, страдальчески взглянув на него, но вместе с тем как бы вовсе и не удивившись его предложению. Раскольников странно посмотрел на неё.

Он всё прочёл в одном её взгляде. Стало быть, действительно у ней самой была уже эта мысль. Может быть, много раз и серьёзно обдумывала она в отчаянии, как бы разом покончить, и до того серьёзно, что теперь почти и не удивилась предложению его. Даже жестокости слов его не заметила (смысла укоров его и особенного взгляда его на её позор она, конечно, тоже не заметила, и это было видимо для него). Но он понял вполне, до какой чудовищной боли истерзала её, и уже давно, мысль о бесчестном и позорном её положении. Что же, что же бы могло, думал он, до сих пор останавливать решимость её покончить разом? И тут только понял он вполне, что значили для неё эти бедные, маленькие дети-сироты и эта жалкая, полусумасшедшая Катерина Ивановна, с своею чахоткой и со стуканием об стену головою.

Но тем не менее ему опять-таки было ясно, что Соня с своим характером и с тем всё-таки развитием, которое она получила, ни в каком случае не могла так оставаться. Всё-таки для него составляло вопрос: почему она так слишком уже долго могла оставаться в таком положении и не сошла с ума, если уж не в силах была броситься в воду? Конечно, он понимал, что положение Сони есть явление случайное в обществе, хотя, к несчастию, далеко не одиночное и не исключительное. Но эта-то самая случайность, эта некоторая развитость и вся предыдущая жизнь её могли бы, кажется, сразу убить её при

исступле́ние *frenzy*
позо́р *shame/*
ни́зость *baseness*
совмеща́ться *be combined*

страда́льчески *in anguish*

чудо́вищный *monstrous*
истерза́ть *distress*

разви́тие *upbringing*

одино́чный *isolated*
исключи́тельный *exceptional*

первом шаге на отвратительной дороге этой. Что же поддерживало её? Не разврат же? Ведь этот позор, очевидно, коснулся её только механически; настоящий разврат ещё не проник ни одною каплей в её сердце: он это видел; она стояла перед ним наяву...

разврат   *depravity*

капля   *drop*
наяву   *in real life*

«Ей три дороги, — думал он: — броситься в канаву, попасть с сумасшедший дом, или... или, наконец, броситься в разврат, одурманивающий ум и окаменяющий сердце». Последняя мысль была ему всего отвратительнее; но он был уже скептик, он был молод, отвлечёнен и, стало быть, жесток, а потому и не мог не верить, что последний выход, то есть разврат, был всего вероятнее.

одурма́нивать   *stupefy*
окаменя́ть   *turn to stone*
отврати́тельный   *repulsive*
отвлечённый   *detached/*
ста́ло быть   *therefore*

«Но неужели ж это правда, — воскликнул он про себя, — неужели ж и это создание, ещё сохранившее чистоту духа, сознательно втянется наконец в эту мерзкую, смрадную яму? Неужели это втягивание уже началось, и неужели потому только она и могла вытерпеть до сих пор, что порок уже не кажется ей так отвратительным? Нет, нет, быть того не может! — восклицал он, как давеча Соня, — нет, от канавы удерживала её до сих пор мысль о грехе, и *они, те*... Если же она до сих пор ещё не сошла с ума... Но кто же сказал, что она не сошла уже с ума? Разве она в здравом рассудке? Разве так можно говорить, как она? Разве в здравом рассудке так можно рассуждать, как она? Разве так можно сидеть над погибелью, прямо над смрадною ямой, в которую уже её втягивает, и махать руками, и уши затыкать, когда ей говорят об опасности? Что она, уж не чуда ли ждёт? И наверно так. Разве всё это не признаки помешательства?»

созна́тельно   *consciously/*
втяну́ться   *be drawn to/*
ме́рзкий   *vile*

восклица́ть   *exclaim*

здра́вый рассу́док   *sound mind*

поги́бель   *ruin*
маха́ть рука́ми   *do nothing*
затыка́ть   *stop up*
чу́до   *miracle*

4.1   Как Раскольников объясняет свой неожиданный поступок?

4.2   Почему он перешёл на ты?

4.3   В чём, по мнению Раскольникова, грешна Соня?

4.4   Думала ли Соня о самоубийстве? Почему, по мнению Раскольникова, она ещё не покончила с собою?

4.5 Какие выходы видит Раскольников для Сони? Почему один из них кажется ему вероятнее других?

4.6 Как он объясняет себе её теперешнее положение?

Он с упорством остановился на этой мысли. Этот исход ему даже более нравился, чем всякий другой. Он начал пристальнее всматриваться в неё.

упо́рство *persistence*

всма́триваться *scrutinize*

— Так ты очень молишься Богу-то, Соня? — спросил он её.

Соня молчала, он стоял подле неё и ждал ответа.

— Что ж бы я без Бога-то была? — быстро, энергически прошептала она, мельком вскинув на него вдруг засверкавшими глазами, и крепко стиснула рукой его руку.

вски́нуть *look*

сти́снуть *squeeze*

«Ну, так и есть!» — подумал он.

— А тебе Бог что за это делает? — спросил он, выпытывая дальше.

выпы́тывать *probe*

Соня долго молчала, как бы не могла отвечать. Слабенькая грудь её вся колыхалась от волнения.

— Молчите! Не спрашивайте! Вы не стоите!... — вскрикнула она вдруг, строго и гневно смотря на него.

сто́ить *be worthy*

гне́вно *angrily*

«Так и есть! Так и есть!» — повторял он настойчиво про себя.

— Всё делает! — быстро прошептала она, опять потупившись.

«Вот и исход! Вот и объяснение исхода!» — решил он про себя, с жадным любопытством рассматривая её.

С новым, странным, почти болезненным, чувством всматривался он в это бледное, худое и неправильное угловатое личико, в эти кроткие голубые глаза, могущие сверкать таким огнём, таким суровым энергическим чувством, в это маленькое тело, ещё дрожавшее от негодования и

углова́тый *angular*

гнева, и всё это казалось ему более и более странным, почти невозможным. «Юродивая! юродивая!»[4] твердил он про себя.

На комоде лежала какая-то книга. Он каждый раз, проходя взад и вперёд, замечал её; теперь же взял и посмотрел. Это был Новый завет в русском переводе. Книга была старая, подержанная, в кожаном переплёте.

Но́вый заве́т *New Testament*

поде́ржанный *used/* **переплёт** *binding*

— Это откуда? — крикнул он ей через комнату. Она стояла всё на том же месте, в трёх шагах от стола.

— Мне принесли, — ответила она, будто нехотя и не взглядывая на него.

не́хотя *unwillingly*

— Кто принёс?

— Лизавета принесла, я просила.

«Лизавета! Странно!» — подумал он. Всё у Сони становилось для него как-то страннее и чудеснее, с каждою минутой. Он перенёс книгу к свече и стал перелистывать.

перели́стывать *leaf through*

— Где тут про Лазаря? — спросил он вдруг.

Соня упорно глядела в землю и не отвечала. Она стояла немного боком к столу.

упо́рно *stubbornly*

— Про воскресение Лазаря где? Отыщи мне, Соня.

воскресе́ние *resurrection*

Она искоса глянула на него.

и́скоса *sideways*

— Не там смотрите... в четвёртом Евангелии... — сурово прошептала она, не подвигаясь к нему.

— Найди и прочти мне, — сказал он, сел, облокотился на стол, подпер рукой голову и угрюмо уставился в сторону, приготовившись слушать.

подпере́ть *prop up*

---

[4]The *юродивый*, or God's fool, held a special place in Russian culture. Mentally afflicted, he was thought to live in a state of special grace.

«Недели через три на седьмую версту, милости просим! Я, кажется, сам там буду, если ещё хуже не будет», — бормотал он про себя.

Соня нерешительно ступила к столу, недоверчиво выслушав странное желание Раскольникова. Впрочем, взяла книгу.

— Разве вы не читали? — спросила она, глянув на него через стол, исподлобья. Голос её становился всё суровее и суровее.

— Давно... Когда учился. Читай!

— А в церкви не слыхали?

— Я... не ходил. А ты часто ходишь?

— Н-нет, — прошептала Соня.

Раскольников усмехнулся.

— Понимаю... И отца, стало быть, завтра не пойдёшь хоронить?

— Пойду. Я и на прошлой неделе была... панихиду служила.

— По ком?

— По Лизавете. Её топором убили.

Нервы его раздражались всё более и более. Голова начала кружиться.

— Ты с Лизаветой дружна была?

— Да... Она была справедливая... она приходила... редко... нельзя было. Мы с ней читали и... говорили. Она Бога узрит.

Странно звучали для него эти книжные слова, и опять новость: какие-то таинственные сходки с Лизаветой, и обе — юродивые.

«Тут и сам станешь юродивым! Заразительно!» — подумал он. — Читай! воскликнул он вдруг настойчиво и раздражительно.

на седьму́ю версту́   *to the asylum*
ми́лости про́сим   *if you please*
бормота́ть   *mumble*

исподло́бья   *distrustfully*
суро́вый   *severe*

хорони́ть   *bury*

панихи́да   *requiem service*

топо́р   *axe*

узре́ть   *behold*

кни́жный   *bookish*
схо́дка *уст*   *gathering*

зарази́тельно   *contageous*

Соня всё колебалась. Сердце её стучало. Не смела как-то она ему читать. Почти с мучением смотрел он на «несчастную помешанную».

— Зачем вам? Ведь вы не веруете?.. — прошептала она тихо и как-то задыхаясь.

ве́ровать *believe*

задыха́ться *gasp*

— Читай! Я так хочу! — настаивал он, — читала же Лизавете!

наста́ивать *insist*

5.1 Почему Раскольников спрашивает Соню о Боге?

5.2 По какой причине Соня не ходит в церковь? А Раскольников?

5.3 Почему Соня не хочет ему читать?

5.4 Каковы отношения были между Соней и Лизаветой? Какое это имеет значение для Раскольникова?

5.5 Как понимает Соня слово «справедливый»?

Соня развернула книгу и отыскала место. Руки её дрожали, голосу не хватало. Два раза начинала она, и всё не выговаривалось первого слога.

разверну́ть *открыть*

слог *syllable*

«Был же болен некто Лазарь, из Вифании...» — произнесла она наконец, с усилием, но вдруг, с третьего слова, голос зазвенел и порвался, как слишком натянутая струна. Дух пересекло, и в груди стеснилось.

не́кто *a certain*

порва́ться *break*
струна́ *string/*
 дух *breath/*
 пересе́чь *break off*

Раскольников понимал отчасти, почему Соня не решалась ему читать, и чем более понимал это, тем как бы грубее и раздражительнее настаивал на чтении. Он слишком хорошо понимал, как тяжело было ей теперь выдавать и обличать всё *своё*. Он понял, что чувства эти действительно как бы составляли настоящую и уже давнишнюю, может быть, *тайну её*, может быть ещё с самого отрочества, ещё в семье, подле несчастного отца и сумасшедшей от горя мачехи, среди голодных детей, безобразных криков и попрёков. Но в то же время он узнал теперь, и узнал наверно, что хоть и тосковала она и боялась чего-то ужасно, принимаясь теперь читать, но что вместе с тем ей мучительно самой хотелось прочесть, несмотря на всю тоску и на все опасения, и

отча́сти *in part*

облича́ть *reveal*

давни́шний *long standing*

о́трочество *adolesence*

попрёк *reproach*

тоскова́ть *be miserable*

опасе́ние *misgiving*

именно *ему*, чтоб он слышал, и непременно *теперь* — «что бы там ни вышло потом!»... Он прочёл это в её глазах, понял из её восторженного волнения... Она пересилила себя, подавила горловую спазму, пресекшую в начале стиха её голос, и продолжала чтение одиннадцатой главы Евангелия Иоаннова. Так дочла она до 19-го стиха:

«И многие из иудеев пришли к Марфе и Марии утешать их в печали о брате их. Марфа, услыша, что идёт Иисус, пошла навстречу Ему; Мария же сидела дома. Тогда Марфа сказала Иисусу: Господи! если бы Ты был здесь, не умер бы брат мой. Но и теперь знаю, что чего Ты попросишь у Бога, даст Тебе Бог».

Тут она остановилась опять, стыдливо предчувствуя, что дрогнет и порвётся опять её голос...

«Иисус говорит ей: воскреснет брат твой. Марфа сказала Ему: знаю, что воскреснет в воскресение, в последний день. Иисус сказал ей: *Я есмь воскресение и жизнь*; верующий в Меня, если и умрёт, оживёт. И всякий живущий и верующий в Меня не умрёт вовек. Веришь ли сему? Она говорит Ему

(и как бы с болью переведя дух, Соня раздельно и с силою прочла, точно сама во всеуслышание исповедовала):

Так, Господи! Я верую, что Ты Христос, Сын Божий, грядущий в мир».

Она было остановилась, быстро подняла было на него глаза, но поскорей пересилила себя и стала читать далее. Раскольников сидел и слушал неподвижно, не оборачиваясь, облокотясь на стол и смотря в сторону. Дочли до 32-го стиха.

«Мария же, пришедши туда, где был Иисус, и увидев Его, пала к ногам Его; и сказала Ему: Господи! если бы Ты был здесь, не умер бы брат

пересилить *master/*
подавить *suppress/*
пресечь *cut off*

воскреснуть *rise from the dead*

есмь *am*

вовек *уст never*

перевести дух *take a breath*
во всеуслышание *for all to hear*

грядущий *coming*

мой. Иисус, когда увидел её плачущую и пришедших с нею иудеев плачущих, Сам восскорбел духом и возмутился. И сказал: где вы положили его? Говорят Ему: Господи! поди и смотри. Иисус прослезился. Тогда иудеи говорили: смотри, как Он любил его. А некоторые из них сказали: не мог ли Сей, отверзший очи слепому, сделать, чтоб и этот не умер?»

Раскольников обернулся к ней и с волнением смотрел на неё: да, так и есть! Она уже вся дрожала в действительной, настоящей лихорадке. Он ожидал этого. Она приближалась к слову о величайшем и неслыханном чуде, и чувство великого торжества охватило её. Голос её стал звонок, как металл; торжество и радость звучали в нём и крепили его. Строчки мешались перед ней, потому что в глазах темнело, но она знала наизусть, что читала. При последнем стихе: «не мог ли Сей, отверзший очи слепому...» — она, понизив голос, горячо и страстно передала сомнение, укор и хулу неверующих, слепых иудеев, которые сейчас, через минуту, как громом поражённые, падут, зарыдают и уверуют... «И *он, он*, — тоже ослеплённый и неверующий, — и он тоже сейчас услышит, он тоже уверует, да, да! сейчас же, теперь же», — мечталось ей, и она дрожала от радостного ожидания.

«Иисус же, опять скорбя внутренно, проходит ко гробу. То была пещера, и камень лежал на ней. Иисус говорит: отнимите камень. Сестра умершего Марфа говорит Ему: Господи! уже смердит; ибо *четыре* дни, как он во гробе».

Она энергично ударила на слово: *четыре*.

«Иисус говорит ей: не сказал ли Я тебе, что если будешь веровать, увидишь славу Божию? Итак, отняли камень от пещеры, где лежал умерший. Иисус же возвёл очи к небу и сказал: Отче, благодарю Тебя, что Ты услышал Меня. Я и знал, что Ты всегда услышишь Меня; но сказал сие для

восскорбе́ть ду́хом *groan in spirit/*
возмути́ться *be troubled*

прослези́ться *weep*

отверзть уст *откры́ть/*
о́ко уст *глаз*

неслы́ханный *unheard of*

зво́нкий *ringing/* **звуча́ть** *be heard*
крепи́ть *strengthen/*
меша́ться *be mixed*

хула́ *reviling*

ослепи́ть *blind*

скорбе́ть *grieve*
пеще́ра *cave*

смерде́ть *stink*

возвести́ *raise*

народа, здесь стоящего, чтобы поверили, что Ты послал Меня. Сказав сие, воззвал громким голосом: Лазарь! иди вон. *И вышел умерший,*

(громко и восторженно прочла она, дрожа и холодея, как бы воочию сама видела): обвитый по рукам и ногам погребальными пеленами; и лицо его обвязано было платком. Иисус говорит им: развяжите его; пусть идёт.

Тогда многие из иудеев, пришедших к Марии и видевших, что сотворил Иисус, уверовали в Него».

Далее она не читала и не могла читать, закрыла книгу и быстро встала со стула.

— Всё об воскресении Лазаря, — отрывисто и сурово прошептала она и стала неподвижно, отвернувшись в сторону, не смея и как бы стыдясь поднять на него глаза. Лихорадочная дрожь её ещё продолжалась. Огарок уже давно погас в кривом подсвечнике, тускло освещая в этой нищенской комнате убийцу и блудницу, странно сошедшихся за чтением вечной книги...

воззвáть *call out*

холодéть *tremble/*
воóчию *with own eyes/*
обви́ть *bind/*
погребáльный *burial/*
пеленá *shroud/*
развязáть *unloose*

сотвори́ть *do/*
увéровать *come to believe*

[handwritten: abruptly]
[handwritten: severely] *[handwritten: motionless]*

огáрок *candle end*
погасáть *go out/***тýскло** *dimly*
ни́щенский *wretched/*
блудни́ца уст *harlot*

6.1 Перескажите библейское сказание о Лазаре.

6.2 Почему Раскольников попросил Соню прочесть именно эту историю? Какое она имеет значение для него?

6.3 Как Соня читает отрывок из Библии? Что он узнал о Соне по тому, как она читает?

... Прошло минут пять или более.

— Я о деле пришёл говорить, — громко и нахмурившись проговорил вдруг Раскольников, *[handwritten: frowning]* встал и подошёл к Соне. Та молча подняла на него глаза. Взгляд его был особенно суров, и какая-то дикая решимость выражалась в нём. *[handwritten: expressed itself in him]*

— Я сегодня родных бросил, — сказал он, — мать *[handwritten: (family) natives abandoned]* и сестру. Я не пойду к ним теперь. Я там всё разорвал.

разорвáть *break off*

— Зачем? — как ошеломлённая спросила Соня. Давешняя встреча с его матерью и сестрой оставила в ней необыкновенное впечатление, хотя и самой ей неясное. Известие о разрыве выслушала она почти с ужасом.

ошеломлённый *stunned*
да́вешний *recent*

— У меня теперь одна ты, — прибавил он. — Пойдём вместе... Я пришёл к тебе. Мы вместе прокляты, вместе и пойдём!

Глаза его сверкали. «Как полоумный!» — подумала в свою очередь Соня.

— Куда идти? — в страхе спросила она и невольно отступила назад.

— Почему ж я знаю? Знаю только, что по одной дороге, наверно знаю, — и только. Одна цель!

Она смотрела на него, и ничего не понимала. Она понимала только, что он ужасно, бесконечно несчастен.

— Никто ничего не поймёт из них, если ты будешь говорить им, — продолжал он, — а я понял. Ты мне нужна, потому я к тебе и пришёл.

— Не понимаю... — прошептала Соня.

— Потом поймёшь. Разве ты не то же сделала? Ты тоже переступила... смогла переступить. Ты на себя руки наложила, ты загубила жизнь... *свою* (это всё равно!). Ты могла бы жить духом и разумом, а кончишь на Сенной[5]... Но ты выдержать не можешь, и если останешься одна, сойдёшь с ума, как и я. Ты уж и теперь как помешанная; стало быть, нам вместе идти, по одной дороге! Пойдём!

переступи́ть *transgress*
загуби́ть *destroy*

ра́зум *reason*
вы́держать *endure*

— Зачем? Зачем вы это! — проговорила Соня, странно и мятежно взволнованная его словами.

мяте́жно *passionately*

— Зачем? Потому что так нельзя оставаться — вот зачем! Надо же, наконец, рассудить серьёзно и

рассуди́ть *reason*

---

[5]Сенная площадь, a slum area of nineteenth-century St. Petersburg that is central to *Crime and Punishment*.

прямо, а не по-детски плакать и кричать, что Бог не допустит! Ну что будет, если в самом деле тебя завтра в больницу свезут? Та не в уме и чахоточная, умрёт скоро, а дети? Разве Полечка не погибнет? Неужели не видала ты здесь детей, по углам, которых матери милостыню высылают просить? Я узнавал, где живут эти матери и в какой обстановке. Там детям нельзя оставаться детьми. Там семилетний развратен и вор. А ведь дети — образ Христов: «Сих есть царствие Божие». Он велел их чтить и любить, они будущее человечества...

мѝлостыню проси́ть — *beg*

вор — *thief*

— Что же, что же делать? — истерически плача и ломая руки повторяла Соня.

— Что делать? Сломать, что надо, раз навсегда, да и только: и страдание взять на себя! Что? Не понимаешь? После поймёшь... Свободу и власть, а главное власть! Над всею дрожащею тварью и над всем муравейником!.. Вот цель! Помни это! Это моё тебе напутствие! Может, я с тобой в последний раз говорю. Если не приду завтра, услышишь про всё сама, и тогда припомни эти теперешние слова. И когда-нибудь, потом, через годы, с жизнию, может, и поймёшь, что они значили. Если же приду завтра, то скажу тебе, кто убил Лизавету. Прощай!

тварь — *creatures*
муравѐйник — *anthill*
напу́тствие — *parting words*

Соня вся вздрогнула от испуга.

вздро́гнуть — *start*

— Да разве вы знаете, кто убил? — спросила она, леденея от ужаса и дико смотря на него.

леденѐть — *freeze*

— Знаю и скажу... Тебе, одной тебе! Я тебя выбрал. Я не прощения приду просить к тебе, а просто скажу. Я тебя давно выбрал, чтоб это сказать тебе, ещё тогда, когда отец про тебя говорил и когда Лизавета была жива, я это подумал. Прощай. Руки не давай. Завтра!

прощѐние — *forgiveness*

Он вышел. Соня смотрела на него как на помешанного; но она и сама была как безумная и чувствовала это. Голова у ней кружилась. «Господи! как он знает, кто убил Лизавету? Что значили эти слова? Страшно это!» Но в то же время *мысль* не проходила ей в голову. Никак! Никак!.. «О, он должен быть ужасно несчастен!.. Он бросил мать и сестру. Зачем? Что было? И что у него в намерениях? Чтó это он ей говорил? Он ей поцеловал ногу и говорил... говорил (да, он ясно это сказал), что без неё уже жить не может... О Господи!

В лихорадке и в бреду провела всю ночь Соня. Она вскакивала иногда, плакала, руки ломала, то забывалась опять лихорадочным сном, и ей снились Полечка, Катерина Ивановна, Лизавета, чтение Евангелия и он... он, с его бледным лицом, с горящими глазами... Он целует ей ноги, плачет... О Господи!

7.1 Объясняет ли Раскольников в конце концов, зачем он пришёл к Соне?

7.2 Почему он считает, что они с Соней похожи друг на друга?

7.3 Здесь Раскольников намекает на теорию, которая позволила ему убить человека. Объясните его теорию. Чем она отличается от «нигилизма» Базарова («Отцы и дети»)?

7.4 Какое впечатление производят его слова на Соню?

Задания

1. Нарисуйте комнату Сони.

2. Напишите газетную статью о причинах преступности в обществе.

3. Придумайте разговор, который мог бы состояться между Базаровым и Павлом Петровичем («Отцы и дети»), о преступлении Раскольникова.

4. Напишите ещё одну главу, в коротой Раскольников признаётся Соне в убийстве. В ней он объясняет причины, побудившие его совершить убийство. Опишите реакцию Сони на его признание.

Лев Николаевич Толстой
Анна Каренина (отрывок) (1877)

In these chapters from «Анна Каренина» you will meet three of the novel's central characters, Анна Аркадьевна Каренина, Count Алексей Кириллович Вронский, and Anna's husband, Алексей Александрович Каренин, an influential government official. Anna and her husband live in St. Petersburg with Серёжа, their son.

At the beginning of the novel, Anna has traveled to Moscow to help her brother through a marital crisis. In Moscow, Anna makes the acquaintance of Vronsky, an officer. She sees Vronsky again at a ball, where his attentions to her are remarked by other guests. Following the ball, Anna decides to return home earlier than she had originally planned. In Part I, Chapter 30 we see her and her maid, Аннушка, board the train for St. Petersburg.

Упражнения

1. *In this section of the novel, Anna often has unexpected, even condradictory reactions to situations and events. Fill in the blanks with a logical word. Later, as you read the passage, compare your choice of words with the original.*

   1. Герой романа уже начал достигать своего счастия, баронетства и имения, и Анна желала с ним вместе ехать в зто имение, как вдруг она почувствовала, что … .

   2. Красный огонь ослепил глаза, и потом всё закрылось стеной. Анна почувствовала, что она провалилась. Но всё это было … .

   3. Метель и ветер рванулись ей навстречу и заспорили с ней о двери. И это ей показалось … .

   4. Весь ужас метели показался ей ещё более … теперь.

2. *Participles may precede or follow the noun that they modify. First decide which noun in the following sentences might be modified by*

Л. Н. Толстой (1900)

*the words given in parentheses. Then add those words to the
sentences in any order that seems natural to you. Translate your
sentences into English. Later, compare your word order to the
original.*

1. Снег развлекал её внимание. (бивший в левое окно,
   налипавший на стекло)

2. Вид кондуктора развлекал её внимание. (закутанный, мимо
   прошедший, занесённый снегом с одной стороны)

3. Голос человека прокричал что-то ей над ухом. (окутанный,
   занесённый снегом)

4. «Сюда пожалуйте! № 28!» — кричали ещё разные голоса, и
   пробегали люди. (занесённый снегом, обвязанный)

5. Человек в военном пальто подле неё самой заслонил ей свет
   фонаря. (колеблющийся)

6. Вронский для неё один из сотен вечно одних и тех же молодых людей. (повсюду встречаемый)

3. *Combine each series of sentences into a single sentence. Later, compare your new sentences with Tolstoy's originals.*

1. Она чувствовала. Глаза её раскрываются больше и больше. Пальцы на руках и ногах нервно движутся. Внутри что-то давит дыханье. Все образы и звуки в этом колеблющемся полумраке с необычайною яркостью поражают её.

2. На минуту она опомнилась и поняла. Вошедший худой мужик в длинном нанковом пальто был истопник. Он смотрел на термометр. Ветер и снег ворвались за ним в дверь. Потом опять всё смешалось.

3. Она поняла. Подъехали к станции. Это был кондуктор.

Перед чтением

Роман «Анна Каренина» начинается известными словами «Все счастливые семьи похожи друг на друга, каждая несчастливая семья несчастлива по-своему». Как вы понимаете эти слова? Отчего зависит семейное счастье?

Текст и вопросы

Анна Каренина

Часть первая

XXIX

«Ну, всё конечно, и слава Богу!» — была первая мысль, пришедшая Анне Аркадьевне, когда она простилась в последний раз с братом, который до третьего звонка загораживал собою дорогу в вагоне. Она села на свой диванчик, рядом с Аннушкой, и огляделась в полусвете спального вагона. «Слава Богу, завтра увижу Серёжу и Алексея Александровича, и пойдёт моя жизнь, хорошая и привычная, по-старому».

[handwritten notes:]
проститься – say goodbye
загора́живать obstruct
огляде́ться – look around
dimlight sleeping → её сын
familiar (experienced)

Всё в том же духе озабоченности, в котором она находилась весь этот день, Анна с удовольствием и отчётливостью устроилась маленькими ловкими руками она отперла и заперла красный мешочек, достала подушечку, положила себе на колени и, аккуратно закутав ноги, спокойно уселась. Больная дама укладывалась уже спать. Две другие дамы заговаривали с ней, и толстая старуха укутывала ноги и выражала замечания о топке. Анна ответила несколько слов дамам, но, не предвидя интереса от разговора, попросила Аннушку достать фонарик, прицепила его к ручке кресла и взяла из своей сумочки разрезной ножик и английский роман. Первое время ей не читалось. Сначала мешала возня и ходьба; потом, когда тронулся поезд, нельзя было не прислушаться к звукам; потом снег, бивший в левое окно и налипавший на стекло, и вид закутанного, мимо прошедшего кондуктора, занесённого снегом с одной стороны, и разговоры о том, какая теперь страшная метель на дворе, развлекали её внимание. Далее всё было то же и то же; та же тряска с постукиваньем, тот же снег в окно, те же быстрые переходы от парового жара к холоду и опять к жару, то же мелькание тех же лиц в полумраке и те же голоса, и Анна стала читать и понимать читаемое. Аннушка уже дремала, держа красный мешочек на коленах широкими руками в перчатках, из которых одна была прорвана. Анна Аркадьевна читала и понимала, но ей неприятно было читать, то есть следить за отражением жизни других людей. Ей слишком самой хотелось жить. Читала ли она, как героиня романа ухаживала за больным, ей хотелось ходить неслышными шагами по комнате больного; читала ли она о том, как член парламента говорил речь, ей хотелось говорить эту речь; читала ли она о том, как леди Мери ехала верхом за стаей и дразнила невестку и удивляла всех своею смелостью, ей хотелось это делать самой. Но делать нечего было, и она, перебирая своими

озабо́ченность   *anxiety*

отчётливость   *precision/*
устро́иться   *get settled*

заку́тать   *bundle up*
укла́дываться   *ложиться*

уку́тывать   *bundle up/***то́пка**   *heating*

фона́рик   *reading light/*
прицепи́ть   *fasten/*
разрезно́й но́жик   *paper knife*

возня́   *bustle*
тро́нуться   *start*

налипа́ть   *stick*

развлека́ть   *distract*
тря́ска   *jolting*
посту́киванье   *knocking*
парово́й   *steam*
мелька́ние   *flashing by*
полумра́к   *semi-darkness*
дрема́ть   *doze*

прорва́ть   *tear*

отраже́ние   *reflection*

ста́я   *pack (hounds)/***дразни́ть**   *tease/*
неве́стка   *sister-in-law*

перебира́ть   *toy with*

маленькими руками гладкий ножичек, усиливалась читать.

Герой романа уже начал достигать своего английского счастия, баронетства и имения, и Анна желала с ним вместе ехать в это имение, как вдруг она почувствовала, что ему должно быть стыдно и что ей стыдно этого самого. Но чего же ему стыдно? «Чего же мне стыдно?» — спросила она себя с оскорблённым удивлением. Она оставила книгу и откинулась на спинку кресла, крепко сжав в обеих руках разрезной ножик. Стыдного ничего не было. Она перебрала все свои московские воспоминания. Все были хорошие, приятные. Вспомнила бал, вспомнила Вронского и его влюблённое покорное лицо, вспомнила все свои отношения с ним: ничего не было стыдного. А вместе с тем на этом самом месте воспоминаний чувство стыда усиливалось, как будто какой-то внутренний голос именно тут, когда она вспомнила о Вронском, говорил ей: «Тепло, очень тепло, горячо». «Ну что же? — сказала она себе решительно, пересаживаясь в кресле. — Что же это значит? Разве я боюсь взглянуть прямо на это? Ну что же? Неужели между мной и этим офицером-мальчиком существуют и могут существовать какие-нибудь другие отношения, кроме тех, что бывают с каждым знакомым?» Она презрительно усмехнулась и опять взялась за книгу, но уже решительно не могла понимать того, что читала. Она провела разрезным ножом по стеклу, потом приложила его гладкую и холодную поверхность к щеке и чуть вслух не засмеялась от радости, вдруг беспричинно овладевшей ею. Она чувствовала, что нервы её, как струны, натягиваются все туже и туже на какие-то завинчивающиеся колышки. Она чувствовала, что глаза её раскрываются больше и больше, что пальцы на руках и ногах нервно движутся, что внутри что-то давит дыханье и что все образы и звуки в этом колеблющемся полумраке с необычайною яркостью поражают её. На неё

усиливаться   *make an effort*

откинуться   *lean back*

пересаживаться   *shift position*

презрительно   *scornfully*

беспричинно   *for no reason*

натягиваться   *be stretched/*
туже   *tighter/*
завинчивающийся колышек
   tuning peg

поражать   *strike*

беспрестанно находили минуты сомнения, вперёд ли едет вагон, или назад, или вовсе стоит. Аннушка ли подле неё, или чужая? «Что там, на ручке, шуба ли это, или зверь? И что сама я тут? Я сама или другая?» Ей страшно было отдаваться этому забытью. Но что-то втягивало в него, и она по произволу могла отдаваться ему и воздерживаться. Она поднялась, чтоб опомниться, откинула плед и сняла пелерину тёплого платья. На минуту она опомнилась и поняла, что вошедший худой мужик в длинном нанковом пальто, на котором недоставало пуговицы, был истопник, что он смотрел на термометр, что ветер и снег ворвались за ним в дверь; но потом опять всё смешалось... Мужик этот с длинною талией принялся грызть что-то в стене, старушка стала протягивать ноги во всю длину вагона и наполнила его чёрным облаком; потом что-то страшно заскрипело и застучало, как будто раздирали кого-то; потом красный огонь ослепил глаза, и потом всё закрылось стеной. Анна почувствовала, что она провалилась. Но всё это было не страшно, а весело. Голос окутанного и занесённого снегом человека прокричал что-то ей над ухом. Она поднялась и опомнилась; она поняла, что подъехали к станции и что это был кондуктор. Она попросила Аннушку подать ей снятую пелерину и платок, надела их и направилась к двери.

— Выходить изволите? — спросила Аннушка.

— Да, мне подышать хочется. Тут очень жарко.

И она отворила дверь. Метель и ветер рванулись ей навстречу и заспорили с ней о двери. И это ей показалось весело. Она отворила дверь и вышла. Ветер как будто только ждал её, радостно засвистал и хотел подхватить и унести её, но она рукой взялась за холодный столбик и, придерживая платье, спустилась на платформу и зашла за вагон. Ветер был силен на крылечке, но на платформе за вагонами было затишье. С наслаждением, полною грудью, она вдыхала в

по произво́лу	*at will*
воздéрживаться	*refrain*
откúнуть	*throw off*/плед *laprobe*/
пелерúна	*cape*
истопни́к	*stoker*
грызть	*gnaw*
о́блако	*cloud*
раздира́ть	*tear apart*
провали́ться	*fall through*
окýтать	*bundle up*
подыша́ть	*get some fresh air*
рвану́ться	*rush*
сто́лбик	*rail*
крыле́чко	*landing*
зати́шье	*calm*
вдыха́ть	*inhale*

себя снежный, морозный воздух и, стоя подле вагона, оглядывала платформу и освещённую станцию.

моро́зный *icy*

1.1 Опишите вагон, в котором Анна ехала в Петербург. Чем занимались пассажиры?

1.2 Какой роман читает Анна? Почему ей так трудно читать?

1.3 Что вы поняли о содержании этого романа? Какая связь существует между ним и её воспоминаниями о Москве?

1.4 Как она объясняет свои отношения с Вронским?

1.5 Опишите сон, который видит Анна. Что из того, что в действительности происходило вокруг неё, отразилось в этом сне? Что он может означать?

1.6 Какую роль играют бытовые детали в этой части романа? Объясните какую функцию выполняет разрезной ножик.

XXX

Страшная буря рвалась и свистела между колёсами вагонов по столбам из-за угла станции. Вагоны, столбы, люди, всё, что было видно, — было занесено с одной стороны снегом и заносилось всё больше и больше. На мгновенье буря затихала, но потом опять налетала такими порывами, что, казалось, нельзя было противостоять ей. Между тем какие-то люди бегали, весело переговариваясь, скрипя по доскам платформы и беспрестанно отворяя и затворяя большие двери. Согнутая тень человека проскользнула под её ногами, и послышались звуки молотка по железу. «Депешу дай!» — раздался сердитый голос с другой стороны из бурного мрака. «Сюда пожалуйте! № 28!» — кричали ещё разные голоса, и занесённые снегом пробегали обвязанные люди. Какие-то два господина с огнём папирос во рту прошли мимо неё. Она вздохнула ещё раз, чтобы надышаться, и уже вынула руку из муфты, чтобы взяться за столбик и войти в вагон, как ещё человек в военном пальто подле неё самой заслонил ей колеблющийся свет фонаря. Она оглянулась и в ту же минуту узнала лицо Вронского. Приложив

столб *pole*

противостоя́ть *resist*
скрипе́ть *creak*

согну́ть *bend*
проскользну́ть *slip by*
молото́к *hammer*/желе́зо *iron*/
депе́ша *dispatch*

бу́рный *stormy*

обвяза́ть *bundle up*

надыша́ться *take a deep breath*
му́фта *muff*

заслони́ть *block*
коле́блющийся *flickering*

руку к козырьку, он наклонился пред ней и
спросил, не нужно ли ей чего-нибудь, не может
ли он служить ей? Она довольно долго, ничего не
отвечая, вглядывалась в него и, несмотря на тень,
в которой он стоял, видела, или ей казалось, что
видела, и выражение его лица и глаз. Это было
опять то выражение почтительного восхищения,
которое так подействовало на неё вчера. Не раз
говорила она себе эти последние дни и сейчас
только, что Вронский для неё один из сотен
вечно одних и тех же, повсюду встречаемых
молодых людей, что она никогда не позволит
себе и думать о нём; но теперь, в первое
мгновенье встречи с ним, её охватило чувство
радостной гордости. Ей не нужно было
спрашивать, зачем он тут. Она знала это так же
верно, как если б он сказал ей, что он тут для
того, чтобы быть там, где она.

— Я не знала, что вы едете. Зачем вы едете? —
сказала она, опустив руку, которою взялась было
за столбик. И неудержимая радость и оживление
сияли на её лице.

— Зачем я еду? — повторил он, глядя ей прямо
в глаза. — Вы знаете, я еду для того, чтобы
быть там, где вы, — сказал он, — я не могу
иначе.

И в это же время, как бы одолев препятствие,
ветер посыпал снег с крыш вагонов, затрепал
каким-то железным оторванным листом, и
впереди плачевно и мрачно заревел густой
свисток паровоза. Весь ужас метели показался ей
ещё более прекрасен теперь. Он сказал то самое,
чего желала её душа, но чего она боялась
рассудком. Она ничего не отвечала, и на лице её
он видел борьбу.

— Простите меня, если вам неприятно то, что я
сказал, — заговорил он покорно.

Он говорил учтиво, почтительно, но так твёрдо и
упорно, что она долго не могла ничего не
ответить.

вгля́дываться   *peer intently*

почти́тельный   *respectful/*
восхище́ние   *admiration*

неудержи́мый   *unrestrained/*
оживле́ние   *animation*

кры́ша   *roof/*
затрепа́ть   *rattle*

плаче́вно   *plaintively/*густо́й   *deep*
свисто́к   *whistle/*парово́з   *locomotive*

— Это дурно, что́ вы говорите, и я прошу вас, если вы хороший человек, забудьте, что́ вы сказали, как и я забуду, — сказала она наконец.

— Ни одного слова вашего, ни одного движения вашего я не забуду никогда и не могу...

— Довольно, довольно! — вскрикнула она, тщетно стараясь придать строгое выражение своему лицу, в которое он жадно всматривался. И, взявшись рукой за холодный столбик, она поднялась на ступеньки и быстро вошла в сени вагона. Но в этих маленьких сенях она остановилась, обдумывая в своём воображении то, что было. Не вспоминая ни своих, ни его слов, она чувством поняла, что этот минутный разговор страшно сблизил их; и она была испугана и счастлива этим. Постояв несколько секунд, она вошла в вагон и села на своё место. То напряжённое состояние, которое её мучало сначала, не только возобновилось, но усилилось и дошло до того, что она боялась, что всякую минуту порвётся в ней что-то слишком натянутое. Она не спала всю ночь. Но в том напряжении и тех грёзах, которые наполняли её воображение, не было ничего неприятного и мрачного; напротив, было что-то радостное, жгучее и возбуждающее. К утру Анна задремала, сидя в кресле, и когда проснулась, то уже было бело, светло и поезд подходил к Петербургу. Тотчас же мысли о доме, о муже, о сыне и заботы предстоящего дня и следующих обступили её.

В Петербурге, только что остановился поезд и она вышла, первое лицо, обратившее её внимание, было лицо мужа. «Ах, Боже мой! отчего у него стали такие уши?» — подумала она, глядя на его холодную и представительную фигуру и особенно на поразившие её теперь хрящи ушей, подпиравшие поля круглой шляпы. Увидав её, он пошёл к ней навстречу, сложив губы в привычную ему насмешливую улыбку и прямо глядя на неё большими усталыми глазами.

дурно́й *bad*

тще́тно *in vain*

сбли́зить *bring together*

возобнови́ться *be renewed*

напряже́ние *tension*
грёза *fantasy*

жгу́чий *vital*

забо́та *concerns*
обступи́ть *beset*

представи́тельный *imposing*

хрящ *cartilage*/поля́ *brim*

Какое-то неприятное чувство щемило ей сердце, когда она встретила его упорный и усталый взгляд, как будто она ожидала увидеть его другим. В особенности поразило её чувство недовольства собой, которое она испытала при встрече с ним. Чувство то было давнишнее, знакомое чувство, похожее на состояние притворства, которое она испытывала в отношениях к мужу; но прежде она не замечала этого чувства, теперь она ясно и больно сознала его.

щеми́ть *pain*

притво́рство *pretence*

— Да, как видишь, нежный муж, нежный, как на другой год женитьбы, сгорал желанием увидеть тебя, — сказал он своим медлительным тонким голосом и тем тоном, который он всегда почти употреблял с ней, тоном насмешки над тем, кто бы в самом деле так говорил.

на друго́й год *the following year/*
жени́тьба *marriage/*
медли́тельный *slow*

— Серёжа здоров? — спросила она.

— И это вся награда, — сказал он, — за мою пылкость? Здоров, здоров...

2.1 Какую роль играет погода в этих эпизодах романа?

2.2 Опишите Вронского. Напоминает ли он героев-офицеров из других рассказов?

2.3 Какие чувства испытывает Анна при встрече с Вронским?

2.4 Опишите Каренина. Почему Анна удивляется, увидев его?

2.5 Как вы представляете себе отношения между Карениным и его женой?

2.6 Какие последствия может вызвать уход Анны от мужа? А что будет, если она останется с ним?

Задания

1. Напишите письмо от имени Анны, адресованное её другу или подруге. В этом письме объясните положение, в котором она оказалась, и попросите совета. Потом напишите ответ на это письмо. В ответном письме обязательно посоветуйте ей, как себя вести.

2. Как бы описал каренин приезд Анны в Петербург?

Антон Павлович Чехов
Анна на шее (1895)

Антон Павлович Чехов was born in Taganrog on the sea of Azov in 1860. His father, the son of a serf, kept a small store. While Chekhov was still in high school, his father's business failed, and the family moved to Moscow. Chekhov joined them in 1879, when he began studying medicine at Moscow University. At the same time he began writing fiction, primarily as a way of adding to the family income. He graduated from medical school in 1884, but by that time was so well established as a writer that he never took up the professional practice of medicine.

Chekhov was a prolific writer of short stories. His earliest works were very short humorous sketches, but as his talent matured, he turned to a variety of serious topics. His stories are characterized by their conciseness, an effect that he achieves, in part, through suggestive use of detail. Chekhov's attitude toward his characters is that of a man of medicine. He analyses them dispassionately but seldom presumes to judge them.

Chekhov is also known as a dramatist. His name is closely associated with the Московский Художественный Академический Театр (МХАТ), founded in 1898 by Константин Станиславский and Владимир Немирович-Данченко. Chekhov's best known plays, «Чайка» (1896), «Дядя Ваня» (1899), «Три сестры» (1901), and «Вишнёвый сад» (1904), were written with that acting ensemble in mind. In 1901, Chekhov married МХАТ actress Ольга Книппер.

Chekhov suffered from tuberculosis. During the last years of his life, he made his home in Yalta and, for reasons of health, often travelled to European health spas. He died in 1904, in Badenweiler, Germany.

The stories «Анна на шее» (1895) and «Дама с собачкой» (1899) belong to Chekhov's later period. Although both stories treat similar themes, Chekhov's comic talent is clearly evident in «Анна на шее» while «Дама с собачкой» is written in a more reflective spirit.

Упражнения

I. *Decide which of the words from the list best fits each sentence. Later as you read the story, compare your choice with the original.*

брак, венча́ние, венча́льный, сва́дьба, сва́дебный, заму́жество, выходи́ть / вы́йти за́муж *за кого?*, жени́ться *на ком?*

1. После _____ не было даже лёгкой закуски.

2. Вместо весёлого _____ бала и ужина, вместо музыки и танцев — поездка на богомолье за двести вёрст.

3. Шумная _____ могла бы, пожалуй, показаться не совсем приличной.

4. Скучно слушать музыку, когда чиновник пятидесяти двух лет _____ на девушке, которой едва минуло восемнадцать.

5. В _____ он отдаёт первое место религии и нравственности.

6. Она вспомнила, как мучительно было _____ .

7. Зачем она ~~вышла замуж~~ за этого пожилого, неинтересного господина?

8. Во время _____ и теперь в вагоне она чувствовала себя виноватой, обманутой и смешной.

9. Вот она _____ за богатого, а денег у неё всё-таки не было.

10. _____ она за него только из-за денег, а между тем денег у неё теперь было меньше, чем до _____

2. *Fill in the blanks with the correct form of the given verb. Remember that when the same person performs the actions of both clauses,* чтобы *is followed by an infinitive, but when the actions of the two clauses are performed by different people,* чтобы *is followed by a past tense. Translate your sentences into English.*

1. Эту поездку в монастырь Модест Алексеич затеял собственно для того, чтобы _____ (дать) понять своей молодой жене, что он отдаёт первое место религии и нравственности.

2. Толпа сослуживцев и родных стояла с бокалами и ждала, когда пойдёт поезд, чтобы _____ (крикнуть) «ура».

3. Ему ничего не стоит взять у его сиятельства записочку к директору гимназии, чтобы Петра Леонтьича не _____ (увольнять).

4. Она вышла на площадку и стала так, чтобы все _____ (видеть) её всю в новом великолепном платье и в шляпке.

5. Модест Алексеич вошёл к ней без сюртука, чтобы перед её трюмо _____ (надеть) себе на шею орден.

6. Модест Алексеич приложил два пальца к губам, чтобы не _____ (рассмеяться) громко.

Перед чтением

Расскажите друг другу эпилог, который вы придумали для рассказа «Ёлка и свадьба». Должен ли такой брак обязательно быть несчастным? Приведите примеры из жизни и литературы.

Анна на шее

I

После венчания не было даже лёгкой закуски; молодые выпили по бокалу, переоделись и поехали на вокзал. Вместо весёлого свадебного бала и ужина, вместо музыки и танцев — поездка на богомолье за двести вёрст. Многие одобряли это, говоря, что Модест Алексеич уже в чинах и не молод и шумная свадьба могла бы, пожалуй, показаться не совсем приличной; да и скучно слушать музыку, когда чиновник пятидесяти двух лет женится на девушке, которой едва минуло восемнадцать. Говорили также, что эту поездку в монастырь Модест Алексеич, как человек с правилами, затеял собственно для того, чтобы дать понять своей молодой жене, что и в браке он отдаёт первое место религии и нравственности.

Молодых провожали. Толпа сослуживцев и родных стояла с бокалами и ждала, когда пойдёт поезд, чтобы крикнуть «ура», и Пётр Леонтьич, отец, в цилиндре, в учительском фраке, уже пьяный и уже очень бледный, всё тянулся к окну со своим бокалом и говорил умоляюще:

— Анюта! Аня! Аня, на одно слово!

молоды́е *newlyweds*

богомо́лье *pilgrimage/*
одобря́ть *approve/*
в чина́х *advanced in rank*

цили́ндр *top hat*
тяну́ться *stretch toward*
умоля́юще *imploringly*

Аня наклонялась к нему из окна, и он шептал ей что-то, обдавая её запахом винного перегара, дул в ухо — ничего нельзя было понять, — и крестил ей лицо, грудь, руки; при этом дыхание у него дрожало и на глазах блестели слёзы. А братья Ани, Петя и Андрюша, гимназисты, дёргали его сзади за фрак и шептали сконфуженно: —

Папочка, будет... Папочка, не надо...

Когда поезд тронулся, Аня видела, как её отец побежал немножко за вагоном, пошатываясь и расплёскивая своё вино, и какое у него было жалкое, доброе, виноватое лицо.

— Ура-а-а! — кричал он.

Молодые остались одни. Модест Алексеич осмотрелся в купе, разложил вещи по полкам и сел против своей молодой жены, улыбаясь. Это был чиновник среднего роста, довольно полный, пухлый, очень сытый, с длинными бакенами и без усов, и его бритый, круглый, резко очерченный подбородок походил на пятку. Самое характерное в его лице было отсутствие усов, это свежевыбритое, голое место, которое постепенно переходило в жирные, дрожащие, как желе, щёки. Держался он солидно, движения у него были не быстрые, манеры мягкие.

— Не могу не припомнить теперь одного обстоятельства, — сказал он улыбаясь. — Пять лет назад, когда Косоротов получил орден святыя[1] Анны второй степени и пришёл благодарить, то его сиятельство выразился так: «Значит, у вас теперь три Анны: одна в петлице, две на шее».[2] А надо сказать, что в то время к Косоротову только что вернулась его жена, особа сварливая и легкомысленная, которую звали Анной. Надеюсь, что когда я получу Анну второй степени, то его

обдава́ть перега́р	envelope/ fumes
дёргать	pull
сконфу́женно	in embarassment
расплёскивать	splash
ба́кены	бакенбарды
очерти́ть пя́тка	outline/ heel
жи́рный желе́	fat/ jelly
сварли́вый	shrewish

---

[1]The word *святыя* has an archaic feminine genitive singular ending.
[2]The order of St. Anne was worn on a ribbon around the neck. The expression *сидеть на шее* means to be burdensome.

сиятельство не будет иметь повода сказать мне то же самое.

Он улыбался своими маленькими глазками. И она тоже улыбалась, волнуясь от мысли, что этот человек может каждую минуту поцеловать её своими полными, влажными губами и что она уже не имеет права отказать ему в этом. Мягкие движения его пухлого тела пугали её, ей было и страшно и гадко. Он встал, не спеша снял с шеи орден, снял фрак и жилет и надел халат.

— Вот так, — сказал он, садясь рядом с Аней.

Она вспомнила, как мучительно было венчание, когда казалось ей, что и священник, и гости, и все в церкви глядели на неё печально: зачем, зачем она, такая милая, хорошая, выходит за этого пожилого, неинтересного господина? Ещё утром сегодня она была в восторге, что всё так хорошо устроилось, во время же венчания и теперь в вагоне чувствовала себя виноватой, обманутой и смешной. Вот она вышла за богатого, а денег у неё всё-таки не было, венчальное платье шили в долг, и, когда сегодня её провожали отец и братья, она по их лицам видела, что у них не было ни копейки. Будут ли они сегодня ужинать? А завтра? И ей почему-то казалось, что отец и мальчики сидят теперь без неё голодные и испытывают точно такую же тоску, какая была в первый вечер после похорон матери.

«О, как я несчастна! — думала она. — Зачем я так несчастна?»

С неловкостью человека солидного, непривыкшего обращаться с женщинами, Модест Алексеич трогал её за талию и похлопывал по плечу, а она думала о деньгах, о матери, об её смерти. Когда умерла мать, отец, Пётр Леонтьич, учитель чистописания и рисования в гимназии, запил, наступила нужда; у мальчиков не было сапог и калош, отца таскали к мировому, приходил

тоска́ *misery*
по́хороны *funeral*

похло́пывать *pat*

чистописа́ние *penmanship*

мирово́й *justice of peace*

судебный пристав и описывал мебель... Какой
стыд! Аня должна была ухаживать за пьяным
отцом, штопать братьям чулки, ходить на рынок,
и, когда хвалили её красоту, молодость и изящные
манеры, ей казалось, что весь свет видит её
дешёвую шляпку и дырочки на ботинках,
замазанные чернилами. А по ночам слёзы и
неотвязчивая, беспокойная мысль, что скоро-
скоро отца уволят из гимназии за слабость и что
он не перенесёт этого и тоже умрёт, как мать. Но
вот знакомые дамы засуетились и стали искать для
Ани хорошего человека. Скоро нашёлся вот этот
самый Модест Алексеич, не молодой и не
красивый, но с деньгами. У него в банке тысяч сто
и есть родовое имение, которое он отдаёт в
аренду. Это человек с правилами и на хорошем
счету у его сиятельства; ему ничего не стоит, как
говорили Ане, взять у его сиятельства записочку к
директору гимназии и даже к попечителю, чтобы
Петра Леонтьича не увольняли...

Пока она вспоминала эти подробности,
послышалась вдруг музыка, ворвавшаяся в окно
вместе с шумом голосов. Это поезд остановился
на полустанке. За платформой в толпе бойко
играли на гармонике и на дешёвой визгливой
скрипке, а из-за высоких берёз и тополей, из-за
дач, залитых лунным светом, доносились звуки
военного оркестра; должно быть, на дачах был
танцевальный вечер. На платформе гуляли
дачники и горожане, приезжавшие сюда в
хорошую погоду подышать чистым воздухом. Был
тут и Артынов, владелец всего этого дачного
места, богач, высокий полный брюнет, похожий
лицом на армянина, с глазами навыкате и в
странном костюме. На нём была рубаха,
расстёгнутая на груди, и высокие сапоги со
шпорами, и с плеч спускался чёрный плащ,
тащившийся по земле, как шлейф. За ним,
опустив свои острые морды, ходили две борзые.

У Ани ещё блестели на глазах слёзы, но она уже
не помнила ни о матери, ни о деньгах, ни о

судебный при́став *уст*　*bailiff/*
　опи́сывать　*repossess*

што́пать　*darn*
изя́щный　*elegant*

зама́зать　*cover up*
неотвя́зчивый　*persistent*
уво́лить　*fire*

засуети́ться　*become active*

родово́й　*ancestral*
аре́нда　*lease/*
　на хоро́шем счету́　*in good standing*

попечи́тель　*trustee*

полуста́нок　*station*
гармо́ника　*accordion/*
　визгли́вый　*shrill/*
　то́поль　*poplar/*
　зали́ть　*drench*

шлейф　*train*
мо́рда　*face (animal)/*
　борза́я　собака

своей свадьбе, а пожимала руки знакомым гимназистам и офицерам, весело смеялась и говорила быстро:

— Здравствуйте! Как поживаете?

Она вышла на площадку, под лунный свет, и стала так, чтобы видели её всю в новом великолепном платье и в шляпке.

— Зачем мы здесь стоим? — спросила она.

— Здесь разъезд, — ответили ей, — ожидают почтового поезда.

разъе́зд *siding*

Заметив, что на неё смотрит Артынов, она кокетливо прищурила глаза и заговорила громко по-французски, и оттого, что её собственный голос звучал так прекрасно и что слышалась музыка и луна отражалась в пруде, и оттого, что на неё жадно и с любопытством смотрел Артынов, этот известный донжуан и баловник, и оттого, что всем было весело, она вдруг почувствовала радость, и, когда поезд тронулся и знакомые офицеры на прощанье сделали ей под козырёк, она уже напевала польку, звуки которой посылал ей вдогонку военный оркестр, гремевший где-то там за деревьями; и вернулась она в своё купе с таким чувством, как будто на полустанке её убедили, что она будет счастлива непременно, несмотря ни на что.

звуча́ть *sound*
отража́ться *be reflected*

баловни́к *rogue*

сде́лать под козырёк *salute*
напева́ть *hum*
вдого́нку *after*

1.1 Опишите Петра Леонтьича. Почему лицо у него «виноватое»?

1.2 Какая внешность у Модеста Алексеича? Какой у него характер?

1.3 О чём вспоминает Модест Алексеич? Зачем он рассказывает жене об этом случае?

1.4 Как Анна относится к мужу? Почему она вышла за него замуж? В каком смысле можно его считать «хорошим человеком»?

1.5 Опишите Артынова.

1.6 Почему Анна неожиданно повеселела на полустанке?

Молодые пробыли в монастыре два дня, потом вернулись в город. Жили они на казённой квартире. Когда Модест Алексеич уходил на службу, Аня играла на рояле, или плакала от скуки, или ложилась на кушетку и читала романы и рассматривала модный журнал. За обедом Модест Алексеич ел очень много и говорил о политике, о назначениях, переводах и наградах, о том, что надо трудиться, что семейная жизнь есть не удовольствие, а долг, что копейка рубль бережёт и что выше всего на свете он ставит религию и нравственность. И, держа нож в кулаке, как меч, он говорил:

— Каждый человек должен иметь свои обязанности!

А Аня слушала его, боялась и не могла есть и обыкновенно вставала из-за стола голодной. После обеда муж отдыхал и громко храпел, а она уходила к своим. Отец и мальчики посматривали на неё как-то особенно, как будто только что до её прихода осуждали её за то, что она вышла из-за денег, за нелюбимого, нудного, скучного человека; её шуршащее платье, браслетки и вообще дамский вид стесняли, оскорбляли их; в её присутствии они немножко конфузились и не знали, о чём говорить с ней; но всё же любили они её по-прежнему и ещё не привыкли обедать без неё. Она садилась и кушала с ними щи, кашу и картошку, жаренную на бараньем сале, от которого пахло свечкой. Пётр Леонтьич дрожащей рукой наливал из графинчика и выпивал быстро, с жадностью, с отвращением, потом выпивал другую рюмку, потом третью... Петя и Андрюша, худенькие, бледные мальчики с большими глазами, брали графинчик и говорили растерянно:

— Не надо, папочка... Довольно, папочка...

И Аня тоже тревожилась и умоляла его больше не пить, а он вдруг вспыхивал и стучал кулаком по столу.

— Я никому не позволю надзирать за мной! — кричал он. — Мальчишки! Девчонка! Я вас всех выгоню вон!

кушéтка *диван*

назначéние *appointment/*
перевóд *transfer*

меч *sword*

храпéть *snore*

осуждáть *censure*
нýдный *tedious*
шуршáть *rustle*

графúнчик *decanter*
отвращéние *disgust*

растéрянно *in confusion*

тревóжиться *be alarmed*

надзирáть *supervise*

Но в голосе его слышались слабость, доброта, и никто его не боялся. После обеда обыкновенно он наряжался; бледный, с порезанным от бритья подбородком, вытягивая тощую шею, он целых полчаса стоял перед зеркалом и прихорашивался, то причёсываясь, то закручивая свои чёрные усы, прыскался духами, завязывал бантом галстук, потом надевал перчатки, цилиндр и уходил на частные уроки. А если был праздник, то он оставался дома и писал красками или играл на фисгармонии, которая шипела и рычала; он старался выдавить из неё стройные, гармоничные звуки и подпевал или же сердился на мальчиков:

— Мерзавцы! Негодяи! Испортили инструмент!

По вечерам муж Ани играл в карты со своими сослуживцами, жившими с ним под одной крышей в казённом доме. Сходились во время карт жёны чиновников, некрасивые, безвкусно наряженные, грубые, как кухарки, и в квартире начинались сплетни, такие же некрасивые и безвкусные, как сами чиновницы. Случалось, что Модест Алексеич ходил с Аней в театр. В антрактах он не отпускал её от себя ни на шаг, а ходил с ней под руку по коридорам и фойе. Раскланявшись с кем-нибудь, он тотчас уже шептал Ане: «Статский советник... принят у его сиятельства...» или «Со средствами... имеет свой дом...» Когда проходили мимо буфета, Ане очень хотелось чего-нибудь сладкого; она любила шоколад и яблочное пирожное, но денег у неё не было, а спросить у мужа она стеснялась. Он брал грушу, мял её пальцами и спрашивал нерешительно:

— Сколько стоит?

— Двадцать пять копеек.

— Однако! — говорил он и клал грушу на место; но так как было неловко отойти от буфета, ничего не купивши, то он требовал сельтерской

наряжа́ться *get dressed up*
то́щий *scrawny*
прихора́шиваться *preen*
закру́чивать *twist*
пры́скаться *sprinkle/*
     завя́зывать ба́нтом *tie in a bow*

фисгармо́ния *harmonium/*
рыча́ть *groan*
подпева́ть *sing along*

спле́тня *gossip*

мять *squeeze*

одна́ко *indeed*

воды и выпивал всю бутылку, и слёзы выступали у него на глазах, и Аня ненавидела его в это время.

Или он, вдруг весь покраснев, говорил ей быстро:

— Поклонись этой старой даме!

— Но я с ней не знакома.

— Всё равно. Это супруга управляющего казённой палатой! Поклонись же, тебе говорю! — ворчал он настойчиво. — Голова у тебя не отвалится.

Аня кланялась, и голова у неё в самом деле не отваливалась, но было мучительно. Она делала всё, что хотел муж, и злилась на себя за то, что он обманул её, как последнюю дурочку. Выходила она за него только из-за денег, а между тем денег у неё теперь было меньше, чем до замужества. Прежде хоть отец давал двугривенный, а теперь — ни гроша. Брать тайно или просить она не могла, она боялась мужа, трепетала его. Ей казалось, что страх к этому человеку она носит в своей душе уже давно. Когда-то в детстве самой внушительной и страшной силой, надвигающейся как туча или локомотив, готовый задавить, ей всегда представлялся директор гимназии; другой такою силой, о которой в семье всегда говорили и которую почему-то боялись,[3] был его сиятельство; и был ещё десяток сил помельче, и между ними учителя гимназии с бритыми усами, строгие, неумолимые и теперь вот, наконец, Модест Алексеич, человек с правилами, который даже лицом походил на директора. И в воображении Ани все эти силы сливались в одно и в виде одного страшного, громадного белого медведя надвигались на слабых и виноватых, таких, как её отец, и она боялась сказать что-нибудь против и натянуто улыбалась и выражала

управля́ющий *director/*
казённая пала́та *treasury/*
ворча́ть *grumble/*
отвали́ться *fall off*

после́дняя ду́рочка *complete idiot*

двугри́венный *20 kopecks*

трепета́ть *tremble*

внуши́тельный *imposing*

неумоли́мый *implacable*

надвига́ться *bear down upon*

---

[3]In colloquial Russian *боя́ться* may be used with the accusative case.

притворное удовольствие, когда её грубо ласкали и оскверняли объятиями, наводившими на неё ужас.

ласка́ть *caress*
оскверня́ть *defile*

Только один раз Пётр Леонтьич осмелился попросить у него пятьдесят рублей взаймы, чтобы заплатить какой-то очень неприятный долг, но какое это было страдание!

взаймы́ *on loan*

— Хорошо, я вам дам, — сказал Модест Алексеич, подумав, — но предупреждаю, что больше уже не буду помогать вам, пока вы не бросите пить. Для человека, состоящего на государственной службе, постыдна такая слабость. Не могу не напомнить вам общеизвестного факта, что многих способных людей погубила эта страсть, между тем как при воздержании они, быть может, могли бы со временем сделаться высокопоставленными людьми.

предупрежда́ть *warn*

посты́дный *shameful*

воздержа́ние *temperance*

И потянулись длинные периоды: «по мере того...», «исходя из того положения...», «ввиду только что сказанного», а бедный Пётр Леонтьич страдал от унижения и испытывал сильное желание выпить.

И мальчики, приходившие к Ане в гости, обыкновенно в рваных сапогах и в поношенных брюках, тоже должны были выслушивать наставления.

рва́ный *tattered/*
поно́шенный threadbare

наставле́ние *exhortation*

— Каждый человек должен иметь свои обязанности! — говорил им Модест Алексеич.

А денег не давал. Но зато он дарил Ане кольца, браслеты и броши, говоря, что эти вещи хорошо иметь про чёрный день. И часто он отпирал её комод и делал ревизию: все ли вещи целы.

отпира́ть *открывать*
реви́зия *inspection*

2.1 Как Анна проводила свободное время?

2.2 Какие отношения установились у Анны и Модеста Алексеича.

2.3 Какие отношения были между Анной и её отцом и братьями?

2.4 Как Пётр Леонтьич готовился к урокам? Как он проводил праздники?

2.5 Почему Модест Алексеич хочет, чтобы Анна поклонилась незнакомой даме?

2.6 С кем Анна сравнивает своего мужа?

2.7 Как Модест Алексеич отнёсся к просьбе Петра Леонтьича?

2.8 Как бы вы себя вели на месте Анны?

II

Наступила между тем зима. Ещё задолго до Рождества в местной газете было объявлено, что 29 декабря в дворянском собрании «имеет быть» обычный зимний бал. Каждый вечер, после карт, Модест Алексеич, взволнованный, шептался с чиновницами, озабоченно поглядывая на Аню, и потом долго ходил из угла в угол, о чём-то думая. Наконец, как-то поздно вечером, он остановился перед Аней и сказал:

— Ты должна сшить себе бальное платье. Понимаешь? Только, пожалуйста, посоветуйся с Марьей Григорьевной и с Натальей Кузьминишной.

И дал ей сто рублей. Она взяла, но, заказывая бальное платье, ни с кем не советовалась, а поговорила только с отцом и постаралась вообразить себе, как бы оделась на бал её мать. Её покойная мать сама одевалась всегда по последней моде и всегда возилась с Аней и одевала её изящно, как куклу, и научила её говорить по-французски и превосходно танцевать мазурку (до замужества она пять лет прослужила в гувернантках). Аня так же, как мать, могла из старого платья сделать новое, мыть в бензине перчатки, брать на прокат bijoux[4] и так же, как мать, умела щурить глаза, картавить, принимать красивые позы, приходить, когда нужно, в восторг, глядеть печально и загадочно. А от отца она унаследовала тёмный цвет волос и глаз, нервность и эту манеру всегда прихорашиваться.

покóйный   *late*
возúться   *spend time*

бензúн   *dry cleaning fluid*
прокáт   *rent*
картáвить   *incorrectly pronounce r*

загáдочный   *mysterious*
унаслéдовать   *inherit*

---

[4]jewels

Когда за полчаса до отъезда на бал Модест Алексеич вошёл к ней без сюртука, чтобы перед её трюмо надеть себе на шею орден, то, очарованный её красотой и блеском её свежего, воздушного наряда, самодовольно расчесал себе бакены и сказал:

— Вот ты у меня какая... вот ты какая! Анюта! — продолжал он, вдруг впадая в торжественный тон. — Я тебя осчастливил, а сегодня ты можешь осчастливить меня. Прошу тебя, представься супруге его сиятельства! Ради Бога! Через неё я могу получить старшего докладчика!

Поехали на бал. Вот и дворянское собрание и подъезд со швейцаром. Передняя с вешалками, шубы, снующие лакеи и декольтированные дамы, закрывающиеся веерами от сквозного ветра; пахнет светильным газом и солдатами. Когда Аня, идя вверх по лестнице под руку с мужем, услышала музыку и увидала в громадном зеркале всю себя, освещённую множеством огней, то в душе её проснулась радость и то самое предчувствие счастья, какое испытала она в лунный вечер на полустанке. Она шла гордая, самоуверенная, в первый раз чувствуя себя не девочкой, а дамой, и невольно походкою и манерами подражая своей покойной матери. И в первый раз в жизни она чувствовала себя богатой и свободной. Даже присутствие мужа не стесняло её, так как, перейдя порог собрания, она уже угадала инстинктом, что близость старого мужа нисколько не унижает её, а, наоборот, кладёт на неё печать пикантной таинственности, которая так нравится мужчинам. В большой зале уже гремел оркестр и начались танцы. После казённой квартиры, охваченная впечатлениями света, пестроты, музыки, шума, Аня окинула взглядом залу и подумала: «Ах, как хорошо!» и сразу отличила в толпе всех своих знакомых, всех, кого она раньше встречала на вечерах или на гуляньях, всех этих офицеров, учителей, адвокатов, чиновников, помещиков, его

трюмо́ *mirror*

воздушный *airy*/наря́д *finery*

ста́рший докла́дчик *position*

швейца́р *doorman*
снова́ть *scurry*/
декольти́рованный *décolleté*/
сквозно́й ве́тер *draft*/
свети́льный *lighting*

похо́дка *walk*
подража́ть *imitate*

пестрота́ *bright colors*

отличи́ть *spot*

сиятельство, Артынова и дам высшего общества, разодетых, сильно декольтированных, красивых и безобразных, которые уже занимали свои позиции в избушках и павильонах благотворительного базара, чтобы начать торговлю в пользу бедных. Громадный офицер в эполетах — она познакомилась с ним на Старо-Киевской улице, когда была гимназисткой, а теперь не помнила его фамилии — точно из-под земли вырос и пригласил на вальс, и она отлетела от мужа, и ей уж казалось, будто она плыла на парусной лодке, в сильную бурю, а муж остался далеко на берегу... Она танцевала страстно, с увлечением и вальс, и польку, и кадриль, переходя с рук на руки, угорая от музыки и шума, мешая русский язык с французским, картавя, смеясь и не думая ни о муже, ни о ком и ни о чём. Она имела успех у мужчин, это было ясно, да иначе и быть не могло, она задыхалась от волнения, судорожно тискала в руках веер и хотела пить. Отец, Пётр Леонтьич, в помятом фраке, от которого пахло бензином, подошёл к ней, протягивая блюдечко с красным мороженым.

— Ты очаровательна сегодня, — говорил он, глядя на неё с восторгом, — и никогда ещё я так не жалел, что ты поспешила замуж... Зачем? Я знаю, ты сделала это ради нас, но... — Он дрожащими руками вытащил пачечку денег и сказал: — Я сегодня получил с урока и могу отдать долг твоему мужу.

Она сунула ему в руки блюдечко и, подхваченная кем-то, унеслась далеко и мельком, через плечо своего кавалера, видела, как отец, скользя по паркету, обнял даму и понёсся с ней по зале.

«Как он мил, когда трезв!» — думала она.

Мазурку она танцевала с тем же громадным офицером; он важно и тяжело, словно туша в мундире, ходил, поводил плечами и грудью, притопывал ногами еле-еле — ему страшно не

разоде́тый *dressed up*

благотвори́тельный *charity*

па́русный *sail*

угора́ть *be intoxicated*

задыха́ться *gasp*
ти́скать *squeeze*
помя́тый *rumpled*

очарова́тельный *charming*

подхвати́ть *snatch up*
ме́льком *in passing*
скользи́ть *glide*
понести́сь *set off*

ту́ша *hulk*

прито́пывать *stamp*

хотелось танцевать, а она порхала около, дразня его своей красотой, своей открытой шеей, глаза горели задором, движения были страстные, а он становился всё равнодушнее и протягивал к ней руки милостиво, как король.

— Браво, браво! — говорили в публике.

Но мало-помалу и громадного офицера прорвало; он оживился, заволновался и, уже поддавшись очарованию, вошёл в азарт и двигался легко, молодо, а она только поводила плечами и глядела лукаво, точно она уже была королева, а он раб, и в это время ей казалось, что на них смотрит вся зала, что все эти люди млеют и завидуют им. Едва громадный офицер успел поблагодарить её, как публика вдруг расступилась и мужчины вытянулись как-то странно, опустив руки... Это шёл к ней его сиятельство, во фраке с двумя звёздами. Да, его сиятельство шёл именно к ней, потому что глядел прямо на неё в упор и слащаво улыбался и при этом жевал губами, что делал он всегда, когда видел хорошеньких женщин.

порха́ть	*flit*
задо́р	*ardor*
прорва́ть	*loosen up*
войти́ в аза́рт	*get excited*
поводи́ть плеча́ми	*move shoulders*
лука́во *slyly /* **раб**	*slave*
млеть	*be thrilled*
расступи́ться	*part*
в упо́р *point blank /*	
слаща́во *stickliy /* **жева́ть**	*chew*

3.1 Как Анна готовилась к балу?

3.2 Что удивило Модеста Алексеича, когда он увидел Анну в бальном платье?

3.3 О чём Модест Алексеич просит Анну?

3.4 Опишите бал.

3.5 Что происходило с Анной на балу?

3.6 Передайте её разговор с отцом.

3.7 Как познакомилась Анна с его сиятельством?

— Очень рад, очень рад... — начал он. — А я прикажу посадить вашего мужа на гауптвахту за то, что он до сих пор скрывал от нас такое сокровище. Я к вам с поручением от жены, — продолжал он, подавая ей руку. — Вы должны помочь нам... М-да... Нужно назначить вам премию за красоту... как в Америке... М-да... Американцы... Моя жена ждёт вас с нетерпением.

гауптва́хта	*guard house*
сокро́вище	*treasure*

Он привёл её в избушку, к пожилой даме, у которой нижняя часть лица была несоразмерно велика, так что казалось, будто она во рту держала большой камень.

несоразме́рно — disproportionately

— Помогите нам, — сказала она в нос, нараспев. — Все хорошенькие женщины работают на благотворительном базаре, и только одна вы почему-то гуляете. Отчего вы не хотите нам помочь?

Она ушла, а Аня заняла её место около серебряного самовара с чашками. Тотчас же началась бойкая торговля. За чашку чаю Аня брала не меньше рубля, а громадного офицера заставила выпить три чашки. Подошёл Артынов, богач, с выпуклыми глазами, страдающий одышкой, но уже не в том странном костюме, в каком видела его Аня летом, а во фраке, как все. Не отрывая глаз с Ани, он выпил бокал шампанского и заплатил сто рублей, потом выпил чаю и дал ещё сто — и всё это молча, страдая астмой... Аня зазывала покупателей и брала с них деньги, уже глубоко убеждённая, что её улыбки и взгляды не доставляют этим людям ничего, кроме большого удовольствия. Она уже поняла, что она создана исключительно для этой шумной, блестящей, смеющейся жизни с музыкой, танцами, поклонниками, и давнишний страх её перед силой, которая надвигается и грозит задавить, казался ей смешным, никого она уже не боялась, и только жалела, что нет матери, которая порадовалась бы теперь вместе с ней её успехам.

вы́пуклый — bulging
оды́шка — asthma

зазыва́ть — beckon

задави́ть — crush

Пётр Леонтьич, уже бледный, но ещё крепко держась на ногах, подошёл к избушке и попросил рюмку коньяку. Аня покраснела, ожидая, что он скажет что-нибудь неподобающее (ей уже было стыдно, что у неё такой бледный, такой обыкновенный отец), но он выпил, выбросил из своей пачечки десять рублей и важно отошёл, не сказав ни слова. Немного погодя она видела, как он шёл в паре в grand rond, и в этот раз он уже

неподоба́ющий — unseemly

немно́го погодя́ — a little later

пошатывался и что-то выкрикивал, к великому конфузу своей дамы, и Аня вспомнила, как года три назад на балу он так же вот пошатывался и выкрикивал — и кончилось тем, что околоточный увёз его домой спать, а на другой день директор грозил уволить со службы. Как некстати было это воспоминание!

Когда в избушках потухли самовары и утомлённые благотворительницы сдали выручку пожилой даме с камнем во рту, Артынов повёл Аню под руку в залу, где был сервирован ужин для всех участвовавших в благотворительном базаре. Ужинало человек двадцать, не больше, но было очень шумно. Его сиятельство провозгласил тост: «В этой роскошной столовой будет уместно выпить за процветание дешёвых столовых, служивших предметом сегодняшнего базара». Бригадный генерал предложил выпить «за силу, перед которой пасует даже артиллерия», и все потянулись чокаться с дамами. Было очень, очень весело!

Когда Аню провожали домой, то уже светало и кухарки шли на рынок. Радостная, пьяная, полная новых впечатлений, замученная, она разделась, повалилась в постель и тотчас же уснула...

Во втором часу дня её разбудила горничная и доложила, что приехал господин Артынов с визитом. Она быстро оделась и пошла в гостиную. Вскоре после Артынова приезжал его сиятельство благодарить за участие в благотворительном базаре. Он, глядя на неё слащаво и жуя, поцеловал ей ручку и попросил позволения бывать ещё и уехал, а она стояла среди гостиной, изумлённая, очарованная, не веря, что перемена в её жизни, удивительная перемена, произошла так скоро, и в это самое время вошёл её муж, Модест Алексеич... И перед ней также стоял он теперь с тем же заискивающим, сладким, холопски-почтительным выражением, какое она привыкла видеть у него в присутствии сильных и знатных; и с восторгом, с

пошатываться *stagger*

околоточный *уст* *policeman*

некстати *inopportune*

потухнуть *go out*
утомлённый *exhausted/*
выручка *receipts*

провозгласить *propose*
уместно *fitting*
процветание *flourishing*

пасовать *be powerless*
чокаться *clink glasses*

светать *grow light*

повалиться *fall/*
уснуть *fall asleep*

заискивающий *fawning/*
холопский *slavish/*
почтительный *deferential*

негодованием, с презрением, уже уверенная, что ей за это ничего не будет, она сказала, отчётливо выговаривая каждое слово:

— Подите прочь, болван!

После этого у Ани не было уже ни одного свободного дня, так как она принимала участие то в пикнике, то в прогулке, то в спектакле. Возвращалась она домой каждый день под утро и ложилась в гостиной на полу, и потом рассказывала всем трогательно, как она спит под цветами. Денег нужно было очень много, но она уже не боялась Модеста Алексеича и тратила его деньги, как свои; и она не просила, не требовала, а только посылала ему счета или записки: «выдать подателю сего 200 р.», или: «немедленно уплатить 100 р.».

подáтель *bearer*

На Пасхе Модест Алексеич получил Анну второй степени. Когда он пришёл благодарить, его сиятельство отложил в сторону газету и сел поглубже в кресло.

— Значит, у вас теперь три Анны, — сказал он, осматривая свои белые руки с розовыми ногтями, — одна в петлице, две на шее.

Модест Алексеич приложил два пальца к губам из осторожности, чтобы не рассмеяться громко, и сказал:

— Теперь остаётся ожидать появления на свет маленького Владимира. Осмелюсь просить ваше сиятельство в восприемники.

восприéмник *godfather*

Он намекал на Владимира IV степени и уже воображал, как он будет всюду рассказывать об этом своём каламбуре, удачном по находчивости и смелости, и хотел сказать ещё что-нибудь такое же удачное, но его сиятельство вновь углубился в газету и кивнул головой...

каламбýр *pun/*
нахóдчивость *quick wit*

углубúться *bury self*

А Аня всё каталась на тройках, ездила с Артыновым на охоту, играла в одноактных пьесах, ужинала и всё реже бывала у своих. Они обедали уже одни. Пётр Леонтьич запивал сильнее прежнего, денег не было, и фисгармонию давно уже продали за долг. Мальчики теперь не отпускали его одного на улицу и всё следили за ним, чтобы он не упал; и когда во время катанья на Старо-Киевской им встречалась Аня на паре с пристяжной на отлёте и с Артыновым на козлах вместо кучера, Пётр Леонтьич снимал цилиндр и собирался что-то крикнуть, Петя и Андрюша брали под руку и говорили умоляюще: — Не надо, папочка... Будет, папочка...

пристяжна́я	*outside horse/*
на отлёте	*head to side/*
ко́злы	*coach box*

4.1 Опишите жену его сиятельства. Чего она хочет от Анны?

4.2 Как вёл себя Пётр Леонтьич? Как вы думаете, что он сделает со своим долгом Модесту Алексеичу? Какое значение имеет его поведение для Анны?

4.3 Что происходило за ужином? За что выпили его сиятельство и бригадный генерал?

4.4 Как изменились отношения между Анной и её мужем? Должен ли он быть довольным успехом своей жены?

4.5 Какие изменения произошли в отношениях Анны с её семьёй?

4.6 Как она сейчас проводит своё время?

4.7 Как вы поняли каламбур Модеста Алексеича?

4.8 Считаете ли вы Анну счастливой?

4.9 Сравните судьбу этой Анны с судьбой Анны Карениной.

Задание

1. В этом рассказе мы узнали довольно много о родителях Анны. Напишите биографию её матери.

2. Перепишите этот рассказ в эпистолярном жанре. Сначала напишите четыре письма от имени Анны. В этих письмах пусть она опишет своё положение и попросит совета. На каждое письмо сами напишите ответ. Из этих писем составьте новый рассказ. Дайте ему название.

Антон Павлович Чехов

Дама с собачкой (1899)

Упражнения

1. *Combine the sentences using* точно. *Translate your new sentences into English.*

1. Гуров и Анна Сергеевна стояли. Они ожидали, не сойдёт ли ещё кто с парохода.

2. Она не плакала, но была грустна. Она была больна.

3. Через минуту уже не было слышно шума. Всё сговорилось нарочно, чтобы прекратить поскорее это сладкое забытьё, это безумие.

4. В памяти всё было ясно. Он расстался с Анной Сергеевной только вчера.

5. В конце концов остаётся какая-то куцая, бескрылая жизнь, какая-то чепуха, и уйти и бежать нельзя. Сидишь в сумасшедшем доме или в арестантских ротах!

6. Они не виделись года два. Поцелуй их был долгий, длительный.

2. *Complete the comparison using* точно *and the words in parentheses. Translate your new sentences into English.*

1. Анна Сергеевна к тому, что произошло, отнеслась как-то особенно, очень серьёзно. (к своему падению)

2. Она задумалась в унылой позе. (грешница на старинной картине)

3. Он сидел на постели, покрытой дешёвым серым одеялом. (больничный)

4. В петлице у него блестел какой-то учёный значок. (лакейский номер)

А. П. Чехов

3. *Combine the sentences below using all the strategies that you can think of. Your objective is to form the smallest number of sentences possible. Later, as you read the story, compare your results with Chekhov's original passage.*

1. От прошлого у Гурова сохранилось воспоминание о женщинах.

2. Женщины — беззаботные.

3. Женщины — добродушные.

4. Женщины — весёлые от любви.

5. Женщины — благодарны ему за счастье.

6. Счастье — очень короткое.

7. У него сохранилось воспоминание о таких женщинах, как его жена.

8. Женщины любили без искренности.

9. Женщины любили с излишними разговорами.

10. Женщины любили манерно.

11. Женщины любили с истерией.

12. Женщины любили с таким выражением, как будто то была не любовь.

13. Женщины любили с таким выражением, как будто то была не страсть.

14. Женщины любили с таким выражением, как будто то было что-то более значительное.

15. У него сохранилось воспоминание о таких двух-трёх женщинах.

16. Женщины очень красивые.

17. Женщины — холодные.

18. У женщин вдруг промелькало на лице хищное выражение.

19. У женщин вдруг промелькало на лице упрямое желание взять у жизни больше, чем она может дать.

20. У женщин вдруг промелькало на лице упрямое желание выхватить у жизни больше, чем она может дать.

21. Это были женщины не первой молодости.

22. Это были капризные женщины.

23. Это были не рассуждающие женщины.

24. Это были не умные женщины.

25. Гуров к ним охладевал.

26. Их красота возбуждала в нём ненависть

27. Кружева на их белье казались похожими на чешую.

Перед чтением

1. Действие этого рассказа происходит в Ялте. Как вы представляете себе Ялту в конце девятнадцатого века? Какие люди приезжали туда? Зачем?

2. Какую любовь можно назвать великой? Приведите примеры из литературы и из жизни.

Текст и вопросы

Дама с собачкой

I

Говорили, что на набережной появилось новое лицо: дама с собачкой. Дмитрий Дмитрич Гуров, проживший в Ялте уже две недели и привыкший тут, тоже стал интересоваться новыми лицами. Сидя в павильоне у Верне, он видел, как по набережной прошла молодая дама, невысокого роста блондинка в берете; за нею бежал белый шпиц.

И потом он встречал её в городском саду и на сквере, по нескольку раз в день. Она гуляла одна, всё в том же берете, с белым шпицем; никто не знал, кто она, и называли её просто так: дама с собачкой.

«Если она здесь без мужа и без знакомых, — соображал Гуров, — то было бы не лишнее познакомиться с ней».

Ему не было ещё сорока, но у него была уже дочь двенадцати лет и два сына гимназиста. Его женили рано, когда он был ещё студентом второго курса, и теперь жена казалась в полтора раза старше его. Это была женщина высокая, с тёмными бровями, прямая, важная, солидная и, как она сама себя называла, мыслящая. Она много читала, не писала в письмах ъ,[1] называла мужа не Дмитрием, а Димитрием, а он втайне считал её недалёкой, узкой, неизящной, боялся её и не любил бывать дома. Изменять ей он начал уже давно, изменял часто и, вероятно, поэтому о женщинах отзывался почти всегда дурно, и когда в его присутствии говорили о них, то он называл их так:

набережная   *seaside*

сообража́ть   *reason/*
бы́ло бы не ли́шнее   *it wouldn't hurt*

мы́слить   *think*

---

[1]In the nineteenth century the letter ъ was written at the end of words following hard consonants. Gurov's wife is demonstrating her intellectual "independence" by refusing to observe this convention.

— Низшая раса!

Ему казалось, что он достаточно научен горьким опытом, чтобы называть их как угодно, но всё же без «низшей расы» он не мог бы прожить и двух дней. В обществе мужчин ему было скучно, не по себе, с ними он был неразговорич, холоден, но когда находился среди женщин, то чувствовал себя свободно и знал, о чём говорить с ними и как держать себя; и даже молчать с ними ему было легко. В его наружности, в характере, во всей его натуре было что-то привлекательное, неуловимое, что располагало к нему женщин, манило их; он знал об этом, и самого его тоже какая-то сила влекла к ним.

Опыт многократный, в самом деле горький опыт, научил его давно, что всякое сближение, которое вначале так приятно разнообразит жизнь и представляется милым и лёгким приключением, у порядочных людей, особенно у москвичей, тяжёлых на подъём, нерешительных, неизбежно вырастает в целую задачу, сложную чрезвычайно, и положение в конце концов становится тягостным. Но при всякой новой встрече с интересною женщиной этот опыт как-то ускользал из памяти, и хотелось жить, и всё казалось так просто и забавно.

И вот однажды, под вечер, он обедал в саду, а дама в берете подходила не спеша, чтобы занять соседний стол. Её выражение, походка, платье, причёска говорили ему, что она из порядочного общества, замужем, в Ялте в первый раз и одна, что ей скучно здесь... В рассказах о нечистоте местных нравов много неправды, он презирал их и знал, что такие рассказы в большинстве сочиняются людьми, которые сами бы охотно грешили, если б умели; но когда дама села за соседний стол в трёх шагах от него, ему вспомнились эти рассказы о лёгких победах, о поездках в горы, и соблазнительная мысль о скорой, мимолётной связи, о романе с

ни́зший   *inferior*

не по себе́   *uncomfortable*
неразгово́рчивый   *reticent*

неулови́мый   *elusive*
мани́ть   *allure*
влечь   *draw*

многокра́тный   *repeated*
сближе́ние   *intimacy*
разнообра́зить   *diversify*

тяжёлый на подъём   *sluggish*

ускольза́ть   *slip away*

причёска   *hair style*

нра́вы   *ways*

сочиня́ться   *be invented*

побе́да   *conquest*
соблазни́тельный   *seductive*
мимолётный   *fleeting*

неизвестною женщиной, которой не знаешь по имени и фамилии, вдруг овладела им.

Он ласково поманил к себе шпица и, когда тот подошёл, погрозил ему пальцем. Шпиц заворчал. Гуров опять погрозил.

помани́ть *beckon*

погрози́ть па́льцем *shake finger*/заворча́ть *growl*

Дама взглянула на него и тотчас же опустила глаза.

— Он не кусается, — сказала она и покраснела.

куса́ться *bite*

— Можно дать ему кость? — и когда она утвердительно кивнула головой, он спросил приветливо: — Вы давно изволили приехать в Ялту?

кость *bone*

— Дней пять.

— А я уже дотягиваю здесь вторую неделю.

дотя́гивать *hang on*

Помолчали немного.

— Время идёт быстро, а между тем здесь такая скука! — сказала она, не глядя на него.

— Это только принято говорить, что здесь скучно. Обыватель живёт у себя где-нибудь в Белёве или Жиздре — и ему не скучно, а приедет сюда: «Ах, скучно! ах, пыль!» Подумаешь, что он из Гранады приехал.

обыва́тель *average person*
Белёв, Жи́здра *provincial towns*
пыль *dust*

Она засмеялась. Потом оба продолжали есть молча, как незнакомые; но после обеда пошли рядом — и начался шутливый, лёгкий разговор людей свободных, довольных, которым всё равно, куда бы ни идти, о чём ни говорить. Они гуляли и говорили о том, как странно освещено море; вода была сиреневого цвета, такого мягкого и тёплого, и по ней от луны шла золотая полоса. Говорили о том, как душно после жаркого дня. Гуров рассказал, что он москвич, по образованию филолог, но служит в банке; готовился когда-то петь в частной опере, но бросил, имеет в Москве два дома... А от неё он узнал, что она выросла в Петербурге, но вышла замуж в С., где живёт уже два года, что пробудет она в Ялте ещё с месяц и

ря́дом *side by side*

освети́ть *illuminate*
сире́невый *lilac*
полоса́ *band*

за ней, быть может, приедет её муж, которому тоже хочется отдохнуть. Она никак не могла объяснить, где служит её муж, — в губернском правлении или в губернской земской управе, и это ей самой было смешно. И узнал ещё Гуров, что её зовут Анной Сергеевной.

правле́ние, земска́я упра́ва government offices

Потом у себя в номере он подумал о ней, о том, что завтра она, наверное, встретится с ним. Так должно быть. Ложась спать, он вспомнил, что она ещё так недавно была институткой, училась всё равно как теперь его дочь, вспомнил, сколько ещё несмелости, угловатости было в её смехе, в разговоре с незнакомым, — должно быть, это первый раз в жизни она была одна, в такой обстановке, когда за ней ходят и на неё смотрят, и говорят с ней только с одною тайною целью, о которой она не может не догадываться. Вспомнил он её тонкую, слабую шею, красивые серые глаза.

угловатость *awkwardness*

«Что-то в ней есть жалкое всё-таки», — подумал он и стал засыпать.

1.1 Опишите внешность Гурова. Коротко расскажите его биографию. Какой у него характер?

1.2 Что вы узнали о семье Гурова? Как он относится к жене?

1.3 Как Гуров относится к женщинам? А к мужчинам?

1.4 Зачем он приехал в Ялту?

1.5 Опишите новую даму, которая появилась на набережной. Почему Гуров хочет с ней познакомиться?

1.6 Какую роль играет собачка в том, как они познакомались?

1.7 Какие чувства испытывает Гуров к Анне Сергеевне?

II

Прошла неделя после знакомства. Был праздничный день. В комнате было душно, а на улицах вихрем носилась пыль, срывало шляпы. Весь день хотелось пить, и Гуров часто заходил в павильон и предлагал Анне Сергеевне то воды с сиропом, то мороженого. Некуда было деваться.

вихрь *whirlwind/* **срыва́ть** *blow off*

Вечером, когда немного утихло, они пошли на мол, чтобы посмотреть, как придёт пароход. На пристани было много гуляющих; собрались встречать кого-то, держали букеты. И тут отчётливо бросались в глаза две особенности нарядной ялтинской толпы: пожилые дамы были одеты, как молодые, и было много генералов.

мол *jetty*

при́стань *pier*

По случаю волнения на море пароход пришёл поздно, когда уже село солнце, и, прежде чем пристать к молу, долго поворачивался. Анна Сергеевна смотрела в лорнетку на пароход и на пассажиров, как бы отыскивая знакомых, и когда обращалась к Гурову, то глаза у неё блестели. Она много говорила, и вопросы у неё были отрывисты, и она сама тотчас же забывала, о чём спрашивала; потом потеряла в толпе лорнетку.

Нарядная толпа расходилась, уже не было видно лиц, ветер стих совсем, а Гуров и Анна Сергеевна стояли, точно ожидая, не сойдёт ли ещё кто с парохода. Анна Сергеевна уже молчала и нюхала цветы, не глядя на Гурова.

наря́дный *well-dressed*

— Погода к вечеру стала получше, — сказал он. — Куда же мы теперь пойдём? Не поехать ли нам куда-нибудь?

Она ничего не ответила.

Тогда он пристально поглядел на неё и вдруг обнял её и поцеловал в губы, и его обдало запахом и влагой цветов, и тотчас же он пугливо огляделся: не видел ли кто?

его о́бдало *he felt*

вла́га *moisture*/пугли́во *fearfully*

— Пойдёмте к вам... — проговорил он тихо.

И оба пошли быстро.

У неё в номере было душно, пахло духами, которые она купила в японском магазине. Гуров, глядя на неё теперь, думал: «Каких только не бывает в жизни встреч!» От прошлого у него сохранилось воспоминание о беззаботных, добродушных женщинах, весёлых от любви, благодарных ему за счастье, хотя бы очень короткое; и о таких, — как, например, его жена, — которые любили без искренности, с излишними разговорами, манерно, с истерией, с таким выражением, как будто то было не любовь, не страсть, а что-то более значительное; и о таких двух-трёх, очень красивых, холодных, у которых вдруг промелькало на лице хищное выражение, упрямое желание взять, выхватить у жизни больше, чем она может дать, и это были не первой молодости, капризные, не рассуждающие, властные, не умные женщины, и когда Гуров охладевал к ним, то красота их возбуждала в нём ненависть, и кружева на их белье казались ему тогда похожими на чешую.

Но тут всё та же несмелость, угловатость неопытной молодости, неловкое чувство; и было впечатление растерянности, как будто кто вдруг постучал в дверь. Анна Сергеевна, эта «дама с собачкой», к тому, что произошло, отнеслась как-то особенно, очень серьёзно, точно к своему падению, — так казалось, и это было странно и некстати. У неё опустились, завяли черты и по сторонам лица печально висели длинные волосы, она задумалась в унылой позе, точно грешница на старинной картине.

— Нехорошо, — сказала она. — Вы же первый меня не уважаете теперь.

На столе в номере был арбуз. Гуров отрезал себе ломоть и стал есть не спеша. Прошло по крайней мере полчаса в молчании.

Анна Сергеевна была трогательна, от неё веяло чистотой порядочной, наивной, мало жившей женщины; одинокая свеча, горевшая на столе, едва освещала её лицо, но было видно, что у неё нехорошо на душе.

— Отчего бы я мог перестать уважать тебя? — спросил Гуров. — Ты сама не знаешь, что говоришь.

— Пусть Бог меня простит! — сказала она, и глаза у неё наполнились слезами. — Это ужасно.

манéрно   *pretentiously*

хи́щный   *predatory*
вы́хватить   *seize*

вла́стный   *imperious*
охладевáть   *grow cool*

чешуя́   *scales*

растéрянность   *embarrassment*

завя́нуть   *wilt*

уны́лый   *dejected*

ломóть   *chunk*

— Ты точно оправдываешься.

опра́вдываться *justify self*

— Чем мне оправдаться? Я дурная, низкая женщина, я себя презираю и об оправдании не думаю. Я не мужа обманула, а самоё себя. И не сейчас только, а уже давно обманываю. Мой муж, быть может, честный, хороший человек, но ведь он лакей! Я не знаю, что он делает там, как служит, а знаю только, что он лакей. Мне, когда я вышла за него, было двадцать лет, меня томило любопытство, мне хотелось чего-нибудь получше; ведь есть же, — говорила я себе, — другая жизнь. Хотелось пожить! Пожить и пожить... Любопытство меня жгло... вы этого не понимаете, но, клянусь Богом, я уже не могла владеть собой, со мной что-то делалось, меня нельзя было удержать, я сказала мужу, что больна, и поехала сюда... И здесь всё ходила, как в угаре, как безумная... и вот я стала пошлой дрянной женщиной, которую всякий может презирать.

томи́ть *torment*

жечь *consume*

в уга́ре *in a daze*
дрянно́й *trashy*

Гурову было уже скучно слушать, его раздражал наивный тон, это покаяние, такое неожиданное и неуместное; если бы не слёзы на глазах, то можно было бы подумать, что она шутит или играет роль.

покая́ние *repentance*

— Я не понимаю, — сказал он тихо, — что же ты хочешь?

Она спрятала лицо у него на груди и прижалась к нему.

— Верьте, верьте мне, умоляю вас... — говорила она. — Я люблю честную, чистую жизнь, а грех мне гадок, я сама не знаю, что делаю. Простые люди говорят: нечистый попутал. И я могу теперь про себя сказать, что меня попутал нечистый.

нечи́стый *чёрт*

— Полно, полно... бормотал он.

Он смотрел ей в неподвижные, испуганные глаза, целовал её, говорил тихо и ласково, и она понемногу успокоилась, и весёлость вернулась к ней; стали оба смеяться.

2.1 Как Анна Сергеевна ведёт себя на пристани?

2.2 Как она себя ведёт в номере?

2.3 Какие у неё чувства к мужу?

2.4 Почему она говорит, что она себя обманула?

2.5 Чем она раздражает Гурова?

2.6 Как изменились отношения между Анной Сергеевной и Гуровым в результате того, что произошло между ними?

Потом, когда они вышли, на набережной не было ни души, город со своими кипарисами имел совсем мёртвый вид, но море ещё шумело и билось о берег; один баркас качался на волнах, и на нём сонно мерцал фонарик.

кипари́с *cypress*

барка́с *fishing boat*

со́нно *sleepily/* **фона́рик** *light*

Нашли извозчика и поехали в Ореанду.

— Я сейчас внизу в передней узнал твою фамилию, на доске написано фон Дидериц, — сказал Гуров. — Твой муж немец?

— Нет, у него, кажется, дед был немец, но сам он православный.

правосла́вный *Orthodox*

В Ореанде сидели на скамье, недалеко от церкви, смотрели вниз на море и молчали. Ялта была едва видна сквозь утренний туман, на вершинах гор неподвижно стояли белые облака. Листва не шевелилась на деревьях, кричали цикады, и однообразный, глухой шум моря, доносившийся снизу, говорил о покое, о вечном сне, какой ожидает нас. Так шумело внизу, когда ещё тут не было ни Ялты, ни Ореанды, теперь шумит и будет так же равнодушно и глухо, когда нас не будет. И в этом постоянстве, в полном равнодушии к жизни и смерти каждого из нас кроется, быть может, залог вечного спасения, непрерывного движения жизни на земле, непрерывного совершенства. Сидя рядом с молодой женщиной, которая на рассвете казалась такой красивой, успокоенный и очарованный в виду этой сказочной обстановки — моря, гор, облаков, широкого неба, Гуров думал о том, как в сущности, если вдуматься, всё прекрасно на этом

верши́на *peak*

листва́ *foliage*

цика́да *cicada*

однообра́зный *monotonous*

кры́ться *lie hidden/* **зало́г** *pledge*

непреры́вный *unbroken*

соверше́нство *perfection*

ска́зочный *fabulous*

вду́маться *consider*

свете, всё, кроме того, что мы сами мыслим и
делаем, когда забываем о высших целях бытия, о
своём человеческом достоинстве.

бытие   *being*

Подошёл какой-то человек — должно быть,
сторож, — посмотрел на них и ушёл. И эта
подробность показалась такой таинственной и
тоже красивой. Видно было, как пришёл пароход
из Феодосии, освещённый утренней зарёй, уже
без огней.

— Роса на траве, — сказала Анна Сергеевна после
молчания.

роса   *dew*

— Да. Пора домой.

Они вернулись в город.

Потом каждый полдень они встречались на
набережной, завтракали вместе, обедали, гуляли,
восхищались морем. Она жаловалась, что дурно
спит и что у неё тревожно бьётся сердце,
задавала всё одни и те же вопросы, волнуемая то
ревностью, то страхом, что он недостаточно её
уважает. И часто на сквере или в саду, когда
вблизи их никого не было, он вдруг привлекал её
к себе и целовал страстно. Совершенная
праздность, эти поцелуи среди белого дня, с
оглядкой и страхом, как бы кто не увидел, жара,
запах моря и постоянное мелькание перед
глазами праздных, сытых людей точно
переродили его; он говорил Анне Сергеевне о
том, как она хороша, как соблазнительна, был
нетерпеливо страстен, не отходил от неё ни на
шаг, а она часто задумывалась и всё просила его
сознаться, что он её не уважает, нисколько не
любит, а только видит в ней пошлую женщину.
Почти каждый вечер попозже они уезжали куда-
нибудь за город, в Ореанду или на водопад; и
прогулка удавалась, впечатления неизменно
всякий раз были прекрасны, величавы.

восхища́ться   *be delighted*

пра́здность   *idleness/*
   среди́ бе́лого дня   *in broad daylight/*
   огля́дка   *caution/*
   мелька́ние   *glimpses*

переро́ди́ть   *rejuvenate*

удава́ться   *turn out well*
велича́вый   *majestic*

Ждали, что приедет муж. Но пришло от него
письмо, в котором он извещал, что у него

извеща́ть   *inform*

разболелись глаза, и умолял жену поскорее вернуться домой. Анна Сергеевна заторопилась.

— Это хорошо, что я уезжаю, — говорила она Гурову. — Это сама судьба.

Она поехала на лошадях, и он провожал её. Ехали целый день. Когда она садилась в вагон курьерского поезда и когда пробил второй звонок, она говорила:

— Дайте я погляжу на вас ещё... Погляжу ещё раз. Вот так.

Она не плакала, но была грустна, точно больна, лицо у неё дрожало.

— Я буду о вас думать... вспоминать, — говорила она. — Господь с вами, оставайтесь. Не поминайте лихом. Мы навсегда прощаемся, это так нужно, потому что не следовало бы вовсе встречаться. Ну, Господь с вами.

Поезд ушёл быстро, его огни скоро исчезли, и через минуту уже не было слышно шума, точно всё сговорилось нарочно, чтобы прекратить поскорее это сладкое забытьё, это безумие. И, оставшись один на платформе и глядя в тёмную даль, Гуров слушал крик кузнечиков и гудение телеграфных проволок с таким чувством, как будто только что проснулся. И он думал о том, что вот в его жизни было ещё одно похождение или приключение, и оно тоже уже кончилось, и осталось теперь воспоминание... Он был растроган, грустен и испытывал лёгкое раскаяние; ведь эта молодая женщина, с которой он больше уже никогда не увидится, не была с ним счастлива; он был приветлив с ней и сердечен, но всё же в обращении с ней, в его тоне и ласках сквозила тенью лёгкая насмешка, грубоватое высокомерие счастливого мужчины, который к тому же почти вдвое старше её. Всё время она называла его добрым, необыкновенным, возвышенным; очевидно, он

курье́рский *express*/**проби́ть** *ring*

помина́ть ли́хом *think badly*

сговори́ться *conspire*

кузне́чик *grasshopper*/**гуде́ние** *buzz*
про́волока *wire*

похожде́ние *adventure*

растро́гать *touch*

серде́чный *loving*/
обраще́ние *treatment*/
ла́ска *caress*/**сквози́ть** *pass through*

казался ей не тем, чем был на самом деле, значит, невольно обманывал её...

Здесь на станции уже пахло осенью, вечер был прохладный.

«Пора и мне на север, — думал Гуров, уходя с платформы. — Пора!»

3.1   Зачем Гуров спрашивает Анну Сергеевну о её фамилии? Какую роль играет эта деталь в рассказе?

3.2   Почему Гуров думает о роли природы в человеческой жизни? В чём он находит залог вечного спасения?

3.3   Каким образом влияет ялтинское общество на поведение Гурова и Анны Сергеевны?

3.4   Почему Анна Сергеевна должна уехать? Почему она считает, что это к лучшему?

3.5   О чём жалеет Гуров?

3.6   Почему он решает, что ему пора на север?

III

Дома в Москве уже всё было по-зимнему, топили печи, и по утрам, когда дети собирались в гимназию и пили чай, было темно, и няня ненадолго зажигала огонь. Уже начались морозы. Когда идёт первый снег, в первый день езды на санях, приятно видеть белую землю, белые крыши, дышится мягко, славно, и в это время вспоминаются юные годы. У старых лип и берёз, белых от инея, добродушное выражение, они ближе к сердцу, чем кипарисы и пальмы, и вблизи них уже не хочется думать о горах и море.

топи́ть   *heat*

ли́па   *linden*
и́ней   *hoar frost*

Гуров был москвич, вернулся он в Москву в хороший, морозный день, и когда надел шубу и тёплые перчатки и прошёлся по Петровке, и когда в субботу вечером услышал звон колоколов, то недавняя поездка и места, в которых он был, утеряли для него всё очарование. Мало-помалу он окунулся в московскую жизнь, уже с жадностью прочитывал по три газеты в день и говорил, что не читает московских газет из принципа. Его уже

пройти́сь   *stroll*
звон   *pealing/* **ко́локол**   *bell*

окуну́ться   *become engrossed*

тянуло в рестораны, клубы, на званые обеды, юбилеи, и уже ему было лестно, что у него бывают известные адвокаты и артисты и что в Докторском клубе он играет в карты с профессором. Уже он мог съесть целую порцию селянки на сковородке...

Пройдёт какой-нибудь месяц, и Анна Сергеевна, казалось ему, покроется в памяти туманом и только изредка будет сниться с трогательной улыбкой, как снились другие. Но прошло больше месяца, наступила глубокая зима, а в памяти всё было ясно, точно расстался он с Анной Сергеевной только вчера. И воспоминания разгорались всё сильнее. Доносились ли в вечерней тишине в его кабинете голоса детей, приготовлявших уроки, слышал ли он романс или орган в ресторане, или завывала в камине метель, как вдруг воскресало в памяти всё: и то, что было на молу, и раннее утро с туманом на горах, и пароход из Феодосии, и поцелуи. Он долго ходил по комнате, и вспоминал, и улыбался, и потом воспоминания переходили в мечты, и прошедшее в воображении мешалось с тем, что будет. Анна Сергеевна не снилась ему, а шла за ним всюду, как тень, и следила за ним. Закрывши глаза, он видел её, как живую, и она казалась красивее, моложе, нежнее, чем была; и сам он казался себе лучше, чем был тогда, в Ялте. Она по вечерам глядела на него из книжного шкафа, из камина, из угла, он слышал её дыхание, ласковый шорох её одежды. На улице он провожал взглядом женщин, искал, нет ли похожей на неё...

И уже томило сильное желание поделиться с кем-нибудь своими воспоминаниями. Но дома нельзя говорить о своей любви, а вне дома — не с кем. Не с жильцами же и не в банке. И о чём говорить? Разве он любил тогда? Разве было что-нибудь красивое, поэтическое, или поучительное, или просто интересное в его отношениях к Анне Сергеевне? И приходилось говорить неопределённо о любви, о женщинах, и никто не

его тяну́ло *he longed for/*
зва́ный обе́д *dinner party/*
ле́стный *flattering*

селя́нка на сковоро́дке Russian dish

разгора́ться *flare up*

завыва́ть *howl*
воскреса́ть *revive*

шо́рох *rustle*

подели́ться *share*

поучи́тельный *instructive*

догадывался, в чём дело, и только жена шевелила своими тёмным бровями и говорила:

— Тебе, Димитрий, совсем не идёт роль фата.

фат *fop* — womanizer

Однажды ночью, выходя из Докторского клуба со своим партнёром, чиновником, он не удержался и сказал:

— Если бы вы знали, с какой очаровательной женщиной я познакомился в Ялте!

Чиновник сел в сани и поехал, но вдруг обернулся и окликнул:

окли́кнуть *call*

— Дмитрий Дмитрич!

— Что?

— А давеча вы были правы! осетрина-то с душком!

осетри́на *sturgeon*/**с душко́м** *tainted*

Эти слова, такие обычные, почему-то вдруг возмутили Гурова, показались ему унизительными, нечистыми. Какие дикие нравы, какие неинтересные, незаметные дни! Неистовая игра в карты, обжорство, пьянство, постоянные разговоры всё об одном. Ненужные дела и разговоры всё об одном отхватывают на свою долю лучшую часть времени, лучшие силы, и в конце концов остаётся какая-то куцая, бескрылая жизнь, какая-то чепуха, и уйти и бежать нельзя, точно сидишь в сумасшедшем доме или в арестантских ротах!

возмути́ть *make indignant*

неи́стовый *frantic*
обжо́рство *gluttony*

отхва́тывать *take up*/
на свою́ до́лю *for their share*

ку́цый *scanty*/**бескры́лый** *uninspired*
abbreviated

аре́ста́нтская ро́та *hard labor gang*

Гуров не спал всю ночь и возмущался, и затем весь день провёл с головной болью. И в следующие ночи он спал дурно, всё сидел в постели и думал или ходил из угла в угол. Дети ему надоели, банк надоел, не хотелось никуда идти, ни о чём говорить.

В декабре на праздниках он собрался в дорогу и сказал жене, что уезжает в Петербург хлопотать за одного молодого человека, — и уехал в С. Зачем? Он и сам не знал хорошо. Ему хотелось повидаться с Анной Сергеевной и поговорить, устроить свидание, если можно.

Приехал он в С. утром и занял в гостинице лучший номер, где весь пол был обтянут серым солдатским сукном и была на столе чернильница, серая от пыли, со всадником на лошади, у которого была поднята рука со шляпой, а голова отбита. Швейцар дал ему нужные сведения: фон Дидериц живёт на Старо-Гончарной улице, в собственном доме, — это недалеко от гостиницы, живёт хорошо, богато, имеет своих лошадей, его все знают в городе. Швейцар выговаривал так: Дрыдыриц.

обтяну́ть *cover*
черни́льница *ink well*
вса́дник *rider*

Гуров не спеша пошёл на Старо-Гончарную, отыскал дом. Как раз против дома тянулся забор, серый, длинный, с гвоздями.

тяну́ться *extend*

«От такого забора убежишь», — думал Гуров, поглядывая то на окна, то на забор.

Он соображал: сегодня день неприсутственный, и муж, вероятно, дома. Да и всё равно, было бы бестактно войти в дом и смутить. Если же послать записку, то она, пожалуй, попадёт в руки мужу, и тогда всё можно испортить. Лучше всего положиться на случай. И он всё ходил по улице и около забора и поджидал этого случая. Он видел, как в ворота вошёл нищий и на него напали собаки, потом, час спустя, слышал игру на рояле, и звуки доносились слабые, неясные. Должно быть, Анна Сергеевна играла. Парадная дверь вдруг отворилась, и из неё вышла какая-то старуха а за нею бежал знакомый белый шпиц. Гуров хотел позвать собаку, но у него вдруг забилось сердце, и он от волнения не мог вспомнить, как зовут шпица.

непрису́тственный *уст* *выходной*

положи́ться *rely*

пара́дный *front*

Он ходил, и всё больше и больше ненавидел забор, и уже думал с раздражением, что Анна Сергеевна забыла о нём и, быть может, уже развлекается с другим, и это так естественно в положении молодой женщины, которая вынуждена с утра до вечера видеть этот проклятый забор. Он вернулся к себе в номер и

развлека́ться *amuse self*

долго сидел на диване, не зная, что делать, потом обедал, потом долго спал.

«Как всё это глупо и беспокойно, — думал он, проснувшись и глядя на тёмные окна: был уже вечер. — Вот и выспался зачем-то. Что уже я теперь ночью буду делать?»

Он сидел на постели, покрытой дешёвым серым, точно больничным, одеялом, и дразнил себя с досадой:

«Вот тебе и дама с собачкой... Вот тебе и приключение... Вот и сиди тут».

Ещё утром, на вокзале, ему бросилась в глаза афиша с очень крупными буквами: шла в первый раз «Гейша». Он вспомнил об этом и поехал в театр.

Гейша opera

«Очень возможно, что она бывает на первых представлениях», — думал он.

4.1 Сравните жизнь Гурова на севере с его жизнью в Ялте. Как он сначала воспринимает московскую жизнь?

4.2 Почему он говорит, что он московских газет не читает?

4.3 Почему Гуров так возмутился словам чиновника?

4.4 Опишите лучший номер гостиницы в С. Какое впечатление он произвёл на Гурова?

4.5 Опишите дом, где живёт Анна Сергеевна.

4.6 Что Гуров узнал об Анне Сергеевне и о её жизни, приехав в С.?

Театр был полон. И тут, как вообще во всех губернских театрах, был туман повыше люстры, шумно беспокоилась галёрка; в первом ряду перед началом представления стояли местные франты, заложив руки назад; и тут, в губернаторской ложе, на первом месте сидела губернаторская дочь в боа, а сам губернатор скромно прятался за портьерой, и видны были только его руки; качался занавес, оркестр долго настраивался. Всё время, пока публика входила и занимала места, Гуров жадно искал глазами.

галёрка gallery

портье́ра door curtain
настра́иваться tune up

Вошла и Анна Сергеевна. Она села в третьем ряду, и когда Гуров взглянул на неё, то сердце у него сжалось, и он понял ясно, что для него теперь на всём свете нет ближе, дороже и важнее человека; она, затерявшаяся в провинциальной толпе, эта маленькая женщина, ничем не замечательная, с вульгарною лорнеткой в руках, наполняла теперь всю его жизнь, была его горем, радостью, единственным счастьем, какого он теперь желал для себя; под звуки плохого оркестра, дрянных обывательских скрипок, он думал о том, как она хороша. Думал и мечтал.

сжа́ться *skip a beat*

обыва́тельский *run-of-the-mill*

Вместе с Анной Сергеевной вошёл и сел рядом молодой человек с небольшими бакенами, очень высокий, сутулый; он при каждом шаге покачивал головой, и, казалось, постоянно кланялся. Вероятно, это был муж, которого она тогда в Ялте, в порыве горького чувства, обозвала лакеем. И в самом деле, в его длинной фигуре, в бакенах, в небольшой лысине было что-то лакейски-скромное, улыбался он сладко, и в петлице у него блестел какой-то учёный значок, точно лакейский номер.

суту́лый *stooped*

обозва́ть *call*

лы́сина *bald spot*

значо́к *emblem*

В первом антракте муж ушёл курить, она осталась в кресле. Гуров, сидевший тоже в партере, подошёл к ней и сказал дрожащим голосом, улыбаясь насильно:

— Здравствуйте.

Она взглянула на него и побледнела, потом ещё раз взглянула с ужасом, не веря глазам, и крепко сжала в руках вместе веер и лорнетку, очевидно борясь с собой, чтобы не упасть в обморок. Оба молчали. Она сидела, он стоял, испуганный её смущением, не решаясь сесть рядом. Запели настраиваемые скрипки и флейта, стало вдруг страшно, казалось, что из всех лож смотрят. Но вот она встала и быстро пошла к выходу; он — за ней, и оба шли бестолково, по коридорам, по лестницам, то поднимаясь, то спускаясь, и мелькали у них перед глазами какие-то люди в

бестолко́во *aimlessly*

судейских, учительских и удельных мундирах, и все со значками; мелькали дамы, шубы на вешалках, дул сквозной ветер, обдавая запахом табачных окурков. И Гуров, у которого сильно билось сердце, думал: «О Господи! И к чему эти люди, этот оркестр...»

И в эту минуту он вдруг вспомнил, как тогда вечером на станции, проводив Анну Сергеевну, говорил себе, что всё кончилось и они уже никогда не увидятся. Но как ещё далеко было до конца!

На узкой, мрачной лестнице, где было написано «ход в амфитеатр», она остановилась.

— Как вы меня испугали! — сказала она, тяжело дыша, всё ещё бледная, ошеломлённая. — О, как вы меня испугали! Я едва жива. Зачем вы приехали? Зачем?

— Но, поймите, Анна, поймите... — проговорил он вполголоса, торопясь. — Умоляю вас, поймите...

Она глядела на него со страхом, с мольбой, с любовью, глядела пристально, чтобы покрепче задержать в памяти его черты.

— Я так страдаю! — продолжала она, не слушая его. — Я всё время думала только о вас, я жила мыслями о вас. И мне хотелось забыть, забыть, но зачем, зачем вы приехали?

Повыше, на площадке, два гимназиста курили и смотрели вниз, но Гурову было всё равно, он привлёк к себе Анну Сергеевну и стал целовать её лицо, щёки, руки.

— Что вы делаете, что вы делаете! — говорила она в ужасе, отстраняя его от себя. Мы с вами обезумели. Уезжайте сегодня же, уезжайте сейчас... Заклинаю вас всем святым, умоляю... Сюда идут!

По лестнице снизу вверх кто-то шёл.

уде́льный *administrative*

оку́рок *butt*

отстраня́ть *push away*
обезу́меть *go mad*
заклина́ть *beseech/*
  всем святы́м *by all that's holy*

— Вы должны уехать... — продолжала Анна Сергеевна шёпотом. — Слышите, Дмитрий Дмитрич? Я приеду к вам в Москву. Я никогда не была счастлива, я теперь несчастна и никогда, никогда не буду счастлива, никогда! Не заставляйте же меня страдать ещё больше! Клянусь, я приеду в Москву. А теперь расстанемся! Мой милый, добрый, дорогой мой, расстанемся!

Она пожала ему руку и стала быстро спускаться вниз, всё оглядываясь на него, и по глазам её было видно, что она в самом деле не была счастлива... Гуров постоял немного, прислушался, потом, когда всё утихло, отыскал свою вешалку и ушёл из театра.

5.1 Как выглядел провинциальный театр?

5.2 Какой видит Гуров Анну Сергеевну в театральной толпе? Каким видит он её мужа?

5.3 Почему Анна Сергеевна так взволновалась, увидев Гурова? Что она говорит о своих чувствах к нему?

5.4 Что она рассказывает о своей жизни?

IV

И Анна Сергеевна стала приезжать к нему в Москву. Раз в два-три месяца она уезжала из С. и говорила мужу, что едет посоветоваться с профессором насчёт своей женской болезни, — и муж верил и не верил. Приехав в Москву, она останавливалась в «Славянском базаре» и тотчас же посылала к Гурову человека в красной шапке. Гуров ходил к ней, и никто в Москве не знал об этом.

человек в кра́сной ша́пке   *messenger*

Однажды он шёл к ней таким образом в зимнее утро (посыльный был у него накануне вечером и не застал). С ним шла его дочь, которую хотелось ему проводить в гимназию, это было по дороге. Валил крупный мокрый снег.

посы́льный   *messenger*

— Теперь три градуса тепла, а между тем идёт снег, — говорил Гуров дочери. — Но ведь это

вали́ть   *pour down*/кру́пный   *большой*

тепло только на поверхности земли, в верхних же слоях атмосферы совсем другая температура.

— Папа, а почему зимой не бывает грома?

Он объяснил и это. Он говорил и думал о том, что вот он идёт на свидание, и ни одна живая душа не знает об этом и, вероятно, никогда не будет знать. У него было две жизни: одна явная, которую видели и знали все, кому это нужно было, полная условной правды и условного обмана, похожая совершенно на жизнь его знакомых и друзей, и другая — протекавшая тайно. И по какому-то странному стечению обстоятельств, быть может случайному, всё, что было для него важно, интересно, необходимо, в чём он был искренен и не обманывал себя, что составляло зерно его жизни, происходило тайно от других, всё же, что было его ложью, его оболочкой, в которую он прятался, чтобы скрыть правду, как, например, его служба в банке, споры в клубе, его «низшая раса», хождение с женой на юбилеи, — всё это было явно. И по себе он судил о других, не верил тому, что видел, и всегда предполагал, что у каждого под покровом тайны, как под покровом ночи, проходит его настоящая, самая интересная жизнь. Каждое личное существование держится на тайне, и быть может, отчасти поэтому культурный человек так нервно хлопочет о том, чтобы уважалась личная тайна.

Проводив дочь в гимназию, Гуров отправился в «Славянский базар». Он снял шубу внизу, поднялся наверх и тихо постучал в дверь. Анна Сергеевна, одетая в его любимое серое платье, утомлённая дорогой и ожиданием, поджидала его со вчерашнего вечера; она была бледна, глядела на него и не улыбалась, и едва он вошёл, как она уже припала к его груди. Точно они не виделись года два, поцелуй их был долгий, длительный.

я́вный *visible*

усло́вный *conditional*

протека́ть *run its course*
стече́ние обстоя́тельств *coincidence*

зерно́ *core*

оболо́чка *shell*

покро́в *cover*

припа́сть *press self*

— Ну, как живёшь там? — спросил он. — Что нового?

— Погоди, сейчас скажу... Не могу.

Она не могла говорить, так как плакала. Отвернулась от него и прижала платок к глазам.

«Ну, пускай поплачет, а я пока посижу», — подумал он и сел в кресло.

Потом он позвонил и сказал, чтобы ему принесли чаю; и потом, когда пил чай, она всё стояла, отвернувшись к окну... Она плакала от волнения, от скорбного сознания, что их жизнь так печально сложилась; они видятся только тайно, скрываются от людей, как воры! Разве жизнь их не разбита?

ско́рбный *painful/*
созна́ние *awareness/*
сложи́ться *turn out*

— Ну, перестань! — сказал он.

Для него было очевидно, что эта их любовь кончится ещё не скоро, неизвестно когда. Анна Сергеевна привязывалась к нему всё сильнее, обожала его, и было бы немыслимо сказать ей, что всё это должно же иметь когда-нибудь конец; да она бы и не поверила этому.

неми́слимо *unthinkable*

Он подошёл к ней и взял её за плечи, чтобы приласкать, пошутить, и в это время увидел себя в зеркале.

Голова его уже начинала седеть. И ему показалось странным, что он так постарел за последние годы, так подурнел. Плечи, на которых лежали его руки, были тёплы и вздрагивали. Он почувствовал сострадание к этой жизни, ещё такой тёплой и красивой, но, вероятно, уже близкой к тому, чтобы начать блёкнуть и вянуть, как его жизнь. За что она его любит так? Он всегда казался женщинам не тем, кем был, и любили они в нём не его самого, а человека, которого создавало их воображение и которого они в своей жизни жадно искали; и потом, когда замечали свою ошибку, то всё-таки любили. И ни одна из них не была с ним счастлива. Время шло,

подурне́ть *lose looks*

блёкнуть *fade/*вя́нуть *wither*

он знакомился, сходился, расставался, но ни разу не любил; было всё, что угодно, но только не любовь.

И только теперь, когда у него голова стала седой, он полюбил как следует, по-настоящему — первый раз в жизни.

Анна Сергеевна и он любили друг друга, как очень близкие, родные люди, как муж и жена, как нежные друзья; им казалось, что сама судьба предназначила их друг для друга, и было непонятно, для чего он женат, а она замужем; и точно это были две перелётные птицы, самец и самка, которых поймали и заставили жить в отдельных клетках. Они простили друг другу то, чего стыдились в своём прошлом, прощали всё в настоящем и чувствовали, что эта их любовь изменила их обоих.

предназна́чить *predestine*

перелётный *migratory/* **саме́ц** *male/***са́мка** *female*

проща́ть *forgive*

Прежде в грустные минуты он успокаивал себя всякими рассуждениями, какие только приходили ему в голову, теперь же ему было не до рассуждений, он чувствовал глубокое сострадание, хотелось быть искренним, нежным...

рассужде́ние *rationalization*

— Перестань, моя хорошая, — говорил он, — поплакала — и будет... Теперь давай поговорим, что-нибудь придумаем.

Потом они долго советовались, говорили о том, как избавить себя от необходимости прятаться, обманывать, жить в разных городах, не видеться подолгу. Как освободиться от этих невыносимых пут?

освободи́ться *be free* **пу́ты** *fetters*

— Как? Как? — спрашивал он, хватая себя за голову. — Как?

И казалось, что ещё немного — и решение будет найдено, и тогда начнётся новая, прекрасная жизнь, и обоим было ясно, что до конца ещё далеко-далеко и что самое сложное и трудное только ещё начинается.

6.1 Как Анна Сергеевна объясняет мужу причину своих поездок в Москву? Почему она выбрала именно эту причину?

6.2 Как Гуров относится к своей дочери?

6.3 Как вы понимаете его идею «явной» и «тайной» жизни? Что он имеет в виду, думая, что культурный человек нервно хлопочет о том, чтобы уважалась личная жизнь?

6.4 Какие чувства связывают теперь Гурова и Анну Сергеевну?

6.5 Как вы думаете, может ли со временем что-нибудь измениться в их жизни? Могут ли они быть счастливы?

6.6 Почему этот рассказ называется «Дама с собачкой»?

Задания

1. Придумайте разговор, который мог бы состояться между Анной Карениной, Анной Петровной («Анна на шее») и Анной Сергеевной на тему о женских обязанностях и женском счастье.

2. Перепишите следующий разговор в стиле Толстого. Объясните сознательные и подсознательные побуждения говорящих.

— Он не кусается, — сказала она и покраснела.

— Можно дать ему кость? — и когда она утвердительно кивнула головой, он спросил приветливо: — Вы давно изволили приехать в Ялту?

— Дней пять.

— А я уже дотягиваю здесь вторую неделю.

Помолчали немного.

— Время идёт быстро, а между тем здесь такая скука! — сказала она, не глядя на него.

— Это только принято говорить, что здесь скучно. Обыватель живёт у себя где-нибудь в Белёве или Жиздре — и ему не скучно, а приедет сюда: «Ах, скучно! ах, пыль!» Подумаешь, что он из Гранады приехал.

Вопросы для обсуждения

1. Кто из писателей девятнадцатого века вам понравился больше всех? (Кого вы бы хотели больше читать?) Почему?

2. Какие темы волновали русских писателей девятнадцатого века? Как они подходили к этим темам?

Glossary

This glossary, like many others, tries to provide the greatest possible information in the smallest possible space. The only words listed are ones that actually appear in the texts. The definitions provided are the ones most appropriate for the context in which the word is used.

Letters in parentheses indicate the story in which a word was first glossed: **авóсь** maybe (B). This convention is not meant to suggest that readers should remember a word because of having seen it in an earlier story, but rather to remind them of the context in which the word was originally used.

Days of the week, months of the year, common pronouns, and numbers have not been glossed.

Participles generally do not have separate entries although there are some exceptions.

Adverbs, for the most part, do not have separate entries. If the stress of an adverb differs from that of the adjective from which it is derived, the adverb is given in parentheses following the adjective: **тёмный (темнó)** dark. The short forms of adjectives are not provided.

Irregular comparative forms refer the user to the positive form of the adjective: **стрóже** see **стрóгий.**

Gender is indicated for all nouns ending in -ь: **бровь** ж; **день** м.

Unpredictable noun patterns, including those with fill vowels and shifting stress, are provided in parentheses. When the first form cited is the genitive, it is not labeled: **америкáнец (америкáнца)** American. The genitive is always cited for nouns that exist in the plural only. It is also unlabeled: **брю́ки (брюк)** trousers.

Other forms of nouns are labeled except when they follow a labeled form, in which case they are cited in the order nominative, genitive/ accusative, prepositional, dative, instrumental: **сестрá (мн сёстры, сестёр, сёстрах).**

First-conjugation verbs that behave like **читáть** are labled I: **дéлать** I *нес* do. Second-conjugation verbs that behave like **говори́ть** are labled II: **спеши́ть** II *сов* hurry.

All unpredictable verb forms are provided in parentheses: **мочь (могу́, мо́жешь, мо́гут; мог, могла́)** *нес* be able.

Perfective and imperfective aspects of a single verb have separate entries: **де́лать** I *нес* do; **сде́лать** I *сов* do.

Verbs that have both transitive and intransitive forms are listed together under the transitive form. Information about conjugation and aspect are cited for the transitive form but apply to both: **дела́ть** I *нес* do; **де́латься** become, happen.

The government of verbs is indicated by interrogatives: **беспоко́иться** *о ком, о чём?* worry.

The symbol ˜ is used in subentries to indicate that the main entry is to be repeated with no alteration: **де́ло** (*мн* **дела́**) business; **то и** ˜ now and then.

When an obsolete spelling of a word occurs in a text, the reader is generally referred to the contemporary spelling of the same word: **фортепья́ны** *уст* see **фортепья́но**. Words that have predictable variant spellings (such as **отчаянье** and **отчаяние**) are entered only once under the most common of the two.

Definitions given in italics are explanations or near English equivalents rather than translations: **рапе́** *нескл kind of tobacco*

Сокрашения

безл	безличная форма	impersonal
вн	винительный падеж	accusative
д	дательный падеж	dative
ж	женский род	feminine
ист	исторический	historical
м	мужской род	masculine
мн	множественное число	plural
нес	несовершенный вид	imperfective
нескл	несклоняемое	indeclinable
поэт	поэтическое	poetic
пр	предложный падеж	prepositional
прост	просторечное	substandard
р	родительный падеж	genitive
сов	совершенный вид	perfective
с	средний род	neuter
тв	творительный падеж	instrumental
уст	устарелое	obsolete

Русско-английский словарь

A **Выстрел**
B **Метель**
C **Нос**
D **Фаталист**

E **Бурмистр**
F **Ёлка и свадьба**
G **Севастополь в мае**
H **Отцы и дети**

I **Преступление и наказание**
J **Анна Каренина**
K **Анна на шее**
L **Дама с собачкой**

абза́ц paragraph
аборди́ровать (аборди́рую, аборди́руешь) *нес* take by force (F)
аво́сь maybe (B)
а́втор author
авторите́т authority
ад hell (G)
адвока́т lawyer
адвокату́ра legal profession (H)
адресова́ть (адресу́ю, адресу́ешь) *нес* address
адъюта́нт aide-de-camp (G)
аза́рт heat, passion; **войти́ в ~** get excited (K)
азиа́тский Asian
акаде́мия academy
ака́ция acacia (G)
аккура́тный neat; punctual
актри́са actress
акционе́рный stock (H)
алеба́рда halberd (C)
алекса́ндровский during the reign of Alexander I (H)
а́ли *прост* see или (B)
Алла Allah

алле́я path
а́лый crimson (C)
аль *прост* see или
амазо́нка (*р мн* амазо́нок) Amazon
амбразу́ра gunport (G)
америка́нец (америка́нца) American
аму́р cupid (F)
аму́рчик see амур
амфитеа́тр dress circle
а́нгел angel
англи́йский English
анекдо́т strange thing (C)
анти́чный classical
антра́кт intermission
апельси́н orange
арбу́з watermelon
аргуме́нт argument
аре́нда lease (K)
ареста́нтская ро́та hard labor gang (L)
аристокра́т aristocrat
аристократи́зм aristocratism
аристократи́ческий aristocratic

аристокра́тишко see аристократ
аристокра́тия aristocracy
а́рия aria
арме́йский army
а́рмия army
армя́к (армяка́) *уст* peasant's coat (E)
армяни́н (*мн* армя́не, армя́н) Armenian
артиллери́йский artillery
артилле́рия artillery
арти́ст actor
архите́ктор architect
арши́н *уст* arshin (28 in.)
арши́нный *уст* arshin (28 in.) (G)
асе́ссор assessor
асе́ссорство assessorship
ассигна́ция *уст* bill **кра́сная ~** ten-ruble note (C); **си́няя ~** five-ruble note (C)
а́стма asthma
астроло́гия astrology
атакова́ть (атаку́ю, атаку́ешь) *нес, сов* attack
атла́сный satin (E)

атмосфе́ра atmosphere
аттеста́т diploma
афи́ша poster

ба́ба woman
ба́бушка (*р мн* ба́бушек) grandmother; ~ на́двое сказа́ла *that remains to be seen* (H)
бабьё women (C)
багро́вый crimson (G)
база́р bazaar
ба́йковый flannel (B)
бакенба́рды (бакенба́рд) sideburns (C)
ба́кены (ба́кенов) see бакенбарды (K)
бал (*мн* балы́) ball
ба́лка (*р мн* ба́лок) beam (G)
балова́ть (балу́ю, балу́ешь) *нес* spoil (G)
баловни́к (баловника́) rogue (K)
ба́льный ball
банк bank (cards) (D); ва-банк the whole bank
банке́т rampart (G)
банкомёт banker (card game)
ба́нный bath (E)
бант bow; завя́зывать ба́нтом tie in a bow (K)
бараба́нщик drummer (G)
бара́ний, бара́нье, бара́нья mutton
ба́рин (*мн* ба́ре, бар) lord
барка́с fishing boat (L)
баро́н baron
бароне́тство baronetcy
ба́рский lord's; lordly
ба́рхатный velvet (E)
ба́рщина *system under which the serfs farmed the land for the landowner but paid no money directly to him*
ба́рыня lady
ба́рышня (*р мн* ба́рышень) young lady
бас (*мн* басы́) bass
бастио́н bastion
бастио́нчик see бастион

батальо́н battalion
батальо́нный battalion
батаре́я battery
бати́стовый cambric (C)
батра́к farmhand (E)
ба́тюшка (*р мн* ба́тушек) father (B); tsar
башма́к (башмака́) shoe (G)
башмачо́к (башмачка́) see башма́к (I)
бе́гать I *нес* run
бего́м on the run
беда́ (*мн* бе́ды) bad luck; на беду́ as luck would have it (C)
бе́дность *ж* poverty
бе́дный poor
бедня́га *м, ж* poor thing (D)
бежа́ть (бегу́, бежи́шь, бегу́т) *нес* run
без *кого, чего?* without
безвку́сный tasteless
безвре́дный harmless
безголо́вый headless
бе́здна huge amount (E); abyss
бездо́нный bottomless (B)
безжа́лостный pitiless (I)
беззабо́тный carefree (A)
безнра́вственный immoral (H)
безо see без
безобра́зный hideous (B); shapeless
безопа́сный safe
безору́жный unarmed (A)
безотчётный unconscious (I)
безрассу́дный senseless (C)
безу́мие folly
безу́мный reckless; insane
бе́ленький see белый
беле́ться I *нес* gleam (C)
белизна́ whiteness (C)
бели́ла (бели́л) whitewash (E)
бе́лый white
бельё linen; underwear
бельэта́ж first floor (C)
бензи́н dry cleaning fluid (K)
бе́рег (*мн* берега́) bank, shore

бережли́вость *ж уст* care (C)
бережли́вый careful (C); thrifty (E)
берёза birch
бере́зинский *kind of tobacco* (C)
берёзовый birch (C)
бере́т beret
бере́чь (берегу́, бережёшь, берегу́т; берёг, берегла́) preserve (B)
бес devil; demon
бесе́да conversation
бесе́дка (*р мн* бесе́док) area with plants (F); gazebo (H)
бесконе́чный endless
бескры́лый uninspired (L)
беспа́мятство frenzy (C)
беспардо́нный impudent
беспе́чный carefree (A)
беспло́дный barren (H)
бесподо́бный incomparable (B)
беспоко́ить II *нес* worry; беспоко́иться be uneasy
беспоко́йный uneasy
беспоко́йство uneasiness
беспо́лезный useless
беспоща́дный merciless (H)
беспреста́нный constant
беспричи́нный for no reason (J)
бесси́льный powerless
бессмы́сленный senseless
бессо́вестный shameless (C)
бессозна́тельный unconscious; unintentional
бе́стия rascal
бестолко́вый aimless (L)
бестсе́ллер best seller
бесцеремо́нный unceremonious
бесче́стие dishonor
бесче́стный dishonorable (I)
бесчи́сленный countless (D)
бесчу́вственность *ж* callousness
бе́шенство fury (A)
бе́шеный madcap (A)

библе́йский bible
бивуа́к *уст* bivouac
бие́ние beating (J)
биле́т ticket
бинт (бинта́) bandage (G)
биогра́фия biography
би́тва battle (D)
бить (бью, бьёшь) *нес* hit; **би́ться** beat; ~ **об закла́д** *уст* wager (A)
бишь; как ~ **его́** what's his name (E)
бла́го happiness (A)
благовоспи́танность *ж* good breeding (F)
благогове́ние reverence (F)
благодари́ть II *нес* thank
благода́рность *ж* gratitude
благода́рный grateful
благодаря́ *кому, чему?* thanks to
благода́ть *ж* abundance (E)
благоду́шный good-natured (H)
благонаме́ренный *уст* well-meaning (C)
благополу́чие happiness (B)
благополу́чный satisfactory; **благополу́чно обстои́т всё** everything is fine (E)
благоро́дие highness
благоро́дный noble
благоро́дство nobility
благоскло́нный well intentioned (G)
благослове́ние blessing (G)
благослови́ть (благословлю́, благослови́шь) *сов* bless (B)
благотвори́тельница charity worker
благотвори́тельный charity (K)
блаже́ннейший see блаженный
блаже́нный blissful
бледне́ть I *нес* turn pale
бле́дность *ж* paleness
бле́дный pale

блёкнуть (блёкну, блёкнешь) *нес* fade (L)
блеск brilliance; gleam
блесну́ть (блесну́, блеснёшь) *сов* flash (C)
блесте́ть (блещу́, блести́т) *нес* shine
блестя́щий brilliant
ближа́йший see близкий
бли́же see близкий
близ *кого, чего?* near
близёхонько see близкий (G)
бли́зиться II *нес* approach
бли́зкий near
близору́кий nearsighted (C)
бли́зость *ж* nearness, closeness
блин (блина́) pancake (C)
блинда́ж (блиндажа́) bunker (G)
блиста́тельный splendid
блонди́нка (р мн блонди́нок) blonde
блу́дница *уст* harlot (I)
блужда́ть I *нес* wander (D)
блю́дечко (р мн блю́дечек) saucer
блю́до dish
боа́ *с нескл* boa
Бог God; **ей Бо́гу** honest to God (C)
богате́йший see богатый
бога́тство wealth
бога́тый rich
бога́ч (богача́) rich man
богомо́лье pilgrimage (K)
бо́дрость *ж* courage (A)
бо́дрый cheerful, brisk
боево́й battle
Бо́же see Бог
бо́жий God's (B)
бой battle
бо́йкий perky (E)
бок (мн бока́) side
бока́л wine glass
боково́й side (A)
болва́н fool, blockhead (H)
бо́лее more
боле́зненный morbid

боле́знь *ж* illness
боле́ть I *нес* be sick
боле́ть II *нес* hurt
боло́нка (р мн боло́нок) toy dog (C)
болта́ть I *нес* chatter; dangle (E)
боль *ж* pain
больни́ца hospital
больни́чный hospital
бо́льно *безл* painful
больно́й sick, ill
бо́льше more
бо́льший greater; **бо́льшей ча́стью** for the most part (G)
большинство́ majority
большо́й big
бо́мба bomb
бомбарди́рованье bombardment
борза́я (борзо́й) borzoi (dog) (K)
бормота́ть (бормочу́, бормо́чешь) *нес* mumble (I)
борода́ (вн бо́роду; бо́роды, боро́д) beard
боро́дка (р мн боро́док) see борода
боро́ться (борю́сь, бо́решься) *нес* fight, struggle
борт coat breast (G)
борти́ще dozen (C)
борщ (борща́) borshch
борьба́ fight, struggle
босико́м barefooted (C)
босо́й barefooted; **на бо́су но́гу** barelegged (E)
босто́н *card game*
боти́нки (боти́нок) boots
боти́ночки (боти́ночек) see ботинки
ботфо́рты (ботфо́ртов) boots (C)
боязли́вый timid
боя́знь *ж* dread
боя́ться (бою́сь, бои́шься) *кого, чего?* *нес* fear
бра́во bravo

бра́вый daring (G)

брак marriage

бра́нный *уст* martial (B)

брань *ж поэт* battle (G)

браслéт bracelet

браслéтка (*р мн* браслéток) bracelet

брат (*мн* бра́тья, бра́тьев) brother; наш ~ our kind (D)

бра́тец (бра́тца) see брат

брать (беру́, берёшь; брал, брала́) *нес* take; бра́ться undertake, take up

бревно́ (*р мн* брёвен) log (C)

бред delirium (B)

брéзгать I *нес* shun (E)

брига́дный генера́л brigadier general

бри́тва razor

брить (брéю, брéешь) *нес* shave

бритьё shaving

бровь *ж* (*р мн* бровéй) eyebrow; не в ~ а в глаз bull's-eye (C)

броди́ть (брожу́, бро́дишь) *нес* wander

бро́нзовый bronze

броса́ть I *нес* throw; броса́ться hurl self

бро́сить (бро́шу, бро́сишь) *сов* throw; quit, abandon; бро́ситься hurl self; ~ на глаза́ *уст* be striking (F)

брошь *ж* brooch

брошю́ра pamphlet

бру́ствер breastwork (G)

бры́знуть (бры́зну, бры́знешь) *сов* spurt (B)

брю́ки (брюк) trousers

брюнéт brunet

брю́хо belly (E)

брюшко́ paunch (F)

буго́р (бугра́) knoll (B)

бу́дочник *уст* policeman (C)

бу́дто as though

бу́дучи being (A)

бу́дущий future

бу́йство rowdiness (A)

бу́ква letter

буква́льный literal

бульва́р boulevard

бульва́рный boulevard

бума́га paper

бума́жник wallet (D)

бунт mutiny (E)

бунтова́ть (бунту́ю, бунту́ешь) *нес* mutiny

бурми́стр bailiff

бу́рный stormy (J)

бу́рый brown (E)

бу́ря storm (B)

буты́лка (*р мн* буты́лок) bottle

буфéт refreshment bar

буя́н rowdy (A)

быва́ть I *нес* be

бы́вший former

быстрота́ speed, quickness

бы́стрый fast

быт daily life

бытиé being (M)

бюст bust

в(о) *что, кого? чём, ком?* in

ваго́н railroad car, wagon

важнéйший see важный

ва́жность *ж* importance

ва́жный important

вака́нция *уст* vacancy

вал (*мн* валы́) rampart (G)

вали́ть (валю́, ва́лишь) *нес* pour down (L); ~ клока́ми come down hard (B)

вальс waltz

валя́й во всю ива́новскую *full speed ahead* (C)

валя́ться I *нес* lie around (C)

ва́та wadding; на ва́те quilted (B)

вбега́ть I *нес* run in

вбежа́ть (вбегу́, вбежи́шь, вбегу́т) *сов* run in

вбить (вобью́, вобьёшь) *сов* hammer in (H)

вблизи́ *от чего?* close by

вверну́ть (вверну́, ввернёшь) *сов* insert (E)

вверх up

вверя́ться I *кому, чему? нес* trust (D)

ввести́ (введу́, введёшь; ввёл, ввела́) *сов* lead in

ввиду́ *чего?* in view

вводи́ть (ввожу́, вво́дишь) *нес* lead in

вво́лю to heart's content (E)

вглубь deep into

вгля́дываться I *нес* peer intently (J)

вдави́ть (вдавлю́ вда́вишь) *сов* smash (A)

вдво́е twice

вдвоём two (together)

вдова́ widow

вдо́воль to heart's content (F)

вдого́нку after (K)

вдохнови́ть (вдохновлю́, вдохнови́шь) *сов* inspire (F)

вдруг suddenly

вду́маться I *сов* consider (L)

вдыха́ть I *нес* inhale (J)

ведёрко (*р мн* ведёрок) see ведро

вéдомо consent (E)

вéдомство department (C)

ведро́ (*мн* вёдра, вёдер) pail (G)

ведь after all

вéер (*мн* веера́) fan (E)

вéжливый polite

вездé everywhere

везти́ (везу́, везёшь; вёз, везла́) *нес* transport

век (*мн* века́) century

вéко (*мн* вéки) eyelid (G)

велéть II *кому? нес, сов* command

вели́кий great

великоду́шие magnanimity (A)

великоду́шный generous (I)

великолéпный magnificent

велича́вый majestic (L)

велича́йший see великий

велича́ть I *нес уст* call (E)

вели́чественный majestic

вели́чие greatness, grandeur

вельмо́жа *м уст* bigshot (H)

ве́ник broom (E)

венча́льный wedding

венча́ние wedding (ceremony)

венча́ться I *нес* wed (B)

ве́ра belief; faith

верблю́жий, верблю́жье, верблю́жья camel's hair (G)

верёвка rope (E)

ве́рить II *кому? во что? нес* believe; ве́риться *безл* believe

ве́рность *ж* dependability (A)

верну́ться (верну́сь, вернёшься) *сов* return

ве́рный faithful; true; reliable (D)

ве́рование belief

ве́ровать (ве́рую, ве́руешь) *нес в кого?* believe

вероя́тный probable

верста́ (*мн* вёрсты) *уст* verst (3500 ft) (A); **на седьму́ю версту́** *to the asylum* (I)

вертлю́г (вертлюга́) thighbone (E)

ве́рующий (ве́рующего) believer

верх (*мн* верхи́) height (A)

ве́рхний upper

верхово́й riding (E)

верхо́м on horseback (A)

верши́на peak (L)

вершо́к (вершка́) *уст* vershok (1.75 in) (A)

вес (*мн* веса́) weight

весёлость *ж* good spirits

весёлый (ве́село) cheerful

весе́нний spring

весна́ (*мн* вёсны, вёсен) spring

весснова́тенький see весноватый

веснова́тый freckled (F)

вести́ (веду́, ведёшь; вёл, вела́) *нес* lead

весьма́ highly

ве́тер (ве́тра) wind

ве́тренность *ж* heedlessness (B)

ветряна́я ме́льница windmill (E)

ве́чер (*мн* вечера́) evening

вече́рний evening

ве́чный eternal

ве́шалка (*р мн* ве́шалок) hanger

ве́щий *поэт* prophetic (B)

вещь *ж* thing

ве́ялка (*р мн* ве́ялок) winnowing machine (E)

ве́ять (ве́ю, ве́ешь) *чем? нес* smack of (H), give off an air

взад back

взаи́мный mutual (B)

взаймы́ on loan (K)

взба́лтывать I *нес* shake up (G)

взбеси́ть (взбешу́, взбе́сишь) *сов* infuriate (A)

взбудора́женный tousled (G)

взвали́ться (взвалю́сь, взва́лишься) *сов* hoist self (E)

взвести́ (взведу́, взведёшь; взвёл, взвела́) *сов* raise (D)

взви́деть (взви́жу, взви́дишь) *сов* make out

взволно́ванный agitated

взволнова́ться (взволну́юсь, взволну́ешься) *сов* become agitated

взгляд gaze; opinion; **оки́нуть взгля́дом** look at (D)

взгля́дывать I *нес* glance

взгляну́ть (взгляну́, взгля́нешь) *сов* glance

вздор nonsense

вздох sigh (C)

вздохну́ть (вздохну́, вздохнёшь) *сов* sigh; catch breath (E)

вздра́гивать I *нес* shudder (D), shake

вздро́гнуть (вздро́гну, вздро́гнешь) *сов* startle (I)

взду́мать I *сов* think up; вздума́ться take a notion

вздыха́ть I *нес* sigh

взлюби́ть (взлюблю́, взлю́бишь) *сов* take a liking to

взмахну́ть (взмахну́, взмахнёшь) *сов* wave (H)

взнести́ (взнесу́, взнесёшь; взнёс, взнесла́) *сов* pay (E)

взойти́ (взойду́, взойдёшь; взошёл, взошла́) *сов* rise

взор gaze (B)

взрыв explosion

взрыва́ть I *нес* blow up (G)

взрыть (взро́ю, взро́ешь) *сов* plough up (G)

взъезжа́ть I *нес* drive up

взя́тка (*р мн* взя́ток) bribe (H)

взять (возьму́, возьмёшь; взял, взяла́) *сов* take; **~ в толк** understand (C); **взя́ться** *за что?* start for; undertake

вид appearance; sight; aspect; **в виду́** at the sight of

вида́ть I *нес* see; вида́ться see each other

виде́ние vision, apparition

ви́деть (ви́жу, ви́дишь) *нес* see; ви́деться see each other

ви́димый obvious

видне́ться I *нес* be seen (G)

ви́дный visible; apparent; **~ из себя́** good looking (C)

визг shriek (A)

визгли́вый shrill (K)

визи́т visit

ви́лка (*р мн* ви́лок) fork

вина́ (*мн* ви́ны) fault (A)

ви́нный wine

вино́ (*мн* ви́на) wine

винова́тый guilty

винто́вка (*р мн* винто́вок) rifle (D)

виньє́тка (*р мн* виньє́ток) decoration (F)

висе́ть (вишу́, виси́шь) *нес*
hang

висо́к (виска́) temple (B)

ви́ться (вью́сь, вьёшься;
ви́лся, ви́лась) *нес* hover
(B)

вихрь *м* whirlwind (L)

ви́це- vice-

вицмунди́р uniform

вишь so

вконе́ц completely (E)

вко́панный transfixed (C)

вкось obliquely (I)

вкус taste

вкуси́ть (вкушу́, вку́сишь)
partake (C)

вла́га moisture (L)

владе́лец (владе́льца) owner

владе́ть I *нес чем?* control

вла́жный moist

вла́стный imperious (L)

власть *ж* power

влезть (вле́зу, вле́зешь; влез,
вле́зла) *сов* climb

влете́ть (влечу́, влети́шь) *сов*

влечь (влеку́, влечёшь; влёк,
влекла́) *нес* draw (L)

влить (волью́, вольёшь;
влил, влила́) *сов* pour in

влия́ние influence (A)

влия́тельный influential

влия́ть I *нес на кого, на что?*
influence

вложи́ть (вложу́, вло́жишь)
сов put in

влюблённый *в кого?* in love

вме́сте together

вме́сто *кого, чего?* instead of

вмеша́ться I *во что? сов*
intervene

вме́шивать I *во что? нес* mix
(B); вме́шиваться I *во что?*
нес intervene (A)

вмиг instantly

внаки́дку over shoulders (G)

внача́ле at first

вне *кого, чего?* outside

внеза́пный sudden

вниз down

внизу́ below; underneath

внима́ние attention

внима́тельность *ж*
attentiveness (A)

внима́тельный attentive

вновь again

вноси́ть (вношу́, вно́сишь)
нес carry in

вну́тренний internal

внутри́ *кого, чего?* inside

внуши́тельный imposing (K)

во see в

вове́к *уст* never (I)

вовраще́ние return

во́время in time

во́все quite

вода́ (*мн* во́ды) water

води́ться (вожу́сь,
во́дишься) *нес* be kept (A)

во́дка (*р мн* во́док) vodka

водопа́д waterfall (C)

воева́ть (вою́ю, вою́ешь) *с
кем, с чем? нес* war (G)

вое́нный military

во́жжи (вожже́й) reins (B)

возбуди́ть (возбужу́,
возбуди́шь) *сов* awaken (A),
excite, stimulate

возбужда́ть I *нес* awaken,
excite, stimulate

возвести́ (возведу́,
возведёшь; возвёл,
возвела́) *сов* raise (I)

возврати́ть (возвращу́,
возврати́шь) *сов* return;
возврати́ться return

возвра́тный return

возвраща́ть I *нес* return;
возвраща́ться return

возвраще́ние return

возвыша́ть I *нес* raise

возвы́шенный lofty

воздержа́ние temperance (K)

воздержа́ться (воздержу́сь,
возде́ржишься) *сов* refrain
(A)

возде́рживаться I *нес* refrain
(J)

во́здух air

возду́шный airy (K)

воздыма́ть I *нес уст* raise (B)

воздыха́ние sighing

воздыха́ть I *нес уст* pine (A)

воззва́ть (воззову́,
воззовёшь) *сов* call out (I)

вози́ть (вожу́, во́зишь) *нес*
transport; вози́ться be busy
(E); fool around (G); spend
time (K)

во́зле *кого, чего?* by

возмо́жность *ж* possibility

возмо́жный possible

возмужа́ть I *сов* become a
man (B)

возмути́ть (возмущу́,
возмути́шь) *сов* make
indignant (L); возмути́ться
be troubled (I)

возмуща́ться I *нес* become
indignant

возмуще́ние *уст* revolt (A)

вознагражде́ние reward (C)

возненави́деть
(возненави́жу,
возненави́дишь) *сов* take a
dislike to

возника́ть I *нес* arise

возня́ bustle (J)

возобнови́ться
(возобновлю́сь,
возобнови́шься) *сов* be
renewed (J)

возопи́ть (возоплю́,
возопи́шь) *сов уст* shriek
(H)

возража́ть I *нес* object

возраже́ние objection (D)

возрази́ть (возражу́,
возрази́шь) *сов* object (A)

во́ин soldier (D)

война́ (*мн* во́йны) war

войска́ (во́йск) troops

войти́ (войду́, войдёшь;
вошёл, вошла́) *сов* enter

вокза́л station

вокру́г *кого, чего?* around

волна́ (*мн* во́лны) wave

волне́ние agitation (A)

волни́стый undulating (B)

волнова́ть (волну́ю, волну́ешь) *нес* agitate; волнова́ться be agitated

волоки́та *м уст* ladies' man (B)

во́лос (*р мн* воло́с) hair

волочи́ться (волочу́сь, воло́чишься) *за кем? нес* run after (D)

волхвова́ние sorcery (C)

во́ля will (B)

вон out

во́на of course (E)

воню́чий stinking (G)

воня́ть I *нес* stink (C)

вообража́ть I *нес* imagine

воображе́ние imagination (A)

вообрази́ть (воображу́, вообрази́шь) *сов* imagine

вообще́ generally

воо́чию with own eyes (I)

вопль *м* howl (E)

вопро́с question

вопроси́тельный inquiring

вор (*р мн* воро́в) thief (I)

ворва́ться (ворву́сь, ворвёшься; ворва́лся, ворвала́сь) *сов* burst into (D)

воровство́ stealing

воро́та (воро́т) gate (A)

вороти́ть (ворочу́, воро́тишь) *сов* turn back (I); вороти́ться return

воротни́к (воротника́) collar

воротничо́к see воротник

воро́чаться I *нес* turn

ворча́ть (ворчу́, ворчи́шь) *на кого, на что? нес* grumble (K)

восвоя́си back (E)

воскли́кнуть (воскли́кну, воскли́кнешь) *сов* exclaim

восклица́ние exclamation

восклица́ть I *нес* exclaim (I)

воскреса́ть I *нес* revive (L)

воскресе́ние resurrection (I)

воскре́снуть (воскре́сну, воскре́нешь; воскре́с) *сов* rise from the dead (I)

воспалённый inflamed (I)

воспе́ть (воспою́, воспоёшь) *сов* laud (A)

воспита́ние upbringing; education

воспита́ть I *сов* raise (B)

воспо́льзоваться (воспо́льзуюсь, воспо́льзуешься) *кем, чем? сов* use

воспомина́ние recollection

восприе́мник godfather (L)

воспринима́ть I *нес* perceive; воспринима́ться be perceived

восприня́ть (past only) *сов* perceive

восприя́тие perception

воспроизвести́ (воспроизведу́, воспроизведёшь; воспроизвёл, воспроизвела́) *сов* reproduce (G)

восскорбе́ть ду́хом (восскорблю́, восско́рбишь) *сов уст* groan in spirit (I)

восто́к east

восто́рг rapture

восто́рженный triumphant (I)

восторжествова́ть (восторжеству́ю, восторжеству́ешь) *над кем, над чем? сов* triumph (B)

восхища́ться I *нес* be delighted (L)

восхище́ние admiration (J)

вот there

воткну́ть (воткну́, воткнёшь) *сов* stick in (G)

вошь *ж* (вши, *тв* во́шью) louse (G)

впада́ть I *нес* fall into

впасть (впаду́, впадёшь; впал, впа́ла) *сов* fall into

вперёд forward; henceforth

впереди́ in front, before

впечатле́ние impression (A)

впло́ть *до чего?* right up to

вполго́лоса under one's breath

вполне́ fully

впра́во *от кого, от чего?* to the right

впрах utterly (F)

впрок; пойти́ ~ benefit (H)

впро́чем though

впу́тать I *сов* involve (C)

враг (врага́) enemy; devil (E)

вразуми́ть (вразумлю́, вразуми́шь) *сов* convince (C)

вран *уст* raven (B)

врать (вру, врёшь; врал, врала́) *нес* lie

врач (врача́) doctor

враща́ться I *нес* roll (D); circulate (G)

вреди́ть (врежу́, вреди́шь) *нес* harm

вре́дный harmful

вре́мя (вре́мени; времена́, времён) time

вро́де *кого, чего?* like

вряд ли scarcely

всади́ть (всажу́, вса́дишь) *сов* place

вса́дник rider (L)

всевозмо́жный all sorts

всегда́ always

всего́-на́всего all in all (G)

вселе́нная (вселе́нной) universe (H)

всео́бщий general

всепоко́рнейший most humble (A)

всеуслы́шание; во ~ for all to hear (I)

вска́кивать I *нес* leap up

вски́нуть (вски́ну, вски́нешь) *сов* look (I); вски́нуться flare up (I)

вско́ре soon after

вскочи́ть (вскочу́, вско́чишь) *сов* leap up

вскри́кнуть (вскри́кну,
вскри́кнешь) *сов* exclaim;
shriek (I)

вскрича́ть (вскричу́,
вскричи́шь) *нес* exclaim

вслед *за кем, за чем? кому, чему?*
after

вследствие as a result (G)

вслух aloud

всма́триваться I *нес*
scrutinize (I)

всмя́тку soft boiled (E)

всо́вывать I *нес* stick into (G)

всплесну́ть рука́ми
(всплесну́, всплеснёшь) *сов*
clasp hands (G)

вспомина́ть I *нес* recall,
recollect; вспомина́ться
кому? recall

вспо́мнить II *сов* recall,
recollect; вспо́мниться
кому? recall

вспоте́ть I *сов* sweat (F)

вспугну́ть (вспугну́,
вспугнёшь) *сов* start up (I)

вспы́хивать I *нес* flare up

вспы́хнуть (вспы́хну,
вспы́хнешь) *сов* flare up
(A)

встава́ть (встаю́, встаёшь)
нес get up

встать (вста́ну, вста́нешь) *сов*
get up

встре́тить (встре́чу,
встре́тишь) *сов* meet;
встре́титься *с кем, с чем?*
meet

встре́ча meeting

встреча́ть I *нес* meet;
встреча́ться *с кем, с чем?*
meet

встряхну́ться (встряхну́сь,
встряхнёшься) *сов* shake
self (C)

вступи́ть (вступлю́,
всту́пишь) *сов* enter;
вступи́ться *за кого, за что?*
intervene

вступле́ние entry (B)

всхли́пывать I *нес* sob (G)

всю́ду everywhere

вся́кий all sorts

вся́чески in every way
possible

вта́йне in secret

втащи́ть (втащу́, вта́щишь)
сов drag in

втихомо́лку on the sly (E)

вто́рить II *нес* harmonize (G)

второпя́х hastily (D)

втя́гивание attraction

втя́гивать I *нес* attract

втяну́ться (втяну́сь,
втя́нешься) *сов* be drawn to
(I)

вульга́рный vulgar

вход entrance

входи́ть (вхожу́, вхо́дишь)
нес enter

вчера́ yesterday

вчера́сь *прост* see вчера

вчера́шний yesterday's

вчетверо́м four (together)

въезд entrance

въе́хать (въе́ду, въе́дешь) *сов*
enter

вы́бежать (вы́бегу,
вы́бежишь, вы́бегут) *сов*
run out

выбира́ть I *нес* choose

вы́бить (вы́бью, вы́бешь) *сов*
kick down

вы́боры (вы́боров) election

вы́брать (вы́беру,
вы́берешь) *сов* choose;
вы́браться get out

вы́брить (вы́брею,
вы́бреешь) *сов* shave

вы́бросить (вы́брошу,
вы́бросишь) *сов* throw away

вы́быть (вы́буду, вы́будешь)
сов be a casualty

вы́везти (вы́везу, вы́везешь;
вы́вез, вы́везла) *сов* take
out

вы́вернуть (вы́верну,
вы́вернешь) *сов* turn in
(G)

вы́веска (*р мн* вы́весок) sign

вы́вести (вы́веду, вы́ведешь;
вы́вел, вы́вела) *сов* take
out; ~ из терпе́ния
exasperate (G)

вы́глядеть (вы́гляжу,
вы́глядишь) *нес* appear,
look like

вы́гля́дывать I *нес* look out

вы́глянуть (вы́гляну,
вы́глянешь) *сов* look out

вы́гнать (вы́гоню,
вы́гонишь) *сов* drive out

выгова́ривать I *нес* articulate,
utter; выгова́риваться be
uttered

вы́говор accent (G)

вы́говорить II *сов* say, utter

вы́года profit

вы́годный profitable

вы́гореть II *сов* burn out (A)

вы́ерживать I *нес* endure (F)

выдава́ть (выдаю́, выдаёшь)
нес give away, reveal

вы́давить (вы́давлю,
вы́давишь) *сов* squeeze out;
вы́давиться squeeze out

вы́дать (вы́дам, вы́дашь,
вы́даст, вы́дадим,
вы́дадите, вы́дадут) *сов*
give

вы́держать II *сов* endure (I)

вы́дохнуться (вы́дохнусь,
вы́дохнешься; вы́дохся,
вы́дохлась) *сов* exhaust
repetoire (E)

вы́драть (вы́деру,
вы́дерешь) *сов* tear out (E)

выдува́ть I *нес* blow out (G)

вы́думать I *сов* think up

вы́думка (*р мн* вы́думок)
fabrication (C)

выду́мывать I *нес* embroider
(G)

выезжа́ть I *нес* leave

вы́ехать (вы́еду, вы́едешь)
сов leave

вы́звать (вы́зову, вы́зовешь)
сов call forth; вы́зваться
offer (A)

выздора́вливать I *нес* get well

вы́зов call

вызыва́ть I *нес* call forth

вы́играть I *сов* win

вы́йти (вы́йду, вы́дешь; вы́шел, вы́шла) *сов* leave

вы́казать (вы́кажу, вы́кажешь) *сов* display

вы́ка́зывать I *нес* display (G)

вы́колоть (вы́колю, вы́колешь) *сов* poke out; хоть глаз вы́коли *pitch black* (G)

выкри́кивать I *нес* yell

вы́кушать I *нес уст* drink (C)

вы́лазка (*р мн* вы́лазок) attack

вылеза́ть I *нес* climb out

вы́лезть (вы́лезу, вы́лезешь; вы́лез, вы́лезла) *сов* climb out

вы́ломать I *сов* break down (D)

вы́молвить (вы́молвлю, вы́молвишь) *сов* utter (D)

вы́мышленный imaginary (D)

вы́нести (вы́несу, вы́несешь; вы́нес, вы́несла) *сов* take out

вынима́ть I *нес* take out

выноси́ть (выношу́, выно́сишь) *нес* take out

вы́нудить (вы́нужу, вы́нудишь) *сов* force

вы́нуть (вы́ну, вы́нешь) *сов* take out

вы́печь (вы́пеку, вы́печешь, вы́пекут; вы́пек, вы́пекла) *сов* bake

выпива́ть I *нес* drink

вы́писать (вы́пишу, вы́пишешь) *сов* order (E)

выпи́сывать I *нес* order

вы́пить (вы́пью, вы́пьешь) *сов* drink

выплёвывать I *нес* spit out (A)

вы́плыть (вы́плыву, вы́плывешь) *сов* appear

выполня́ть I *нес* fulfill

вы́прыгнуть (вы́прыгну, вы́прыгнешь) *сов* jump out

вы́прямиться (вы́прямлюсь, вы́прямишься) *сов* straighten (H)

вы́пугнуть (вы́пугну, вы́пугнешь) *сов* scare out (E)

вы́пуклый bulging (K)

выпуска́ть I *нес* let out

вы́пустить (вы́пущу, вы́пустишь) *сов* let out

вы́пучить глаза́ II *сов* goggle (E)

выпы́тывать I *нес* probe (I)

выража́ть I *нес* express; выража́ться express self; be expressed

выраже́ние expression (B)

вырази́тельный expressive (D)

вы́разить (вы́ражу, вы́разишь) *сов* express; вы́разиться express self; be expressed

выраста́ть I *нес* grow

вы́расти (вы́расту, вы́растешь; вы́рос, вы́росла) grow up

вы́растить (вы́ращу, вы́растишь) *сов* grow

вы́рвать (вы́рву, вы́рвешь) *сов* tear loose (G); вы́рваться burst forth (I)

вы́резать (вы́режу, вы́режешь) *сов* engrave

вы́ронить II *сов* drop (C)

вы́ругать I *сов* curse

вы́ручка (*р мн* вы́ручек) receipts (K)

вырыва́ть I *нес* tear loose

вы́сечь (вы́секу, вы́сечешь, вы́секут) *сов* whip (C)

вы́сказать (вы́скажу, вы́скажешь) *сов* state, utter

выска́зывание utterance

выска́зывать I *нес* state, tell

выска́кивать I *нес* rush out (D)

вы́слать (вы́шлю, вы́шлешь) *сов* send

вы́слушать I *сов* hear out; выслу́шивать I *нес* hear out

вы́сморкаться I *сов* blow nose (F)

высо́вываться I *нес* lean out (G)

высо́кий (высоко́) tall

высокоме́рие arrogance

высокоме́рность *ж* haughtiness

высокоме́рный haughty (G)

высокопоста́вленный high-ranking

вы́спаться (вы́сплюсь, вы́спишься) *сов* get enough sleep

вы́ставить (вы́ставлю, вы́ставишь) *сов* exhibit

вы́стрел shot

вы́стрелить II *сов* shoot

выступа́ть I *нес* break out; appear

вы́ступить (вы́ступлю, вы́ступишь) *сов* break out; appear

вы́сунуть (вы́суну, вы́сунешь) *сов* stick out

вы́сший higher

высыла́ть I *нес* send out

вы́сыпать (вы́сыплю, вы́сыпешь) *сов* pour out (A)

вы́тащить II *сов* drag out

вы́твердить (вы́твержу, вы́твердишь) *сов* learn (A)

вы́терпеть (вы́терплю, вы́терпишь) *сов* bear it (B)

вытесня́ть I *нес* dislodge (D)

вытира́ть I *нес* wipe; вытира́ться wipe self

выть (во́ю, во́ешь) *нес* howl (B)

вытя́гивать I *нес* stretch out

вы́тянуть (вы́тяну, вы́тянешь) *сов* stretch out;

вы́тянуться в стру́нку stand at attention (E)

вы́хватить (вы́хвачу, вы́хватишь) *сов* seize (L)

выхлёстывать I *нес* lash at (F)

вы́ход exit, departure

выходи́ть (выхожу́, выхо́дишь) *нес* leave

вы́ходка (р мн вы́ходок) stunt (D)

вы́швырнуть (вы́швырну, вы́швырнешь) *сов* hurl out (C)

вы́ше see высокий

вы́шить (вы́шью, вы́шьешь) *сов* embroider

вы́шка (р мн вышек) watchtower (G)

вя́лый listless (E)

вя́нуть (вя́ну, вя́нешь; вял) wither (L)

га́дкий nasty

га́дость *ж* nastiness, filth

газ gas

газе́та newspaper

газе́тный newspaper

гайду́к (гайдука́) footman (C)

галере́я corridor (I)

галёрка (р мн галёрок) gallery (L)

га́лстук tie

галу́н (галуна́) trim (A)

гармо́ника accordion (K)

гармони́чный harmonious

гауптва́хта guardhouse (K)

гварде́йский belonging to the Guards

гва́рдия Guards

гвоздь (гвоздя́; гво́зди, гвозде́й) nail (D)

геморро́иды hemorrhoids (C)

генера́л general

геогра́фия geography

Гео́ргиевский крест (креста́) *military decoration*

Гео́ргий see Георгиевский крест (B)

герб (герба́) crest

ге́рбовый heraldic (E)

герма́нский Germanic

герои́ня heroine, protagonist

герои́ческий heroic

геро́й hero, protagonist

геро́йский heroic

гимнази́ст secondary-school student

гимнази́стка (р мн гимнази́сток) secondary-school student

гимна́зия secondary school

глава́ (мн гла́вы) chapter

гла́вный main

гла́дить (гла́жу, гла́дишь) *нес* stroke (F)

гла́дкий smooth

глаз (мн глаза́, глаз) eye; **не в бровь а в ~** *bull's eye* (C); **хоть ~ вы́коли** *pitch black* (G)

гла́зик see глаз

гласи́ть (глашу́, гласи́шь) *нес уст* announce (B)

глота́ть I *нес* swallow (H)

глото́к (глотка́) sip (H)

глубина́ (мн глуби́ны) depth

глубо́кий (глубоко́) deep

глуми́ться (глумлю́сь, глуми́шься) *нес* mock (H)

глумле́ние mockery (H)

глу́пость *ж* stupidity

глу́пый stupid

глухо́й dull; deaf

глушь *ж* (глуши́) undergrowth (E); backwoods

гляде́ть (гляжу́, гляди́шь) *нес* look; **~ в о́ба** stare (C)

гля́нуть (гля́ну, гля́нешь) glance at

гля́нцеви́тый shiny (G)

гн. see господин

гна́ться (гоню́сь, го́нишься; гна́лся, гнала́сь) *нес* chase (D)

гнев wrath (B)

гне́вный angry (I)

гну́сный vile (G)

го́вор voices (F)

говори́ть II *нес* talk; **как говори́тся** as they say

год (мн го́ды, годо́в) year

годи́ться (гожу́сь, годи́шься) *нес* be suitable (H)

го́дный suitable

го́дочек (го́дочка) see год

голла́ндский Dutch

голова́ (вн го́лову; го́ловы, голо́в) head; loaf (C); **в голова́х** at head (bed) (D)

голо́вка (р мн голо́вок) see голова; **~ лу́ка** onion

головно́й head

головоло́мный bewildering (F)

голо́дный hungry

го́лос (мн голоса́) voice

голосова́ть (голосу́ю, голосу́ешь) *за кого, за что?* *нес* vote

голубогла́зый blue-eyed

голубо́й light blue

голу́бушка (р мн голу́бушек) *affectionate diminutive*

го́лубь *м* (р мн голубе́й) dove

го́лый bare (A); naked

гони́тель *м* persecutor (F)

гора́ (вн го́ру; го́ры, гор, гора́х) mountain; pile

гора́здо much

горде́ц (гордеца́) proud man (H)

го́рдость *ж* pride

го́рдый proud

го́ре grief (A)

го́ресть *ж* sorrow (B)

горе́ть II *нес* burn

горизо́нт horizon

го́рло throat

горлово́й throat

го́рлышко neck (G)

го́рничная (го́рничной) maid (B)

го́род (мн города́) city, town

городо́к (городка́) see город

городско́й city, urban

горожа́нин (мн горожа́не, горожа́н) city person

горсть ж (р мн горсте́й) cup of hand

горшо́к (горшка́) pot

го́рький chronic (A); bitter

горя́чечный feverish (G)

горя́чий hot; heated

горячи́ться II нес get excited (I)

горя́чка fever (B); haste (F)

горя́чность ж warmth (G)

го́спиталь м (р мн госпитале́й) hospital (military)

Го́споди interjection Lord!

господи́н (мн господа́, госпо́д) gentleman; master

госпо́дский belonging to the master

госпо́дчик see господин

госпо́дь (го́спода) lord

гостеприи́мство hospitality

гости́ная (гости́ной) parlor

гости́нец (гости́нца) sweets (F)

гости́ница hotel

Гости́ный двор (двора́) store (C)

гость м (р мн госте́й) guest

госуда́рственный state, government

госуда́рство state, government

госуда́рыня madam

госуда́рь sir; tsar (B)

гото́виться (гото́влюсь, гото́вишься) к чему? нес prepare

гото́вность ж preparedness

гото́вый ready

го́шпиталь уст see госпиталь

гра́бить (гра́блю, гра́бишь) нес rob

град hail (B)

гра́дус degree

граждани́н (мн гра́ждане, гра́ждан) citizen

грамма́тика grammar

грани́ца border

гранпасья́нс solitaire (B)

грань ж verge

граф count

графи́нчик decanter (K)

графи́ня countess (A)

гра́фский count's

гра́ция grace

гре́бень м (гребня́) comb (E)

грёза vision (K)

гре́зиться (гре́жусь гре́зишься) кому? нес hallucinate (C)

греме́ть (гремлю́, греми́шь) нес thunder (H)

грех (греха́) sin (D)

гре́ческий Greek

греши́ть II нес sin

гре́шница sinner (I)

гре́шный sinful; гре́шным де́лом sorry to say

гри́ва mane (B)

гри́вна (р мн гри́вен) уст ten kopecks (C)

грима́сничать I нес twist (J)

гроб (мн гробы́) grave (B); coffin (G); по ~ дней to the end of our days (E)

грози́ть (грожу́, грози́шь) нес кому, чем? нес threaten; ~ па́льцем shake finger (L); грози́ться threaten (H)

гро́зный threatening

гром (р мн громо́в) thunder

грома́дный huge

гро́мкий loud

гро́хот din (G)

грош уст half kopeck (C)

грубе́йший see грубый

груби́ть (грублю́, груби́шь) нес be rude to

грубия́н rude person (E)

грубова́тый see грубый

гру́бость ж insult (A)

гру́бый vulgar, rude, coarse

грудь ж (р мн груде́й) chest; breast

гру́ппа group

гру́стный sad

грусть ж sorrow

гру́ша pear

грызть (грызу́, грызёшь; грыз) нес gnaw (J)

гряду́щий coming (I)

гря́зненький see грязный

гря́зный dirty

грязь ж dirt, mud

губа́ (мн гу́бы, губ, губа́х) lip

губерна́тор governor

губерна́торский govenor's

губе́рния ист province

губе́рнский provincial

губи́ть (гублю́, гу́бишь) destroy (G)

гу́бка (р мн гу́бок) sponge; see губа

гуверна́нтка (р мн гуверна́нток) governess

гуде́ние buzz (L)

гул roar (G)

гуля́нье gallivanting

гуля́ть I нес walk, stroll

гумно́ (мн гу́мна) threshing floor (E)

гурьба́ troop (I)

гуса́р hussar (member of light cavalry)

гуса́рский hussar's

густо́й thick (C); deep (J)

гу́ще see густой

да and

да́бы уст so that (C)

дава́ть (даю́, даёшь) нес give

да́веча recently (I)

да́вешний recent (I)

дави́ть (давлю́, да́вишь) нес crush; oppress

да́вка crush (C)

да́вний old; long-standing

давни́шний see давний (I)

давно́ long ago; for a long time

да́же even

да́лее further

далёкий (далеко́) far away

даль ж distance

да́льний distant

да́льше see далёкий

да́ма lady

да́мский lady's

дари́ть (дарю́, да́ришь) *нес* give

да́ром for nothing; as a gift (H)

дать (дам, дашь, даст, дади́м, дади́те, даду́т; дал, дала́) *сов* give; ~ себя́ знать make self felt (E)

да́ча summer house

да́чник summer resident

да́чный summer house

две́рца (*р мн* две́рец) see дверь

дверь ж (*р мн* двере́й) door

дви́гатель м moving force

дви́гаться (дви́жусь, дви́жешься) *нес* move

движе́ние movement

дви́нуться (дви́нусь, дви́нешься) *сов* move

дво́е two (collective)

двор (двора́) court; farmstead; courtyard; на дворе́ outside

дво́рник yardkeeper (C)

дворо́вый house; дворо́вые лю́ди house serfs (A)

дворяни́н (*мн* дворя́не, дворя́н) aristocrat, noble

дворя́нский nobleman's, of the nobility

двугри́венный (двугри́венного) twenty kopecks (K)

-де *прост* *shows reported speech* (B)

дева́ть I *нес* put; дева́ться go (what to do) (A)

деви́ца girl (B)

деви́ческий girlish, maidenly

де́вка (*р мн* де́вок) girl (insulting)

де́вочка (*р мн* де́вочек) girl

де́вственный virgin (B)

де́вушка (*р мн* де́вушек) girl

девчо́нка (*р мн* девчо́нок) see девочка

дёготь м (дёгтя) tar

дед grandfather; forefather

дежу́рство watch (G)

де́йствие act; action

действи́тельность ж reality

действи́тельный actual, real

де́йствовать (де́йствую, де́йствуешь) *нес* act

декольтиро́ванный décolleté (K)

де́лать I *нес* do; де́латься become; happen

дели́ться (делю́сь, де́лишься) *нес* share (D)

де́ло (*мн* дела́) business; engagement (D); ~! done! (I); ~ не ста́нет the undertaking will not fail (B); то и ~ now and then (E); ~ в шля́пе it's in the bag (H); в са́мом де́ле in fact; на де́ле in practice

делово́й businesslike, practical

де́льный businesslike; efficient (G); serious

де́льцо see дело (E)

де́нежный money

денёк (денька́) see день

де́нно и но́щно day and night (E)

день (дня) day; на друго́й ~ the next day; тре́тьего дня́ day before yesterday (C); на дня́х the other day (F); день деньско́й livelong day (G); среди́ бе́лого дня́ in broad daylight (L)

де́ньги (де́нег) money

департа́мент department

депе́ша dispatch (J)

дёргать I *нес* pull (K)

деревене́ть I *нес* grow wooden (I)

дереве́нский rural

дереве́нька (*р мн* дереве́нек) see деревня

дере́вня (*р мн* дереве́нь) village

де́рево (*мн* дере́вья, дере́вьев) tree

дереву́шка (*р мн* дереву́шек) see деревня

деревя́нный wooden

держа́ть (держу́, де́ржишь) *нес* hold; take (a bet) (D); держа́ться hold

де́рзкий insolent

дерзну́ть (дерзну́, дерзнёшь) *сов* dare

де́рзость ж rudeness

дёрнуть (дёрну, дёрнешь) *сов* jerk (C); force (D); pull; ~ тропа́к dance a jig (C)

де́скать *shows reported speech* (E)

десна́ (*мн* дёсны, дёсен) gum (C)

десятиле́тний ten-year-old

десяти́на *уст* 2.7 acres (E)

деся́ток (деся́тка) ten

дета́ль ж detail

де́ти (дете́й, де́тях, *тв* детьми́) see ребёнок

де́тский child's

де́тство childhood

дешёвый (дёшево) cheap

де́ятельный active (G)

дива́н sofa, couch

дива́нчик see диван

диви́ться (дивлю́сь, диви́шься) *чему?* *нес* marvel

ди́кий wild; bizarre (G)

дилижа́нс coach

диплома́т diplomat

дире́ктор (*мн* директора́) principal

диску́ссия discussion

дитя́ (дитя́ти, *тв* дитя́тей) child

дичь ж game (E)

длина́ (*мн* дли́ны) length

длинноно́гий long-legged

дли́нный (дли́нен, длинна́) long

дли́тельный long

для *кого, чего?* for

дневни́к (дневника́) diary

до *кого, чего?* until; быть не ~ not be in the mood for

(A); **до того** to such an extent (G)

доба́вить (доба́влю, доба́вишь) *сов* add

доби́ться (добью́сь, добьёшься) *чего? сов* achieve, obtain

добра́ться (доберу́сь, добрёшься; добра́лся, добрала́сь) *сов* reach

добро́ goods (A); property (E)

доброду́шный good-natured

добросо́вестный conscientious

доброта́ kindness, goodness

до́брый kind

дове́ренный confidential (G)

дове́рчивый trusting

до́вод argument (G)

дово́льно rather

дово́льный (дово́лен) *кем, чем?* satisfied

дово́льствоваться (дово́льствуюсь, дово́льствуешься) *нес* be satisfied (A)

догада́ться I *сов* guess

дога́дываться I *нес* guess (A)

догна́ть (догоню́, дого́нишь) *сов* catch up with (G)

догоня́ть I *нес* catch up with

доезжа́ть I *нес* reach

дое́хать (дое́ду, дое́дешь) *прост* worry to death (E)

дожда́ться (дожду́сь, дождёшься; дожда́лся, дождала́сь) *кого, чего? сов* wait for

дожида́ться *кого, чего? нес* wait for

дозво́лить II *кому? сов уст* permit (C)

доиска́ться (доищу́сь, дои́щешься) *кого, чего? сов* fififind (I)

дойти́ (дойду́, дойдёшь; дошёл, дошла́) *сов* reach

доказа́тельство proof

доказа́ть (докажу́, дока́жешь) *сов* prove

дока́зывать I *нес* prove (D)

доки́нуть (доки́ну, доки́нешь) *сов* finish dealing

докла́дчик reporting secretary

докла́дывать I *нес* report

до́ктор (*мн* доктора́) doctor

до́кторша doctor's wife

доктринёрство doctrinairism (H)

долг (*мн* долги́) debt; duty

до́лгий long

до́лго for a long time

долговре́менный lasting

до́лее longer

долета́ть I *нес* fly; reach

долете́ть (долечу́, долети́шь) *сов* fly; reach

до́лжен *кому?* be obliged; owe (I)

долженствова́ть (долженству́ю, долженству́ешь) *нес уст* must (B)

до́лжный *уст* see должен

доли́на valley (G)

доложи́ть (доложу́, доло́жишь) *сов* announce (A)

до́ля (*р мн* доле́й) part (G); **на свою́ до́лю** for one's share (L)

дом (*мн* дома́) house

до́ма at home

дома́шний domestic

до́мик see дом

доми́шко see дом

домо́й home

доморо́щенный homegrown (E)

доне́льзя as much as possible

донести́ (донесу́, донесёшь; донёс, донесла́) *сов* inform (C)

донжуа́н Don Juan

доноси́ться (доношу́сь, доно́сишься) carry (sound)

допла́чивать I *нес* pay the rest

допуска́ть I *нес* permit

допусти́ть (допущу́, допу́стишь) *сов* permit

доро́га road

дорогови́зна high prices (C)

дорого́й (до́рого) dear; expensive

доро́же see дорогой

дорожи́ть II *кем, чем? нес* value (A)

доро́жка (*р мн* доро́жек) path

доро́жный travelling

доса́да annoyance

доса́дный annoying

доска́ (*мн* до́ски, до́сок) board, plank

досказа́ть (доскажу́, доска́жешь) *сов* finish telling

дослу́шать I *сов* listen to the end

доспе́хи (доспе́хов) *ист* armor (C)

достава́ть (достаю́, достаёшь) *нес* obtain

доста́вить (доста́влю, доста́вишь) *сов* provide

доставля́ть I *нес* provide

достально́й *уст* see остальной (A)

доста́точный sufficient

доста́ть (доста́ну, доста́нешь) *сов* reach out; obtain; **доста́ться** *безл* fall one's lot

достига́ть I *кого, чего? нес* reach

дости́гнуть (дости́гну, дости́гнешь) *кого, чего? сов* reach

досто́инство virtue (A)

досто́йный worthy

достопа́мятный memorable (B)

дотра́гиваться I *до кого, до чего? нес* touch

дотро́нуться (дотро́нусь, дотро́нешься) *до кого, до чего? сов* touch

дотя́гивать drag out (A); hang on (L)

дохо́д income (A)

доходи́ть (дохожу́, дохо́дишь) *нес* reach

до́хтур, *прост* see доктор

дочесть (дочту́, дочтёшь; дочёл, дочла́) *сов* read (to a point)

до́чка (*р мн* до́чек) see дочь

дочь *ж* (до́чери; до́чери, дочере́й, дочеря́х, *тв* дочерьми́) daughter

драгоце́ннейший see драгоценный

драгоце́нный (драгоце́нен) precious

дража́йший see дорогой

дразни́ть (дразню́, дра́знишь) *нес* tease (J)

дра́ка fight

дра́ться (деру́сь, дерёшься; дра́лся, драла́сь) fight (A); beat people (E)

дре́вний ancient (C)

дрема́ть (дремлю́, дре́млешь) *нес* doze (J)

дро́гнуть (дро́гну, дро́гнешь) *сов* flinch (H)

дрожа́ть II *нес* tremble

дро́жки (дро́жек) carriage

дрожь *ж* shiver (G)

друг (*мн* друзья́) friend

друго́й other; на ~ год the following year (J)

дру́жба friendship

дружелю́бный friendly (A)

дру́жеский friendly

дру́жество *уст* friendship

дру́жный friendly

дрянно́й trashy (L)

дрянь *ж* trash (C)

дуби́на cudgel (B)

дуга́ (*мн* ду́ги) arc (G)

ду́ло muzzle (D)

ду́ма thought

ду́мать I *нес* think

дура́к (дурака́) fool

дурачьё fools (E)

дурма́н intoxicant (H)

дурно́й (ду́рен, дурна́) bad (J)

ду́рочка (*р мн* ду́рочек) fool; после́дняя ~ complete idiot (L)

дуть (ду́ю, ду́ешь) *нес* blow; ду́ться be sulky (E)

дух spirit; heart (B); trace (C); *прост* smell (G); breath (I); в ду́хе in good spirits (A); собра́ться с ду́хом gather courage (C); во весь ~ at full speed (G); переводи́ть/перевести́ ~ catch breath (G), take a breath (I); восскорбе́ть ду́хом groan in spirit (I)

духи́ (духо́в) perfume

духота́ bad air (E); stuffiness

душа́ (*вн* ду́шу; ду́ши) soul

душе́вный spiritual (D)

ду́шенька *affectionate diminutive*

души́стый fragrant (G)

души́ть (душу́, ду́шишь) *нес* stifle (H)

ду́шка (*р мн* ду́шек) darling (G)

ду́шный close, stuffy

душо́к (душка́) smell; с душко́м tainted (L)

дуэ́ль *ж* duel

ды́бом on end

дым (*мн* ды́мы) smoke

дымо́к (дымка́) puff of smoke

ды́рочка (*р мн* ды́рочек) hole

дыха́ние breathing

дыша́ть (дышу́, ды́шишь) *нес* breathe (B); дыша́ться *безл* breathe

дья́вол devil

дья́вольский devilish

дю́жий hefty (E)

дю́жина dozen

дя́дюшка (*р мн* дя́дюшек) *м* see дядя

дя́дя (*р мн* дя́дей) *м* uncle

ева́нгелие gospel

е́герский *ист* military (G)

еда́ food

едва́ hardly

единогла́сный unanimous (B)

единоду́шие unanimity (B)

еди́нственный single, only

еди́ный united; common; single

ежедне́вный daily

е́жели *уст* if

ежемину́тно every minute

езда́ ride

е́здить (е́зжу, е́здишь) *нес* go

е́ле hardly

ёлка (*р мн* ёлок) Christmas tree; Christmas party (F)

ело́вый fir (C)

ерунда́ nonsense (H)

есау́л *ист* Cossack captain (D)

есмь *уст* I am (I)

есте́ственный natural

есть be

есть (ем, ешь, ест, еди́м, еди́те, едя́т; ел, е́ла) *нес* eat

е́хать (е́ду, е́дешь) *нес* go

ещё still

ж see же

жа́дность *ж* greed

жа́дный greedy (A)

жа́дринский from Жадрино

жа́жда thirst (G)

жале́ть I *нес* be sorry, regret

жа́лкий pitiful

жа́лоба complaint (C)

жа́лобный sorrowful (I)

жа́лованье salary (G)

жа́ловаться (жа́луюсь, жа́луешься) кому, на кого, на что? *нес* complain

жаль *безл* be sorry

жанр genre

жар heat

жарго́н jargon, slang

жа́рить II *нес* fry

жа́ркий hot

жарня́ heated fighting (G)

жбан cask (E)

жгу́чий vital (J)

ждать (жду, ждёшь; ждал, ждала́) кого, что? кого, чего? нес wait

же emphatic participle

жева́ть (жую́, жуёшь) нес chew (K)

жела́ние desire

жела́тельный desirable

жела́ть I кому, чего? нес desire

желе́ с нескл jelly (K)

желе́зный iron

желе́зо iron (J)

желтова́тый see жёлтый

жёлтый yellow

желу́док (желу́дка) stomach

жена́ (мн жёны) wife

жена́тый на ком? married

жени́ть (женю́, же́нишь) на ком? нес, сов marry; жени́ться на ком? marry

жени́тьба marriage (J)

жени́х (жениха́) fiancé, groom

же́нский female, feminine

же́нщина woman

же́ртва victim (A); sacrifice (D)

же́ртвовать (же́ртвую, же́ртвуешь) чем? нес sacrifice (B)

жест gesture

жёсткий unfeeling (I)

жесто́кий cruel

жесто́кость cruelty

жечь (жгу, жжёшь, жгут; жёг, жгла) нес consume (L)

живе́йший see живой

живодёр flayer (H)

живо́й alive; lively

живопи́сный picturesque (E)

жи́вопись ж painting (A)

живо́т (живота́) stomach

живо́тное (живо́тного) animal

жид (жида́) уст Jew (pejorative in modern Russian)

жи́дкий thin (E); runny

жидо́вский уст Jewish (A)

жизнь ж life

жиле́т vest

жиле́тный vest

жиле́ц (жильца́) lodger

жильё lodging

жи́рный fat (K)

жисть прост see жизнь (G)

жи́тель м inhabitant

жить (живу́, живёшь) нес live

жре́бий lots (A)

жужжа́ть II нес buzz (G)

журна́л magazine

за кем, чем? кого, что? behind; за на́ми ours (G); за одно́ as one (I)

заба́вник joker (A)

заба́вный amusing

забежа́ть (забегу́, забежи́шь, забегу́т) сов run (away)

забира́ть I нес pitch (E)

заби́тый downtrodden

заби́ть (забью́, забьёшь) сов begin to beat; заби́ться begin to beat

заблаговре́менно in advance (C)

заблесте́ть (заблещу́, заблести́шь) сов shine (G)

заблужде́ние delusion (D)

заболе́ть I сов get sick

забо́р fence

забо́та concerns (J)

забо́титься (забо́чусь, забо́тишься) о ком, о чём? нес worry

забо́тливость ж care, consideration

забра́ть (заберу́, заберёшь; забра́л, забрала́) сов take away

забры́згать I сов splash (G)

забыва́ть I нес forget; забыва́ться forget self; be oblivious

забы́ть (забу́ду, забу́дешь) сов forget

забытьё oblivion; forgetfulness

завали́ться (завалю́сь, зава́лишься) сов tumble down

заведе́ние establishment (C); institution

заверну́ть (заверну́, завернёшь) сов wrap up; заверну́ться wrap self

завести́ (заведу́, заведёшь; завёл, завела́) сов establish (A); start (I); завести́сь be established

заве́т testament (I)

зави́днейший see завидный

зави́дный enviable

зави́довать (зави́дую, зави́дуешь) кому? нес envy

зави́нчивающий ко́лышек (ко́лышка) tuning peg (J)

зави́сеть (зави́шу, зави́сишь) от кого, от чего? нес depend

зави́тый curled (E)

завоёванный won in battle (B)

завоева́тель м conqueror (G)

заволнова́ться (заволну́юсь, заволну́ешься) сов become agitated

заворча́ть (заворчу́, заворчи́шь) сов growl (K)

за́втра tomorrow

за́втрак breakfast

за́втракать I нес breakfast

завыва́ть I нес howl (L)

завяза́ть (завяжу́, завя́жешь) сов bind (C); завяза́ться begin (A)

завя́зывать I нес tie; ~ ба́нтом tie in a bow (L); завя́зываться begin

завя́нуть (завя́ну, завя́нешь; завя́л) сов wilt (L)

зага́дка (р мн зага́док) riddle (A)

зага́дочный mysterious (K)

зага́дывать I нес predict (G)

загну́ть (загну́, загнёшь) сов

bend; turn; ~ **у́гол** score a
point (A)

загова́ривать I *нес* start
talking

за́говор plot (B)

заговори́ть II *сов* start talking

загово́рщик conspirator

за́годя in good time (E)

загора́живать I *нес* obstruct
(J)

загоре́ться II *сов* light up

заготовля́ть I *нес* prepare

загуби́ть (**загублю́,
загу́бишь**) destroy (I)

задава́ть (**задаю́, задаёшь**) *нес*
ask; set

задави́ть (**задавлю́,
зада́вишь**) *сов* crush

зада́ние task

зада́ром for no reason (G)

зада́ча task

задержа́ть (**задержу́,
заде́ржишь**) *сов* hamper

заде́ть (**заде́ну, заде́нешь**) *сов*
touch (G)

за́дний back

задо́к (**задка́**) back (E)

задо́лго long before

за́дом backwards (I); with back
turned (I)

задо́р ardor (K)

задра́ть (**задеру́, задерёшь;
задра́л, задрала́**) *сов* pull
up (G)

задрема́ть (**задремлю́,
задре́млешь**) *сов* doze (B)

задрожа́ть (**задрожу́,
задрожи́шь**) *сов* begin to
tremble

заду́маться I *сов* fall into
thought

заду́мчивость *ж* moodiness
(B)

заду́мчивый thoughtful

заду́мываться I *нес* fall into
thought

задыха́ться I *нес* gasp (I)

зае́сть (**зае́м, зае́шь, зае́ст,
заеди́м, заеди́те, заедя́т;
зае́л**) *сов* eat alive (E)

зае́хать (**зае́ду, зае́дешь**) *сов*
drop in; visit

заже́чь (**зажгу́, зажжёшь,
зажгу́т; зажёг, зажгла́**) *сов*
light; **заже́чься** light up

зажига́ть I *нес* light

зажи́ть (**заживу́, заживёшь;
зажи́л, зажила́**) *сов* heal

зажму́рить глаза́ II *сов* squint
(C); **зажму́риться** shut eyes
(G)

зазвене́ть II *сов* begin to ring

зазева́ться I *на кого, на что?*
сов stand gaping (C)

зазыва́ть I *нес* beckon (K)

заи́грывать I *нес* make
advances (F)

заика́ться I *нес* stutter (I)

заи́скивать I *нес* curry favor
(G); **заи́скивающий**
fawning (L)

заискри́ться II *сов* sparkle (F)

зайти́ (**зайду́, зайдёшь;
зашёл, зашла́**) *сов* drop in

зака́з *уст* preserve (E)

заказа́ть (**закажу́, зака́жешь**)
сов order

зака́зывать I *нес* order

закати́ть (**закачу́, зака́тишь**)
сов roll (G)

заки́дывать I *нес* throw (E)

заки́нуть (**заки́ну, заки́нешь**)
сов throw back (E)

закла́д; би́ться об ~ *уст*
wager (A)

закла́дывать I *нес* put;
harness

заклина́ть I *нес* beseech (L)

заключе́ние conclusion (C)

заключи́ть II *сов* conclude

заколоти́ть (**заколочу́,
заколо́тишь**) *сов* begin to
strike

заколо́ть (**заколю́, зако́лешь**)
сов run through (G)

зако́н law

зако́нный (**зако́нен**) legal
(A)

зако́нчиться (**зако́нчусь,
зако́нчишься**) *сов* end

закрича́ть (**закричу́,
закричи́шь**) *сов* start
shouting

закру́ченный twisted (E)

закру́чивать I *нес* twist (K)

закрыва́ть I *нес* close;
закрыва́ться close

закры́ть (**закро́ю, закро́ешь**)
сов close; **закры́ться** close

закури́ть (**закурю́, заку́ришь**)
сов smoke

закуси́ть (**закушу́, заку́сишь**)
сов bite (C); snack

заку́ска (*р мн* **заку́сок**)
appetizer; refreshment

заку́сывать I *нес* bite; snack

заку́тать *сов* bundle up (J);
заку́таться wrap up (C)

зал hall

за́ла see **зал**

зале́зть (**зале́зу, зале́зешь;
зале́з, зале́зла**) *сов* crawl

залепи́ть (**залеплю́,
зале́пишь**) *сов* paste (G)

залета́ть I *нес* fly

зали́ть (**залью́, зальёшь;
зали́л, залила́**) *сов* spill (C);
drench (K); **зали́ться** pour

зало́г pledge (L)

заложи́ть (**заложу́,
зало́жишь**) *сов* harness
(B); put

замара́ть I *сов* sully (A)

замаскирова́ть (**замаскиру́ю,
замаскиру́ешь**) *сов* disguise

зама́шный homespun (E)

заменя́ть I *нес* replace (G)

замере́ть (**замру́, замрёшь;
за́мер, замерла́**) *сов* freeze
(E)

заме́тить (**заме́чу, заме́тишь**)
сов notice

заме́тка (*р мн* **заме́ток**)
remark; notice

заме́тный noticeable

замеча́ние observation

замеча́тельный noteworthy

замеча́ть I *нес* notice

замеша́тельство
embarrassment (B); confusion

замеша́ть I *во что? сов* involve (E)

заме́шкаться I *сов* dawdle (B)

замира́ние sinking (B)

замира́ть I *нес* sink

за́мок (за́мка) castle (B)

замо́к (замка́) lock

замолча́ть II *сов* fall silent

заморо́женный frozen

за́муж; вы́йти/выходи́ть ~ *за кого?* get married

за́мужем; быть ~ *за кем?* be married

заму́жество marriage

заму́чить II *сов* wear out (E)

за́мшевый suede (C)

за́навес curtain (theater)

занаве́ска (*р мн* занаве́сок) curtain

занемо́чь (занемогу́, занемо́жешь, занемо́гут; занемо́г, занемогла́) *сов* fall ill (B)

занести́ (занесу́, занесёшь; занёс, занесла́) *сов* drift over (B)

занима́тельный entertaining

занима́ть I *нес* occupy; занима́ться *чем?* occupy self

зано́зистый quarrelsome (C)

заноси́ться (заношу́сь, зано́сишся) *нес* be drifted over

заня́тие occupation

занято́й busy

заня́ть (займу́, займёшь; за́нял, заняла́) *сов* occupy; borrow (I); заня́ться *чем?* occupy self

запа́льчивость *ж* vehemence (E)

запа́с stock

за́пах smell; услы́шать ~ smell (C)

запа́чкать I *сов* soil (C)

запере́ть (запру́, запрёшь; за́пер, заперла́) *сов* lock (A); запере́ться lock self in (D)

запе́ть (запою́, запоёшь) *сов* begin to sing

запеча́тать I *сов* seal

запива́ть I *нес* start drinking

записа́ть (запишу́, запи́шешь) *сов* jot down; записа́ться register; check in (G)

запи́ска (*р мн* запи́сок) note

запи́сочка (*р мн* запи́сочек) see запи́ска

запи́сывать I *нес* jot down

запи́ть (запью́, запьёшь; за́пил, запила́) *сов* start drinking

запища́ть II *сов* squeal (E)

запла́кать (запла́чу, запла́чешь) *сов* begin to cry

запла́танный patched (E)

заплати́ть (заплачу́, запла́тишь) *за что? сов* pay

заплы́вший puffy (E)

запо́мнить II *сов* remember

запрети́ть (запрещу́, запрети́шь) *сов* forbid

запро́с inquiry

запры́гать I *сов* begin to jump (G)

запу́ганный intimidated

запу́танный confused (G)

запылённый covered with dust (A)

запыха́ться I *сов* get out of breath (C)

зара́за infection (H)

зарази́тельный contagious (I)

зара́нее in advance

зареве́ть (зареву́, зареве́шь) *сов* begin to wail

за́рево glow (D)

зарни́ца heat lightning (G)

зарыда́ть I *нес* sob

зары́ть (заро́ю, заро́ешь) *сов* bury

заря́ (*мн* зо́ри) dawn (G)

заря́д arsenal (G)

заряди́ть (заряжу́, заряди́шь) *сов* load (A)

засверка́ть I *сов* begin to sparkle

засвети́ть (засвечу́, засве́тишь) *сов* light

засвиста́ть (засвищу́, засви́щешь) *сов* begin to whistle

засвисте́ть (засвищу́, засвисти́шь) *сов* whistle (G)

заседа́тель *м* assessor (B)

засе́сть (зася́ду, зася́дешь; засе́л) *сов* lodge (D); settle down

засиде́ться (засижу́сь, засиди́шься) *сов* stay too long

заскрипе́ть (заскриплю́, заскрипи́шь) *сов* creak (B)

заслони́ть II *сов* block (J)

заслу́га merit

заслу́женный worthy (C)

заслу́живать I *нес* deserve (H)

засмея́ться (засмею́сь, засмеёшься) *над кем, над чем? сов* start laughing

засну́ть (засну́, заснёшь) *сов* fall asleep

засори́ть II *сов* obstruct (D)

за́спанный sleepy (E)

заспо́рить II *сов* start arguing

заста́вить (заста́влю, заста́вишь) *сов* force

заставля́ть I *нес* force

заста́ть (заста́ну, заста́нешь) *сов* find, catch

застёгивать I *нес* button; fasten

засте́нчивость *ж* timidity (A)

застона́ть (застону́, засто́нешь) *сов* begin to groan

застрахо́ванный insured; immune (I)

застрели́ть (застрелю́, застре́лишь) *сов* shoot; застрели́ться shoot self (D)

застре́льщик skirmisher (D)

заступи́ться (заступлю́сь, засту́пишься) *сов* intercede (E)

застуча́ть (застучу́, застучи́шь) *сов* begin to knock

засуети́ться (засуечу́сь, засуети́шься) *сов* become active (K)

засу́нуть (засу́ну, засу́нешь) *сов* stick in (C)

засучи́ть II *сов* roll up (G)

засыпа́ть (засы́плю, засы́плешь) *нес* bury (G)

засыпа́ть I *нес* fall asleep

затвори́ть (затворю́, затво́ришь) *сов* close

затво́рничество confinement (A)

затворя́ть I *нес* close

зате́м next

затеря́ть I *сов* misplace; затеря́ться be lost (I)

зате́ять (зате́ю, зате́ешь) *сов* initiate (G)

затиха́ть I *нес* become quiet

зати́хнуть (зати́хну, зати́хнешь; зати́х, зати́хла) *сов* become quiet

зати́шье calm (J)

затме́ние; на него́ нашло́ his mind went blank (G)

зато́ on the other hand

затормоши́ть II *сов* bother to death (E)

заторопи́ться (затороплю́сь, зато́ропишься) *сов* begin to hurry (I)

затра́гивать I *нес* touch

затрепа́ть (затреплю́, затре́плешь) *сов* rattle (J)

затреща́ть II *сов* crackle (G)

затро́гивать *уст* see затра́гивать (C)

затро́нуть (затро́ну, затро́нешь) *сов* touch (I)

затрудни́тельность *ж* difficulty (B)

затрудни́тельный difficult

затрясти́сь (затрясу́сь, затрясёшься; затря́сся, затрясла́сь) *сов* begin to shake (G)

затыка́ть I *нес* stop up (I)

заты́лок (заты́лка) back of head (C)

заупря́миться (заупря́млюсь, заупря́мишься) *сов* balk (A)

захны́кать (захны́чу, захны́чешь) *сов* begin to whimper (F)

заходи́ть (захожу́, захо́дишь) *нес* drop in

захоте́ться (захо́чется) *сов* *безл* feel like

захохота́ть (захохочу́, захохо́чешь) *сов* burst out laughing

зачем why

зашевели́ться II *сов* begin to move

зашепта́ться (зашепчу́сь, заше́пчешься) *сов* begin talking in whispers

зашуме́ть (зашумлю́, зашуми́шь) *сов* begin making noise

зашурша́ть II *сов* begin to rustle

зашурше́ть *уст* see зашурша́ть

защи́та defence; protection

защити́ть (защищу́, защити́шь) *сов* defend

защища́ть I *нес* defend

заяви́ть (заявлю́, зая́вишь) *сов* announce; declare

зва́ние title (C)

зва́ный обе́д dinner party (L)

звать (зову́, зовёшь; звал, звала́) call

звезда́ (*мн* звёзды) star

звёздный starry

звёздочка (*мн* звёздочек) see звезда

зверь *м* (*р мн* звере́й) beast

звон pealing (L)

зво́нкий ringing (I)

звоно́к (звонка́) bell

звук noise, sound

звуча́ть II *нес* be heard (I)

зву́чный resonant (E)

зда́ние structure (H)

здоро́ваться I *нес* say hello

здоро́вый healthy

здоро́вье health

здра́вие see здоровье (C)

здра́вый рассу́док (рассу́дка) sound mind (I)

зелёный green

зе́лень *ж* greenery

зеленя́ (зелене́й) winter wheat (E)

землеме́р surveyor (B)

земля́ (*вн* зе́млю; зе́мли, земе́ль) land; earth

земля́нка (*р мн* земля́нок) dugout (G)

земляно́й dirt (G)

зе́мская упра́ва government office (L)

зе́мский (зе́мского) assistant (E)

зени́т zenith

зе́ркало (*мн* зеркала́) mirror

зерно́ (*мн* зёрна, зёрен) core (L)

зима́ (*мн* зи́мы) winter

зи́мний winter

зли́ться II *нес* на кого? get angry (H)

зло evil (A)

зло́ба malice

зло́бный malicious (A)

зло́бствовать (зло́бствую, зло́бствуешь) *нес* be malicious (A)

злоде́й villian (G)

злой evil; acute (I)

злора́дство maliciousness (I)

злоре́чие *уст* spitefulness (A)

злость *ж* malice

знак gesture (D); sign

знако́мец (знако́мца) *уст* acquaintance

знако́миться (знако́млюсь, знако́мишься) с кем? *нес* make acquaintance знако́мство acquaintance

знако́мый (знако́мого) acquaintance

знако́мый familiar

зна́ние knowledge

зна́тный noble (A)

знато́к (знатока́) connoisseur (A)

знать I *нес* know

значе́ние meaning, signifigance; **прямо́е** ~ literal meaning; **перено́сное** ~ figurative meaning

значи́тельный significant

зна́чить II *нес* mean; **зна́читься** be mentioned

значо́к (значка́) emblem (L)

зна́ющий erudite

зо́лото gold

золото́й golden

зо́ркий vigilant (E)

зрачо́к (зрачка́) pupil (G)

зре́лище spectacle (C)

зре́ние view; vision

зри́тель *м* spectator

зуа́в Zouave (G)

зуб (*р мн* зубо́в) tooth

зу́бчатый jagged (D)

и́бо for (A)

и́ва willow (B)

игра́ (*мн* и́гры) game

игра́ть I *нес* play

игро́к (игрока́) player

игру́шка (*р мн* игру́шек) toy

иде́я idea

идио́т idiot

идти́ (иду́, идёшь; шёл, шла) *нес* go

из *кого, чего?* from

изба́ (*мн* и́збы) hut

избави́тель *м* deliverer (H)

изба́вить (изба́влю, изба́вишь) *от кого, от чего?* *сов* save, deliver; **изба́виться** *от кого, от чего?* get rid of

избега́ть I *кого, чего?* *нес* avoid

изби́ть (изобью́, изобьёшь)

сов severely beat

и́збранный select

избу́шка (*р мн* избу́шек) see изба

изве́дать I *сов* experience (H)

и́зверг monster (G)

изве́стие news

извести́ть (извещу́, извести́шь) *сов* inform (E)

изве́стный well-known

извеща́ть I *нес* inform (L)

извеще́ние notice (C)

извине́ние apology

извини́ть II *сов* excuse

извиня́ть I *нес* excuse; **извиня́ться** apologize

изво́зчик cab (C); cabby

изво́лить II *нес уст* deign (A)

изгото́вить (изгото́влю, изгото́вишь) *сов* prepare

и́здали from a distance

изда́ние edition

издева́ться I *над кем, над чем?* *нес* mock (A)

издыха́ние breath; **после́днее** ~ dying breath (D)

излага́ть I *нес* set forth (E)

изли́шек (изли́шка) something extra (F)

изли́шний unnecessary (G)

излия́ние outpouring (F)

измене́ние change

измени́ть (изменю́, изме́нишь) *кому, чему?* *сов* betray; change; **измени́ться** change

изменя́ть I *кому, чему?* *нес* betray; change

и́зморось *ж* drizzle (F)

изму́читься II *сов* be exhausted (K)

изно́шенный worn (A)

изнутри́ from within

изо see из

изоблича́ть I *нес* reveal (G)

изобличи́ть II *сов* expose (G)

изобража́ть I *нес* depict (A)

изображе́ние depiction

изобрази́ть (изображу́, изобрази́шь) *сов* depict; **изобрази́ться** appear (C)

и́зредка now and then

изрече́ние saying

изруби́ть (изрублю́, изру́бишь) *сов* slash (D)

изры́ть (изро́ю, изро́ешь) *сов* dig up (G)

изря́дно pretty well (A)

изуми́тельный amazing

изуми́ть (изумлю́, изуми́шь) *сов* amaze (A)

изумле́ние astonishment (A)

изуро́довать (изуро́дую, изуро́дуешь) *сов* mutilate (G)

изу́стный *уст* word of mouth (G)

изъясни́ться II *сов* explain self

изя́щный elegant (L)

ико́та hiccup (A)

и́ли or

име́ние estate

имени́ны (имени́н) nameday party (C)

и́менно namely

име́ть I *нес* have

и́мя (и́мени; имена́, имён) name

ина́че otherwise

инвали́д invalid

и́ней hoarfrost (M)

иногда́ sometimes

ино́й different; other; **ины́е** some (D)

иностра́нный foreign

инсти́нкт instinct

институ́тка (*р мн* институ́ток) girls' school student

инструме́нт instrument

интере́с interest

интере́сный interesting

интересова́ться (интересу́юсь, интересу́ешься) *кем, чем?* *нес* be interested

интри́га intrigue

ио́та iota (H)

иро́ния irony

иска́ние searching

иска́тель м suitor (B)

иска́ть (ищу́, и́щешь) *кого,
что? кого, чего?* seek

исключа́ть I *нес* exclude

исключи́тельный exclusive
(G); exceptional (I)

и́скоса sidelong (G); sideways
(I)

и́скра spark (G)

и́скренний frank, sincere

и́скренность ж sincerity

искриви́ться (искривлю́сь,
искриви́шься) *сов* become
distorted (I)

искривлённый crooked (I)

иску́сный skillful (C)

иску́сство art

испаре́ние perspiration (G)

испе́чь (испеку́, испечёшь,
испеку́т; испёк, испекла́)
сов bake

испове́довать (испове́дую,
испове́дуешь) *нес* profess
(G)

исподло́бья sullenly (E);
distrustfully (I)

испо́дний under (C)

исполне́ние execution

испо́лнить II *сов* fulfill;
execute

исполня́ть I *нес* fulfill;
execute

испо́ртить (испо́рчу,
испо́ртишь) *сов* ruin, spoil

испра́вить (испра́влю,
испра́вишь) *сов* repair (G)

испра́вник *ист* police officer
(B)

испра́вный punctual (E)

испро́бовать (испро́бую,
испро́буешь) *сов* test

испу́г fright, scare

испуга́ть I *нес* frighten;
испуга́ться *кого, чего?* be
frightened

испыта́ть I *сов* test;
experience

испыту́ющий searching (D)

испы́тывать I *нес* test;
experience

исступле́ние frenzy (I)

иста́сканный worn out (I)

истерза́ть I *сов* distress (I)

истери́ческий hysterical

истери́я hysteria

и́стина truth (A)

и́стинный true

исто́пник stoker (J)

исто́рия history; story

источи́ть II *сов* perforate (A)

истощи́ть II *сов* exhaust (D);
истощи́ться run out (C)

исхо́д solution (I)

исходи́ть (исхожу́,
исхо́дишь) *нес* proceed

исче́знуть (исче́зну,
исче́знешь; исче́з, исче́зла)
сов disappear

ита́к so

италья́нский Italian

иуде́й Israelite

ишь *interjection*

к *кому, чему?* to; ~ тому́ же
besides (I)

-ка just (used with imperatives)

каба́к (кабака́) *уст* tavern

кабала́ bondage (E)

кабине́т study; office

каблу́к (каблука́) heel

кабы́ if (hypothetical) (G)

кавале́р cavalier

кавалери́йский cavalry

кавалери́ст cavalryman

кавале́рия cavalry

Кавка́з Caucasus

кавка́зский Caucasian

кадри́ль ж quadrille

ка́ждый each; every

каза́к (казака́) Cossack (D)

каза́рма barracks (G)

каза́ться (кажу́сь, ка́жешься)
кем, чем? нес seem

каза́цкий Cossack

каза́чий, каза́чье, каза́чья
Cossack's

каза́чка (*р мн* каза́чек)

Cossack woman

казённый government (C);
казённая пала́та treasury
(K)

казначе́й treasurer (C)

как how; as

како́в, каково́, какова́ what

како́й what, which

каламбу́р pun (K)

кала́ч (калача́) white bread

кали́тка (*р мн* кали́ток) gate
(D)

калмы́к Kalmyk (H)

калмы́цкий Kalmyk

кало́ша see галоша

ка́мень (ка́мня; *р мн* камне́й)
rock

ка́мера chamber

камерди́нер valet (E)

ка́мешек (ка́мешка) pebble
(C)

ками́н fireplace

кампа́ния campaign

ка́мушек (ка́мушка) see
камень (G)

кана́ва ditch (E); canal (I)

кана́лья (*р мн* кана́лий) *уст*
abusive term (G)

канаре́йка (*р мн* канаре́ек)
canary

кандида́т candidate

канона́да cannonade

канцеля́рия office (A)

капита́л capital

капита́н captain

ка́пля (*р мн* ка́пель) drop (I)

капо́т *уст* coat (B)

капра́л *уст* corporal (G)

капри́зный willful

карау́л guard (E)

каре́та coach

ка́рий brown (eyes)

карма́н pocket

ка́рта map; card

карта́вить (карта́влю,
карта́вишь) *нес* incorrectly
pronounce r (K)

карте́чь ж grapeshot (G)

карти́на picture

карти́нка (*р мн* **карти́нок**) see картина

карто́н box (A)

карто́фель *м* potatoes

карто́шка see картофель

карту́з (**картуза́**) cap

каса́ться I *кого, чего? нес* touch

ката́ние drive

ката́ться I *нес* roll (K); ride (for pleasure)

кати́ться (**качу́сь, ка́тишься**) *сов* roll (B)

кафта́н caftan

кача́ть I *нес* rock (B); **кача́ться** rock

ка́чество quality

качну́ть (**качну́, качнёшь**) *сов* rock

ка́ша cooked cereal

ка́шлять I *нес* cough

кварта́льный надзира́тель *м ист* police officer (C)

квартерми́стр quartermaster (G)

кварти́ра apartment

кве́рху up

киби́тка hooded sledge; tent (H)

кива́ть I *нес* motion

кивну́ть (**кивну́, кивнёшь**) *сов* nod

кида́ться I *нес* hurl self (A)

кинжа́л dagger (D)

ки́нуть (**ки́ну, ки́нешь**) *сов* throw (A); **ки́нуться** throw self

кипари́с cypress (L)

кипари́сный cypress (I)

кирпи́чный brick (E)

кисе́ль (**киселя́**) gelatin; ~ **есть** go on a wild goose chase (H)

ки́сточка (*р мн* **ки́сточек**) shaving brush (C)

кисть *ж* (*р мн* **кистей**) tassel (A)

кита́йский Chinese

кладова́я (**кладово́й**) storage (A)

кла́няться I *кому? нес* bow

классици́зм Classicism

класть (**кладу́, кладёшь; клал**) put

клева́ть (**клюю́, клюёшь**) *нес* peck at (E)

кле́тка (*р мн* **кле́ток**) cage (A)

кле́тчатый checked (E)

кли́кнуть (**кли́кну, кли́кнешь**) *сов* call for (A)

клин (*мн* **кли́нья**) field (E)

кли́ном pointed (E)

клочо́к (**клочка́**) scrap (D)

клуб club

клу́бный club

клю́чница *уст* housekeeper (A)

кля́сться (**кляну́сь, клянёшься; кля́лся, кляла́сь**) *нес* swear (B)

кни́га book

кни́жка (*р мн* **кни́жек**) see книга

кни́жный bookish

князь *м* (*мн* **князья́**) prince

ко see к

ковёр (**ковра́**) carpet

ковырну́ть (**ковырну́, ковырнёшь**) *сов* pick (C)

ковыря́ть II *нес* poke (G)

ко́жаный leather

ко́злы (**ко́зел**) coach box (K)

козырёк (**козырька́**) peak (cap) (G); **сде́лать под ~ salute** (K)

кой see который (A)

ко́йка (*р мн* **ко́ек**) cot (G)

коке́тливый flirtatious

коке́тничать I *нес* flirt

коке́тство coquetry

колдо́вка (*р мн* **колдо́вок**) *уст* witch (C)

колеба́ться (**коле́блюсь, коле́блешься**) *нес* hesitate (B)

коле́блющийся flickering (J)

коле́нка see колено

коле́но (*мн* **коле́ни, коле́ней**) knee

колесни́ца chariot (H)

колесо́ (*мн* **колёса**) wheel (E)

колея́ rut (D)

ко́ли if (D)

коли́чество quantity

колле́жский collegiate

коло́дезь *м* well (E)

ко́локол (*мн* **колокола́**) bell (L)

коло́нна column

колонна́да colonade

колоти́ть (**колочу́, коло́тишь**) *по чему? сов* beat (E)

колпа́к (**колпака́**) nightcap (B)

колыха́ться (**колы́щусь, колы́щешься**) sway (G)

ко́лышек (**ко́лышка**) peg

коль ско́ро as soon as (A)

кольцо́ (*мн* **ко́льца, коле́ц**) ring

колю́чка (*р мн* **колю́чек**) thorn (G)

коля́ска (*р мн* **коля́сок**) carriage

команди́р commander

кома́ндовать (**кома́ндую, кома́ндуешь**) *кем, чем? нес* command

коммента́рий commentary

ко́мната room

ко́мнатка (**ко́мнаток**) see комната

комо́д dresser

компа́ния company

комплиме́нт compliment

комфо́рт comfort

конво́й escort

конди́терская (**конди́терской**) pastry shop (C)

конду́ктор conductor

коне́ц (**конца́**) end; **концы́ с конца́м своди́ть** make ends meet (E)

коне́чно of course

конногварде́ец

(конногвардейца) Horse Guard (G)

конопляник hemp field (E)

конституция constitution

контекст context

контуженный contused

конура lair (C)

конфетка (*р мн* конфеток) piece of candy

конфликт conflict

конфуз embarrassment

конфузиться (конфужусь, конфузишься) *нес* be embarrassed

кончик tip

кончина demise (D)

кончить II *сов* finish; кончиться finish

конь (коня; кони, коней) horse (B)

коньяк (коньяка) cognac

копеечный kopeck

копейка (*р мн* копеек) kopeck

копить (коплю, копишь) *нес* save (I)

коренной native (H)

коридор hall

коричневый brown

корм (*мн* корма) food (E)

кормилец (кормильца) provider (E)

кормить (кормлю, кормишь) *нес* feed

корнет *уст* cavalry officer (B)

коровушка (коровушек) see корова (E)

королева queen

король (короля) king

короткий short

корпия lint (G)

корпус body

корыстолюбивый self-interested (C)

корысть *ж* profit (C)

корыто tub (I)

косноязычный tongue tied (I)

коснуться (коснусь, коснёшься) *кого, чего? сов*

touch upon (A); touch (D)

косой; косая сажень *country mile* (E)

косточка (*р мн* косточек) pit (A)

кость *ж* (*мн* кости, костей) bone (L)

костюм suit

котлета meat patty

кофе *м нескл* coffee

кофий *уст* see кофе

кошелёк (кошелька) purse (D)

кошка (*р мн* кошек) cat

кража theft

край (*мн* края, краёв) edge (B)

крайний extreme; по крайней мере at least

крайность *ж* extremity

красавица beauty

красивый beautiful

краска (*р мн* красок) color (I)

краснеть I *нес* turn red

красный red

красота beauty

краткий short

крахмальный starched (G)

крем cream

кренделёк (кренделька) pastry (G)

крепить (креплю, крепишь) *нес* strengthen; крепиться restrain self (H)

крепкий strong

крепняк healthy specimen (F)

крепость *ж* (*р мн* крепостей) fort (D)

кресло (*р мн* кресел) armchair; box (theater) (C); seat

крест (креста) cross; military decoration (B)

крестить (крещу, крестишь) *нес* cross; креститься cross self

крестьянин (*мн* крестьяне, крестьян) peasant

кривить (кривлю, кривишь) *нес* twist (E)

кривой crooked

крик shout; chirp

крикнуть (крикну, крикнешь) *сов* shout; chirp

кричать II *нес* shout; crow (E)

кровать *ж* bed

кровопролитный bloody (G)

кровь *ж* (*р мн* кровей) blood

кроме *кого, чего?* except

кроткий meek (G)

кротость *ж* meekness (G)

крошечный tiny (I)

крошить II *нес* hack (D)

круг (*мн* круги) circle

кругленький see круглый

круглый round

круговой circular; круговая порука mutual guarantee (H)

кругом around

кружево (*мн* кружева, кружев) lace (C)

кружиться (кружусь, кружишься) *нес* swarm (B); spin, whirl

кружок (кружка) see круг

крупный large (L)

крутиться (кручусь, крутишься) *нес* spin (G)

крутой stern (A)

крылечко (*мн* крылечки, крылечек) see крыльцо; landing (J)

крыло (*мн* крылья) wing (B)

крыльцо (*мн* крыльца, крылец, крыльцах) porch (A)

крыться (кроюсь, кроешься) *нес* lie hidden (L)

крыша roof; lid

крышка (*р мн* крышек) lid

крючок (крючка) hook (G)

крякнуть (крякну, крякнешь) *сов* grunt (C)

кстати incidentally

кудря́шка (*р мн* кудря́шек) ringlet (F)

куды́ *прост* see куда (E)

кузне́чик grasshopper (L)

ку́кла (*р мн* ку́кол) doll

ку́колка see кукла

кула́к (кулака́) fist

кульмина́ция culmination

культу́рный cultured, good-mannered

купе́ *с нескл* compartment (train)

купе́ц (купца́) merchant

купе́ческий merchant class (C)

купи́ть (куплю́, ку́пишь) *сов* buy

кури́ный chicken (C)

кури́ть (курю́, ку́ришь) smoke

ку́рица (*мн* ку́ры) chicken

куро́к (курка́) cock (D)

куропа́тка (*р мн* куропа́ток) partridge (E)

курс course

курси́в italics (G)

ку́ртка (*р мн* ку́рток) jacket

ку́рточка (*р мн* ку́рточек) see куртка

курье́рский express (L)

куса́ться I *нес* bite (L)

кусо́к (куска́) piece

куст (куста́) bush (H)

кутёж (кутежа́) carousing (G)

кути́ть (кучу́, ку́тишь) *нес* carouse (G)

куха́рка cook (K)

ку́цый scanty (L)

ку́ча pile

ку́чер (*мн* кучера́) driver (B)

ку́чка (*р мн* ку́чек) see куча

куша́к (кушака́) sash (E)

ку́шанье food

ку́шать I *нес* eat

куше́тка (*мн* куше́ток) couch (K)

ла́вка (*р мн* ла́вок) bench (B); shop (C); counter

ла́вочка (*р мн* ла́вочек) see лавка

ла́герь м (*мн* лагеря́) camp

лазу́рный azure

лаке́й servant

лаке́йский servant's

лампа́да icon lamp

лампа́дка (*р мн* лампа́док) see лампада

ларе́ц (ларца́) chest (E)

ла́ска (*р мн* ла́сок) caress (L)

ласка́ть I *нес* entertain (D); caress (K)

ла́сковый affectionate

лгать (лгу, лжёшь, лгут; лгал, лгала́) *нес* lie

ле́вый left

леге́нда legend

лёгкий light; easy

легкомы́сленный frivolous

легокомы́слие thoughtlessness

лёгонький see лёгкий

лего́нько gently (C)

ле́гче see лёгкий

ледене́ть I *нес* freeze (I)

ле́ди ж *нескл* lady

лёжа reclining

лежа́ть II *нес* lie

лезть (ле́зу, ле́зешь; лез, ле́зла) *нес* get into

лейб- of the tsar (G)

лейтена́нт lieutenant

лекари́шка see лекарь

лека́рство medicine

ле́карь м (*р мн* лекаре́й) *уст* doctor (B)

леле́ять (леле́ю, леле́ешь) *нес* cherish (F)

лени́вый lazy

ле́нта ribbon

ле́нточка (*р мн* ле́нточек) see лента

лес (*мн* леса́) forest

лесни́к (лесника́) forester (E)

лесово́дство forestry

ле́стница stairs

ле́стный flattering (L)

лета́ть I *нес* fly

лете́ть (лечу́, лети́шь) *нес* flflfly

ле́то summer

лечи́ть (лечу́, ле́чишь) *нес* treat (C)

лечь (ля́гу, ля́жешь, ля́гут; лёг, легла́) *сов* lie down; go to bed

ли whether

либерали́зм liberalism

либера́льничать I *нес* expound liberal views (E)

либера́льный liberal

ли́бо or

ливре́я livery

лилова́тый see лиловый

лило́вый lilac

ли́ния line

ли́па linden (L)

лист (листа́; листы́) sheet (of paper)

листва́ foliage (L)

литерату́ра literature; худо́жественная ˜ fiction

литографи́ровать (литографи́рую, литографи́руешь) *нес, сов* lithograph

ли́ться (льётся) *нес* pour (A)

лихо́й dashing (G)

ли́хом; помина́ть ˜ think badly (L)

лихора́дка fever (C)

лихора́дочный feverish

лицо́ (*мн* ли́ца) face; person; де́йствующее ˜ character

ли́чико see лицо

ли́чность ж personality; individual

ли́чный personal, individual; extra (G)

лиши́ть II *кого, чего? сов* deprive (A); лиши́ться *кого, чего?* be deprived of (E)

ли́шний unnecessary; superfluous; бы́ло бы не ли́шнее it wouldn't hurt (L)

лишь only; as soon as

лоб (лба) forehead

ло́вкий adroit

ло́гика logic

логи́чный logical

ло́дка (*р мн* ло́док) boat

ло́жа box (theater)

ложеме́нт *уст* entrenchment (G)

ложи́ться II *нес* lie down; go to bed

ло́жка (*р мн* ло́жек) spoon

ло́жный false

ложь (лжи) lie

локомоти́в locomotive

ло́коть (ло́ктя; *р мн* локте́й) elbow

лома́ть I *нес* break; wring (I)

ломо́ть (ломтя́) chunk (L)

ло́паться I *нес* go bankrupt (H)

ло́пнуть (ло́пну, ло́пнешь) *сов* burst (G)

лорне́тка (*р мн* лорне́ток) lorgnette

лосни́ться II *нес* shine (C)

лоша́дка (*р мн* лоша́док) see лошадь

ло́шадь *ж* (*р мн* лошаде́й, лошадя́х, *тв* лошадьми́) horse

лощи́на glen (G)

лу́жа puddle (E)

лук onion

лука́ pommel (G)

лука́вый sly (K)

луна́ (*мн* лу́ны) moon

лу́нный moon

луч (луча́) beam

лу́чший (лу́чше) better; best

лы́сина bald spot (L)

лы́сый (лыс, лыса́) bald

любе́зность *ж* compliment; favor

любе́зный amiable

люби́мец (люби́мца) favorite

люби́мый favorite

люби́ть (люблю́, лю́бишь) *нес* love; like

любова́ться (любу́юсь, любу́ешься) *на кого? нес* admire self (I)

любо́вник lover

любо́вный amorous, love

любо́вь (любви́, *тв* любо́вью) love

любо́й any

любопы́тный curious

любопы́тство curiosity (A)

любопы́тствовать (любопы́тствую, любопы́тствуешь) *нес* be curious

лю́ди (люде́й, лю́дях, *тв* людьми́) see человек

людско́й human

лю́лька (*р мн* лю́лек) cradle (E)

люне́т *fortification* (G)

лю́стра chandelier

ляга́вая соба́ка setter (C)

лягу́шка (*р мн* лягу́шек) frog (H)

ля́мка (*р мн* ля́мок) strap; тяну́ть ля́мку drudge (H)

магази́н store

магнети́зм magnetism

магнети́ческий magnetic

ма́занка (*р мн* ма́занок) clay walled hut (A)

мазу́рка (*р мн* мазу́рок) mazurka

майо́р major

майо́рский major's

мале́йший see малый

мале́нечко see немного (C)

ма́ленький little, small

ма́ло little

малова́то see мало

малоподе́ржанный slightly used (C)

ма́лый (ма́лого) boy (E)

ма́лый small

ма́льчик boy

мальчи́шка *м* (*р мн* мальчи́шек) see мальчик

ма́ма mama

ма́менька see мама

мане́ж riding drill (A)

мане́ра manner

мане́рный pretentious (L)

мани́ть (маню́, ма́нишь) *нес* allure (L)

мани́шка (*р мн* мани́шек) dickey (C)

мануфакту́рность *ж уст* draper's goods

марке́ла mortar (G)

марш march

маскирова́ние masquerade

ма́сленый butter

ма́сло (*мн* масла́, ма́сел) butter; oil

мастерово́й (мастерово́го) *уст* workman (C)

мастерска́я (мастерско́й) workshop

мастерски́ skillfully

материали́зм materialism

матро́с sailor (G)

матро́ска (*р мн* матро́сок) sailor's wife

матро́сский sailor's

ма́тушка (*р мн* ма́тушек) *уст* mother; ма́тушки! exclamation

мать (ма́тери; *р мн* матере́й) mother

маха́ть (машу́, ма́шешь) *нес* wave; ~ рука́ми do nothing (I)

ма́чеха stepmother

машина́льный automatic (I)

мгла murk (B)

мгнове́ние moment

мгнове́нный instantaneous

ме́бель *ж* furniture

мёд (*мн* меды́) honey

медве́дь *м* bear

ме́дик *уст* doctor

ме́дленный slow

медли́тельный slow (J)

ме́длить II *нес* delay (A)

ме́дный copper; bronze

межа́ boundary (E)

ме́жду *кем, чем?* between; ~ тем in the meanwhile; *кого, чего? уст* between

мел chalk

ме́лкий small

мелька́ние flashing by (J); glimpses (L)

мелька́ть I *нес* flash

мелькну́ть (мелькну́, мелькнёшь) *сов* flash (A)

ме́льком in passing (I)

ме́льница mill; **ветряна́я** ~ windmill

ме́нее less

ме́ньше less

ме́ньший lesser

ме́ра measure; **по кра́йне ме́ре** at least

мере́щиться II *кому?* *нес* appear (C)

мерза́вец (мерза́вца) scoundrel (G)

ме́рзкий vile (I)

ме́рный rhythmical (G); regular (G)

мертве́цки (пьян) dead (drunk) (G)

мёртвый (мёртв, мертва́) dead

мерца́ть I *нес* twinkle (G)

месте́чко (*р мн* месте́чек) see место (A)

мести́ (мету́, метёшь; мёл, мела́) *нес* sweep (C)

мести́ться II *нес* be located (C)

ме́стный local

ме́сто (*мн* места́) place

ме́сяц month; moon

мета́лл metal

мета́ть (мечу́, ме́чешь) *нес* throw; ~ **банк** keep the bank (cards)

метафи́зика metaphysics

метафизи́ческий metaphysical

мете́лица see метель

мете́ль *ж* blizzard

ме́тить (ме́чу, ме́тишь) *нес* aim (D)

механи́ческий mechanical

меч (меча́) sword (K)

мечта́ dream

мечта́ние dreaming

мечта́тель *м* dreamer

мечта́ть I *нес* dream; **мечта́ться** *кому?* dream

меша́ть I *кому, чему?* *нес* bother; prevent; **меша́ться** I *нес* become deranged (I); be mixed (I)

мешо́к (мешка́) bag

мешо́чек (мешо́чка) see мешок

мизи́нец (мизи́нца) little finger (I)

мизи́нный *уст* little (finger) (C)

микроско́п microscope

миле́йший see милый

ми́ленький see милый

миллио́н million

милосе́рдный charitable

ми́лостивец (ми́лостивца) benefactor (E)

ми́лостивый gracious (A)

ми́лостыня alms; **ми́лостыню проси́ть** beg (I)

ми́лость *ж* graciousness; **ми́лостипро́сим** if you please (I)

ми́лый nice

мильо́н see миллион

ми́мо *кого, чего?* by, past

мимолётный fleeting (L)

ми́на expression (C)

мини́стр minister

минова́ть (мину́ю, мину́ешь) *нес, сов* escape (D)

мину́та minute

мину́тный minute

мину́точка (*р мн* мину́точек) see минута

мину́ть (ми́нет) *сов* pass; turn (age)

мир (*мн* миры́) world; peace

ми́рный peaceful

мирово́й (мирово́го) justice of peace (K)

млеть I *от кого, от чего?* *нес* be thrilled (K)

мне́ние opinion

мно́гие many

мно́го much; many

многокра́тный repeated (L)

мно́жество great number

могу́чий mighty (G)

могу́щественный mighty (E)

мо́да fashion

мо́дный fashionable

мо́жно *кому?* one may

мо́кнуть (мо́кну, мо́кнешь; мок, мо́кла) *нес* get wet (G)

мокрота́ wetness

мо́крый wet

мол jetty (L)

мол *shows quoted speech*

молва́ rumor (B)

моле́льщик *уст* worshiper (C)

моли́тва prayer

моли́ть (молю́, мо́лишь) *нес* entreat (B); **моли́ться** pray

мо́лния lightning (G)

молодёжь *ж* young people

моло́денький see молодой

молоде́ц (молодца́) *term of approval*

молодо́й young; **молоды́е** newlyweds (L)

мо́лодость *ж* youth

моло́же see молодой

молото́к (молотка́) hammer (J)

мо́лча silently

молча́ние silence

молча́ть II *нес* be silent

мольба́ entreaty (G)

моме́нт moment

монасты́рь (монастыря́) monastery

монго́л Mongol (H)

монго́льский Mongol

мо́рда face (animal) (K)

мо́ре (*мн* моря́, море́й) sea

моро́женое (моро́женого) ice cream

моро́з frost

моро́зный icy (J)

морско́й sea, naval

морти́ра mortar

морщи́на wrinkle

мо́рщиться II *нес* make a face (F)

моря́к (моряка́) sailor (G)

москви́ч (москвича́) Muscovite

моско́вский Moscow
мост (мн мосты́) bridge
мо́стик see мост (E)
моти́в motive
мочь (могу́, мо́жешь, мо́гут;
  мог, могла́) нес be able
моше́нник rogue (C)
моше́нничество rougery
мрак gloom (B)
мра́морный marble (A)
мра́чный gloomy
мсти́тельный vengeful
мудрёный tricky (D)
мудре́ц (мудреца́) sage (C)
му́дрость ж wisdom
му́дрый wise
муж (мн мужья́, муже́й)
  husband
мужи́к (мужика́) peasant (B)
мужи́цкий peasant's
мужчи́на м man
му́зыка music
музыка́нт musician
му́ка torment (G)
мунди́р ист uniform (A)
мураве́йник anthill (I)
мускули́стый brawny,
  muscular
мусульма́нский Moslem
му́тный dull (B)
му́фта muff (J)
му́ха fly (A)
му́чать I нес прост torture (J)
муче́ние torment (B)
мучи́тельный agonizing (B)
мучи́тельство torture
му́чить II нес torment
мча́ться II нес rush (B)
мще́ние revenge (A)
мы́лить II нес lather
мы́ло (мн мыла́) soap
мы́льный soapy; tasteless
мы́слить II нес think (L)
мы́сленно mentally (D)
мысль ж thought
мы́слящий intellectual (L)
мыть (мо́ю, мо́ешь) нес wash
мя́гкий soft
мяте́жный passionate (I)

мять (мну, мнёшь) нес
  squeeze (K)
мяч ball (G)
мя́чик see мяч

на ком, чём? on, at; кого, что?
  to
на́бережная (на́бережной)
  seaside (L)
набива́ть I нес fill (A)
набира́ть I нес gather
наблюда́ть I нес observe
наблюде́ние observation (B)
на́божность ж piety (C)
на́божный devout, pious
на́бок sideways
наве́рно probably
наве́рное see наверно
наве́рх up
на́взничь backward (G)
наводи́ть (навожу́,
  наво́дишь) нес bring on (A)
навсегда́ forever
навстре́чу toward
навы́кате protruding (F)
навяза́ть (навяжу́,
  навя́жешь) сов tie up
нагиба́ть I нес bend;
  нагиба́ться bend down
на́глухо tightly (I)
нагну́ть (нагну́, нагнёшь) сов
  bend; нагну́ться bend
  down
награ́бить (награ́блю,
  награ́бишь) сов steal
награ́да reward (B)
нагре́ть I сов warm (C)
над кем, чем? over
надвига́ться I нес bear down
  upon (K)
на́двое ambiguulously;
  ба́бушка ~ сказа́ла *that
  remains to be seen* (H)
надво́рный court (C)
надева́ть I нес put on
наде́жда hope
надёжный trusty (B)
наде́лать I сов cause
наде́ть (наде́ну, наде́нешь)
  сов put on

наде́яться (наде́юсь,
  наде́ешься) на кого, на что?
  нес hope
надзира́тель м inspector
надзира́тельница directress
  (I)
надзира́ть I нес supervise (K)
надме́нный haughty (H)
на́до кому? necessary
на́до see над
на́добно уст see надо
на́добность ж necessity (C)
надое́сть (надоем, надое́шь,
  надое́ст, надоеди́м,
  надоеди́те, надоедя́т;
  надое́л) кому? сов be
  tiresome
надписа́ть (надпишу́,
  надпи́шешь) сов inscribe
на́дпись ж inscription
наду́тость ж arrogance (G)
наду́тый haughty (H)
наду́ться I сов be puffed up
  (G)
надыша́ться (надышу́сь,
  нады́шишься) сов take a
  deep breath (J)
наедине́ alone (B)
нае́сться (нае́мся, нае́шься,
  нае́стся, наеди́мся,
  наеди́тесь, наедя́тся;
  нае́лся) сов eat one's fill
нае́хать (нае́ду, нае́дешь) сов
  run into
наза́д back
назади́ behind
назва́ние name
назва́ть (назову́, назовёшь;
  назва́л, назвала́) сов call
назида́тельный instructive
  (C)
назначе́ние appointment (K)
назна́чить II сов appoint (A)
называ́ть I нес call; так
  называ́емый so called;
  называ́ться be called,
  named
наи́вный naive
наизу́сть by heart

найти́ (найду́, найдёшь; нашёл, нашла́) *сов* find; найти́сь be located
нака́з instructions (B)
наказа́ние punishment
наказа́ть (накажу́, нака́жешь) *сов* punish
нака́зывать I *нес* punish (E)
накану́не *чего?* the day before (B), on the eve
наки́нуться (наки́нусь, наки́нешься) *сов* attack
накла́дывать I *нес* lay on
наклони́ть (наклоню́, накло́нишь) *сов* bow (B); наклони́ться bow down (I)
наклоня́ться I *нес* bend (C); bow
наколо́ть (наколю́, нако́лешь) *сов* stick (G)
наконе́ц finally
накрахма́лить II *сов* starch (C)
нале́во *от кого, от чего?* to the left
налета́ть I *нес* come flying
нале́чь (наля́гу, наля́жешь, наля́гут; налёг, налегла́) *сов* lean on (E)
налива́ть I *нес* pour
нали́вка liqueur (A)
налипа́ть I *нес* stick (J)
нали́ть (налью́, нальёшь; нали́л, налила́) *сов* pour
наложи́ть (наложу́, нало́жишь) *сов* put
нало́й *уст* altar (B)
намека́ть I *на кого, на что?* *нес* hint
наме́рен, наме́рена, наме́рены intend (A)
наме́рение intention
намы́лить II *нес* lather (C)
нанести́ (нанесу́, нанесёшь; нанёс, нанесла́) *сов* bring (in quantity)
нанима́ть I *нес* hire; rent (I)
на́нка nankeen (cloth) (F)
на́нковый nankeen (cloth) (E)

наноси́ть (наношу́, нано́сишь) *нес* carry
наня́ть (найму́, наймёшь; на́нял, наняла́) *сов* hire
наоборо́т vice versa
напада́ть I *нес* attack
нападе́ние attack (D)
напа́сть (нападу́, нападёшь; напа́л) *сов* attack
напева́ть I *нес* hum (K)
напереве́с atilt (G)
напеча́тать I *нес* publish
напира́ть I *нес* emphasize (E)
написа́ть (напишу́, напи́шешь) *сов* write
напи́ться (напью́сь, напьёшься; напи́лся, напила́сь) *чего?* *сов* drink one's fill; get drunk
напоённый suffused (F)
напо́лнить II *чем?* *сов* fill; напо́лниться be filled
наполня́ть I *нес* fill
напомина́ть I *кому?* *нес* remind (B)
напо́мнить II *кому?* *сов* remind (B)
напра́виться (напра́влюсь, напра́вишься) *сов* set out toward
направле́ние direction (B)
направля́ться I *нес* set out toward
напра́во *от кого, от чего?* to the right
напра́сный vain; incorrectly (A)
напра́шиваться I *нес* ask for it (G)
наприме́р for example
напро́тив *кого, чего?* opposite
напряжённый strained (H)
напрями́к point blank (C)
напуга́ть I *нес* frighten
напу́тствие parting words (I)
напуща́ть I *нес прост* fill (E)
нараспа́шку unbuttoned (E)
наспе́в singsong (E)
нарисова́ть (нарису́ю, нарису́ешь) *сов* draw

наро́д people
наро́дный folk
наро́чно on purpose
нару́жность *ж* appearance (A)
нарука́вник cuff (I)
наря́д finery (K)
наряди́ть (наряжу́, наряди́шь) *сов* dress up
наря́дный well-dressed (L)
наряжа́ть I *нес* dress up (F); наряжа́ться get dressed up (K)
насеко́мое (насеко́мого) insect
наси́лу with difficulty
наси́льно by force
на́скоро hastily
наскочи́ть (наскочу́, наско́чишь) *на кого, на что?* *сов* run into (D)
наску́чить II *сов уст* become bored
наслажда́ться I *кем, чем?* *нес* enjoy (A)
наслажде́ние pleasure (D)
насле́дник heir
насле́дница heiress (B)
насле́дственность *ж* heredity
насле́дство inheritance
насме́шка mockery (I)
насме́шливый derisive (B)
насме́шник scoffer (C)
наспева́ть I *нес* begin (A)
настави́тельный edifying (C)
наставле́ние exhortation (K)
наста́ивать I *на чём?* *нес* insist (I)
наста́ть (наста́нет) *сов* come (A)
насто́йчивый insistant
настоя́щий present; real
настра́ивать I *нес* tune; настра́иваться tune up (L)
настрое́ние mood
настро́ить II *сов* incline (C); build (G)
наступи́ть (наступлю́, насту́пишь) *сов* begin
насу́щный daily (bread) (H)

насчёт *кого, чего?* about

насы́пать (насы́плю, насы́плешь) *сов* sprinkle (D)

натащи́ть (натащу́, ната́щишь) *сов* bring (in quantity)

наткну́ться (наткну́сь, наткнёшься) *сов* stumble (D)

нату́ра nature

натя́гивать I *нес* pull, stretch out; натя́гиваться be stretched (J)

натя́нутый forced (G); stretched

науда́чу by guess

научи́ть (научу́, нау́чишь) *сов* learn

нау́чная фанта́стика science fiction

наха́л smart aleck (H)

нахму́риться II *сов* frown

находи́ть (нахожу́, нахо́дишь) *нес* find; находи́ться be located

нахо́дчивость *ж* quick wit (K)

нахохота́ться (нахохочу́сь, нахохо́чешься) *сов* have a good laugh

нацелова́ться (нацелу́юсь, нацелу́ешься) *сов* kiss (to heart's content)

на́ция nation

нача́ло beginning; principle (G)

нача́льник chief, superior

нача́льство authorities

нача́ть (начну́, начнёшь; на́чал, начала́) *сов* begin; нача́ться begin

начина́ть I *нес* begin; начина́ться begin

наяву́ awake (C); in real life (I)

неаристокра́т non-aristocrat

небезызве́стный not unknown

небе́сный heavenly

не́бо (*мн* небеса́) heaven

нёбо roof of mouth (G)

небольшо́й small

небо́сь very likely (G)

небре́жный offhand (H)

небри́тый unshaven

невдалеке́ not far away

неве́жда *м, ж* ignoramus (H)

неве́жество ignorance (E)

невероя́тность *ж* improbability

невероя́тный improbable

неве́рующий non-believing

неве́ста eligible girl (A); fiancée; bride

неве́стка (*р мн* неве́сток) sister-in-law (J)

невзлюби́ть (невзлюблю́, невзлю́бишь) *сов* take a dislike to

неви́димый invisible

неви́нный innocent

невмоготу́ unbearable (E)

невозмо́жность *ж* impossibility

невозмо́жный impossible

нево́льный involuntary (D)

невы́годный unfavorable (G)

невыноси́мый intolerable (G)

невырази́мый inexpressible (H)

невысо́кий not tall

него́дник good for nothing (F)

негодова́ние indignation (C)

негодя́й scoundrel

неда́вний recent

недалёкий near; not very bright (G)

недале́че not far

неда́ром with good reason

недвижи́мый motionless (B)

неде́ля week

недове́рчивость *ж* distrustfulness

недове́рчивый distrustful

недово́льный dissatisfied

недово́льство dissatisfaction

недога́дливый slow witted (E)

недои́мка arrears (E)

недопо́енный unwatered (E)

недостава́ть (недостаёт) be missing (G)

недоста́ток (недоста́тка) shortcoming; deficiency

недоста́точно not enough

недоста́ть (недоста́нет) *сов* be lacking

недоумева́ть I *нес* be puzzled (E)

недоуме́ние perplexity; misunderstanding

недурно́й not bad looking (B)

не́жели than (B)

неживо́й lifeless

не́жность *ж* tenderness

не́жный tender

незабве́нный unforgetable (B)

незави́симый independent

незаме́тный imperceptible

неза́нятый unoccupied

незапный *уст* see внеза́пный (B)

незата́сканный unsullied (G)

нездоро́вый ill

незнако́мый unfamiliar

неизбе́жный inevitable (D)

неизве́стный unknown

неизме́нный invariable

неизъясни́мый inexplicable (A)

неизя́щный inelegant

неимове́рный incredible (A)

неинтере́сный uninteresting

неи́стовый furious (D); frantic (L)

не́когда at one time

не́который some

некраси́вый ugly

не́крут *уст* see ре́крут (E)

некста́ти inopportune (K)

не́кто a certain (I)

нелёгкий difficult

неле́пый ridiculous (C)

нело́вкий awkward (A)

нело́вкость ж awkwardness; blunder
нельзя́ кому? cannot
нелюби́мый unloved
нема́ло not a few
неме́дленный immediate
не́мец (не́мца) German
неме́цкий German
немину́емый inevitable (D)
немно́го a little
немногосло́жный brief (H)
немно́жечко see немного
немно́жко see немного
немо́й dumb (D); mute (I)
немы́слимо unthinkable (L)
ненави́деть (ненави́жу, ненави́дишь) сов hate
не́нависть ж hatred
ненадо́лго for a short time
ненара́довский from Ненарадово
ненасыти́мый insatiable (I)
нену́жный unnecessary
необходи́мость ж necessity
необходи́мый indispensable
необъя́тный boundless (G)
необыкнове́нный unusual
необыча́йный exceptional
неоднокра́тно more than once (G)
неодоли́мый invincible (B)
неожи́данный unexpected
неопределённый indefinite (C)
нео́пытный inexperienced
неосторо́жный careless
неотвя́зчивый persistent (K)
неохо́тно unwillingly
непеременный invariable
неподви́жный motionless
неподде́льный unfeigned (F)
неподоба́ющий unseemly (K)
неподслащённый unsweetened (A)
непоня́тный incomprehensible
непо́нятый misunderstood
непостижи́мый incomprehensible (C)
непра́вда untruth, lie

неправдоподо́бный unlikely
непра́вильный irregular (I)
непреме́нно without fail (A)
непреодоли́мый insurmountable (B)
непреры́вный unbroken (L)
непривы́кший unaccustomed
неприли́чный indecent
непринуждённость ж ease (A)
непристо́йный indecent (C)
непрису́тственный уст holiday (L)
непритво́рный unfeigned (B)
неприхотли́вый simple (E)
неприя́тель м enemy
неприя́тельский enemy
неприя́тность ж trouble
неприя́тный unpleasant
непрости́тельный unforgivable; inexcusable (G)
неработя́щий прост not working
неравноду́шный not indifferent
нера́вный unequal
неразгово́рчивый reticent (L)
неразде́льный inseparable
неразлу́чный inseparable (B)
неразо́рванный unexploded (G)
нерасположе́ние dislike (E)
нерв nerve
не́рвность ж nervousness
не́рвный nervous
нереши́тельность ж indecisiveness
нереши́тельный indecisive
неро́вный uneven (G)
несбы́точный impossible (C)
несессе́р dressing case (E)
несказа́нный unspeakable
не́сколько чего? several
неслы́ханный unheard of (I)
неслы́шный inaudible
несме́лость ж timidity
несмотря́ на кого, на что? despite

несообра́зность ж absurdity (C)
несообра́зный absurd; incongruous (B)
несоразме́рный disproportionate (K)
несостоя́тельный unsound (H)
неспециа́льный ordinary
несподру́чно уст inconvenient (C)
несправедли́вый unfair
несравне́нный incomparable (B)
нести́ (несу́, несёшь; нёс, несла́) нес carry;
нести́сь rush (B)
несчастли́вый unhappy; unfortunate
несча́стнейший see несчастный
несча́стный unhappy; unfortunate
несча́стье unhappiness; misfortune
нетерпёж прост impatience (E)
нетерпели́вый impatient
нетерпе́ние impatience
неугомо́нный indefatigable (E)
неуда́ча failure
неуда́чный unsuccessful
неудержи́мый unrestrained (J)
неудово́льствие displeasure
неуже́ли really
неу́жто really (E)
неулови́мый elusive (L)
неуме́стность ж inappropriateness (D)
неуме́стный inappropriate (D)
неумоли́мый implacable (K)
неумы́тый unwashed
неумы́шленный thoughtless (C)
неуспе́шный unsuccessful
неустанови́вшийся incomplete (F)

нехоро́ший bad

не́хотя unwillingly (I)

неча́янный chance (A); unintentional

не́чет odd number

нечистота́ dirtiness

нечи́стый (нечи́стого) devil (L)

не́что something

нея́сный unclear

нигили́зм Nihilism

нигили́ст Nihilist

ни́же see низкий

ни́жний lower

ни́зкий low

ни́зость ж baseness (I)

ни́зший inferior (L)

ниско́лько not at all

ни́точка (р мн ни́точек) see нить (C)

нить ж thread

ничто́жный insignificant (D)

ничу́ть not a bit

ни́щенский wretched (I)

ни́щий (ни́щего) beggar (C)

но́венький see новый

нововведе́ние innovation

но́вость ж news

но́вый new

нога́ (вн но́гу; но́ги, пр нога́х) foot; leg; **со всех ног** as fast as one can (C)

но́готь (но́гтя; р мн ногте́й) nail

нож (ножа́) knife

но́жик see нож

но́жичек (но́жичка) see нож

но́мер (мн номера́) number; room

нос (мн носы́) nose

носи́лки (носи́лок) stretcher (G)

носи́льщик stretcher bearer (G)

носи́ть (ношу́, но́сишь) нес carry; носи́ться rush; be carried

но́ты (нот) music

ночева́ть (ночу́ю, ночу́ешь) нес spend the night

но́чка (р мн но́чек) see ночь

ночно́й night

ночь (р мн ноче́й) night

но́ша burden (G)

но́щно; де́нно и ˜ day and night

нрав disposition (A); нра́вы customs, ways (L)

нра́виться (нра́влюсь, нра́вишься) кому? нес please

нра́вственность ж morality

нра́вственный moral (B)

ну well

ну́дный tedious (K)

нужда́ (мн ну́жды) necessity; **что за ˜** what's the point (E)

нужда́ться I в ком, в чём? нес need

ну́жный (нужен, нужна́) necessary, needed

ну́мер уст see номер

ны́не now

ны́нешний present

ны́нче now

ню́хательный sniffing

ню́хать I нес sniff

ня́нька (р мн ня́нек) nanny (G)

ня́ня (р мн ня́ней) nanny

о ком, чём? about; кого, что? against

об see о

о́ба (обо́их) both

обвенча́ть I нес wed; обвенча́ться wed

обве́шать I сов cover (B)

обвини́ть II сов accuse

обвиня́ть I нес accuse

обви́ть (обовью́, обовьёшь; о́бвил, обвила́) сов bind (I)

обвяза́ть (обвяжу́, обвя́жешь) сов tie; bundle up (J)

обдава́ть (обдаю́, обдаёшь) нес envelope (K)

обда́ть (обда́м, обда́шь, обда́ст, обдади́м, обдади́те, обдаду́т; о́бдал, обдала́) envelope; **его́ обда́ло** he felt (L)

обду́мывать I сов consider, think over

о́бе (обе́их) see оба

обе́д dinner

обе́дать I нес dine

обезнаде́жить II сов уст deprive of hope (C)

обезу́меть I сов go mad (L)

о́бер- senior

оберну́ться (оберну́сь, обернёшься) сов turn

обеща́ть I нес promise

обже́чь (обожгу́, обожжёшь, обожгу́т; обжёг, обожгла́) сов burn; обже́чься burn self

обжо́рство gluttony (L)

оби́да offense (A)

оби́деть (оби́жу, оби́дишь) сов offend (A); оби́деться be offended

оби́дный offensive

оби́дчивый touchy

оби́дчик offensive person (I)

оби́ть (обобью́, обобьёшь) сов cover (A)

облада́ть I чем? нес possess

о́блако (мн облака́) cloud

о́бласть ж region, area

облегчи́ть II сов lighten (C)

о́блик aspect (F)

облича́ть I нес reveal (I)

обличе́ние exposure

обличи́тель м denouncer (H)

обложи́ться (обложу́сь, обло́жишься) сов be covered

облокоти́ться II сов lean (D)

обма́н deception (D)

обману́ть (обману́, обма́нешь) сов deceive

обма́нывать I нес deceive

обмере́ть (обомру́, обомрёшь; о́бмер, обмерла́) сов grow faint (C)

о́бморок faint (A)

обмы́ть (обмо́ю, обмо́ешь) *сов* wash

обнажи́ть II *сов* lay bare (B)

обнару́живать I *нес* reveal (B)

обнима́ть I *нес* embrace

обня́ть (обниму́, обни́мешь; о́бнял, обняла́) *сов* embrace (B); обня́ться (обня́лся) embrace

обо see о

ободри́ть II *сов* encourage; ободри́ться take heart (A)

ободря́ть I *нес* encourage (G)

обожа́ть I *нес* adore (A)

обо́з transport (E)

обозва́ть (обзову́, обзовёшь; обозва́л, обозвала́) *сов* call (L)

обо́и (обо́ев) wallpaper (G)

обойти́ (обойду́, обойдёшь; обошёл, обошла́) *сов* go around; обойти́сь manage

обокра́сть (обкраду́, обкрадёшь; обокра́л) *сов* rob

оболо́чка (*р мн* обло́чек) shell (L)

обольсти́ть (обольщу́, обольсти́шь) *сов* flatter (A)

обора́чиваться I *нес* turn around

обороти́ться (оборочу́сь, оборо́тишься) *сов уст* turn around

обра́доваться (обра́дуюсь, обра́дуешься) *кому, чему? сов* be pleased

о́браз image; manner

о́браз (*мн* образа́) icon (E)

образе́ц (образца́) example

образова́ние education

образо́ваннейший see образованный

образо́ванный educated

образо́к (образка́) icon (G)

обрати́ть (обращу́, обрати́шь) *сов* turn; address; обрати́ться к кому? turn to; address

обра́тно back

обраща́ть I *нес* turn; address; обраща́ться к кому? turn to; address

обраще́ние treatment (L)

обреми́зиваться I *нес уст* blunder (C)

обрести́ (обрету́, обретёшь; обрёл, обрела́) *сов* find

обро́к quit rent (system where serfs farmed the land directly and paid the landowner for its use)

обро́сший overgrown (A)

обро́чный quit rent

обсади́ть (обсажу́, обса́дишь) *сов* plant around

обстано́вка (*р мн* обстано́вок) surroundings (G)

обстоя́тельный detailed (B)

обстоя́тельство circumstance (A)

обстоя́ть II *нес;* благополу́чно обстои́т всё everything is fine (E)

обступи́ть (обступлю́, обсту́пишь) *сов* be set (J)

обсуди́ть (обсужу́, обсу́дишь) *сов* discuss

обсчита́ться I *сов* miscalculate (A)

обтира́ть I *нес* brush off (F)

обтрёпанный frayed (G)

обтяну́ть (обтяну́, обтя́нешь) *сов* cover (L)

обува́ться I *нес* put shoes on (B)

обходи́ть (обхожу́, обхо́дишь) *нес* go around; обходи́ться behave (A); manage

обши́рный immense (A)

обшла́г (обшлага́; обшлага́) cuff (G)

обшмы́ганный rubbed bare (I)

обща́ться I *с кем? нес* associate with

общежи́тельность *ж уст* sociability (C)

общеизве́стный well-known

обще́ственный public, social

о́бщество society

о́бщий common, general

общи́на peasant commune (H)

общи́тельный sociable

объекти́вный objective

объе́хать (объе́ду, объе́дешь) *сов* drive around

объяви́ть (объявлю́, объя́вишь) *сов* announce

объявле́ние announcement

объявля́ть I *нес* announce

объясне́ние explanation

объясни́ть II *сов* explain; объясни́ться explain self

объясня́ть I *нес* explain; объясня́ться explain self

объя́тие embrace (B)

объя́ть (past only) overwhelm (G)

обыва́тель *м* average person (L)

обыва́тельский run-of-the-mill (L)

обыкнове́ние habit

обыкнове́нный common

обы́чный usual

обя́занность *ж* obligation

обя́занный obliged

обяза́тельно without fail

ови́н corn crib (E)

овладева́ть I *кем, чем? нес* possess (E)

овладе́ть I *кем, чем? сов* seize (A)

овра́г ravine (B)

ога́рок (ога́рка) candle end (I)

огло́бля (*р мн* огло́бель) shaft (B)

оглуши́ть II *сов* deafen (G)

огляде́ться (огляжу́сь, огляди́шься) *сов* look around

огля́дка caution (L)

огля́дывать I *нес* examine; огля́дываться look around

огляну́ться (огляну́сь, огля́нешься) *сов* look around

о́гненный fiery (G)

огонёк (огонька́) see огонь

ого́нь (огня́) light; fire

огорча́ть I *нес* pain; grieve (A)

огорчи́ть II *сов* pain; grieve; огорчи́ться be grieved (G)

огра́да fence (B)

ограни́ченный limited

огро́мный huge

одари́ть II *сов* endow (G)

одева́ть I *нес* dress; одева́ться dress self

оде́жда clothes

одеревене́лый stiffened (E)

оде́ть (оде́ну, оде́нешь) *сов* dress; оде́ться dress self

одея́ло blanket, quilt

одина́ковый identical

одино́кий lonely

одино́чный isolated (I)

одича́лый wild (A)

одна́жды once

одна́ко though; indeed (K)

одноа́ктный one-act

однообра́зный monotonous (L)

одобри́тельный approving (H)

одобря́ть I *нес* approve (K)

одолева́ть I *нес* overcome

одоле́ть I *нес* overcome (C)

одуре́ть I *сов* grow stupid (E)

одурма́нивать I *нес* stupefy (I)

одутлова́тый puffy (F)

оды́шка asthma (K)

ожесточе́ние ferocity (G); bitterness (H)

ожива́ть I *нес* revive (G)

ожиби́ться (оживлю́сь, оживи́шься) *сов* become animated

оживле́ние animation (J)

оживлённый animated (A)

оживля́ться I *нес* become animated (B)

ожида́ние expectation

ожида́ть I *нес* expect

ожи́ть (оживу́, оживёшь; о́жил, ожила́) *сов* come to life

озабо́тить (озабо́чу, озабо́тишь) *сов* worry (A)

озабо́ченность ж anxiety (J)

озабо́ченный anxious

озада́чить II *сов* trouble (E)

озаря́ть I *нес* illuminate (C)

озира́ться I *нес* gaze (E)

означа́ть I *нес* mean

озна́чить II *сов* *уст* designate

озорни́к (озорника́) naughty child (F)

оказа́ться (окажу́сь, ока́жешься) *кем, чем? сов* prove to be

ока́зывать I *нес* render; ока́зываться *кем, чем?* prove to be

окамене́ть I *сов* turn to stone (D)

окаменя́ть I *нес* turn to stone (I)

ока́нчивать I *нес* end

окая́нный cursed (D)

оки́нуть взгля́дом (оки́ну, оки́нешь) *сов* look at (D)

окла́дистый broad and thick (E)

оклиќнуть (окли́кну, окли́кнешь) *сов* call (L)

окно́ (мн о́кна, о́кон) window

о́ко (мн о́чи, оче́й) *уст* eye (I)

око́лица outskirts (B)

о́коло *кого, чего?* by

около́точный (около́точного) *уст* policeman (K)

оконча́тельный final, definitive

окочене́лый stiffened (G)

окочене́ть I *сов* become numb

око́шко (*р мн* око́шек) see окно

окре́стность ж neighborhood

окрова́вленный bloodied (B)

окру́га neighborhood (B)

окружа́ть I *нес* surround

окружи́ть II *сов* surround

окуну́ться (окуну́сь, окунёшься) *сов* become engrossed (L)

оку́рок (оку́рка) butt (L)

оку́тать I *сов* bundle up (J); оку́таться wrap up (B)

омы́ть (омо́ю, омо́ешь) *сов* wash (A)

о́ной *уст* её (A)

опаса́ться I *кого, чего? нес* fear (B)

опасе́ние misgiving (I)

опа́сность ж danger

опа́сный dangerous

о́пера opera

опережа́ть I *нес* overtake (D)

опира́ться I *нес* lean (F)

описа́ние description

описа́ть (опишу́, опи́шешь) *сов* describe

опи́сывать I *нес* describe; repossess (K)

опозда́ть I *сов* belate

опо́йковый calfskin (G)

опо́мниться II *сов* come to one's senses

оправда́ние justification (B)

оправда́ть I *сов* justify; оправда́ться justify self

опра́вдываться I *нес* justify self (L)

опра́виться (опра́влюсь, опра́вишься) *сов* recover (A)

определи́ть II *сов* determine (G); определи́ться *уст* be assigned (A)

опроверга́ть I *нес* refute

опроки́дываться I *нес* turn over (B)

о́прометью headlong (G)

опроси́ть (опрошу́, опро́сишь) *сов* question

опря́тность *ж* tidiness (E); fastidiousness (H)

опря́тный tidy

опуска́ть I *нес* lower; опуска́ться sink

опусти́ть (опущу́, опу́стишь) *сов* lower; ~ ру́ки lose heart (C); опусти́ться sink

о́пыт experience; experiment (H)

о́пытность *ж* experience

о́пытный experienced

опя́ть again

о́рган organ

о́рден (*мн* ордена́) order

о́рденский order

ордина́рец (ордина́рца) orderly (G)

оре́х nut

оре́шек (оре́шка) see opex

оригина́льный original

орке́стр orchestra

оробе́ть I *сов* grow timid (A)

ору́дие instrument; gun

ору́жие weapon

оса́да siege (G)

осади́ть (осажу́, оса́дишь) *сов* beseige

оса́док (оса́дка) dregs (G)

осажда́ть I *нес* besiege (G); assail (G)

оса́нка bearing (C)

осве́домиться (осве́домлюсь, осве́домишься) *сов* inquire (B)

освети́ть (освещу́, освети́шь) *сов* light (B), illuminate (L)

освеща́ть I *нес* illuminate (D)

освеще́ние illumination (I)

освободи́ться (освобожу́сь, освободи́шься) *сов* be free (L)

освобожда́ть I *нес* liberate

освои́ться II *сов* feel comfortable (H)

осека́ться I *нес* misfire

осени́ть II *сов уст* tint (C)

осе́нний autumn

о́сень *ж* autumn

осетри́на sturgeon (L)

осе́чка misfire (D)

оси́лить II *сов* manage (E)

оскверня́ть I *нес* defile (K)

оско́лок (оско́лка) splinter (G); shard

оскорби́тельный insulting (G)

оскорби́ть (оскорблю́, оскорби́шь) *сов* insult; оскорби́ться be insulted (G)

оскорбле́ние insult

оскорбля́ть I *нес* insult

ослепи́ть (ослеплю́, ослепи́шь) *сов* blind (I)

осма́тривать I *нес* examine

осме́ливаться I *нес* dare (A)

осме́литься II *сов* dare

осмотре́ть (осмотрю́, осмо́тришь) *сов* examine; осмотре́ться look around

осмотри́тельный cautious (C)

основа́ние basis

основа́ть (осную́, оснуёшь) *сов* found

осо́ба person (A)

осо́бенность *ж* peculiarity

осо́бенный particular

особли́вый *уст* see особенный

осо́бый special

о́спа smallpox (G)

остава́ться (остаю́сь, остаёшься) *нес* remain

оста́вить (оста́влю, оста́вишь) *сов* leave

оставля́ть I *нес* leave

остально́й remaining

остана́вливать I *нес* stop; остана́вливаться stop

останови́ть (остановлю́, остано́вишь) *сов* stop; останови́ться stop

оста́ток (оста́тка) remainder

оста́ться (оста́нусь, оста́нешься) *сов* remain

остервени́ться II *сов* be enraged (F)

остолбене́ть I *сов* be astonished (D)

осторо́жность *ж* caution

осторо́жный careful

о́стрый sharp; acute (I)

остря́к (остряка́) wit (A)

осты́ть (осты́ну, осты́нешь) *сов* cool off (A)

осужда́ть I *нес* condemn (G); censure (K)

осчастли́вить II *сов* make happy (E)

от *кого, чего?* from

отби́ть (отобью́, отобьёшь) *сов* repulse; break off

отбо́рный choice (F)

отбро́сить (отбро́шу, отбро́сишь) *сов* cast away; reject

отва́живаться I *нес* dare (D)

отва́ливаться I *нес* fall off

отвали́ться (отвалю́сь, отва́лишься) *сов* fall off (K)

отвлечённый detached (I)

отверга́ть I *нес* reject

отве́ргнуть (отве́ргну, отве́ргнешь; отве́рг) *сов* reject (B)

отве́рзть (отве́рзу, отве́рзешь; отве́рз) *уст* open (I)

отверну́ться turn away

отве́рстие slit (C)

отвести́ (отведу́, отведёшь; отвёл, отвела́) *сов* take aside

отве́т answer

отве́тить (отве́чу, отве́тишь) *кому, на что?* *сов* answer

отве́тный in answer

отве́тственный responsible

отвеча́ть I *кому, на что?* *нес* answer

отве́шивать покло́ны I *нес* make low bows (C)

отвлечённость *ж* abstraction (H)

отвлечённый abstract (D)

отвле́чь (отвлеку́, отвлечёшь, отвлеку́т;

отвлёк, отвлекла) *от чего?*
сов distract

отводи́ть (отвожу́,
отво́дишь) *нес* take aside

отвора́чиваться I *нес* turn
aside

отвори́ть II *сов* open;
отвори́ться open

отвороти́ться (отворочу́сь,
отворо́тишься) *сов уст*
turn aside

отворя́ть I *нес* open; let
(blood) (C)

отврати́тельный disgusting
(I)

отвраще́ние disgust (K)

отвы́кнуть (отвы́кну,
отвы́кнешь; отвы́к) *от кого,
от чего? сов* become
unaccustomed to

отдава́ть (отдаю́, отдаёшь)
нес give back; give up; be
rented (I); surrender to

отда́ть (отда́м, отда́шь,
отда́ст, отдади́м, отдади́те,
отдаду́т; о́тдал, отдала́) *сов*
give back; give up

отде́латься II *сов* get out of it
(C)

отделе́ние division

отде́льный separate

отделя́ть I *нес* separate

отдохну́ть (отдохну́,
отдохнёшь) *сов* rest

отдыха́ть I *нес* rest

оте́ц (отца́) father

оте́чество fatherland (B)

оте́чь (отеку́, отечёшь,
отеку́т; отёк, отекла́) *сов*
swell (E)

отзыва́ться I *нес* speak of;
echo (J)

отка́з refusal

отказа́ть (откажу́,
отка́жешь) *кому, в чём? сов*
refuse; turn out (I);
отказа́ться *от чего?* refuse
(A)

отка́зываться I *от чего? нес*
refuse (A)

откидно́й open (C)

отки́нуть (отки́ну,
отки́нешь) *сов* jerk (C);
throw off (J); отки́нуться
lean back (J)

откла́дывать I *нес* put away
(I)

открла́ниваться I *нес* take
leave (C)

откли́кнуться (откли́кнусь,
откли́кнешься) *на что? сов*
respond (D)

отклони́ться II *сов* dodge (A)

отко́ле *прост* from where (B)

открове́нность *ж* frankness;
openness (G)

открове́нный frank; open

открыва́ть I *нес* open;
discover

откры́тие discovery

откры́тый open

откры́ть (откро́ю,
откро́ешь) *сов* open;
discover; откры́ться open

отку́пщик (откупщика́) *ист*
tax farmer (F)

отку́пщица *ист* tax farmer's
wife

отлёт; на отлёте head to side
(horses) (K)

отлете́ть (отлечу́, отлети́шь)
сов flfly off

отлича́ть I *нес* single out (B);
отлича́ться be
distinguished

отли́чие difference; merit

отличи́ть II *сов* single out;
spot (K); отличи́ться be
distinguished (B)

отли́чный excellent

отложи́ть (отложу́,
отло́жишь) *сов* set aside

отлуча́ться I *нес* take leave
(C)

отме́рить II *сов* measure (A)

отме́тить (отме́чу,
отме́тишь) *сов* note, mark

отнести́ (отнесу́, отнесёшь;
отнёс, отнесла́) *сов* take
away; отнести́сь *к кому, к*

чему? apply; relate to; *уст*
affirm (F);

отнима́ть I *нес* take away

относи́тельный relative

относи́ться (отношу́сь,
отно́сишься) *к кому, к чему?*
нес relate to

отноше́ние relationship

отны́не *уст* from now on

отня́ть (отниму́, отни́мешь;
о́тнял, отняла́) *сов* take
away

ото see от

отобе́дать I *сов* dine

отогна́ть (отгоню́,
отго́нишь) *сов* chase away

отодви́нуться (отодви́нусь,
отодви́нешься) *сов* move
aside

отойти́ (отойду́, отойдёшь;
отошёл) *сов* step away

отомсти́ть (отомщу́,
отомсти́шь) *кому, за что? сов*
take revenge (A)

оторва́ть (оторву́, оторвёшь;
оторва́л, оторвала́) *сов*
tear off

оторопе́ть I *сов* be struck
dumb (C)

отосла́ть (отошлю́,
отошлёшь) *сов* send away

отпере́ть (отопру́, отопрёшь;
о́тпер, отперла́) *сов* unlock
(I)

отпеча́ток (отпеча́тка) mark
(D)

отпира́ть I *нес* open (K);
отпира́ться open (C)

отплати́ть (отплачу́,
отпла́тишь) *сов* repay

отпра́вить (отпра́влю,
отпра́вишь) *сов* send;
отпра́виться set out

отправле́ние departure (G)

отправля́ть I *нес* exercise (C);
отправля́ться set out

о́тпуск (*мн* отпуска́) leave;
vacation

отпуска́ть I *нес* let go;
отпуска́ться *уст* let for hire

отпусти́ть (отпущу́, отпу́стишь) *сов* let go

отра́да joy (B)

отра́дный delightful (G)

отража́ться I *нес* be reflected (K)

отраже́ние reflection (J)

отре́зать (отре́жу, отре́жешь) *сов* cut off

отрица́ние denial; negation

отрица́тельный negative

отрица́ть I *нес* deny; negate

о́троду in all one's life

о́трок boy (B)

о́трочество adolesence (I)

отруби́ть (отрублю́, отру́бишь) *сов* lop off

отрыва́ть I *нес* tear away

отры́вистый abrupt; jerky; curt (H)

отры́вок (отры́вка) excerpt

отры́вочный abrupt (H)

отря́д detachment (A)

отскочи́ть (отскочу́, отско́чишь) *сов* jump back

отстава́ть (отстаю́, отстаёшь) *нес* fall behind

отста́вка retirement

отставно́й *уст* retired (A); behind the times

отста́ть (отста́ну, отста́нешь) drop out (A)

отстоя́ть II *сов* stand; stay

отстраня́ть I *нес* push away (L)

отступи́ть (отступлю́, отсту́пишь) *сов* retreat (B); отступи́ться stay away (A)

отсу́тствие absence (A)

отсю́да from here

оттого́ for that reason

отту́да from there

отхва́тывать I *нес* take up (L)

отхлёбывать I *нес* swallow (H)

отходи́ть (отхожу́, отхо́дишь) *нес* walk away

отцо́вский father's

отча́лить II *сов* disengage (C)

отча́сти partially (G); in part (I)

отча́яние despair (A)

отча́янный desperate (C)

о́тче see отец

отчего́ why

отчёт account (D)

отчётливый distinct

отчётливость *ж* precision (J)

отшатну́ться (отшатну́сь, отшатнёшься) *сов* recoil (I)

отъе́зд departure

отъезжа́ть I *нес* depart

отъе́хать (отъе́ду, отъе́дешь) *сов* depart

отыска́ть (отыщу́, оты́щешь) *сов* seek out, find

оты́скивать I *нес* seek out, find

офице́р officer

офице́рский officer's

офице́рша officer's wife

официа́льный official

охвати́ть (охвачу́, охва́тишь) *сов* take in (I); seize (K)

охладева́ть I *нес* grow cool (L)

охо́та desire (A)

охо́тник lover (C); hunter

охо́тно willingly (A)

оце́нивать I *нес* evaluate

очарова́ние charm

очарова́тельный charming (K)

очарова́ть (очару́ю, очару́ешь) *сов* charm

очеви́дный obvious

о́чередь *ж* line; turn

очерти́ть (очерчу́, оче́ртишь) *сов* outline (K)

о́чи see око

очи́стить (очи́щу, очи́стишь) *сов* peel (C)

очки́ (очко́в) glasses

очко́ marker (C)

очну́ться (очну́сь, очнёшься) *сов* find self (G)

очути́ться II *сов* find self (B)

ошеломлённый stunned

ошиба́ться I *в ком, в чём? нес* make a mistake

ошиби́ться (ошибу́сь, ошибёшься; оши́бся, оши́блась) *в ком, в чём? сов* make a mistake

оши́бка (*р мн* оши́бок) mistake

ощу́пывать I *нес* feel (G); grope

ощуща́ть I *нес* feel (G); experience

ощуще́ние sensation

павильо́н pavilion

па́дать I *нес* fall

паде́ние fall

паке́т package

пала́та chamber; казённая ~ treasury (K)

пала́тка (*р мн* пала́ток) tent

па́левый pale yellow (C)

па́лец (па́льца) finger

пали́ть II *нес* fire

па́льма palm

пальто́ *с нескл* overcoat

па́мятник *кому, чему?* monument; memorial

па́мять *ж* memory

панёва skirt (E)

панихи́да requiem service (I)

пансио́н boarding school

панталоны (панталон) *уст* trousers

па́па *м* papa

па́пенька *м* (*р мн* па́пенек) see папа

па́перть *ж* church porch (B)

папиро́са Russian cigarette

папиро́ска (*р мн* папиро́сок) see папироса

папиро́сочница *уст* cigarette case (I)

па́почка *м* (*р мн* па́почек) see папа

па́ра pair

пара́дный front (L)

парадо́кс paradox

па́рень *м* (па́рня; *р мн* парне́й) boy

пари́ *с нескл* bet (D)

парикма́херский hair dresser's

пари́ть II *нес* soar (G)

парке́т parquet

парла́мент parliament

парламентари́зм parliamentarianism

парово́з locomotive (J)

парово́й steam (J)

парохо́д steamship

парте́р orchestra (theater)

па́ртия party; game

партнёр partner

па́русный sail (K)

па́сквиль *м* libel (C)

па́сквильность *ж* libelousness

па́сквильный libelous (C)

па́смурный overcast (F)

пасова́ть (пасу́ю, пасу́ешь) *нес* be powerless (K)

па́спорт passport

пассажи́р passenger

пасть (паду́, падёшь; пал) *нес* fall

пасть *ж* maw (E)

Па́сха Easter

патриарха́льный patriarchal

патриоти́зм patriotism

паха́ть (пашу́, па́шешь) *нес* plough (H)

па́хнуть (па́хну, па́хнешь; пах, па́хла) *чем? нес* smell

паху́чий fragrant (G)

па́чечка see пачка

па́чка (*р мн* па́чек) bundle

пачку́н (пачкуна́) sloven (C); dauber (H)

па́шпорт *уст* see паспорт

певу́чий singsong

пе́гий piebald (C)

пелена́ shroud (I)

пелери́на cape (J)

пе́ниться II *нес* foam (A)

пенька́ hemp (E)

пе́рвенство superiority (A)

пе́рвенствовать be superior (A)

перебива́ть I *нес* interrupt

перебира́ть I *нес* toy with (J)

переби́ть (перебью́, перебьёшь) *сов* interrupt (E); kill

перебра́ть (переберу́, переберёшь; перебра́л, перебрала́) *сов* sort through; consider

переверну́ть (переверну́, перевернёшь) *сов* turn over

переверты́вать I *нес* turn over (I)

перевести́ (переведу́, переведёшь; перевёл, перевела́) *сов* transfer; translate; ~ дух take a breath (I)

перевира́ть I *нес* muddle (G)

перево́д transfer (K); translation

переводи́ть (перевожу́, перево́дишь) *нес* transfer; translate; ~ дух catch breath (G); переводи́ться run out (A)

перевора́чивать I *нес* turn over

перевороти́ться (переворочу́сь, переворо́тишься) *сов* spin (C)

перевяза́ть (перевяжу́, перевя́жешь) *сов* bandage (B); перевяза́ться bandage self; get bandaged

перевя́зочный пункт aid station (G)

перевя́зывать I *нес* bandage; перевя́зываться bandage self; get bandaged

перега́р fumes (K)

перегну́ть (перегну́, перегнёшь) *сов* tilt (C)

перегова́риваться I *нес* chat

перегоня́ть I *нес* overtake (G)

пе́ред *кем, чем?* before

передава́ть (передаю́, передаёшь) *сов* give, convey

переда́ть (переда́м, переда́шь, переда́ст, передади́м, передади́те, передаду́т; пе́редал, передала́) *сов* give, convey

передвига́ть I *нес* move

переде́лать I *сов* redo

пере́дний front

пере́дняя (пере́дней) anteroom, front hall

пе́редо see перед

передово́й progressive (H)

переду́мать I *сов* rethink; think a lot

пережда́ть (пережду́, переждёшь; пережда́ла) *сов* wait (until something is over)

пережи́ть (переживу́, переживёшь; пережила́) *сов* experience; outlive

перейти́ (перейду́, перейдёшь; перешёл, перешла́) *сов* cross

перека́тываться I *нес* roll (E)

перекрести́ться (перекрещу́сь, перекре́стишься) *сов* cross self (B)

перелета́ть I *нес* fly over

перелётный migratory (L)

перели́стывать I *нес* leaf through (I)

переломáть I *сов* break

переме́на change

перемени́ть (переменю́, переме́нишь) *сов* change; перемени́ться change self

переменя́ть I *нес* change

переми́рие truce (G)

перенести́ (перенесу́, перенесёшь; перенёс, перенесла́) *сов* transfer; carry over

перено́сное значе́ние fififigurative meaning

переночева́ть (переночу́ю, переночу́ешь) *сов* spend the night (E)

переоде́ться (переоде́нусь, переоде́нешься) *сов* change clothes

перепа́лка (*р мн* перепа́лок)
skirmish (G)

перепёлка (*р мн* перепёлок)
quail (H)

переписа́ть (перепишу́,
перепи́шешь) *сов* rewrite

перепи́ска (*р мн* перепи́сок)
correspondence

перепи́сываться I *нес*
correspond

перепи́ть (перепью́,
перепьёшь; перепила́) *сов*
outdrink (A)

переплёт binding (I)

перепуга́ть I *сов* frighten;
перепуга́ться be frightened

перепу́тать I *сов* mix up

перерва́ться (перерву́сь,
перервёшься; перервала́сь)
сов fall apart (G)

перере́зывать I *нес* cut across

перероди́ть (перерожу́,
перероди́шь) *сов* rejuvenate
(L)

переса́живаться I *нес* shift
position (J)

пересе́сть (переся́ду,
переся́дешь; пересе́л) *сов*
change seats

пересе́чь (пересеку́,
пересечёшь, пересеку́т;
пересе́к, пересекла́) *сов*
crisscross (B); break off (I)

переси́лить II *сов* master (I)

пересказа́ть (перескажу́,
переска́жешь) *сов* retell

пересо́хнуть (пересо́хну,
пересо́хнешь; пересо́х,
пересо́хла) *сов* dry out (G)

переспроси́ть (переспрошу́,
переспро́сишь) *сов* ask

перестава́ть (перестаю́,
перестаёшь) *нес* stop

переста́ть (переста́ну,
переста́нешь) *сов* stop

перестре́ливаться I *нес*
exchange fire

перестре́лка (*р мн*
перестре́лок) skirmish

переступи́ть (переступлю́,
пересту́пишь) *сов*
transgress (I)

пересы́пать (пересы́плю,
пересы́плешь) *сов* pour
(into something else)

перето́ржка (*р мн*
перето́ржек) *уст* auction
(C)

переу́лок (переу́лка) alley
(C)

переу́лочка (*р мн*
переу́лочек) see переулок

перехвати́ть (перехвачу́,
перехва́тишь) *сов* intercept
(C)

перехо́д passage

переходи́ть (перехожу́,
перехо́дишь) *нес* cross;
move

перецелова́ть (перецелу́ю,
перецелу́ешь) *сов* kiss

перечу́вствовать
(перечу́вствую,
перечу́вствуешь) *сов*
experience

перешагну́ть (перешагну́,
перешагнёшь) *сов* cross
(G)

пери́ла (пери́л) railing (C)

пери́од sentence; period

перо́ (*мн* пе́рья, пе́рьев)
pen

перси́дский Persian

персо́на person

персона́ж character

перча́тка (*р мн* перча́ток)
glove

пёс (пса) dog

пе́сенка (*р мн* пе́сенок) see
песня

пе́сня (*р мн* пе́сен) song

песо́к (песка́) sand

песо́чек (песо́чка) see песок

пестрота́ bright colors (K)

пёстрый many colored

песчи́нка (*р мн* песчи́нок)
grain of sand (I)

петербу́ргский from St.
Petersburg

петли́ца buttonhole (B)

пету́х (петуха́) rooster (B)

петь (пою́, поёшь) *нес* sing

пехо́та infantry (D)

пехо́тный infantry (G)

печа́ль *ж* sorrow

печа́льный sad

печа́таться I *нес* be published

печа́тка (*р мн* печа́ток) seal
(B); signet (C)

печа́ть *ж* seal (A)

печёный baked

печь *ж* (*р мн* пече́й) Russian
stove

печь (пеку́, печёшь, пеку́т;
пёк, пекла́) *нес* bake;
пе́чься care (E)

пешко́м on foot

пеще́ра cave (I)

пика́нтный piquant

пикни́к (пикника́) picnic

пилю́ля pill (H)

пиро́жное (пиро́жного)
pastry (C)

пирожо́к (пирожка́) small
pie

пи́сарь *м* (*мн* писаря́) clerk
(G)

писа́тель *м* writer

писа́ть (пишу́, пи́шешь) *нес*
write

пистоле́т pistol

письмо́ (*мн* пи́сьма, пи́сем)
letter

пить (пью, пьёшь; пил,
пила́) *нес* drink

пи́ща food

пища́ть (пищу́, пищи́шь) *нес*
squeal

пла́кать (пла́чу, пла́чешь) *нес*
cry

пла́мя *с* (пла́мени) flame (G)

план plan

пласту́н (пластуна́) scout

платёж (платежа́) payment

плати́ть (плачу́, пла́тишь) *за
что?* *нес* pay

плато́к (платка́) scarf

плато́чек (плато́чка) see
платок

платфо́рма platform

пла́тье (*р мн* пла́тьев) dress

плач wailing (D)

плаче́вный plaintive (J)

плащ (плаща́) cloak (C)

плебе́й plebeian (H)

плева́ть (плюю́, плюёшь) *нес* spit (C)

плед laprobe (J)

пле́мя *с* (пле́мени; племена́, племён) tribe; **ни ро́ду ни пле́мени** neither kith nor kin (F)

племя́нник nephew

плеска́ться (плещу́сь, пле́щешься) *нес* splash (E)

плетёный wicker (I)

плеть *ж* (*р мн* плете́й) lash (G)

плечи́стый broad shouldered (E)

плечо́ (*мн* пле́чи, плеч, плеча́х) shoulder; **пожа́ть плеча́ми** shrug (C)

плод (плода́) fruit

пло́ский rude (A)

пло́тный solid (C); **пло́тно** squarely (E)

плохо́й bad

площа́дка (*р мн* площа́док) ground; landing; platform

пло́щадь *ж* (*р мн* площаде́й) area; square

плут (плута́) swindler (C)

плутовство́ swindle

плюма́ж plume (C)

плю́нуть (плю́ну, плю́нешь) *сов* spit (C)

плющево́й ivy (F)

по *кому, чему?* by; along; **не ~ себе** uncomfortable (L); **ком, чём?** after, for; *что?* up to

побаива́ться I *кого, чего? нес* be afraid of (H)

побалова́ть (побалу́ю, побалу́ешь) *сов* spoil (E)

побе́г flight

побе́да conquest (L)

победи́тель *м* victor (B)

победи́ть II *сов* conquer

побежа́ть (побегу́, побежи́шь, побегу́т) *сов* run

поблагодари́ть II *сов* thank

побледне́ть I *сов* turn pale

побли́же see близкий

побли́зости near (I)

побога́че see богатый

побоя́ться (побою́сь, побои́шься) *кого, чего? сов* fear

побрани́ться II *сов* have words (G)

побра́ть (поберу́, поберёшь; побра́л, побрала́) *сов прост* see взять

побря́кивать I *нес* rattle (G)

побуди́тельный stimulating; **побуди́тельное сре́дство** incentive (G)

побуди́ть (побужу́, побуди́шь) *сов* prompt (A)

побужде́ние motive (G)

повали́ться (повалю́сь, пова́лишься) *сов* fall (K)

по́вар (*мн* повара́) cook (E)

поведе́ние conduct

повезти́ (повезу́, повезёшь; повёз, повезла́) *сов* take

повели́тельный authoritative (G)

пове́ргнуть (пове́ргну, пове́ргнешь; пове́рг, пове́ргла) *сов* send (C)

пове́ренный (пове́ренного) attorney (A)

пове́рить II *кому? во что? сов* believe

поверну́ть (поверну́, повернёшь) *сов* turn; **поверну́ться** turn

поверте́ть (поверчу́, пове́ртишь) *сов* turn

пове́рхность *ж* surface (C)

пове́рье (*р мн* пове́рий) popular belief

поверя́ть I *кому? нес* trust

пове́са *м* rake (A)

повеселе́ть I *сов* cheer up

пове́сить (пове́шу, пове́сишь) *сов* hang

повести́ (поведу́, поведёшь; повёл, повела́) *сов* twitch (E); lead

по́весть *ж* (*р мн* повесте́й) novella, tale, story

повздо́рить II *сов* quarrel (E)

повида́ться I *сов* see each other

повинова́ться (повину́юсь, повину́ешься) *кому? нес, сов* obey (D)

повлия́ть I *на кого, на что? сов* influence

по́вод (*мн* повода́) rein (A)

по́вод cause (G)

поводи́ть плеча́ми (повожу́, пово́дишь) *нес* move shoulders (K)

повози́ть (повожу́, пово́зишь) *сов* give rides

пово́зка (*р мн* пово́зок) cart (G)

повора́чиваться I *нес* turn

поворо́т turn

повороти́ть (поворочу́, поворо́тишь) *сов* turn

повреди́ть (поврежу́, повреди́шь) *сов* harm (A)

повремени́ть II *сов* wait (C)

повсю́ду everywhere

повтори́ть II *сов* repeat; **повтори́ться** repeat self

повторя́ть I *нес* repeat

повы́ехать (повы́еду, повы́едешь) *сов прост* leave

повы́ше see высокий

повяза́ть (повяжу́, повя́жешь) *сов* bind

повя́зка (*р мн* повя́зок) bandage

погаса́ть I *нес* go out (I)

поги́бель *ж* ruin (I)

поги́бнуть (поги́бну, поги́бнешь; поги́б, поги́бла) *сов* perish (E)

погла́живать I *нес* stroke (E)

поглу́бже see глубокий

погляде́ть (погляжу́, погляди́шь) *сов* look

погля́дывать *нес* glance

поговори́ть II *сов* talk

погово́рка (*р мн* погово́рок) saying

пого́да weather

погоди́ть (погожу́, погоди́шь) *сов* wait (D); немно́го погодя́ a little later (K)

погреба́льный burial (I)

погре́ться I *нес* warm up (B)

погрози́ть (погрожу́, погрози́шь) *чем? сов* threaten; ~ па́льцем shake finger (L)

погуби́ть (погублю́, погу́бишь) *сов* destroy

под *кем, чем? кого, что?* under; toward

подава́ть (подаю́, подаёшь) *нес* give; serve

подави́ть (подавлю́, пода́вишь) *сов* supress (I)

подари́ть (подарю́, пода́ришь) *сов* give (present); grace (F)

пода́рок (пода́рка) gift

пода́тель *м* bearer (K)

пода́ть (пода́м, пода́шь, пода́ст, подади́м, подади́те, подаду́т; по́дал, подала́) *сов* give, serve

подбежа́ть (подбегу́, подбежи́шь, подбегу́т) *сов* run up to

подборо́док (подборо́дка) chin (C)

подвезти́ (подвезу́, подвезёшь; подвёз, подвезла́) *сов* bring

подверга́ть I *нес* expose (A)

подве́ргнуться (подве́ргнусь, подве́ргнешься; подве́ргся, подве́рглась) *сов* undergo

подверну́ть (подверну́, подвернёшь) *сов* tuck under (C); подверну́ться buckle under

подвести́ (подведу́, подведёшь; подвёл, подвела́) *сов* bring up to

по́двиг heroic deed (G)

подвига́ться I *нес* move (a little)

подви́нуть (подви́ну, подви́нешь) *сов* move; подви́нуться move (a little)

подводи́ть (подвожу́, подво́дишь) *нес* bring up to

подворо́тня (*р мн* поворо́тен) gateway (E)

подгуля́ть I *сов* carouse (E)

поддава́ться (поддаю́сь, поддаёшься) *нес* surrender, yield

по́дданный (по́дданного) subject (E)

подда́ться (подда́мся, подда́шься, подда́стся, поддади́мся, поддади́тесь, поддаду́тся; подда́лся, поддала́сь) *сов* surrender, yield

подде́латься I *сов* imitate (E)

поддержа́ть (поддержу́, подде́ржишь) *сов* support

подде́рживать I *нес* support

поде́йствовать (поде́йствую, поде́йствуешь) *сов* affect (A)

поде́лать I *сов* do

подели́ться (поделю́сь, поде́лишься) *сов* share (L)

поде́ржанный used (I)

поджа́ристый dried up

поджида́ть I *нес* wait

подземе́лье (*р мн* подземе́лий) dungeon

поди́(те) see пойти́

подиви́ться (подивлю́сь, подиви́шься) *кому, чему?, на кого, на что? сов* marvel at

подкла́дывать I *нес* put under

подкрепле́ние reinforcement (G)

по́дле *кого, чего?* by the side of

подле́ц (подлеца́) scoundrel

по́длый vile (G)

подмета́ть I *нес* sweep

подми́гивать I *нес* wink (E)

поднести́ (поднесу́, поднесёшь; поднёс, поднесла́) *сов* bring

подне́сть see поднести́

поднима́ть I *нес* raise; pick up; поднима́ться rise

подно́с tray (C)

подноси́ть (подношу́, подно́сишь) *нес* bring

подня́ть (подниму́, подни́мешь; по́днял, подняла́) *сов* raise, pick up; подня́ться rise

подо́бный *кому, чему?* similar

подобостра́стный servile (E)

подобра́ть (подберу́, подберёшь; подобрала́) *сов* pick up

подогре́ть I *сов* warm (C)

подожда́ть (подожду́, подождёшь) *сов* wait

подозрева́ть I *в чём? нес* suspect (A)

подозре́ние suspicion

подозри́тельный suspicious (G)

подойти́ (подойду́, подойдёшь; подошёл, подошла́) *сов* approach

подо́лгу long

подорожи́ться II *сов уст* ask too much (C)

подоспе́ть I *сов* come in time (D)

подо́шва sole (shoe) (C)

подпева́ть I *нес* sing along (K)

подпере́ть (подопру́, подопрёшь; подпёр) *сов* prop up (I)

подпира́ть I *нес* prop up (C); support

подписа́ть (подпишу́, подпи́шешь) *сов* sign

подполко́вник lieutenant colonel (C)

подпо́лье underground

подпору́чик *ист* sub-lieutenant (G)

подпоя́санный belted (E)

подпры́гивать I *нес* bob (E)

подража́ние imitation (D)

подража́ть I *кому, чему? в чём? нес* imitate

подра́ться (подеру́сь, подерёшься; подра́лся, подрала́сь) *сов* fight

подро́бность *ж* detail (A)

подро́бный detailed

подру́бка thinning (E)

подру́га friend

подсве́чник candleholder (I)

подскака́ть (подскачу́, подска́чешь) *сов* gallop up

подскочи́ть (подскочу́, подско́чишь) *сов* run up; jump up

подсласти́ть (подслащу́, подсласти́шь) *сов* sweeten (A)

подсозна́тельный subconscious

подста́вить (подста́влю. подста́вишь) *сов* put

подстрека́ть I *нес* excite (B)

подступи́ть (подступлю́, подсту́пишь) *сов* approach (C)

подсу́нуть (подсу́ну, подсу́нешь) *сов* stick under (C)

подтвержда́ть I *нес* corroborate (D)

подтру́нивать I *нес* tease (H)

поду́мать I *сов* think

подурне́ть I *сов* lose looks (L)

поду́шечка (*р мн* поду́шечек) see подушка

поду́шка (*р мн* поду́шек) pillow

подхвати́ть (подхвачу́, подхва́тишь) *сов* chime in (D); snatch up (K)

подходи́ть (подхожу́, подхо́дишь) *нес* approach

подходя́щий suitable

подчини́ться II *кому, чему? сов* obey

подчиня́ться I *кому, чему? нес* obey (G)

подшути́ть (подшучу́, подшу́тишь) *над кем? сов* play a joke

подшу́чивать I *над кем? нес* play a joke

подъе́зд entrance (C)

подъём rise; **тяжёлый на** ~ sluggish (L)

подъе́хать (подъе́ду, подъе́дешь) *сов* drive up

подъя́ть *уст* see поднять

подыма́ть see поднимать; подыма́ться see подниматься

подыша́ть (подышу́, поды́шишь) *сов* breathe; get some fresh air (J)

поеди́нок (поеди́нка) duel (A)

по́езд (*мн* поезда́) train

пое́здка (*р мн* пое́здок) trip

пое́сть (пое́м, пое́шь, пое́ст, поеди́м, поеди́те, поедя́т; пое́л) *сов* eat

пое́хать (пое́ду, пое́дешь) *сов* go

пожале́ть I *сов* regret (C)

пожа́ловать (пожа́лую, пожа́луешь) *сов уст* bestow (E); visit (E)

пожа́луй(те) perhaps

пожа́р fire (D)

пожа́ть (пожму́, пожмёшь) *сов* press; ~ плеча́ми shrug (C); ~ ру́ку shake hands

пожела́ть I *кому, чего? нес* wish; desire

пожива́ть I *нес*, **Как вы поживаете?** How are you?

пожило́й elderly

пожима́ть I *нес* press; ~ плечами shrug; ~ ру́ку shake hands

пожи́тки (пожи́тков) things (A)

пожи́ть (поживу́, поживёшь; по́жил, пожила́) *сов* live

по́за pose

позаба́вить (позаба́влю, позаба́вишь) *сов* amuse (G)

позабо́титься (позабо́чусь, позабо́тишься) *сов* take care of

позабы́ть (позабу́ду, позабу́дешь) *сов* forget; позабы́ться forget self

поза́втракать I *сов* eat breakfast

позва́ть (позову́, позовёшь; позва́л, позвала́) *сов* call

позволе́ние permission

позво́лить II *сов* allow, permit

позволя́ть I *нес* allow, permit; позволя́ться be permitted

позвони́ть II *кому? сов* ring

по́здний late

поздравля́ть I *с чем? нес* congratulate

пози́ция position

познако́миться (познако́млюсь, познако́мишься) *с кем? сов* make acquaintance

позо́р shame (I)

позо́рный shameful

поигра́ть I *сов* play

пои́ть (пою́, по́ишь) *нес* give drink (F)

пойма́ть I *сов* catch

пойти́ (пойду́, пойдёшь; пошёл, пошла́) *сов* go; ~ **в прок** benefit (H)

пока́ for the time being; while

показа́ть (покажу́, пока́жешь) *сов* show; показа́ться (покажу́сь, пока́жешься) *сов* show self; *кем, чем?* seem

пока́зывать I *нес* show; пока́зываться show self

пока́мест see пока (I)

пока́тываться I *нес* roll (G)

покача́ть I *сов* rock; ~ **голово́й** shake head

пока́чивать I *нес* rock; пока́чиваться rock

покачну́ться (покачну́сь, покачнёшься) *сов* sway

пока́шливать I *нес* clear throat (C)

покая́ние repentance (L)

покида́ть I *нес* leave (A)

покло́н bow; отве́шивать покло́ны make low bows (C)

поклони́ться (поклоню́сь, покло́нишься) *кому? сов* bow to, greet

покло́нник adherent (D); admirer

покля́сться (поклян́сь, поклянёшься; покля́лся, покляла́сь) *сов* swear (A)

поко́й peace; оста́вить в поко́е leave alone

поко́йник deceased

поко́йница deceased (G)

поко́йный comfortable (G); deceased, late (K)

поколеба́ться (поколе́блюсь, поколе́блешься) *сов* sway (A)

поколе́ние generation

поколоти́ть (поколочу́, поколо́тишь) *сов* thrash (F)

поко́нчить II *сов* finish; ~ с собо́ю commit suicide

покори́ться II *сов* submit (D)

поко́рный humble

покоря́ться I *нес* submit

покоси́ться (покошу́сь, поко́сишься) *сов* glare (F)

покрасне́ть I *сов* blush

покре́пче see кре́пкий

покри́кивать I *нес* shout

покро́в shroud (G); cover (L)

покрови́тельство protection (C)

покрови́тельствовать (покрови́тельствую, покрови́тельствуешь) *нес* patronize (F)

покрути́ть (покручу́, покру́тишь) *сов* twist (E)

покры́ть (покро́ю, покро́ешь) *сов* cover; покры́ться be covered

покупа́тель *м* customer

покупа́ть I *нес* buy

пол (*мн* полы́) floor

полага́ть I *нес* suppose (A)

по́лдень (полу́дня) noon

полдю́жины half a dozen

по́ле (*мн* поля́, поле́й) field; поля́ brim (hat) (J)

полево́й field

полежа́ть II *сов* lie (a little)

полеза́й *прост* get on there (C)

поле́зный useful

полете́ть (полечу́, полети́шь) *сов* fly

по́лзать I *нес* crawl

ползко́м on hands and knees (G)

поли́тика politics

полити́ческий political

полице́йский police

поли́ция police

полицме́йстер *уст* chief of police

полк (полка́) regiment

по́лка (*р мн* по́лок) pan (of gun) (D)

полко́вник colonel (B)

полково́й regimental (A)

полне́йший see по́лный

по́лночь *ж* midnight

по́лный full; по́лно enough (D)

полови́на half

положе́ние situation, position

положи́тельный positive

положи́ть (положу́, поло́жишь) *сов* put; положи́ться *на кого, на что?* rely (L)

полома́ться I *сов* make difficulties (E)

полоса́ (*мн* по́лосы, поло́с, полоса́х) band (L)

полоска́ть (полощу́, поло́щешь) *нес* rinse (C)

полоте́нце (*р мн* полоте́нец) towel

полотня́ный linen (G)

полоу́мный crazy

полсо́тни fifty

полти́на fifty kopecks (G)

полтора́ (полу́тора) one and a half

полтора́ста (полу́тораста) one hundred and fifty

полузева́ть I *нес* half-yawn

полумра́к semidarkness (J)

полупрозра́чный semitransparent

полусве́т dim light

полуста́нок (полуста́нка) station (K)

полусумасше́дший half crazy

получа́ть I *нес* receive

получе́ние receipt

получи́ть (получу́, полу́чишь) *сов* receive

полу́чше see лу́чший

полушутя́ half-jokingly

полчаса́ (получа́са) half an hour

по́льза use; benefit

по́льзоваться (по́льзуюсь, по́льзуешься) *чем? нес* use

по́льский Polish

полюби́ть (полюблю́, полю́бишь) *сов* fall in love

полюбова́ться (полюбу́юсь, полюбу́ешься) *кем, чем? сов* admire

пома́лу *уст* little by little

помани́ть (поманю́, пома́нишь) *сов* beckon (L)

поме́льче see ме́лкий

помести́ть (помещу́, поме́стишь) *сов* place; помести́ться be placed

поме́стье (*р мн* поме́стий) estate (A)

поме́шанный deranged (I)

помеша́тельство insanity

помеша́ть I *кому? нес* bother; disturb

поме́щик landowner (A)

поми́ловать (поми́лую, поми́луешь) *сов* pardon (E); поми́луй(те) *exclamation*

помина́ть ли́хом I *нес* think badly (L)

помину́тно every minute

помири́ться II *сов* make peace (A)

по́мнить II *сов* remember; по́мниться кому? remember

помога́ть кому? *нес* help

помоли́ться (помолю́сь, помо́лишься) *сов* pray

помолча́ть II *сов* be silent

помо́рщиться II *сов* make a face

по́мочи (помоче́й) suspender (G)

помо́чь (помогу́, помо́жешь; помо́г, помогла́) кому? *сов* help

помо́щник assistant

по́мощь *ж* help

помя́тый rumpled (K)

помя́ться (помну́сь, помнёшься) *сов* hesitate (E)

понаде́яться I на кого, на что? *сов* rely on (A)

понапра́сну in vain (I)

понево́ле unwillingly

понемно́гу little by little

понести́сь (понесу́сь, понесёшься; понёсся, понесла́сь) *сов* set off (K)

понижа́ть I *нес* lower; понижа́ться sink

пониже́ние lowering

пони́зить (пони́жу, пони́зишь) *сов* lower

понима́ть I *нес* understand

поно́шенный threadbare (K)

понра́виться (понра́влюсь, понра́вишься) кому? *сов* please

понтёр player (A)

пону́рить II *сов* hang (E)

поню́хать I *сов* sniff (C)

поня́тие idea; concept

поня́тный understandable

поня́ть (пойму́, поймёшь; по́нял, поняла́) *сов* understand

поосмотре́ться (поосмотрю́сь, поосмо́тришься) *сов* look around

поохо́титься (поохо́чусь, поохо́тишься) *сов* hunt

поочерёдно by turns (D)

поощри́тель *м* patron (C)

поп (попа́) priest (B)

попада́ть I *нес* hit; попада́ться run into

попа́сть (попаду́, попадёшь; попа́л) *сов* hit; всё что попа́ло everything that came along (D); попа́сться run into

попа́хивать I *нес* smell (E)

попереме́нно by turns (D)

попече́ние care (B)

попечи́тель *м* trustee (K)

попира́ть I *нес* trample (H)

попи́ть (попью́, попьёшь; попи́л, попила́) *сов* drink

попла́кать (попла́чу, попла́чешь) *сов* cry (a little)

поплести́сь (поплету́сь, поплетёшься; поплёлся, поплела́сь) *сов* trudge away (E)

попо́дличать I *сов* debase self (C)

попо́зже see поздный

попола́м in half (D)

попра́вить (попра́влю, попра́вишь) *сов* straighten

поправля́ть I *нес* straighten (C)

попрёк reproach (I)

попрека́ть I чем? за что? *нес* reproach (G)

попро́бовать (попро́бую, попро́буешь) *сов* try

попроси́ть (попрошу́, попро́сишь) ask

попу́кивать I *нес* let fly (G)

популя́рность *ж* popularity

популя́рный popular

попусти́ть (попущу́, попу́стишь) *уст сов* allow (I)

попу́тать I *сов* entangle (D)

пора́ (вн по́ру) time

поравня́ться I с кем, с чем? *сов* draw even (G)

пора́доваться (пора́дуюсь, пора́дуешься) *сов* be happy

поража́ть I *нес* strike (J)

порази́ть (поражу́, порази́шь) *сов* strike (A)

поразмы́слить II *сов* think over (C)

порассказа́ть (порасскажу́, порасска́жешь) *сов* tell

порва́ться (порвётся) *сов* break (I)

поре́зать (поре́жу, поре́жешь) *сов* cut

порица́ть I за что? *нес* censure (H)

поро́г threshold (E)

поро́к vice (A)

по́рох (мн пороха́) powder (D)

по́ртерный porter (G)

портно́й (портно́го) tailor (I)

портре́т portrait

портье́ра door curtain (L)

пору́ка bail; кругова́я ~ mutual guarantee

поруче́ние commission (G); errand (K)

пору́чик *ист* lieutenant (A)

поручи́ть (поручу́, пору́чишь) *сов* entrust (B)

порха́ть I *нес* flit (K)

по́рция portion, serving

поры́в burst

поры́вистый sharp (E)

поря́док (поря́дка) order; поря́дком thoroughly (E); течь свои́м поря́дком go its course (H)

поря́дочность *ж* decency

поря́дочный decent

посади́ть (посажу́, поса́дишь) *сов* seat, put

поса́дка   seat (G)

посва́таться I *сов*   seek to marry (C)

посви́стывание   whistling (G)

посе́в   sowing (E)

посели́ться II *сов*   settle (A)

посеме́йнее   see семе́йный

посереди́не   in the middle

посети́тель *м*   visitor

посети́ть (посещу́, посети́шь) *сов*   visit (A)

посеща́ть I *нес*   visit

посеще́ние   visit

посиде́ть (посижу́, посиди́шь) *сов*   sit (a little)

посине́ть I *сов*   turn blue (D)

поскака́ть (поскачу́, поска́чешь) *сов*   gallop off (A)

поскоре́е   see ско́рый

поскоре́й   see ско́рый

посла́ть (пошлю́, пошлёшь) *сов*   send

по́сле *кого, чего?*   after

после́дний   last; latter; после́дняя ду́рочка   complete idiot (K)

после́довать (после́дую, после́дуешь) *кому? за кем?* *сов*   follow (D)

после́дствие   consequence (A)

послужи́ть (послужу́, послу́жишь) *сов*   serve

послу́шать I *сов*   listen; послу́шаться *кого?*   obey

послы́шаться II *сов*   be heard

посма́тривать I *нес*   look at

посме́ть I *сов*   dare

посмея́ться (посмею́сь, посмеёшься) *над кем, над чем? сов*   laugh

посмотре́ть (посмотрю́, посмо́тришь) *сов*   watch; look at; посмотре́ться   look at self

посове́ститься (посове́щусь, посове́стишься) *кого, чего? сов*   be ashamed (E)

посове́товать (посове́тую, посове́туешь) *кому? сов*   advise; посове́товаться *с кем?*   consult with

поспеши́ть II *сов*   hurry

поспе́шный   hurried

поспо́рить II *сов*   argue

посреди́ *кого, чего?*   in the middle

посре́дник   arbitrator

поссо́риться II *сов*   argue

поста́вить (поста́влю, поста́вишь) *сов*   put

постановле́ние   institution (H)

постара́ться I *сов*   try

постаре́ть I *сов*   age

посте́ль *ж*   bed

постепе́нный   gradual

пости́гнуть (пости́гну, пости́гнешь; пости́г, пости́гла) *сов*   comprehend (D)

постла́ть (постелю́, посте́лешь) *сов*   spread (E)

посторо́нний   outside (A)

посторо́нний (посторо́ннего)   stranger (C)

постоя́нный   constant

постоя́нство   constancy (B)

постоя́ть (постою́, постои́шь) *сов*   wait (B); stand

постро́ить (постро́ю, постро́ишь) *сов*   build; постро́иться   form

посту́киванье   knocking (J)

поступа́ть I *нес*   act

поступи́ть (поступлю́, посту́пишь) *сов*   act

посту́пок (посту́пка)   action, deed

постуча́ть II *сов*   knock

посты́дный   shameful (K)

посуди́ть (посужу́, посу́дишь) *сов*   judge

посыла́ть I *нес*   send

посы́льный (посы́льного)   messenger (L)

посы́пать (посы́плю, посы́плешь) *сов*   strew

пот (поты́)   sweat (B)

потаску́шка   lecher (C)

потащи́ться (потащу́сь, пота́щишься) *сов*   drag self

потере́ться (потру́сь, потрёшься; потёрся, потёрлась) *сов*   circulate (E)

потерпе́ть (потерплю́, поте́рпишь) *сов*   be patient; endure

поте́ря   loss

потеря́ть I *нес*   lose

потира́ть I *нес*   rub (F)

потихо́ньку   stealthily (C)

поти́ше   see ти́хий

потолкова́ть (потолку́ю, потолку́ешь) *сов*   talk

потоло́к (потолка́)   ceiling

пото́м   then; next

пото́мок (пото́мка)   descendant (D)

потре́бность *ж*   need

потре́бовать (потре́бую, потре́буешь) *сов*   demand

потрепа́ть (потреплю́, потре́плешь) *сов*   pat (E)

потря́хивать I *нес*   shake

поту́пить (поту́плю, поту́пишь) *сов*   lower (A); поту́питься   look down

поту́хнуть (поту́хну, поту́хнешь; поту́х, поту́хла) *сов*   go out (K)

потяну́ть (потяну́, потя́нешь) *сов*   drift; потяну́ться   stretch (C)

поу́жинать I *нес*   eat supper

поутру́   in the morning

поучи́тельный   instructive (L)

похвала́   praise

похвали́ть (похвалю́, похва́лишь) *сов*   praise

похло́пывать I *нес*   pat (K)

похме́лье   *hair of the dog* (I)

похо́д   campaign (B)

походи́ть (похожу́, похо́дишь) *на кого, на что? нес*   resemble (F) похо́дка walk (K)

похожде́ние adventure (L)

похо́жий *на кого, на что?* resembling

по́хороны (похоро́н, похорона́х) funeral (K)

поцелова́ть (поцелу́ю, поцелу́ешь) *сов* kiss; поцелова́ться kiss

поцелу́й kiss

почерне́лый darkened (G)

почерне́ть I *сов* turn black

почеса́ть (почешу́, поче́шешь) *сов* scratch (C)

поче́сть (почту́, почтёшь; почёл, почла́) *сов уст* consider

почёсываться I *нес* scratch (G)

почётный honorable

почива́ть I *нес уст* sleep (B)

почини́ть (починю́, почи́нишь) *сов* repair (E)

почи́нка repair (A)

почита́й see почти (G)

почита́ть I *нес уст* consider (A)

почте́ние respect (C)

почте́нный respectable (C)

почти́ almost

почти́тельный respectful (J); deferential (K)

почто́вый post

почу́вствовать (почу́вствую, почу́вствуешь) *сов* feel

поша́тываться I *нес* stagger (K)

по́шлость *ж* vulgarity

по́шлый vulgar

пошути́ть (пошучу́, пошу́тишь) *сов* joke

поща́да mercy (F)

пощёчина slap (A)

пощу́пать I *сов* feel (C)

поэ́зия poetry

поэ́т poet

поэти́ческий poetic

поэ́тому therefore, so

появи́ться (появлю́сь, поя́вишься) *сов* appear

появле́ние appearance

по́яс (*мн* пояса́) belt; по по́яс up to his waist (B)

пр. see прочий

прав, права́, пра́вы correct

пра́вда truth

правдоподо́бие verisimilitude

правдоподо́бный true to life, verisimilar

пра́вило rule

пра́вильный regular (D); correct

прави́тельство government

правле́ние government office (L)

пра́во (*мн* права́) right

правосла́вный Orthodox (L)

пра́вый right;

пра́здник holiday; festive occasion

пра́здничный festive, with a festive air (G)

пра́здновать (пра́здную, пра́зднуешь) *нес* celebrate

праздносло́вие idle talk (F)

пра́здность *ж* idleness (L)

пра́здный idle (G)

практи́ческий practical

пра́порщик *ист* ensign (B)

прах dust; ashes; в ~ utterly

пра́чечный laundry (C)

пребыва́ние stay

превосходи́тельство excellency

превосхо́дный superb

преврати́ть (превращу́, преврати́шь) *в кого, во что?* *сов* turn into

преглу́пый see глупый

прегра́да barrier (B)

прегреше́ние *уст* sins (E)

пред see перед

предава́ть (предаю́, предаёшь) *нес* give over; betray; предава́ться *кому, чему?* surrender; indulge (H)

преда́ние tradition (H)

преда́ть (преда́м, преда́шь, преда́ст, предади́м, предади́те, предаду́т;

пре́дал, предала́) betray (I); преда́ться *кому, чему?* *сов* surrender (B)

предви́деть (предви́жу, предви́дишь) *нес* foresee

предводи́тельствовать (предводи́тельствую, предводи́тельствуешь) *кем, чем? нес* lead (A)

предзнаменова́ние omen (B)

предлага́ть I *нес* offer, suggest, propose (D)

предло́г pretext (B)

предложе́ние suggestion; sentence

предложи́ть (предложу́, предло́жишь) *сов* offer; suggest

предме́т object

предназна́чить II *сов* predestine (L)

пре́док (пре́дка) ancestor (D)

предопределе́ние predestination

предоста́вить (предоста́влю, предоста́вишь) *сов* leave to (C)

предосторо́жность *ж* precaution (D)

предполага́ть I *нес* conjecture (C); предполага́ться be proposed

предположе́ние plan (B)

предположи́ть (предположу́, предполо́жишь) *сов* assume

предпочита́ть I *что, чему? нес* prefer

предсказа́ть (предскажу́, предска́жешь) *сов* foretell

представи́тель *м* representative

представи́тельный imposing (J)

предста́вить (предста́влю, предста́вишь) *сов* present; ~ себе́ imagine; предста́виться *кому?* seem (C) представле́ние idea; recommendation (G)

представля́ть I *нес* present (A); ~ себе́ imagine; представля́ться кому? seem

предста́ть (предста́ну, предста́нешь) *сов* appear before

предстоя́щий impending (G)

предуве́домить (предуве́домлю, предуве́домишь) о чём? *сов* forewarn (C)

предуведомля́ть I о чём? *нес* forewarn

предупреди́ть (предупрежу́, предупреди́шь) *сов* anticipate (A)

предупрежда́ть I *нес* anticipate (E); warn (K)

предчу́вствие foreboding (G)

предчу́вствовать (предчу́вствую, предчу́вствуешь) *нес* have a foreboding

предше́ствовать (предше́ствую, предше́ствуешь) кому, чему? *нес* precede

предыду́щий previous

пре́жде before; first

пре́жний former; previous

презаба́вный see забавный

президе́нт president

презира́ть I *нес* despise (G)

презре́ние contempt (G)

презре́нный despicable (G)

презри́тельный scornful (J)

преиму́щество advantage (A)

прекосло́вие *уст* condition (C)

прекра́сный excellent; ~ собо́ю handsome (A)

прекрати́ть (прекращу́, прекрати́шь) *сов* stop; прекрати́ться stop

преле́стный charming

пре́лесть *ж* charm (D)

преми́лый see милый

пре́мия prize

прему́дрый see мудрый

пренебрега́ть neglect (A); disregard (H)

пре́ния discussion (D)

преодоле́ть I *сов* overcome

препоря́дочный see порядочный

препя́тствие obstacle (B)

препя́тствовать (препя́тствую, препя́тствуешь) кому, в чём? *нес* hinder (B)

прерва́ть (прерву́, прервёшь; прерва́л, прервала́) *сов* break (A)

прерыва́ть I *нес* break off, interrupt

пресвято́й see святой

пресе́чь (пресеку́, пресечёшь, пресеку́т; пресе́к) *сов* cut off (I)

прескве́рный see скверный

пресле́довать (пресле́дую, пресле́дуешь) *нес* chase (C)

пресло́вутый notorious (H)

преспоко́йный see спокойный

престо́л throne (G)

престра́нный see странный

преступле́ние crime

престу́пник criminal

престу́пница wrongdoer (B)

престу́пность *ж* crime

престу́пный criminal (B)

префера́нс *card game* (G)

прехладнокро́вный see хладнокровный

при ком, чём? by; during the time of

приба́вить (приба́влю, приба́вишь) *сов* add

прибавле́ние addition (C)

прибавля́ть I *нес* add

прибе́гнуть (прибе́гну, прибе́гнешь; прибе́г, прибе́гла) *сов* resort (C)

прибежа́ть (прибегу́, прибежи́шь, прибегу́т) *сов* come running

прибира́ть I *нес* clear (E)

приби́ть (прибью́, прибьёшь) *сов* nail (G); beat

приближа́ться I *нес* approach

прибли́зиться (прибли́жусь, прибли́зишься) *сов* be close (A)

прибы́тие arrival

прибы́ть (прибу́ду, прибу́дешь; при́был, прибыла́) *сов* arrive

привезти́ (привезу́, привезёшь; привёз. привезла́) *сов* bring

привести́ (приведу́, приведёшь; привёл, привела́) *сов* bring; привести́сь chance (G)

приве́тливый affable

привиде́ние apparition (D)

привлека́тельный attractive

привлека́ть I *нес* attract

привле́чь (привлеку́, привлечёшь; привлёк, привлекла́) *сов* attract

приводи́ть (привожу́, приво́дишь) *нес* bring

приволокну́ться (приволокну́сь, приволокнёшься) за кем? *сов* flflirt (C)

привра́тник doorman (C)

привыка́ть I к кому, к чему? *нес* become accustomed

привы́кнуть (привы́кну, привы́кнешь; привы́к, привы́кла) к кому, к чему? *сов* become accustomed

привы́чка (*р мн* привы́чек) habit

привы́чный experienced (D); familiar

привяза́ть (привяжу́, привя́жешь) *сов* attach (A); bind; привяза́ться become attached (H)

привя́зываться I *нес* become attached

пригласи́ть (приглашу́,
пригласи́шь) *сов* invite

приглаша́ть I *нес* invite

приглаше́ние invitation

приговáривать I *нес* repeat
(C); condemn

приговори́ть II *сов* condemn
(B)

пригото́вить (пригото́влю,
пригото́вишь) *сов* prepare;
пригото́виться *к чему?*
prepare

приготовля́ть I *нес* prepare;
приготовля́ться *к чему?*
prepare

придавáть (придаю́,
придаёшь) *нес* give; impart

придави́ть (придавлю́,
придáвишь) *сов* squash

придáное (придáного)
dowry (F)

придáть (придáм, придáшь,
придáст, придади́м,
придади́те, придаду́т;
при́дал, придалá) *сов* give;
impart

придви́нуть (придви́ну,
придви́нешь) *сов* move up

приде́рживать I *нес* hold
back, restrain;
приде́рживаться adhere to
(E)

приде́ржка holding on (C)

приду́мать I *сов* think up

прие́зд arrival

приезжáть I *нес* arrive

прие́зжий (прие́зжего) new
arrival

прие́м reception

прие́мная (прие́мной)
reception room

прие́хать (прие́ду,
прие́дешь) *сов* arrive

прижáть (прижму́,
прижмёшь) *сов* press;
прижáться press against
(G)

признавáть (признаю́,
признаёшь) *нес* recognize;

признавáться *в чём?* *нес*
admit (A), confess

при́знак indication; evidence
(G)

признáние admission (A);
confession of love (B)

признáть I *сов* recognize;
признáться *в чём?* admit,
confess

прийти́ (приду́, придёшь;
пришёл, пришлá) *сов*
arrive; прийти́сь *кому?* be
necessary

прикáз order

приказáние order

приказáть (прикажу́,
прикáжешь) *кому?* *сов*
order (B)

прики́нуться (прики́нусь,
прики́нешься) *сов* pretend
(C)

прикла́д butt (D)

прикле́иваться I *нес* stick on

прикле́ить (прикле́ю,
прикле́ишь) *сов* stick (A)

приключе́ние adventure (B)

приключи́ться II *сов* happen
(C)

прикомандировáть
(прикомандиру́ю,
прикомандиру́ешь) *к чему?*
сов attach

прикупи́ть (прикуплю́,
прику́пишь) *сов* buy (some
more)

приласкáть I *сов* caress

прилепи́ть (прилеплю́,
приле́пишь) *к чему?* *сов*
stick

прилете́ть (прилечу́,
прилети́шь) *сов* come
flying

прили́пнуть (прили́пну,
прили́пнешь; прили́п,
прили́пла) *к чему?* *сов* stick
(G)

прили́чие decency (B)

прили́чный decent

приложи́ть (приложу́,
прило́жишь) *сов* place

приме́р example

при́месь *ж* addition (D)

приме́та indication (C)

приме́тить (приме́чу,
приме́тишь) *сов* observe

примо́лвить (примо́лвлю,
примо́лвишь) *сов уст* say
(C)

принадлежáть II *кому? к чему?*
нес belong

принадле́жность *ж* attribute
(D)

принести́ (принесу́,
принесёшь; принёс,
принеслá) *сов* bring

приники́нуть (прини́кну,
прини́кнешь; прини́к,
прини́кла) *к чему?* *сов* press
against; ˜ у́хом listen
attentively (H)

принимáть I *нес* accept,
receive; принимáться
undertake (H)

приноси́ть (приношу́,
прино́сишь) *нес* bring

прину́дить (прину́жу,
прину́дишь) *сов* force (A)

принуждáть I *нес* force

принуждённый forced

принц prince

при́нцип principle

принципáл *уст* commander
(G)

приня́ть (при́му, при́мешь;
при́нял, принялá) *сов*
accept; receive; приня́ться
take up

приобрести́ (приобрету́,
приобретёшь; приобрёл,
приобрелá) *сов* acquire (A)

приобретáться I *нес* be
acquired (G)

припáсть (припаду́,
припадёшь; припáл) *сов*
prostrate self (I); press self
(L)

припáсы (припáсов)
supplies (C)

припечáтать I *сов* print

приписа́ть (припишу́, припи́шешь) *сов* attribute (A)

приподня́ть (приподниму́, приподни́мешь; припо́днял, приподняла́) *сов* lift; приподня́ться sit up (C)

приписна́ть I *нес* recall (B)

припо́мнить II *сов* recall

прирасти́ (прирасту́, прирастёшь; приро́с, приросла́) *сов* adhere

приро́да nature

приседа́ть I *нес* squat, cower

присе́сть (прися́ду, прися́дешь; присе́л) *сов* squat, cower

приско́рбие regret (G)

приско́рбный regrettable; мне приско́рбно I regret (C)

прислужи́ться (прислужу́сь, прислу́жишься) *сов уст* fifind favor (G)

прислу́шаться I *к кому, к чему? сов* listen to

прислу́шиваться I *к кому, к чему? нес* listen to

присмире́ть I *сов* grow quiet (F)

присоедини́ться II *сов* join

при́став local police officer (C)

пристава́ть (пристаю́, пристаёшь) *нес* tire (B)

приста́вить (приста́влю, приста́вишь) *сов* put against

при́стальный intent (D)

при́стань *ж* pier (L)

приста́ть (приста́ну, приста́нешь) *сов* stick

пристёгивать I *нес* fasten

пристрели́ть (пристрелю́, пристре́лишь) *сов* shoot down

пристяжна́я (пристяжно́й) outside horse (K)

прису́тствие presence (A)

прису́тствовать (прису́тствую, прису́тствуешь) *нес* be present

присы́пать (присы́плю, присы́плешь) *сов* sprinkle

притаи́ться (притаю́сь, притаи́шься) *сов* conceal self (H)

притвори́ться (притворю́сь, притво́ришься) *сов* pretend (G)

притво́рный insincere, feigned

притво́рство pretence (J)

притворя́ться I *нес* pretend

прито́м besides

прито́пывать I *нес* stamp (K)

притяза́ние pretension (B)

приготовля́ть I *нес уст* prepare

прихо́д arrival

приходи́ть (прихожу́, прихо́дишь) *нес* arrive; приходи́ться *безл* be forced to

прихора́шиваться I *нес* preen (K)

при́хоть *ж* whim (C)

прице́ливаться I *нес* aim

прице́литься II *сов* aim

прицепи́ть (прицеплю́, прице́пишь) *сов* fasten (J)

причём moreover, in addition

причёска (*р мн* причёсок) hair style (L)

причёсываться I *нес* comb hair

причи́на reason

причини́ть II *сов* cause

причиня́ть I *нес* cause

причи́тывать I *нес* lament (D)

причу́да caprice (D); eccentricity (H)

прищу́рить II *сов* narrow (C); прищу́риться narrow one's eyes

прия́тель *м* friend

прия́тельница friend

прия́тность *ж* pleasantness

прия́тный pleasant

про *кого, что?* about

про́ба test (C)

пробега́ть I *нес* run through; run past

пробежа́ть (пробегу́, пробежи́шь, пробегу́т) *сов* run through; run past

пробира́ться I *нес* make way (G)

проби́ть (пробью́, пробьёшь) *сов* pierce through; ring (L); проби́ться struggle through (G)

про́бка (*р мн* про́бок) cork (A)

пробле́ма problem

про́бовать (про́бую, про́буешь) *нес* test; try

пробормота́ть (пробормочу́, пробормо́чешь) *сов* mutter

пробра́ться (проберу́сь, проберёшься; пробра́лся, пробрала́сь) *сов* push through (C)

пробужда́ть I *нес* awaken (B)

пробы́ть (пробу́ду, пробу́дешь; про́был, пробыла́) *сов* stay

прова́ливаться I *нес* fall through

провали́ться (провалю́сь, прова́лишься) *сов* fall through (J)

проверя́ть I *нес* check

провести́ (проведу́, проведёшь; провёл, провела́) *сов* spend (time); pass

провинциа́льный provincial

прови́нция provinces

проводи́ть (провожу́, прово́дишь) *сов* accompany; see off

проводи́ть (провожу́, прово́дишь) *нес* spend (time); pass

проводни́к (проводника́) guide (B)

провожа́ть I *нес* accompany; see off

провозгласи́ть (провозглашу́, провозгласи́шь) *сов* propose (K)

про́волока wire (L)

прово́рный adroit; quick (C)

проворча́ть I *сов* grumble (G)

проглоти́ть (проглочу́, прогло́тишь) *сов* swallow (H)

прогна́ть (прогоню́, прого́нишь; прогна́л, прогнала́) *сов* drive away

проговори́ть (сквозь зу́бы) II *сов* mutter

прогре́сс progress

прогу́ливаться I *нес* stroll

прогу́лка (*р мн* прогу́лок) walk

продава́ть (продаю́, продаёшь) *нес* sell

прода́вленный broken down (I)

прода́ть (прода́м, прода́шь, прода́ст, продади́м, продади́те, продаду́т; про́дал, продала́) *сов* sell

продолжа́ть I *нес* continue; продолжа́ться continue

продолже́ние continuation

продо́лжиться II *сов* continue

прое́хать (прое́ду, прое́дешь) *сов* drive by; cover

прожа́ть (прожму́, прожмёшь) *сов* squeeze (D)

прожива́ть I *нес* live

прожи́ть (проживу́, проживёшь; про́жил, прожила́) *сов* live

прожужжа́ть II *сов* buzz (G)

про́за prose

прозра́чный transparent (C)

прозя́бнуть (прозя́бну, прозя́бнешь; прозя́б, прозя́бла) *сов* be chilled (B)

проигра́ть I *сов* lose

прои́грывать I *нес* lose

произведе́ние work

произвести́ (произведу́, произведёшь; произвёл, произвела́) *сов* make

производи́ть (произвожу́, произво́дишь) *нес* make

произво́л desire, will; по произво́лу at will (J)

произнести́ (произнесу́, произнесёшь; произнёс, произнесла́) *сов* pronounce

произойти́ (произойду́, произойдёшь; произошёл, произошла́) *сов* happen; occur

проистека́ть I *нес* spring (H)

происходи́ть (происхожу́, происхо́дишь) *нес* happen; occur

происхожде́ние origin

происше́ствие occurrence (A)

пройти́ (пройду́, пройдёшь; прошёл, прошла́) *сов* pass; пройти́сь stroll (L)

прока́за prank (B)

прока́т rent (K)

прокла́дывать I *нес* lay (G)

прокля́тие curse (D)

прокля́тый damned (G)

прокрича́ть II *сов* shout

про́мах miss (A)

промелька́ть I *нес* flash

промелькну́ть (промелькну́, промелькнёшь) *сов* flash

промета́ть I *нес* keep bank (A)

промо́лвить (промо́лвлю, промо́лвишь) *сов* say

промыча́ть II *сов* mutter (H)

промышля́ть I *нес* earn living (E)

пронести́сь (пронесу́сь, пронесёшься; пронёсся, пронесла́сь) *сов* spread

пронзи́тельный penetrating (B)

проника́ть I *нес* penetrate

прони́кнуть (прони́кну, прони́кнешь; прони́к, прони́кла) *сов* penetrate (G); прони́кнуться be filled with (E)

проница́тельный penetrating

пропа́сть (пропаду́, пропадёшь; пропа́л) *сов* disappear; perish

пропове́довать (пропове́дую, пропове́дуешь) *нес* preach (H)

пропуска́ть I *нес* let pass

пропусти́ть (пропущу́, пропу́стишь) *сов* let pass

прорва́ть (прорву́, прорвёшь; прорва́л, прорвала́) *сов* tear (J); *бдл* loosen up (K)

проро́к prophet (H)

проры́сить II *сов* gallop (G)

просвети́ть (просвещу́, просвети́шь) *сов* enlighten (E)

просве́чивать I *нес* shine through (F)

просвещённый enlightened (C)

просвиста́ть (просвищу́, просви́щешь) *сов* whistle (G)

проси́деть (просижу́, просиди́шь) *сов* sit (for a long time)

проси́тельный pleading

проси́тель *м уст* petitioner

проси́ть (прошу́, про́сишь) ask; request

проскака́ть (проскачу́, проска́чешь) *сов* gallop by; gallop past

проскользну́ть (проскользну́, проскользнёшь) *сов* slip by (J) прослези́ться (прослежу́сь, прослези́шься) *сов* weep (I)

прослужи́ть (прослужу́, прослу́жишь) *сов* work

прослы́ть (прослыву́, прослывёшь; прослы́л, прослыла́) *кем, чем? сов* have reputation (H)

проснýться (проснýсь, проснёшься) *сов* wake up

проспéкт prospect

проститýция prostitution

прости́ть (прощý, прости́шь) *сов* forgive; прости́ться say goodbye

простодýшие openheartedness (A)

простóй simple

просторéчный substandard

простоя́ть (простою́, простои́шь) *сов* stand

прострели́ть (прострелю́, простре́лишь) *сов* shoot through

простыня́ (*мн* про́стыни, просты́нь, простыня́х) sheet

просýнуть (просýну, просýнешь) *сов* thrust (G)

просыпáться I *нес* wake up

прóсьба request

протекáть I *нес* run its course (L)

протерéть (протрý, протрёшь; протёр, протёрла) *сов* rub (C)

протесни́ться II *сов* push through (F)

протесня́ться I *нес* push through

про́тив *кого, чего?* against

проти́виться (проти́влюсь, проти́вишься) *сов* resist (B)

проти́вник opponent

проти́вный opposite; offensive

противополóжный opposite; opposing; contradictory

противорéчить II *кому? сов* contradict (G)

противостоя́ть II *кому, чему? нес* resist (J)

проти́ву *уст* see против

противуполóжный *уст* see противоположный (A)

протирáть I *нес* rub (C)

протя́гивать I *нес* stretch; offer; drag out

протя́жный drawn out (G)

протянýть (протянý, протя́нешь) *сов* stretch; offer; drag out

профéссор (*мн* профессорá) professor

прохáживаться I *нес* stroll (C)

прохлáдный cool

проходи́ть (прохожý, прохóдишь) *нес* walk past

процветáние flourishing (K)

прочéсть (прочтý, прочтёшь; прочёл, прочлá) *сов* read

прóчий other; и прóчее et cetera (C); мéжду прóчим by the way

прочитáть I *сов* read

прочи́тывать I *нес* read

прóчить II *сов* intend (B)

прóчный durable (C)

прочь opposed (C)

прошептáть (прошепчý, прошéпчешь) *сов* whisper

прошиби́ть (прошибý, прошибёшь; проши́б, проши́бла) *сов* break through (G)

прóшлый past

прощáльный farewell (G)

прощáние parting

прощáть I *нес* forgive (L); прощáй(те) good-bye; прощáться say goodbye

прощелы́га *м, ж* knave (H)

прощéние forgiveness (I)

проявлéние display

проявля́ться I *нес* manifest self

проясня́ться I *нес* clear

пруд (прудá) pond (B)

пры́гать I *нес* jump

пры́гнуть (пры́гну, пры́гнешь) *сов* jump

пры́скаться I *нес* sprinkle (K)

пры́щик pimple (C)

прямёхонько see прямой (C)

прямóй (пря́мо) direct, straight; прямóе значéние literal meaning

пря́тать (пря́чу, пря́чешь) *нес* hide (G); пря́таться hide self

пти́ца bird

пти́чка (*р мн* пти́чек) see птица

пýблика public; audience

публикáция publication

пугáть I *нес* frighten; пугáться *кого, чего?* be frightened

пугли́вый fearful (L)

пýговица button

пуд (*мн* пудьı́) pood (16.38 kg) (C)

пýдель *м* poodle

пýлька (*р мн* пýлек) pool (G)

пýльный bullet (G)

пýля bullet (A)

пункт point; перевя́зочный ~ first-aid station

пунш punch (rum based drink)

пускáй let

пускáть I *нес* let; throw; пускáться enter into

пусти́ть (пущý, пýстишь) *сов* let; throw; пусти́ться enter into (A)

пустóй (пýсто) empty

пустотá emptiness

пусть let

пустя́к (пустякá) trifle; пустяки́ nonsense (C)

путеводи́тельный guiding (G)

путешéствие journey

пýты (пут) fetters (L)

путь (пути́, *тв* путём) road, way

пу́хлый pudgy (K)

пу́шка (*р мн* пу́шек) cannon (G)

пу́ще worse (A)

пчела́ (*мн* пчёлы) bee

пчели́ный bee (A)

пыла́ть I *нес* blaze (B)

пы́лкость *ж* fervor (B); ardor

пыль *ж* dust (L)

пыта́ться I *нес* try

пы́хать (пы́шу, пы́шешь) чем? *нес* radiate (E)

пыхте́ть (пыхчу́, пыхти́шь) *нес* puff (F)

пье́са play

пья́ница *м, ж* drunkard

пья́нство drunkenness

пья́нствовать (пья́нствую, пья́нствуешь) *нес* drink (a lot)

пья́ный drunk

пюпи́тр music stand (G)

пя́теро five (collective)

пя́тка (*р мн* пя́ток) heel (K)

пято́к (пятка́) five

раб (раба́) slave (K)

рабо́та work; рабо́ты entrenchments (G)

рабо́тать I *нес* work

рабо́чий (рабо́чего) worker

рабо́чий worker's

ра́бский slavish

равни́на plain (B)

равноду́шие indifference

равноду́шный indifferent

ра́вный (равно́) equal; всё равно́ all the same

рад кому, чему? glad

ра́ди кого, чего? for the sake of

ра́довать (ра́дую, ра́дуешь) *нес* gladden; ра́доваться чему? be glad

ра́достный glad

ра́дость *ж* joy

ра́дужный cheerful (D)

радуши́е cordiality (B)

раду́шный cordial

раз (*мн* разы́) time, instance; вот тебе ~ aggravation (C); ра́зом all at once

разбежа́ться (разбегу́сь, разбежи́шься, разбегу́тся) *сов* scatter

разбива́ть I *нес* break; dispel (C)

разбира́ть I *нес* investigate, analyze

разби́ть (разобью́, разобьёшь) *сов* break, shatter; разби́ться break (E)

разбогате́ть I *сов* grow rich (E)

разбо́йник robber

разболе́ться I *сов* become ill (for a long time)

разбо́р sorting out (A)

разбрести́сь (разбредётся; разбрёлся, разбрела́сь) *сов* disperse (A)

разбуди́ть (разбужу́, разбу́дишь) *сов* awaken

развали́ться (развалю́сь, разва́лишься) *сов* fall apart (I)

ра́зве really

разверну́ть (разверну́, развернёшь) *сов* open (I)

разве́ситься II *сов* be hung

развести́ (разведу́, разведёшь; развёл, развела́) *сов* cultivate

разви́тие upbringing (I)

развито́й developed

ра́звитость *ж* development

развлека́ть I *нес* distract (J); развлека́ться amuse self (L)

развлечённый entertained (F)

разводи́ть рука́ми (развожу́, разво́дишь) *нес* spread hands (E)

разврат depravity (I)

развра́тник profligate (G)

развра́тный depraved

развяза́ть (развяжу́, развя́жешь) *сов* unloose (I)

развя́зка (*р мн* развя́зок) outcome (B)

развя́зный relaxed (A)

разгляде́ть (разгляжу́, разгляди́шь) *сов* make out (I)

разгова́ривать I *нес* converse

разгово́р conversation

разговори́ться II *сов* find something to talk about

разгово́рный colloquial

разгово́рчивый talkative

разгора́ться I *нес* flare up (L)

разгорячи́ть II *сов* heat (A)

раздава́ть (раздаю́, раздаёшь) *нес* distribute; раздава́ться ring out

раздави́ть (раздавлю́, разда́вишь) *сов* smash (G)

разда́ться (разда́стся, раздаду́тся; разда́лся, раздала́сь) *сов* ring out (D)

разда́ча distribution

раздви́нуть (раздви́ну, раздви́нешь) *сов* move apart; раздви́нуться spread (C)

разде́лка (*р мн* разде́лок) *уст* outcome (C)

разде́льный separate

разделя́ть I *нес* share (B)

разде́ться (разде́нусь, разде́нешься) *сов* undress

раздира́ть I *нес* lacerate (B); tear apart (J)

раздобре́ть I *сов* put on weight (E)

раздоса́довать (раздоса́дую, раздоса́дуешь) *сов* irritate (C)

раздража́ть I *нес* exacerbate (D); irritate; раздража́ться become irritated

раздраже́ние irritation

раздражи́тельный irritable

раздражи́ть II *сов* irritate (D); раздражи́ться become irritated

разду́мье thought; doubt (G)
разду́ться (разду́юсь, разду́ешься) *сов* swell (G)
разду́шенный scented (E)
разжига́ть I *нес* make burn (G)
раззнако́миться (раззнако́млюсь, раззнако́мишься) *сов* end an acquaintance
рази́нутый gaping (E)
рази́нуть (рази́ну, рази́нешь) gape
рази́тельный striking (D)
различи́ть II *сов* distinguish (G)
разли́чный different
разложи́ть (разложу́, разло́жишь) *сов* spread out
разлома́ть I *сов* break down
разлу́ка parting (A)
разлуча́ться I *нес* separate
разлучи́ть II *сов* separate (A)
разма́хивать I *нес* wave (G)
размежева́ться (размежу́юсь, размежу́ешься) *сов* fix boundaries (E)
размышле́ние reflection
размышля́ть I *нес* reflect
разне́житься II *сов* soften (E)
разнести́сь (разнесётся; разнёсся, разнесла́сь) *сов* spread
ра́зница difference
разнокали́берный of different calibres
разнообра́зить (разнообра́жу, разнообра́зишь) *сов* diversify (L)
разнообра́зный diverse (G)
разноро́дный diverse (G)
ра́зный different; various
разобра́ть (разберу́, разберёшь) *сов* make out (C)
разогну́ться (разогну́сь, разогнёшься) *сов* straighten up (G)
разоде́тый dressed up (K)

разойти́сь (разойду́сь, разойдёшься; разошёлся, разошла́сь) *сов* disperse
разорва́ть (разорву́, разорвёшь; разорва́л, разорвала́) *сов* explode; break off (I)
разори́ть II *сов* ruin (E); **разори́ться** ruin self
разоря́ть I *нес* ruin
разрази́ться (разражу́сь, разрази́шься) *сов* burst into (G)
разре́зать (разре́жу, разре́жешь) *сов* cut
разрезно́й но́жик paper knife (J)
разруби́ть (разрублю́, разру́бишь) *сов* cleave (D)
разруша́ть I *нес* destroy (H)
разры́в explosion
разряди́ть (разряжу́, разряди́шь) *сов* discharge (A)
разукра́шенный adorned (F)
ра́зум reason (I)
разуме́ть I *нес* understand; **разуме́й** it goes without saying (C); **разуме́ться** be understood; **само́ по себе́ разуме́ется** it goes without saying (B)
разу́мный reasonable
разъе́зд siding (K); **разъе́зды** journeyings; **в разъе́зде** on the go (B)
разъезжа́ть I *нес* drive around
разыгра́ть I *сов* act out
рак crayfish (F)
раки́тник broom (plant) (E)
ра́на wound
ранг rank (C)
ра́нее see **раньше**
ра́неный wounded
ра́нить II *нес, сов* wound (G)
ра́нний early
ра́но early
ра́ньше earlier; formerly
рапе́ *нескл* *kind of tobacco* (C)

ра́са race
раска́т peal
раска́яние repentance (G)
раскла́дывать I *нес* lay out
раскла́няться I *нес* bow
расковы́ривать I *нес* dig into (G)
раскрыва́ться I *нес* open
раскры́ть (раскро́ю, раскро́ешь) *сов* open up (G)
распеча́тываться I *нес* open (A)
расплёскивать I *нес* splash (K)
располага́ть I *нес* dispose (D)
расположе́ние mood (C); disposition (D); ~ **ду́ха** mood (G)
располо́женный disposed (G)
расположи́ться (расположу́сь, располо́жишься) *сов* make self comfortable (G)
распоро́ть (распорю́, распо́решь) *сов* rip open (E)
распоряди́ться (распоряжу́сь, распоряди́шься) *сов* take steps (E)
распоряжа́ться I *нес* give orders (F)
распоряже́ние order (C)
распространи́ться II *сов* spread (C); talk too much (H)
распространя́ться I *нес* spread
распу́тствовать (распу́тствую, распу́тствуешь) *нес* lead a dissolute life (E)
рассвену́ть (рассвенёт) *сов* *уст* dawn (B)
рассве́т dawn (A)
рассерди́ться (рассержу́сь, рассе́рдишься) *сов* get angry

рассе́янность *ж* distraction (A)

рассе́янный distracted (A)

рассе́ять I *сов* dissipate (A); рассе́яться disperse (D)

расска́з short story

рассказа́ть (расскажу́, расска́жешь) *сов* tell; narrate

расска́зчик narrator

расска́зывать I *нес* tell; narrate

рассма́тривать I *нес* examine

рассмея́ться (рассмею́сь, рассмеёшься) *сов* burst out laughing

рассмотре́ть (рассмотрю́, рассмо́тришь) *сов* examine

расспра́шивать I *нес* question

расспроси́ть (расспрошу́, расспро́сишь) *сов* question

расстава́ться (расстаю́сь, расстаёшься) *нес* part

расста́вить (расста́влю, расста́вишь) *сов* place; move apart; post (G)

расставля́ть I *нес* place; move apart

расстано́вка (*р мн* расстано́вок) deliberation (E)

расста́ться (расста́нусь, расста́нешься) *сов* part

расстёгивать I *нес* unfasten; расстёгиваться unfasten (G)

расстёгнутый unfastened

расстро́ить II *сов* upset

расступи́ться (расступится) *сов* part (K)

рассуди́тельность *ж* reasonableness (G)

рассуди́тельный reasonable (E)

рассуди́ть (рассужу́, рассу́дишь) *сов* reason (I)

рассу́док (рассу́дка) reason (D); здра́вый ~ sound mind (I)

рассужда́ть I *нес* discuss (D); reason (G)

рассужде́ние rationalization (L); *уст* conclusion (B)

рассчи́тывать I *нес* calculate

рассыпа́ться I *нес* be profuse (F)

растащи́ть (растащу́, раста́щишь) *сов* drag apart (A)

расте́рянность *ж* embarrassment (L)

расте́рянный dishevelled (G); расте́рянно in confusion (K)

растеря́ться I *нес* be disoncerted (I)

расти́ (расту́, растёшь; рос, росла́) *нес* grow

растолкова́ть (растолку́ю, растолку́ешь) *сов* explain (C)

расточи́тельный extravagant (A)

растро́гать I *сов* touch (L)

расха́живать I *нес* pace (B)

расходи́ться (расхожу́сь, расхо́дишься) *нес* disperse; lose restraint (E)

расцелова́ть (расцелу́ю, расцелу́ешь) *сов* cover with kisses

расчеса́ть (расчешу́, расче́шешь) *сов* comb

расче́сть (разочту́, разочтёшь; расчёл, разочла́) *сов* calculate (G)

расчёт calculation

расчи́стить (расчи́щу, расчи́стишь) *сов* clear (H)

расчу́вствоваться (расчу́вствуюсь, расчу́вствуешься) *сов* be touched (G)

расша́ркаться I *сов* bow (C)

расшиби́ться (расшибу́сь, расшибёшься; расшибся, расши́блась) *сов* break (C)

ра́товать (ра́тую, ра́туешь) *нес уст* struggle (H)

ра́ут *уст* reception (C)

рвану́ться (рвану́сь, рванёшься) *сов* rush (J)

рва́ный tattered (K)

рвать (рву, рвёшь; рвал, рвала́) *нес* explode (G); рва́ться tear

рве́ние zeal (G)

реаги́ровать (реаги́рую, реаги́руешь) *нес* react

реа́кция reaction

реали́зм realism

реалисти́ческий realistic

ребёнок (ребёнка) baby; child; ребя́та kids

реви́зия inspection (K)

ревизова́ть (ревизу́ю, ревизу́ешь) *нес, сов* inspect (H)

ревизо́р inspector

ревни́вый jealous

ревнова́ть (ревну́ю, ревну́ешь) *кому?* *нес* be jealous

ре́вность *ж* jealousy (F)

реде́ть I *нес* thin out (B)

реди́с radish (C)

ре́дкий thin; rare

реду́т *ист* redoubt (G)

ре́же see ре́дкий

ре́зать (ре́жу, ре́жешь) *нес* cut

резе́рв reserves

ре́зкий sharp, harsh

результа́т result

река́ (*мн* ре́ки) river

рекоменда́тельный recommendation

рекоменда́ция recommendation

рекомендова́ть (рекоменду́ю, рекоменду́ешь) *нес, сов* introduce; рекомендова́ться introduce self (A)

ре́крут *ист* recruit

рели́гия religion

реме́нь *м* (ремня́) strap (C)

реми́зиться (реми́жусь,

реми́зишься) *нес уст* pay penalty (G)

ре́па turnip (C)

репута́ция reputation

рессо́ра spring (C)

рестора́н restaurant

рети́вый *уст* fiery (horses) (B)

речь *ж* language; speech

реша́ть I *нес* decide; реша́ться make up one's mind

реше́ние decision

реши́мость *ж* decisiveness (D)

реши́тель *м* decider

реши́тельность *ж* decisiveness

реши́тельный decisive

реши́ть II *сов* decide; реши́ться make up one's mind

ри́га threshing barn (E)

риск risk

рискова́ть (риску́ю, риску́ешь) *чем? нес* risk

рисова́ние drawing

рисова́ть (рису́ю, рису́ешь) *нес* draw; рисова́ться display (C)

рису́нок (рису́нка) drawing

робе́ть I *нес* act shy (F)

ро́бкий timid

ро́бость *ж* timidity (A)

ро́вно exactly

ро́вный flat

род (*мн* роды́) kind (B); ро́дом by birth; (D) ни ро́ду ни пле́мени neither kith nor kin (F); в э́том ро́де in the same vein (G)

роди́тели (роди́телей) parents

роди́тельский parents'

роди́ть (рожу́, роди́шь) *сов* occasion (C); роди́ться be born

родно́й native

родово́й ancestral (K)

ро́дственный related

Рождество́ Christmas

ро́за rose

ро́зовый pink

роково́й fatal (D)

роль *ж* (*р мн* роле́й) role

рома́н novel

рома́нс song

романти́зм romanticism

рома́нтик romantic

романти́ческий romantic

романти́чный romantic

роня́ть I *нес* debase (H); drop

роса́ (*мн* ро́сы) dew (L)

роси́стый dewy (G)

роско́шный luxurious

ро́скошь *ж* luxury

Росси́я Russia

рост growth; height

рот (рта) mouth

ро́та company; ареста́нтская ~ hard labor gang (L)

ро́тмистр *ист* captain (A)

ро́тный company

ро́ща grove (B)

роя́ль *м* piano

руба́ха shirt

руба́шка (*р мн* руба́шек) shirt

рубашо́нка (*р мн* рубашо́нок) see руба́шка

рубль (рубля́) ruble

руга́тельство curse (G)

руга́ть I *нес* criticize (G); руга́ться call names (G)

руже́йный gun

ружьё (*мн* ру́жья, ру́жей) gun

рука́ (*вн* ру́ку; ру́ки, рук, рука́х) hand; arm; опусти́ть ру́ки lose heart (C); сложа́ ру́ки *doing nothing* (H)

рука́в (рукава́) sleeve (C)

рукави́чка (*р мн* рукави́чек) cuff (C)

руководи́ть (руковожу́, руководи́шь) *кем? нес* lead; direct

рукопа́шный hand to hand (combat) (G)

румя́ненький see румяный

румя́ный rosy

руса́к (русака́) *Russian who typifies the national character* (H)

ру́сский Russian

Русь *ж* *ancient name for Russia* (E)

ру́чка (*р мн* ру́чек) see рука

ры́ба fish

рыда́ние sobbing (G)

ры́женький see рыжий

ры́жий red (hair)

ры́нок (ры́нка) market

рыси́ть II *нес* trot

рысцо́й at a trot (E)

рысь *ж* trot (B)

рыча́ть II *нес* groan (K)

рю́мка (*р мн* рю́мок) glass

ряд (*мн* ряды́) row; number

рядово́й (рядово́го) private (G)

ря́дом *с кем, с чем?* next to; side by side (L)

с- *уст* deference (D)

с *кем, чем?* with; *что?* about

са́бля (*р мн* са́бель) saber

сад (*мн* сады́) garden

сади́ться (сажу́сь, сади́шься) *нес* sit down

сажа́ть I *нес* place, put; plant

са́жень *уст* 7 feet; коса́я ~ *country mile*

са́ло fat (C)

салфе́тка (*р мн* салфе́ток) napkin

са́льный greasy (G)

саме́ц (самца́) male (of species) (L)

са́мка (*р мн* са́мок) female (of species) (L)

самова́р samovar

самодово́льный self-satisfied

самолюби́вый proud

самолю́бие pride

самонаде́янность *ж* presumptuousness (H)

самонаде́янный conceited (G)

самооблада́ние self-control
(E)

самоотверже́ние selflessness
(E)

самостоя́тельный
independent

самоуби́йство suicide

самоуваже́ние self-esteem

самоуве́ренный self-confident

са́ни (сане́й) sleigh

сапёрный sapper (G)

сапо́г (сапога́) boot

сара́й barn (E)

сатани́ческий satanic

сатири́ческий satirical

са́хар sugar

са́харный sugar

сбежа́ть (сбегу́, сбежи́шь,
сбегу́т) сов run away

сбить (собью́, собьёшь) сов
knock off; сби́ться slip (G)

сближе́ние intimacy (L)

сбли́зить (сбли́жу,
сбли́зишь) сов bring
together (J)

сбо́ку sideways

сбро́сить (сбро́шу,
сбро́сишь) сов throw off

сбы́ться (сбу́дется; сбы́лся,
сбыла́сь, сбыло́сь) сов
come true (H)

сва́дебный wedding

сва́дьба (р мн сва́деб)
wedding

свали́ться (свалю́сь,
сва́лишься) сов fall off (C)

сварли́вый shrewish (K)

све́дение information

све́дущий experienced (C)

све́жий fresh

свезти́ (свезу́, свезёшь; свёз,
свезла́) сов take away

сверка́ть I нес flash (A)

сверкну́ть (сверкну́,
сверкнёшь) сов flash

сверну́ть (сверну́, свернёшь)
сов roll up (A)

све́рстник person the same
age (F)

сверх кого, чего? over (C)

све́рху from above

сверхъесте́ственный
supernatural (C)

свести́ (сведу́, сведёшь; свёл,
свела́) сов take

свет light; world; на том
све́те in this world (G)

света́ть I нес grow light (K)

свети́ло luminary (D)

свети́льный lighting (K)

свети́ть (свечу́, све́тишь) сов
shine; свети́ться shine

светле́ть I нес brighten (H)

све́тлый (светло́) light;
bright

све́тский worldly; fashionable

свеча́ (мн све́чи) candle (A)

све́чка (р мн све́чек) see
свеча

све́шивать I нес lower (E)

свида́ние meeting

свиде́тель м witness

сви́деться (сви́жусь,
сви́дишься) сов meet

свинья́ swine

свире́пствовать
(свире́пствую,
свире́пствуешь) нес rage
(B)

свисте́ть (свищу́, свисти́шь)
нес whistle

свисто́к (свистка́) whistle (J)

свобо́да freedom

свобо́дный (свобо́ден) free

свод firmament (D)

своди́ть (свожу́, сво́дишь)
нес take

своево́льный voluntary (D)

сво́йство characteristic

связа́ть (свяжу́, свя́жешь)
сов connect; tie up (D)

свя́зывать I нес connect

связь ж connection

свято́й holy; всем
святы́м by all that's holy
(L)

священне́йший see
священный

свяще́нник priest (B)

свяще́нный sacred (B)

сгиба́ться I нес bend down
(G)

сговори́ться II сов conspire
(L)

сгора́ть I нес burn

сгоре́ть II сов burn down

сгоряча́ in the heat of the
moment (G)

сдава́ться (сдаю́сь,
сдаёшься) нес surrender

сда́вливать I нес squeeze (G)

сдать (сдам, сдашь, сдаст,
сдади́м, сдади́те, сдаду́т;
сдал, сдала́) сов turn over;
сда́ться surrender (D)

сде́лать I сов do; сде́латься
become; happen

сде́ржанный restrained

сду́ру for no good reason (C)

се́вер north

се́верный northern

сего́дня today

сего́дняшний today's

седе́ть I нес turn gray

седло́ (мн сёдла, сёдел)
saddle (G)

седовла́сый gray haired (C)

седо́й gray

сей, сие́, сия́ уст this (A)

сейчас right now

секре́т secret

секре́тный secret

секу́нда second

секунда́нт second

селёдка (р мн селёдок)
herring (K)

село́ (мн сёла) settlement;
village

се́льтерский seltzer

селя́нка на сковоро́дке (р мн
селя́нок) Russian dish (L)

семе́йный family

семе́йство family

семёрка (р мн семёрок)
seven

семиле́тний seven-year-old

семнадцатиле́тний
seventeen-year-old

семья́ (мн се́мьи, семе́й,
се́мьях) family

се́мя (се́мени; семена́, семя́н) seed

сена́т senate

се́ни (сене́й) passage (C)

сенно́й hay (E)

се́но hay

сенте́нция maxim (H)

сентиментали́зм Sentimentalism

сентимента́льный sentimental

серб Serb

сервирова́ть (сервиру́ю, сервиру́ешь) нес, сов serve

серде́чный loving (L)

серди́тый angry

серди́ться (сержу́сь, се́рдишься) на кого? нес be angry

сердоли́ковый cornelian (C)

се́рдце (мн сердца́, серде́ц) heart

серебро́ silver

сере́бряный silver

середа́ уст Wednesday

середи́на middle

серту́к see сюртук

се́рый gray

серьёзный serious

сестра́ (мн сёстры, сестёр, сёстрах) sister; nurse

сесть (ся́ду, ся́дешь; сел) сов sit down

се́тование mourning (B)

се́товать (се́тую, се́туешь) нес lament (B)

сжать (сожму́, сожмёшь) сов press, squeeze; ~ ру́ку shake hand (A); сжа́ться purse (C); skip a beat (L)

сжечь (сожгу́, сожжёшь; сжёг, сожгла́) сов burn (B)

сжима́ть I нес grip (D)

сза́ди кого, чего? behind

сибари́тствовать (сибари́тствую, сибари́тствуешь) нес pamper self (H)

сига́ра cigar

сига́рочница cigarette holder (G)

сиде́лец (сиде́льца) уст shop clerk (C)

сиде́ть (сижу́, сиди́шь) нес sit; ~ на ше́е be burdensome (K)

си́живать (past only) нес sit (G)

сику́рс reinforcement (G)

си́ла force

си́литься II нес try (B)

си́льный strong

си́мвол symbol

симпати́чный likeable

си́ненький see синий

си́ний dark blue

си́плый hoarse (E)

сире́невый lilac (L)

сиро́п syrup

сирота́ м, ж orphan

систе́ма system

ситуа́ция situation

си́тцевый cotton (G)

сия́нье halo

сия́тельство term of respect (A)

сия́ть I нес shine (D), radiate

сказа́ть (скажу́, ска́жешь) сов say, tell

ска́зка (р мн ска́зок) tale; уст official document (E)

ска́зочный fabulous (L)

ска́зывать I нес уст talk; ска́зываться affect

скака́ть (скачу́, ска́чешь) нес gallop (G)

скала́ (мн ска́лы) rock (H)

скамья́ (р мн скаме́й) bench (C)

скандалёзный уст scandalous

ска́терть ж tablecloth

сква́жина hole (A)

сквер public garden

скве́рный nasty

сквози́ть II нес pass through (L)

сквозно́й ве́тер (ве́тра) draft (K)

сквозь кого, что? through

ске́птик sceptic

скида́ть I нес уст take off (C)

скирда́ (мн ски́рды) stack (E)

скита́ться I нес wander (D)

склады́ уст syllables; чита́ть по склада́м sound out words (H)

скла́дный coherent (E)

скла́дывать I нес lay together (G); fold

скло́нность ж inclination

сковоро́дка (р мн сковоро́док) skillet

скользи́ть (скольжу́, скользи́шь) нес glide (K)

ско́лько кого, чего? how many

скомпромети́роваться (скомпромети́руюсь, скомпромети́руешься) сов be compromised

сконфу́женно in embarassment (K)

сконфу́зить (сконфу́жу, сконфу́зишь) сов disconcert (C); сконфу́зиться be embarrassed

сконча́ться I сов die (B)

скорбе́ть (скорблю́, скорби́шь) нес grieve (I)

скорбный painful (L)

скоре́е rather

скоре́й see скорее

скоре́йший see скорый

ско́рый quick

скот (скота́) cattle

скоти́на see скот; beast (G)

ско́тный двор (двора́) cattle yard (E)

скрепи́ть (скреплю́, скрепи́шь) сов fasten; скрепя́ се́рдце reluctantly (E)

скре́щиваться I нес crisscross (G)

скриви́ть (скривлю́, скриви́шь) сов distort; скриви́ться grimace (C)

скрипе́ть (скриплю́, скрипи́шь) нес creak (J)

скри́пка (*р мн* скри́пок) violin

скро́мненький see скромный

скро́мный humble, modest

скрыва́ть I *нес* hide, conceal; скрыва́ться hide

скрыть (скро́ю, скро́ешь) *сов* hide; скры́ться disappear (A)

ску́ка boredom

ску́лы (скул) cheekbones (E)

ску́чный boring

слабе́нький see слабый

сла́бость *ж* weakness

сла́бый weak

сла́ва glory (A)

сла́виться (сла́влюсь, сла́вишься) *чем? нес* be famous (B)

сла́вный glorious

славя́нский Slavic

сла́дить (сла́жу, сла́дишь) *сов* bring around (H)

сла́дкий sweet

слаща́вый sticky (K)

сле́ва on the left

слегка́ slightly

след (*мн* следы́) track

следи́ть (слежу́, следи́шь) *за кем, за чем? нес* follow

сле́довательно consequently

сле́довать (сле́дую, сле́дуешь) *за кем, за чем? нес* follow; *безл* ought

сле́дственно *уст* see сле́довательно

сле́дствие investigation (C)

сле́дующий following

слеза́ (*мн* слёзы, слёз, слеза́х) tear

слеза́ть I *нес* climb down

слези́нка (*р мн* слези́нок) see слеза

слёзный tearful

слепо́й blind

слива́ться I *нес* merge (C), blend together

сли́вки (сли́вок) cream

сли́пнуться (сли́пнется; сли́пся, сли́плась) stick together (G)

сли́ться (солью́сь, сольёшься; сли́лся, слила́сь) *сов* merge (B)

сли́шком too

слове́чко (*р мн* слове́чек) see слово

сло́вно as if; like

сло́во (*мн* слова́) word; ~ер *using* -с *to show deference* (E)

словосочета́ние phrase

слог (*р мн* слого́в) syllable (I)

сло́женный built

сложи́ть (сложу́, сло́жишь) *сов* fold; ~ го́рстью cup (C); сложа́ ру́ки *doing nothing* (H); сложи́ться turn out (L)

сло́жный complicated

слой (*мн* слои́, слоёв) stratum (G)

слома́ть I *сов* break

слуга́ *м* (*мн* слу́ги) servant

служа́нка (*р мн* служа́нок) *уст* servant

слу́жба service; work

служи́ть (служу́, слу́жишь) *нес* serve, work

слух rumor (A)

слу́чай case; incident; chance

случа́йность *ж* chance (G)

случа́йный random; accidental

случа́ться I *нес* happen; occur

случи́ться II *сов* happen; occur

слу́шать I *нес* listen to

слыха́ть (past only) *нес* hear

слы́шать II *нес* hear; слы́шаться be heard

слы́шный audible

сма́зать (сма́жу, сма́жешь) *сов* grease

смазли́венький see смазливый

смазли́вый comely (C)

смекну́ть (смекну́, смекнёшь) *сов* realize (C)

сме́лость *ж* bravery (A)

сме́лый brave

смени́ть (сменю́, сме́нишь) *сов* replace

сменя́ть I *нес* replace (A)

смерде́ть (смержу́, смерди́шь) *нес* stink (I)

смерка́ться I *нес* get dark (A)

смерте́льный mortal (B); deathly (E)

смерть *ж* death

сме́та estimate (C)

сметь I *нес* dare (A)

смех laughter

смеша́ться I *нес* be confused (C)

смеши́ть II *нес* amuse (C)

смешно́й funny

смея́ться (смею́сь, смеёшься) *над кем, над чем? нес* laugh

смири́тельный дом (*мн* дома́) *уст* prison (C)

смоли́стый pitch black (C)

смо́лоду ever since youth

смо́рщенный wrinkled (E)

смо́рщиться II *сов* frown (G)

смотре́ть (смотрю́, смо́тришь) *на кого, на что? нес* look at; watch; смотре́ться look at self

смотри́тель *м* stationmaster (B)

смочи́ть (смочу́, смо́чишь) *сов* wet (I)

смочь (смогу́, смо́жешь, смо́гут; смог, смогла́) *сов* be able to

смрад stench (G)

смра́дный stinking (G)

сму́глый swarthy (D)

смути́ть (смущу́, смути́шь) *сов* embarrass; смути́ться be embarrassed (A)

сму́тный vague (D)

смуща́ть I *нес* stir up (C); смуща́ться be embarrassed

смуще́ние embarrassment

смысл sense

смяте́ние dismay (A)

снаря́д shell (G)

снача́ла first

снег (*мн* снега́) snow

снегово́й snow

сне́жный snowy

снести́ (снесу́, снесёшь; снёс, снесла́) *сов* pile together

сни́зу from below

снима́ть I *нес* take off

сни́ться II *кому?* *нес* dream

сно́ва again

снова́ть (сную́, снуёшь) *нес* scurry (K)

носи́ть (ношу́, сно́сишь) *нес* pile together

сно́сный tolerable (A)

снохач (снохача́) *a man who has sexual relations with his daughter-in-law* (H)

снять (сниму́, сни́мешь; снял, сняла́) *сов* take off

со see с

соба́ка dog; ляга́вая ~ setter (C)

соба́чка (*р мн* соба́чек) see собака

собачо́нка (*р мн* собачо́нок) see собака

собесе́дник interlocutor

собира́ть I *нес* gather; собира́ться gather together; intend

соблазни́тельный seductive (L)

соблазни́ть II *сов* tempt; соблазни́ться II *сов* be tempted (F)

собо́р cathedral

собра́ние meeting, assembly

собра́ть (соберу́, соберёшь; собра́л, собрала́) *сов* gather; собра́ться gather together; intend; ~ с ду́хом gather courage (C)

со́бственный one's own; personal; со́бственно говоря́ strictly speaking

собы́тие occurance

сова́ть (сую́, суёшь) *нес* stick

соверша́ть I *нес* commit

соверше́нный absolute

соверше́нство perfection (L)

соверши́ться II *сов* be accomplished

со́вестно *безл* be ashamed

со́весть *ж* conscience (A)

сове́т advice

сове́тник councilor

сове́тница councilor's wife

сове́товать (сове́тую, сове́туешь) *кому?* *нес* advise; сове́товаться с кем? consult

совлада́ть I *с кем, с чем?* *сов* gain control (D)

совме́стный compatible (C)

совмеща́ться I *нес* be combined (I)

совреме́нный contemporary

совсе́м quite; entirely

согла́сие consent

согласи́ться (соглашу́сь, согласи́шься) *с кем? на что?* *сов* agree

согла́сный in agreement

согласова́ться (согласу́ется) *с кем, с чем?* harmonize (D)

соглаша́ться I *с кем? на что?* *нес* agree

согну́ть (согну́, согнёшь) *сов* bend (J); согну́ться bend down, stoop

согреше́ние *уст* trespass

согреши́ть II *сов уст* sin (D)

соде́латься I *сов уст* see сделаться

содержа́ние content

содержа́ть (содержу́, соде́ржишь) *сов* contain; maintain

содрога́ться I *нес* shudder (G)

соедини́ться II *сов* congregate (A)

соединя́ть I *нес* unite (B)

сожале́ние regret; pity

создава́ть (создаю́, создаёшь) *нес* create

созда́ние creature (B); creation

созда́ть (созда́м, созда́шь, созда́ст, создади́м, создади́те, создаду́т; со́здал, создала́) *сов* create

сознава́ться (сознаю́сь, сознаёшься) *в чём? нес* confess

созна́ние awareness (L)

созна́тельный conscious (I)

созна́ть I *сов* be conscious of, recognize; созна́ться confess

сойти́ (сойду́, сойдёшь; сошёл, сошла́) *сов* go down; ~ с ума́ go mad; сойти́сь come together

сократи́ть (сокращу́, сократи́шь) *сов* shorten (B)

сокро́вище treasure (K)

сокруша́ть I *нес* distress (E)

солга́ть (солгу́, солжёшь, солгу́т; солга́л, солгала́) *сов* lie

солда́т soldier

солда́тик see солдат

солда́тский soldier's

соли́дность *ж* reliability

соли́дный reputable

со́лнечный sunny

со́лнце sun

сомнева́ться I *в чём? нес* doubt

сомне́ние doubt

сон (сна) dream

со́нный sleepy

сообража́ть I *нес* comprehend (B); reason

соображе́ние consideration (C)

сообрази́ть (соображу́, сообрази́шь) *сов* consider (C)

сообра́зно in compliance (C)

сообща́ться I *нес* be communicated

сообще́ние communications (G)

соотéчественник fellow countryman (H)

сопли́вый snotty (F)

сопровожда́ть I нес accompany (A)

сопровожде́ние accompaniment (G)

сор litter

сорва́ть (сорву́, сорвёшь; сорва́л, сорвала́) сов rip (A); сорва́ться fall through (I)

сорокале́тний forty-year-old

сорт (мн сорта́) sort

сосе́д (мн сосе́ди) neighbor

сосе́дка (р мн сосе́док) neighbor

сосе́дний neighboring

сосе́дство neighborhood

соскочи́ть (соскочу́, соско́чишь) сов jump off

сосло́вие class (G)

сослужи́вец (сослужи́вца) colleague (G)

сосно́вый pine (B)

соста́вить (соста́влю, соста́вишь) сов make up; соста́виться make (D)

составля́ть I нес make up

состоя́ние financial state (A); state, condition

состоя́ть II нес consist (A); состоя́ться take place

сострада́ние compassion (G)

сотвори́ть II сов do (I)

со́тня (р мн со́тен) hundreds (G)

со́ты (со́тов) honeycomb (A)

соха́ (мн со́хи) plough; от сохи́ off the farm (E)

сохрани́ть II сов preserve; сохрани́ться be preserved

сочиня́ться I нес be invented (L)

сочу́вствие sympathy

сочу́вствовать (сочу́вствую, сочу́вствуешь) кому, чему? нес sympathize

сою́зник ally (G)

спа́зма spasm

спа́льный sleeping

спа́льня (р мн спа́лен) bedroom

спаса́ть I нес save

спасе́ние salvation

спасти́ (спасу́, спасёшь; спас, спасла́) нес save

спать (сплю, спишь; спал, спала́) нес sleep

спекта́кль м play

спекуля́тор speculator

спе́лый ripe (A)

сперва́ at first

спеть (спою́, споёшь) сов sing

спеши́ть II сов hurry

спина́ (мн спи́ны) back

спи́нка back (chair)

спирт (мн спирты́) alcohol

спи́сок (спи́ска) list

спле́тня (р мн спле́тен) gossip (K)

споко́йный peaceful; calm

споко́йствие calmness

спор argument

спо́рить II сов argue

спосо́бность ж ability

спосо́бный capable

споткну́ться (споткну́сь, споткнёшься) уст сов stumble (G)

спра́ва on the right

справедли́вость ж justice

справедли́вый fair

спра́виться (спра́влюсь, спра́вишься) сов ask about; cope with

справля́ться I нес make inquiries (F)

спра́шивать I нес ask

спроси́ть (спрошу́, спро́сишь) сов ask

спря́тать (спря́чу, спря́чешь) сов hide

спуск slope (E)

спуска́ть I нес lower; спуска́ться descend

спусти́ть (спущу́, спу́стишь) сов lower; спусти́ться descend

спустя́ что? later

спя́тить (спя́чу, спя́тишь) сов go insane; с ума́ ~ lose one's mind (E)

сравне́ние comparison; simile

сра́внивать I нес compare

сравни́ть II сов compare

сража́ться I нес fight (G)

сраже́ние battle (A)

сра́зу immediately

срам shame (G)

среди́ кого, чего? among

среди́на see середина (C)

сре́дний average

сре́дство means (C); побуди́тельное ~ incentive (G)

среза́ть I нес cut down (E)

срок deadline; period of time

срыва́ть I нес blow off (L)

сря́ду in a row

ссади́ть (ссажу́, сса́дишь) сов put

ссо́ра quarrel

ста́вень м (ста́вня) shutter (B)

ста́вить (ста́влю, ста́вишь) нес stand, put

стака́н glass

стани́ца Cossack village (D)

станови́ться (становлю́сь, стано́вишься) нес become

станово́й (станово́го) ист district police officer (E)

стано́к (станка́) mount (G)

ста́нция station

стара́ние efforts (C)

стара́ться I нес try

стари́к (старика́) old man

старина́ м old boy (E)

стари́нный ancient; antique

старичо́к (старичка́) see старик

ста́роста м village elder (A)

ста́ростиха village elder's wife (E)

старуха old woman

старушка (р мн старушек) see старуха

ста́рший elder; ~
доклáдчик *position* (K)

стáрый old

статéйка (*р мн* статéек) see
статья

стáтский совéтник *ист*
councilor of state (C)

стать (стáну, стáнешь) *сов*
stand; become; ~ дыбом
stand on end (A); стáло
быть therefore (I);
стáться become

статья́ article

стащи́ть (стащу́, стáщишь)
сов swipe (C); drag off (E)

стáя pack (hounds) (J)

стегáть I *нес* lash (C)

стекáться I *нес* throng (C)

стекло́ glass

стемнéть I *сов* grow dark

стенá (*вн* стéну; стéны, стен,
стенáх) wall

стéнка (*р мн* стéнок) see
стена

стенно́й wall

стéпень ж (*р мн* степенéй)
degree

стéрва *abusive term* (G)

стерéть (сотру́, сотрёшь;
стёр, стёрла) *сов* erase (A)

стеснённый tight (I)

стесни́ться II *сов* grow tight

стесня́ть I *нес* depress (B);
стесня́ться feel shy,
ashamed

стечéние обстоя́тельств
coincidence (L)

стиль *м* style

сти́скивать I *нес* clench (E)

сти́снуть (сти́сну, сти́снешь)
сов squeeze (I)

стихи́ (стихо́в) poem, poetry

сти́хнуть (сти́хну, сти́хнешь;
стих, сти́хла) *сов* fade away
(G); die down

стихотворéние poem

сто́ить II *нес* cost; deserve; be
worthy (I)

сто́йло stall (C)

стол (столá) table

столб (столбá) pole (J)

сто́лбик rail (J)

сто́лик see стол

столи́ца capital

столкну́ться (столкну́сь,
столкнёшься) *с кем? сов*
run into

столо́вая (столо́вой) dining
room; cafeteria

столонача́льник *ист*
department chief (C)

столь so (A)

сто́лько *кого, чего?* so many

стон groan

стонáть (стону́, сто́нешь) *нес*
groan (G)

стоптáть (стопчу́, сто́пчешь)
сов wear down (G)

сто́рож (*мн* сторожá)
watchman (E)

сторонá (*вн* сто́рону;
сто́роны, сторо́н,
сторонáх) side; direction

сторони́ться (стороню́сь,
сторо́нишься) *нес* step
aside (E); go around (J)

сторо́нка (*р мн* сторо́нок)
see сторона

стоя́ть II *нес* stand; ~ на
колéнях kneel (E)

стоя́чий standing

страдáлец (страдáльца)
sufferer (G)

страдáльчески in anguish (I)

страдáние suffering

страдáть I *от кого, от чего? нес*
suffer

страни́ца page

стрáнник wanderer (D)

стрáнность ж peculiarity

стрáнный strange

страсти́шка (*р мн*
страсти́шек) see страсть

стрáстный passionate

страсть ж passion

страх fear; very (F)

стрáшный awful, terrifying

стрело́к (стрелкá) shot

стрельбá (*мн* стрéльбы)
shooting (A)

стреля́ть I *в кого, из чего? нес*
shoot; стреля́ться *с кем?*
fight a duel; commit suicide

стремглáв headlong (B)

стреми́ться (стремлю́сь,
стреми́шься) *сов* strive

стремлéние striving

стрéмя (стрéмени; стременá,
стремя́н) stirrup (G)

стро́гий strict

стро́гость ж strictness

стро́ить II *нес* build;
стро́иться be built

стро́йный slender

стро́чка (*р мн* стро́чек) line

струнá (*мн* стру́ны) string
(I)

стру́нка (*р мн* стру́нок);
вы́тянуться в стру́нку
stand at attention (E)

стру́сить (стру́шу, стру́сишь)
сов be afraid (G)

студéнт student

стук knock; noise

стукáние knocking

сту́кнуть (сту́кну, сту́кнешь)
сов knock

стул (*мн* сту́лья) chair

ступáть I *нес* step (B);
ступáй(те) go

ступéнька (*р мн* ступéнек)
step (J)

ступи́ть (ступлю́, сту́пишь)
сов step (I)

сту́цер *уст* see штуцер (G)

стучáть (стучу́, стучи́шь) *нес*
knock; стучáться knock (B)

стыд (стыдá) shame (J)

стыди́ться (стыжу́сь,
стыди́шься) *нес* be
ashamed (G)

стыдли́вый awkward (G)

сты́дный shameful

стя́гивать I *нес* pull off

субъекти́вный subjective

сугро́б snowdrift (B)

суд (судá) court

су́дарь *уст* sir

судéбный judicial; ~ при́став
уст bailiff (K)

судéйский judicial

суди́ть (сужу́, су́дишь) *нес* try; judge

су́дорога cramp (H); spasm (I)

су́дорожный manic (A); су́дорожно convulsively (C)

судьба́ (*мн* су́дьбы, суде́б) fate

судья́ (*мн* су́дьи, суде́й) judge

суевéрие superstition (H)

суевéрный superstitious (G)

сужде́ние opinion (G)

су́женый intended (B)

су́ка bitch; су́кин сын son of a bitch (G)

сукно́ (*мн* су́кна, су́кон) cloth (A)

сумасбро́д lunatic (A)

сумасше́дший insane

сумасше́ствие insanity

сумато́ха confusion (D)

су́мерки (су́мерек) dusk

су́мка (*р мн* су́мок) pouch (G); bag

су́мма sum

су́мочка (*р мн* су́мочек) see сумка

сундук (сундука́) trunk

су́нуть (су́ну, су́нешь) *сов* stuff

супру́га spouse (C)

суро́вый severe (I)

сутулова́тый stoop shouldered (G)

суту́лый stooped (L)

суха́рь *м* (сухаря́) rusk; ˜ поджа́ристый *abusive term* (C)

сухо́й (су́хо) dry

сухопа́рый lean (E)

существенный essential

существо́ creature (D)

существова́ние existence

существова́ть (существу́ю, существу́ешь) *нес* exist

су́щность *ж* essence; в су́щности in fact (G)

схвати́ть (схвачу́, схва́тишь) *сов* grab; схвати́ться grab each other; seize; grab self

схва́тка (*р мн* схва́ток) fight (H)

сходи́ть (схожу́, схо́дишь) *нес* go down; ˜ с ума́ go mad; сходи́ться come together

схо́дка (*р мн* схо́док) *уст* meeting (E); gathering (I)

сце́на scene

счастли́вец (счастли́вца) lucky man (A)

счастли́вый happy; fortunate

сча́стье happiness; good fortune

счесть (сочту́, сочтёшь; счёл, сочла́) *сов* count; consider

счёт (*мн* счета́) account, bill; не знать счёта know no end (A); на свой ˜ personally (C); на хоро́шем счету́ in good standing (K)

счёты (счётов) abacus (C)

счита́ть I *нес* count; consider; счита́ться be considered

сшить (сошью́. сошьёшь) *сов* sew

съезд traffic (F)

съе́здить (съе́зжу, съе́здишь) *сов* go

съезжая (съе́зжей) *ист* police station (C)

съесть (съем, съешь, съест, съеди́м, съеди́те, съедя́т; съел, съе́ла) *сов* eat

сы́знова see снова (A)

сын (*мн* сыновья́) son

сыно́к (сынка́) see сын

сыно́чек (сыно́чка) see сын

сы́паться (сы́плется) *нес* pour (C)

сыр (*мн* сыры́) cheese

сыро́й (сы́ро) damp (D)

сы́тенький see сытый

сы́тый satisfied, full

сюда́ here

сюже́т plot

сюрту́к (сюртука́) frock coat

сюртучо́к (сюртучка́) see сюртук

сям; там и ˜ here and there (G)

таба́к (табака́) tobacco

табаке́рка (*р мн* табаке́рок) snuffbox (C)

таба́чный tobacco

табачо́к (табачка́) see табак

тайнственность *ж* mysteriousness (A)

тайнственный mysterious

таи́ть II *нес* conceal (D); таи́ться be concealed (G)

та́йна secret; mystery

та́йный secret

так so

та́кже also

-таки after all

тако́в, таково́, такова́ such

тако́й such

тала́нт talent

та́лия waist (C); *уст* deal (D)

там there; ˜ и сям here and there (G)

та́мошний of that place; local

та́нец (та́нца) dance

танцева́льный dance

танцева́ть (танцу́ю, танцу́ешь) *нес* dance

тапёр piano player (H)

таска́ть I *нес* swipe (F); drag; таска́ться drag self; gad about (C)

тащи́ть (тащу́, та́щишь) *нес* drag (B); тащи́ться drag self

тварь *ж* creatures (I)

тверди́ть (твержу́, тверди́шь) *нес* repeat (G); affirm

твёрдый hard, firm

тво́рчество creative work

теа́тр theater

театра́льный theatrical

текст text

теле́га cart (A)

телегра́ф telegraph

телегра́фный telegraph

теле́жка (*р мн* теле́жек) see телега

те́ло (*мн* тела́) body

те́ма theme; topic

темне́ть I *нес* grow dark

темнота́ darkness

тёмный (темно́) dark

температу́ра temperature

тени́стый shady (G)

тень *ж* (*р мн* тене́й) shadow, trace (A); shade

тео́рия theory

тепе́решний present

тепе́рь now

тепе́ря *прост* see тепе́рь

тёплый (тепло́) warm

тереби́ть (тереблю́, тереби́шь) *нес* pull (C)

тере́ть (тру, трёшь; тёр, тёрла) *нес* rub (B)

терза́ть I *нес* torture (B)

термо́метр thermometer

терпели́вый patient, tolerant

терпе́ние patience, tolerance; вы́вести из терпе́ния exasperate (G)

терпе́ть (терплю́, те́рпишь) *нес* tolerate (G)

те́сный close (C)

тесо́вый board (I)

те́терев (*мн* тетерева́) grouse (E)

тётка (*р мн* тёток) see тётя

тётя (*р мн* тётей) aunt

тече́ние course; в ~ *чего?* during

течь (теку́, течёшь, теку́т; тёк, текла́) *нес* flow; ~ свои́м поря́дком go its course (H)

тёща (*р мн* тёщей) mother-in-law (C)

тигр tiger

типи́чный typical

тиро́льский Tyrolean (B)

ти́скать I *нес* squeeze (K)

тиски́ (тиско́в) vice (G)

ти́хий quiet

ти́хонький (тихо́нько) see тихий

тишина́ quiet

то then

това́рищ comrade, friend

тогда́ then

тогда́шний of that time

то́же also

толк sense; взять в ~ understand (C); то́лки talk (D)

толка́ть I *нес* push (B); jog (G); толка́ться jostle each other (G)

толкну́ть (толкну́, толкнёшь) *сов* push, jog

толкова́ть (толку́ю, толку́ешь) *нес* talk (A)

толпа́ (*мн* то́лпы) crowd

толпи́ться II *нес* crowd

то́лстенький see толстый

то́лстый thick; stout

то́лько only

томи́ть (томлю́, томи́шь) *нес* torment (L)

тон tone

то́ненький see тонкий

то́нкий thin, slender

то́пать I *чем? нес* stamp (B)

топи́ть (топлю́, то́пишь) *нес* heat up (L)

то́пка heating (J)

то́поль *м* (*мн* тополя́) poplar (K)

топо́р axe (I)

то́пот clatter (G)

торго́вка (*р мн* торго́вок) peddlar (C)

торго́вля trade

торже́ственность *ж* solemnity

торже́ственный triumphant

торжество́ triumph

торопи́ться (тороплю́сь, торо́пишься) *нес* hurry

торопли́вый hurried

торча́ть (торчу́, торчи́шь) *нес* stick out (A)

тоска́ ennui (A); anguish (I); misery (K)

тоскова́ть (тоску́ю, тоску́ешь) *нес* be miserable (I)

тост toast

то́тчас immediately

то́чка (*р мн* то́чек) point; ~ зре́ния point of view

то́чность *ж* exactness, precision

то́чный exact, precise; то́чно as though

точь-в-то́чь exactly (I)

то́шно *безл* sickening (I)

то́щий scrawny (K)

трава́ (*мн* тра́вы) grass; тра́вы herbs

тракти́р tavern

транше́я trench (G)

тра́тить (тра́чу, тра́тишь) *нес* waste, spend

тре́бование demand, requirement

тре́бовать (тре́бую, тре́буешь) *что? чего? нес* demand

трево́га alarm (D)

трево́житься II *нес* be alarmed (I)

трево́жный alarming

тре́звость *ж* sobriety (H)

тре́звый sober (C)

трепа́к (трепака́) trepak (dance)

трепа́ть (треплю́, тре́плешь) *нес* pat

тре́пет trepidation (A)

трепета́ть (трепещу́, трепе́щешь) *нес* flutter (D); tremble (K)

тре́петный flickering (C)

треск crack (G)

трескотня́ crackle (G)

тре́снуть (тре́сну, тре́снешь) *сов* burst (C)

треть *ж* (*р мн* трете́й) third

треуго́льный triangular (C)

трёхарши́нный three-arshin

трёхгра́нный triangular (G)

трёхле́тний three-year-old

трёхэта́жный three-storied

тро́гательный touching (B)

тро́гать I *нес* touch;
тро́гаться move (D)

тро́е three (collective)

тро́йка (*р мн* тро́ек) troika (three horses abreast)

тро́нуть (тро́ну, тро́нешь) *сов* touch (B); тро́нуться move; be touched; start (J)

тропа́к see трепак

тротуа́р sidewalk

труба́ (*мн* тру́бы) telescope (G)

тру́бка (*р мн* тру́бок) pipe; fuse (G)

труд (труда́) labor; difficulty

труди́ться (тружу́сь, тру́дишься) *нес* work

тру́дный difficult

труни́ть II *над кем, над чем? нес* make fun of (H)

труп corpse (G)

трус coward (E)

трусли́вый cowardly

трюмо́ *с нескл* mirror (K)

тря́пка (*р мн* тря́пок) rag (C); тря́пки clothes (F)

тря́ска jolting (J)

трясти́сь (трясу́сь, трясёшься; тря́сся, трясла́сь) shake (B)

тряхну́ть (тряхну́, тряхнёшь) *сов* shake (C)

туале́т attire

туго́й (ту́го) tight

туда́ there

ту́же see тугой

туз (туза́) ace; big shot (H)

тузи́ть (тужу́, тузи́шь) *нес* pommel (C)

тулу́п sheep skin coat (E)

ту́льский from Tula

тума́н fog

тума́нный foggy

ту́мба post (C)

тупо́й (ту́по) snub (E); dull; obtuse (I)

ту́пость *ж* dullness (G)

ту́рок (ту́рка; *р мн* ту́рок) Turk

ту́склый dim (I)

тут here

ту́фли (*р мн* ту́фель) shoes

ту́ча storm cloud

ту́чка see туча

ту́ша hulk (K)

тща́тельный careful (C)

тщесла́вие vanity (G)

тщесла́виться (тщесла́влюсь, тщесла́вишься) *нес уст* be vain

тще́тный futile (C); тще́тно in vain (J)

ты́кать (ты́чу, ты́чешь) *в, на кого, чем? нес* point (E)

тьма multitude (C)

тя́гостный painful (A)

тяжёлый (тяжело́) heavy; difficult; ~ на подъём sluggish (L)

тяну́ть (тяну́, тя́нешь) *нес* pull; ~ ля́мку drudge (H); его тяну́ло he longed for (L); тяну́ться stretch toward (K); extend (L)

у *кого, чего?* by

убега́ть I *нес* run away

убеди́тельный convincing

убеди́ть II *в чём? сов* convince (D); убеди́ться *в чём?* be convinced

убежа́ть (убегу́, убежи́шь. убегу́т) *сов* run away

убежде́ние conviction

уби́йство murder

уби́йца *м, ж* murderer

уби́ть (убью́, убьёшь) *сов* kill; destroy

убо́гий wretched (F)

убо́рка (*р мн* убо́рок) gathering

убра́ть (уберу́, уберёшь; убра́л, убрала́) *сов* decorate (A); make tidy

уважа́ть I *нес* respect; уважа́ться respect self

уваже́ние respect

увезти́ (увезу́, увезёшь; увёз, увезла́) *сов* take away

увели́читься II *сов* increase

уве́ренность *ж* assurance (D)

уве́ренный confident

уве́рить II *в чём? сов* assure; уве́риться *в чём?* be convinced (B)

уве́ровать (уве́рую, уве́руешь) *в кого? сов* come to believe (I)

уверя́ть I *в чём? нес* assure

уве́тливый *уст* affable (C)

увеща́ние exhortation

увещева́ть I *нес* admonish; ~ по зуба́м hit (C)

увида́ть I *сов* see увидеть

уви́деть (уви́жу, уви́дишь) *сов* see; уви́деться see each other

увлека́ться I *чем? нес* be interested

увлече́ние hobby; infatuation

увле́чь (увлеку́, увлечёшь, увлеку́т; увлёк, увлекла́) *сов* carry along (D)

уво́лить II *сов* fire (K)

увольня́ть I *нес* fire

увя́зывать I *нес* bundle up (B)

угада́ть I *сов* guess

уга́дывать I *нес* guess (A)

уга́р carbon monoxide poisoning; в уга́ре in a daze (L)

уга́рно full of charcoal fumes (I)

уга́снуть (уга́сну, уга́снешь; уга́с, уга́сла) *сов* go out (D)

углова́тость *ж* awkwardness (L)

углова́тый angular (I)

углуби́ться (углублю́сь, углуби́шься) *сов* bury self (K)

угова́ривать I *нес* persuade

угово́ри́ть II *сов* persuade; угово́ри́ться agree to

уго́дник one who is pious

уго́дно convenient (A); како́й ~ any kind at all (C)

уго́дье (*р мн* **уго́дий**) adjacent property (C)

у́гол (**угла́**) corner

уголо́к (**уголка́**) see угол

у́голь *м* (**у́гля**) coal (H)

угора́ть I *нес* be intoxicated (K)

угоре́ть II *сов* be poisoned by charcoal fumes (B)

угро́за threat

угрю́мость *ж* moroseness (A)

угрю́мый gloomy, morose

удава́ться (**удаётся**) *нес* turn out well (L)

удали́ться II *сов* move away

удаля́ть I *нес* remove (A)

уда́р blow

уда́рить II *сов* hit; **уда́риться** hit

уда́ться (**уда́стся, удало́сь**) *сов безл* have luck

уда́чный successful

уде́льный administrative (L)

удержа́ть (**удержу́, уде́ржишь**) *сов* hold back, restrain; **удержа́ться** hold back, refrain

уде́рживать I *нес* hold back, restrain

удиви́тельный surprising

удиви́ть (**удивлю́, удиви́шь**) *сов* surprise; **удиви́ться** *кому, чему?* be surprised

удивле́ние surprise

удивля́ть I *нес* surprise; **удивля́ться** *кому, чему?* be surprised

удо́бный comfortable, convenient

удо́бство convenience

удовлетворе́ние satisfaction (A)

удовлетвори́тельный satisfactory

удовлетвори́ть II *сов* satisfy; **удовлетвори́ться** *чем?* be satisfied

удово́льствие pleasure

удоста́ивать I *чего? нес* honor (G)

уедине́ние solitude (A)

уединённый isolated (G)

уе́зд *ист* district (A)

уе́здный district

уезжа́ть I *нес* leave

уе́хать (**уе́ду, уе́дешь**) *сов* leave

уж really

у́жас horror, terror

ужа́снейший see ужасный

ужа́сный horrible, terrible

уже́ already

ужи́вчивость *ж* affability (G)

у́жин supper

у́жинать I *нес* eat supper

у́зел (**узла́**) bundle (B)

узело́к (**узелка́**) see узел

у́зенький see узкий

у́зкий narrow

узнава́ть (**узнаю́, узнаёшь**) *нес* recognize; find out

узна́ть I *сов* recognize; find out

узо́р design (I)

узре́ть (**узрю́, у́зришь**) *сов* behold (I)

уйти́ (**уйду́, уйдёшь; ушёл, ушла́**) *сов* leave

указа́ние directions (I)

указа́ть (**укажу́, ука́жешь**) *сов* show

ука́зывать I *нес* show

укла́дка (*р мн* **укла́док**) *уст* chest (I)

укла́дываться I *нес* pack (B); go to bed (J)

уколо́ться (**уколю́сь, уко́лешься**) *сов* prick self

уко́р reproach (J)

укори́зна reproach (C)

укра́дкой furtively (H)

у́ксус vinegar (C)

уку́тывать I *нес* bundle up (J)

ула́н *ист* Uhlan (lancer) (B)

ула́нский Uhlan (lancer)

улизну́ть (**улизну́, улизнёшь**) *сов* slip away (C)

у́лица street

уличи́ть II *сов* expose (C)

улови́ть (**уловлю́, уло́вишь**) *сов* catch

уло́вка (*р мн* **уло́вок**) trick

уложи́ть (**уложу́, уло́жишь**) *сов* lay, pack

улучи́ть II *сов* sieze (C)

улыба́ться I *кому? нес* smile

улы́бка (*р мн* **улы́бок**) smile

улыбну́ться (**улыбну́сь, улыбнёшься**) *кому? сов* smile

улы́бочка (*р мн* **улы́бочек**) see улыбка

ум (**ума́**) mind; ума́ не приложи́ть have no idea (E)

ума́яться I *сов* get tired (G)

уме́ренный average (C)

уме́ренность *ж* restraint (A)

умере́ть (**умру́, умрёшь; у́мер, умерла́**) *сов* die

уме́рить II *сов* lessen (E)

умертви́ть (**умерщвлю́, умертви́шь**) *сов* destroy (I)

уме́стно fitting (K)

уме́ть I *нес* be able

умиле́ние tenderness (E)

умили́тельный touching

умира́ть I *нес* die

у́мник clever person

умножа́ться I *нес* multiply (C)

у́мный smart

умо́лкнуть (**умо́лкну, умо́лкнешь; умо́лк, умо́лкла**) *сов* fall silent (E)

умоло́т yield (E)

умоля́ть I *нес* beg (B); **умоля́ющий** imploring (K)

умо́ра what a joke (G)

у́мственный mental, intellectual

умыва́ться I *нес* wash self

умы́ться (**умо́юсь, умо́ешься**) *сов* wash self

умы́шленный intentional (F)

унасле́довать (**унасле́дую, унасле́дуешь**) *сов* inherit (K)

унести́ (**унесу́, унесёшь; унёс,**

унесла́) *сов* take away;
унести́сь be carried away

унижа́ть I *нес* demean, humiliate

униже́ние humiliation (K)

унизи́тельный degrading (G)

унима́ться I *нес* die down (B)

уничтожа́ть I *нес* destroy

уноси́ть (уношу́, уно́сишь) *нес* take away

у́нтер-офице́р *уст* non-commissioned officer

уны́лый dismal; dejected (L)

упа́сть (упаду́, упадёшь; упа́л) *сов* fall

упира́ться I *нес* prop

уплати́ть (уплачу́, упла́тишь) *сов* pay

упои́тельный ravishing (B)

упомина́ть I *нес* mention (B)

упо́р; в ~ point blank (K)

упо́рный stubborn (I)

упо́рство persistence (I)

употребля́ть I *нес* use

упра́ва; ~ благочи́ния *ист* Department of Public Order (C); зе́мская ~ *government office* (L)

управи́тель *м уст* steward (A)

управле́ние management (E)

управля́ющий (управля́ющего) *чем?* director (K)

упражне́ние exercise

упражня́ться I *в чём нес* practice (C)

упра́шивать I *нес* beg (I)

упроси́ть (упрошу́, упро́сишь) *сов* beseech

упря́мство stubbornness

упря́мый stubborn

ура́ hurrah

уравня́ть I *сов* even (A)

у́ровень *м* (у́ровня) level

уро́дливый hideous, monstrous, grotesque

урожа́й harvest

уро́к lesson

урони́ть (уроню́, уро́нишь) *сов* drop

уря́дник *ист* Cossack sergeant (D)

уса́дьба manor house (K)

уса́тый moustached

усе́рдие enthusiasm (A)

усе́рдный enthusiastic

усе́сться (уся́дусь, уся́дешься; усе́лся, усе́лась) *сов* sit down

уси́ливать I *нес* strengthen; уси́ливаться grow louder (G); make an effort (J)

уси́лие effort

уси́литься II *сов* grow stronger

ускака́ть (ускачу́, уска́чешь) *сов* slip off (C)

ускольза́ть I *нес* slip away (L)

уско́рить II *сов* quicken, accelerate

усло́вие condition

усло́вный conditional (L)

услу́га service (A)

услуже́ние *уст* service (C)

услу́жливый obliging (D)

услыха́ть *сов* see услышать

услы́шать II *сов* hear; ~ за́пах smell (C)

усмехну́ться (усмехну́сь, усмехнёшься) *сов* grin (C)

усме́шка (*р мн* усме́шек) mockery (A)

усну́ть (усну́, уснёшь) *сов* fall asleep (K)

успе́ть I *сов* have time

успе́х success

успока́ивать I *нес* calm

успоко́ить II *сов* calm; успоко́иться calm down

уста́ (уст) *поэт* mouth (G)

устава́ть (устаю́, устаёшь) *нес* tire

уста́виться (уста́влюсь, уста́вишься) *на кого, на что? сов* stare (E)

уста́лость *ж* fatigue (D)

уста́лый tired

установи́ть (установлю́, устано́вишь) *сов* cover (C)

устаре́лый obsolete

устла́ть (устелю́, усте́лешь) *сов* overlay (A)

устреми́ть (устремлю́, устреми́шь) *сов* turn (B)

устро́ить II *сов* arrange, situate; устро́иться get settled, situated (J)

уступа́ть I *нес* concede (A)

усумни́ться II *сов уст* hesitate (A)

усы́ (усо́в) moustache

усы́пать (усы́плю, усы́плешь) *сов* bestrew (G)

утверди́тельный affirmative (E)

утвержда́ть I *нес* maintain (D)

утвержде́ние statement

утере́ть (утру́, утрёшь; утёр, утёрла) *сов* wipe (C)

утерпе́ть (утерплю́, уте́рпишь) *сов* restrain self

утеря́ть I *сов* lose

утеша́ть I *нес* comfort (B)

утеше́ние consolation

уте́шиться II *сов* find consolation (I)

утира́льник *уст* towel (C)

утира́ть I *нес* wipe

утиха́ть I *нес* quiet down

ути́хнуть (ути́хну, ути́хнешь; ути́х, ути́хла) *сов* quiet down

у́тка (*р мн* у́ток) duck

утомлённый exhausted (K)

утра́тить lose (C)

у́тренний morning

у́тро morning

уха́живать I *за кем? нес* take care of; court

ухмыля́ться I *нес* grin (H)

у́хо (*мн* у́ши, уше́й) ear

ухо́д departure

уходи́ть (ухожу́, ухо́дишь) *нес* leave

уча́ствовать (уча́ствую, уча́ствуешь) *в чём? нес* participate

уча́стие participation;

приня́ть/ принима́ть ~ *в*
чём? participate

уча́стник participant

уча́стница participant

у́часть *ж* fate (E)

уче́ние studies, learning

учени́к (ученика́) pupil

учёность *ж* erudition (C)

учёный learned

учёный (учёного) scientist

учи́тель *м* (*мн* учителя́)
teacher

учи́тельский teacher's

учи́ться (учу́сь, у́чишься)
чему? нес study

учти́вость *ж* courtesy (F)

учти́вый courteous

у́ши see ухо

ущерб damage (C)

ущипну́ть (ущипну́,
ущипнёшь) *сов* pinch (C)

ую́тный cozy, comfortable

факт fact

фа́ктор factor

фами́лия last name

фанта́зия imagination

фат fop (L)

фатали́ст fatalist

фе́льдшер (*мн* фельдшера́)
physician's assistant (G)

феноме́н phenomenon

фе́рма farm

фес fez (E)

фигу́ра figure

фи́зика physics

физи́ческий physical

фило́лог philologist

филосо́фия philosophy

фимиа́м incense (H)

фисгармо́ния harmonium
(reed organ) (K)

флаг flag

фланг flank

флегмати́ческий phlegmatic

флейта flute

фли́гель- of the tsar (G)

флю́гер (*мн* флюгера́)
weather vane (E)

фойе́ *с нескл* foyer

фон background

фона́рик reading light (J);
light (L)

фона́рь (фонаря́) light

фонта́н fountain

фо́рма form

форма́льный formal

фортепья́но *с нескл* piano

фортепья́ны see
фортепьяно

фортификацио́нный
fortification

фра́за phrase

фрак frock coat

франт dandy (C)

францу́з Frenchman

францу́зский French

фронто́н pediment (E)

фрукт piece of fruit

фунт pound

фура́жка (*р мн* фура́жек)
cap

фуфа́йка (*р мн* фуфа́ек)
sweater (C)

хала́т dressing gown

хара́ктер personality,
disposition

характеристи́ческий
characteristic

характе́рный characteristic

ха́ркать I *нес* spit (I)

ха́та hut (D)

хвалёный vaunted (H)

хвали́ть (хвалю́, хва́лишь) *за*
чем? нес praise (E)

хва́стать I *чем? нес* boast;
хва́статься *чем?* boast (A)

хвастли́вый boastful

хвата́ть I *нес* grab

хвати́ть II *чего? нес безл* be
sufficient

хвать grab

хвост (хвоста́) tail

хими́ческий chemical

хирурги́ческий surgical

хи́трый sly, cunning

хихи́кать I *нес* giggle (H)

хи́щный predatory (L)

хладнокро́вие cold
bloodedness

хладнокро́вный cold blooded

хлеб bread

хлоп bang (A)

хло́пать I *нес* pop (A); ~
глаза́ми blink (G)

хлопота́ть (хлопочу́,
хлопо́чешь) *нес* petition
(C); take trouble over

хло́пья (хло́пьев) flakes (B)

хлорофо́рм chloroform

хлы́новский from Хлынов
(E)

хлы́нуть (хлы́нет) *сов* rush
(G)

хмель *м* intoxication; во
хмелю́ in his cups (B)

хму́рить бро́ви II *нес* frown
(F)

ход course; play; в ходу́ in
vogue (H)

ходи́ть (хожу́, хо́дишь) *нес*
go

ходьба́ walking around (J)

хожде́ние walking

хозя́ин (*мн* хозя́ева, хозя́ев)
master

хозя́йка (*р мн* хозя́ек)
mistress

хозя́йничать I *нес* manage
things (A)

хозя́йский master's

хозя́йственный economic

хозя́йство domestic affairs

холе́ра cholera

хо́лод (*мн* холода́) cold

холоде́ть I *нес* tremble (I)

хо́лодность *ж* coldness

холо́дный (хо́лодно) cold

холо́пский slavish (K)

холостя́к (холостяка́)
bachelor (G)

хому́т (хомута́) collar horse
(E)

хорони́ть (хороню́,
хоро́нишь) *нес* bury (I)

хоро́шенький cute, pretty

хороше́нько thoroughly

хоро́ший (хорошо́) good; хоро́ш (хороша́) good-looking

хоте́ть (хочу́, хо́чешь, хо́чет, хоти́м, хоти́те, хотя́т) *нес* want; хоте́ться *безл* feel like

хоть even; at least

хотя́ although

храбре́ц (храбреца́) brave man

храбри́ться II *нес* act brave

хра́брость *ж* bravery

хра́брый brave

храм temple (B)

храни́ть II *нес* preserve (A)

храпе́ть (храплю́, храпи́шь) *нес* snore (K)

хрипе́ние death rattle (G)

хрипе́ть (хриплю́, хрипи́шь) *нес* rattle (G)

христиани́н (*мн* христиа́не, христиа́н) Christian

хромо́й lame (I)

хрящ (хряща́) cartilage (J)

ху́денький see худой

ху́до bad (A)

худо́жественный art; худо́жественная литерату́ра fiction

худо́жник artist

худо́й thin

худоща́вый thin (F)

ху́же see плохой

хула́ reviling (I)

ху́тор (*мн* хутора́) farmstead

цара́пина scratch (G)

ца́рствие kingdom

царь *м* (царя́) tsar

цвет (*мн* цвета́) color

цвето́к (*мн* цветы́) flower

цвето́чек (цвето́чка) see цветок

цвето́чный flower

цвету́щий blooming

це́лить II *в кого, во что? нес* aim; це́литься *в кого, во что?* aim

целова́ть (целу́ю, целу́ешь) *нес* kiss

це́лый whole, entire

цель *ж* goal

цепо́чка (*р мн* цепо́чек) chain

цепь *ж* (*р мн* цепе́й) chain; skirmish line (D)

церемо́ния ceremony

це́рковь *ж* (це́ркви; це́ркви, церкве́й) church

цивилиза́ция civilization

цика́да cicada (L)

цили́ндр top hat (K)

ци́ник cynic

цирю́льник *уст* barber (C)

ци́фра figure

цыга́н (*мн* цыга́не, цыга́н) gypsy

цыга́нка (*р мн* цыга́нок) gypsy (G)

цыга́нский gypsy

цы́почки; на цы́почках on tiptoe (F)

чаёк (чайка́) see чай

чай *уст* probably (E)

чай (*р мн* чаёв) tea

ча́йка (*р мн* ча́ек) seagull

час (*мн* часы́) hour

ча́сик see час

часо́вня (*р мн* часо́вен) chapel (B)

часово́й (часово́го) sentry (G)

ча́стный (ча́стного) private

ча́стый frequent

часть *ж* part; *ист* police station (I)

чахо́тка tuberculosis (I)

чахо́точный tubercular

ча́шечка (*р мн* ча́шечек) see чашка

ча́шка (*р мн* ча́шек) cup

ча́ще see частый

челове́к person

челове́чек (челове́чка) see человек

челове́ческий human; humane

челове́чество humanity, mankind

челове́чный humane

чемода́н suitcase

чепе́ц (чепца́) bonnet (G)

чепуха́ nonsense

че́пчик bonnet (B)

черво́нец (черво́нца) *уст* gold coin (A)

черво́нный of hearts (D)

черёд (череда́) turn (G)

че́рез *кого, что?* through

чересчу́р too

чере́шневый cherry

чере́шня (*р мн* чере́шен) cherry (A)

черке́с Circassian (D)

черке́сский Circassian

черне́ть I *нес* turn black

черни́ла (черни́л) ink

черни́льница inkwell (L)

черноволо́сый black-haired

черногла́зый black-eyed

чёрный black; ~ день rainy day

чёрт (*мн* че́рти, черте́й) devil

черта́ feature (A); line (J)

чести́ть (чещу́, чести́шь) *нес* abuse (H)

че́стность *ж* honesty

че́стный honest

честолю́бие ambition (G)

честь *ж* honor

чёт even number (G)

четверто́к (четвертка́) *уст* Thursday

че́тверть *ж* (*р мн* четверте́й) quarter

четырёхуго́льник quadrangular (I)

чече́нец (чече́нца) Chechen (D)

чече́нский Chechen

чешуя́ scales (reptile) (L)

чин (*мн* чины́) rank; в чина́х advanced in rank (K)

чини́ть (чиню́, чи́нишь) *нес* mend (I)

чино́вник official, bureaucrat

чино́вница official's wife

чино́вничий, чино́вничье, чино́вничья bureaucrat's

чи́слиться II *нес* belong to (E)

число́ (*мн* чи́сла, чи́сел) number

чи́стить (чи́щу, чи́стишь) *нес* clean

чистописа́ние penmanship (K)

чистота́ cleanness

чи́стый clean

чита́тель *м* reader

чита́ть I *нес* read; ~ по склада́м sound out words (H); чита́ться *безл* be able to read

чихи́рь *м* (чихиря́) Caucasian wine (D)

член limb (G); member

чо́каться I *нес* clink glasses (L)

чрез see через *уст* (C)

чрезвыча́йный extraordinary

чте́ние reading

чтить (чту, чтишь) *нес* honor (H)

чувстви́тельный sentimental (B)

чу́вство feeling

чу́вствовать (чу́вствую, чу́вствуешь) *нес* feel

чугу́нный cast-iron (G)

чуда́к (чудака́) eccentric

чуде́сный marvelous

чу́дный marvelous

чу́до (*мн* чудеса́, чуде́с) miracle (I)

чудо́вищный monstrous (I)

чужа́к (чужака́) stranger

чужда́ться I *кого, чего?* *нес* shun (E)

чужо́й someone else's; strange, foreign

чуло́к (чулка́; *р мн* чуло́к) stocking

чу́ткий alert (B)

чуть slightly

шаба́ш that's all (G)

шаг (*мн* шаги́) step, walk; ша́гом at a walk

шага́ть I *нес* stride

шагну́ть (шагну́, шагнёшь) *сов* stride

ша́лость *ж* mischief (B)

шалу́н (шалуна́) troublemaker (F)

шаль *ж* shawl

шально́й stray (G)

шампа́нское (шампа́нского) champagne

шанда́л *уст* candlestick (A)

ша́пка (*р мн* ша́пок) hat; челове́к в кра́сной ша́пке messenger (L)

шарлата́н charlatan

шарова́ры (шарова́р) wide trousers (E)

шата́ться I *нес* stagger (E)

ша́хматный chess

ша́шка (*р мн* ша́шек) saber (D)

швейца́р doorman (K)

Швейца́рия Switzerland

швырну́ть (швырну́, швырнёшь) *сов* throw (C)

швыря́ть I *нес* fling (E)

шевели́ть II *чем?* *нес* move; шевели́ться move (D)

шёлковый silk

шепну́ть (шепну́, шепнёшь) *сов* whisper (G)

шёпот whisper (D)

шепта́ть (шепчу́, ше́пчешь) *нес* whisper; шепта́ться whisper

шерохова́тый rough (C)

шерсть *ж* fur (C)

шерстяно́й woolen

шестиме́сячный six-month-old

ше́я neck

ши́бко much (C)

шине́ль *ж* overcoat

шипе́ть (шиплю́, шипи́шь) *нес* fizz (A); hiss (G)

шипи́ловский from Shipilovo

широ́кий (широко́) broad, wide

ши́тый embroidered

шить (шью, шьёшь) sew

шитьё needlework

шкату́лка (*р мн* шкату́лок) box (B)

шкаф (*мн* шкафы́) cupboard

шко́ла school

шко́льный school

шлафро́к *уст* housecoat (B)

шлейф train (K)

шлёпнуться (шлёпнусь, шлёпнешься) *сов* tumble down (G)

шлифова́ть (шлифу́ю, шлифу́ешь) *нес* polish (C)

шля́па hat

шля́пка (*р мн* шля́пок) see шляпа

шов (шва) seam (E)

шокола́д chocolate

шо́рох rustle (L)

шпа́га sword (C)

шпи́лька (*р мн* шпи́лек) hatpin; tease (C)

шпиц spitz

шпо́ры (шпор) spurs (B)

штаб- field

штабс-капита́н *ист* junior captain

штани́шки (штани́шек) see штаны

штаны́ (штано́в) trousers

шта́тский in civilian clothes (G)

што́пать I *нес* darn (K)

штосс *card game* (D)

штри́пка (*р мн* штри́пок) footstrap (G)

шту́ка thing (D)

шту́рманский signal (G)

шту́чка (*р мн* шту́чек) thing (H)

шту́цер (*мн* штуцера́) carbine (G)

штык (штыка́) bayonet (G)

шу́ба fur coat

шу́бка (*р мн* шу́бок) see шуба (D)

шум noise

шуме́ть (шумлю́, шуми́шь) *нес* make noise

шу́мный noisy

шурша́ть II *нес* rustle (K)

шути́ть (шучу́, шу́тишь) *нес* joke

шу́тка (*р мн* шу́ток) joke; **не в шу́тку** in earnest (F)

шутли́вый joking

шутни́к (шутника́) joker

щеголева́тый elegant (E)

ще́дрый generous

щека́ (*вн* щёку; щёки, щёк, щека́х) cheek

щекота́ть (щекочу́, щеко́чешь) *нес* tickle (C)

щёлка (*р мн* щёлок) chink

щёлкнуть (щёлкну, щёлкнешь) *чем? сов* click; ~ па́льцами snap fingers (C)

щелчо́к (щелчка́) flick (C)

щель *ж* (*р мн* щеле́й) crack (D)

щеми́ть II *нес* pain (J)

ще́пка (*р мн* ще́пок) chip (E)

щётка (*р мн* щёток) brush

щёточка (*р мн* щёточек) see щётка

щи (щей) cabbage soup

щу́пать I *нес* feel

щу́рить глаза́ II *нес* narrow eyes (E)

эгои́зм egoism

эгои́ст egoist

эгоисти́чный selfish

эквивале́нт equivalent

экзеку́торский executor's

э́кой *прост* what a!

экспеди́ция expedition; dispatch office (C)

э́кста *exclamation* (E)

элевацио́нный elevated

элеме́нт element

энерги́ческий *уст* energetic

энерги́чный energetic

эпигра́мма epigram

эпизо́д episode

эпило́г epilogue

эпистоля́рный epistolary

эполе́т epaulet

эпо́ха event (A)

эс loveseat (G)

эта́ж (этажа́) floor

э́такий such a

этери́ст *member of Philike Hetairia (Greek War of Independence)*

юбиле́й party

юг south

юли́ть II *нес* fawn (F)

ю́мор humor

ю́нкер *nobleman serving as a non- commissioned officer* (G); Ю́нкер *store* (C)

ю́ноша *м* (*р мн* ю́ноше́й) young man

ю́ношество youth (C)

ю́ный young

юро́дивый (юро́дивого) God's fool (I)

я́блоко apple; в я́блоках dappled (C)

я́блочный apple

яви́ться (явлю́сь, я́вишься) *сов* appear

явле́ние appearance; phenomenon

явля́ться I *нес* appear; *кем, чем?* be

я́вный evident; visible (L)

я́вственный clear (F)

ядро́ (*мн* я́дра, я́дер) cannonball (G)

я́зва ulcer (H)

язы́к (языка́) tongue; language

яйцо́ (*мн* я́йца, яи́ц) egg

я́лтинский from Yalta

я́ма hole (B); pit (G)

я́мочка (*р мн* я́мочек) see яма; dimple

ямщи́к (ямщика́) driver (A)

япо́нский Japanese

я́ркий bright, vivid

я́ркость *ж* vividness (J)

я́сный clear

я́стреб hawk

Photo Credits

CHAPTER 11

Page 250: Bettmann Archive

CHAPTER 13

Page 280: Bettmann Archive